TIMOTHY GOOD

Top Secret

DIE UFO-AKTEN

Begegnungen mit außerirdischen Intelligenzen

Aus dem Englischen von Laura Arndt

Knaur

Die englische Originalausgabe erschien 1998 unter dem Titel
»Alien Base«
bei Random House, London

Besuchen Sie uns im Internet:
www.droemer-knaur.de

Deutsche Erstausgabe Oktober 1999
Copyright © 1998 Timothy Good
Copyright © 1999 der deutschsprachigen Ausgabe bei
Droemersche Verlagsanstalt Th. Knaur Nachf., München
Alle Rechte vorbehalten. Das Werk darf – auch teilweise –
nur mit Genehmigung des Verlags wiedergegeben werden.
Redaktion: Verlagsbüro Dr. Andreas Gößling & Oliver Neumann
Umschlaggestaltung: Agentur ZERO, München
Umschlagabbildung: The Image Bank, München, Steven Hunt
Satz: Brigitte Apel, Hannover
Repro: Setzerei Vornehm, München
Umbruch: Ventura Publisher im Verlag
Druck und Bindung: Clausen & Bosse, Leck
Printed in Germany
ISBN 3-426-77410-0

2 4 5 3 1

Für Gordon Creighton

INHALT

Einleitung

Man hat den Eindruck, daß kaum eine Woche vergeht, ohne daß in den Medien eine sensationelle Story über kleine Außerirdische mit hervorstehenden Augen erscheint, die ein unglückliches Opfer entführt und an ihm verschiedene unheimliche Experimente vorgenommen haben. Die Flut von Filmen, Fernsehdokumentationen, Büchern und Magazinen, die sich mit diesem Thema beschäftigen, hat nicht nur zu einem verstärkten Interesse am Phänomen der UFOs geführt, sondern auch immer absurderen Behauptungen Tür und Tor geöffnet.

Nach Bestsellern wie den Büchern von Budd Hopkins, Whitley Strieber, Dr. David Jacobs und Dr. John Mack, die Entführungen durch Außerirdische beschreiben, traten in zunehmendem Maße »Zeugen« auf, die behaupteten, ebenfalls von kleinen grauen Geschöpfen mit vorquellenden Augen, den sogenannten Grauen, verschleppt worden zu sein. Einige angeblich aus ihren Betten geholt und auf Raumschiffe gebeamt, wo man sie medizinischen Experimenten unterzogen haben soll. Den Berichten zufolge entnahm man den Opfern dabei unter anderem Eizellen, die die Außerirdischen zur Züchtung einer Mischrasse verwenden wollten.

Ich habe mit vielen Entführungsopfern gesprochen und zweifle nicht daran, daß einige von ihnen tatsächlich Kontakt zu außerirdischen Lebensformen hatten. Die explosionsartige Zunahme von Meldungen über solche Vorfälle läßt sich sicher dadurch erklären, daß Zeugen erst durch ein verstärktes allgemeines Bewußtsein veranlaßt werden, an die Öffentlichkeit zu treten. Das bedeutet aber logischerweise auch, daß viele dieser Geschichten nicht unbedingt glaubwürdig sind. Und ist es ein Zufall, daß die Zunahme gemeldeter Entführungen durch Außerirdische in Großbritannien etwa zu dem Zeitpunkt anfing, als im britischen Fernsehen mit der Ausstrahlung der Fernsehserie *Akte X* begonnen wurde?

Ein weiteres Problem stellt in diesem Zusammenhang die alarmierende Häufung von sogenannten »Entführungsspezialisten« dar. Unzureichend qualifizierte Hypnotiseure, die nur wenig oder gar keine Ahnung von allgemeiner Medizin und Psychiatrie haben, führen mit mittlerweile Tausenden von Menschen, die behaupten, entführt worden zu sein, Regressionssitzungen durch. Die meisten anerkannten UFO-Forscher mahnen bezüglich dieser Grauzone zur Vorsicht. »Ich fürchte, daß die neue Marotte, ›Entführte‹ von unqualifizierten Personen hypnotisieren zu lassen, Schaden anrichten wird«, schreibt Strieber. »Allzuoft gehen sogenannte Forscher davon aus, daß sie dieses komplexe Mysterium verstehen – ein Irrtum mit katastrophalen Folgen.«[1] 1991 ging Strieber noch weiter: »Die erarbeiteten ›Entführungsberichte‹ entsprechen nicht der Realität«, schrieb er damals. »Sie sind durch Hypnose und kulturelle Konditionierung hervorgebrachte künstliche Produkte.«[2]

Berichte über Entführungen durch Außerirdische sind in Mode gekommen. Das hat meines Erachtens zu einer einseitigen Betrachtungsweise geführt. Einer der Hauptgründe, dieses Buch zu schreiben, bestand für mich darin, wieder eine Art von Ausgewogenheit herzustellen. Zu diesem Zweck habe ich zahlreiche Geschichten sogenannter Kontaktpersonen neu erzählt. Manche dieser Berichte stammen noch aus den zwanziger Jahren. Einige von ihnen sind in Vergessenheit geraten und nur in alten, privat herausgegebenen Literatursammlungen zu finden; andere stammen aus meinen eigenen, bisher unveröffentlichten Unterlagen.

Heute betrachtet man diese Kontaktpersonen gerne ein wenig von oben herab. Das kommt zum einen daher, daß sie von den »Brüdern aus dem All« gelegentlich banale, evangelistische Botschaften empfangen haben, aber auch daher, daß Erscheinungsbild, Verhalten und angeblicher Heimatplanet der Außerirdischen, denen sie begegnet sind, nicht den gängigen Vorstellungen entsprechen. Der Pionier Budd Hopkins, dessen intelligente Betrachtung des Entführungsphänomens ich sehr bewundere, faßt diese Einstellung in seinem wichtigen Werk *Entführt ins All* (Orig. *Witnessed*) knapp und präzise zusammen:

> In den fünfziger und zu Beginn der sechziger Jahre behauptete eine Anzahl sogenannter Kontaktpersonen, in fliegenden Untertassen zur Venus, zum Mars oder zu einem anderen Planeten unseres Sonnensystems gereist zu sein. Dort empfingen sie angeblich Botschaften von Brüdern und Schwestern aus dem All, die sich durch ihre Schönheit auszeichneten. Diese hätten vor Krieg und Umweltzerstörung gewarnt ... Praktisch alle Berichte machten die Entführten zu etwas Besonderem – zu hochgeehrten Erdlingen, die voller Stolz die schmeichelhafte Aufmerksamkeit der Brüder aus dem All entgegennahmen und an deren intergalaktischer Weisheit teilhaben durften.[3]

Das ist natürlich übertrieben. Zunächst einmal gab es schon vor den fünfziger Jahren Berichte über Kontakte mit Außerirdischen, bei denen es nicht zu Entführungen kam. Obwohl diese immer seltener geworden sind, werden solche Vorfälle auch heute noch gemeldet. Zweitens haben die weniger bekannten Kontaktpersonen keineswegs versucht, Aufmerksamkeit zu erregen, ganz im Gegenteil. Was die Warnungen vor Krieg und Umweltzerstörung angeht, übersieht Hopkins die Tatsache, daß die meisten Entführungsopfer übereinstimmend erklären, genau solche erhalten zu haben. Die Botschaften, die man den Entführten mitgab, waren gelegentlich nicht weniger banal. In vielerlei Hinsicht kann man daher die Unterschiede zwischen den Entführten und anderen Kontaktpersonen als irrelevant und irreführend betrachten.

Die Behauptung, bei den Kontaktpersonen habe es sich entweder um Menschen mit starkem Selbstdarstellungsdrang gehandelt oder die Betreffenden seien Opfer von Halluzinationen beziehungsweise ihrer lebhaften Fantasie geworden, und ähnlich willkürliche Erklärungen sind nicht ausreichend. Dazu gibt es zu viele Berichte aus unterschiedlichen Quellen und Ländern, die wissenschaftlich interessante Analogien aufweisen. Sie schreien geradezu nach Analyse, Interpretation und Auslegung. »Die Berichte von Menschen, die angeben, Kontakt mit ›Wesen aus dem All‹ gehabt zu haben, sollten nicht von vornherein als reine Erfindung abgetan werden«, meinte 1957 Konteradmiral Herbert Knowles, ein Absolvent der US Naval Academy. »Vielleicht stecken dahinter echte Informationen. Wenn es darum geht, die Wahrheit herauszufinden, darf man sich nicht von Dogmatismus behindern lassen.«[4]

Wie bereits in meinen früheren Büchern erwähnt, liegt die Weigerung der Regierungen, die Existenz von Außerirdischen anzuerkennen, meines Erachtens auch darin begründet, daß diese befürchten, sich damit lächerlich zu machen. Niemand steht gern als Trottel da, und das gilt insbesondere für politische und militärische Führungskräfte. Die wenigen unter ihnen, die die Möglichkeit einer solchen Existenz eingeräumt haben, werden von den Medien ohne Ausnahme verhöhnt. Das trifft auf Ronald Rea-

Zu diesem interessanten, vermutlich authentischen Foto, das der kalifornische Ufologe Gabriel Green Ende der sechziger Jahre veröffentlichte, sind keine Einzelheiten bekannt.

gan zu, der sich 1987 in einer wichtigen Rede vor der Vollversammlung der Vereinten Nationen entsprechend äußerte[5], aber auch auf den früheren Generalsekretär der Vereinten Nationen, Javier Pérez de Cuellar, der Berichten zufolge 1989 gemeinsam mit seinen Leibwächtern und weiteren Personen entführt wurde.[6]

Diese Reaktion führt dazu, daß jede ernsthafte Diskussion dieser Vorfälle im Keim erstickt wird und andere hochgestellte Persönlichkeiten sich hüten werden, mit ihren Erfahrungen an die Öffentlichkeit zu treten. 1997 enthüllte der ehemalige stellvertretende Oberbefehlshaber des Strike Command der Royal Air Force, Air Marshal Sir Peter Horsley, der sieben Jahre lang als Stallmeister im persönlichen Dienst der Königin und Prinz Philips stand, in seiner Autobiographie[7], daß er 1954 ein Treffen mit einem Wesen offenkundig außerirdischen Ursprungs gehabt habe (siehe Kapitel 10). Die Reaktion darauf war abzusehen. »Mein Gott«, lautete der Kommentar eines hohen Beamten im Verteidigungsministerium, »wie bedauerlich, daß die Öffentlichkeit erfahren muß, daß der Mann, der beim Strike Command den Finger am Knopf hatte, kleine grüne Männchen sah.«[8] In einem in der *Times* veröffentlichten Artikel meinte Dr. Thomas Stuttaford herablassend, der Air Marshal sei entweder geistig verwirrt oder habe an Halluzinationen gelitten.[9] Dabei ignorierte er die Tatsache, daß das Treffen von einem General der britischen Armee organisiert worden war und während des gesamten, zwei Stunden dauernden Gesprächs ein Zeuge anwesend war.

Meine eigenen Untersuchungen zeigen, daß Verwirrtheit (und absichtliche Täuschungsmanöver) tatsächlich bei einer Anzahl von Berichten angeblicher Entführungsopfer oder Kontaktpersonen eine Rolle spielen. 1981 interviewte ich eine Südafrikanerin, die inzwischen verstorbene Elizabeth Klarer. Die kultivierte, ungewöhnliche Dame behauptete, ein Kind geboren zu haben, dessen Vater aus dem All stamme. Klarers erste Begegnung mit »Akon«, ihrem Liebhaber von der Venus, fand angeblich in den fünfziger Jahren statt. In ihrem faszinierenden Buch von 1980 kommt Akon allerdings von »Meton, einem der Planeten des Proxima Centauri«[10] (4,26 Lichtjahre von der Erde entfernt).

Während meines Interviews mit ihr, das in Johannesburg stattfand, erwähnte sie beiläufig, daß Akon sie immer noch gelegentlich besuche. »Haben Sie irgendwelche Beweise, die Sie mir zeigen können?« fragte ich. »Aber ja«, lautete ihre Antwort, »er hat mir diese wunderschöne Pflanze mitgebracht!« Ich fotografierte die Pflanze mehrfach. Bei meiner Rückkehr nach London stellte ich fest, daß es sich um einen höchst irdischen Haarfarn der Gattung Adiantum handelte, was ich Elizabeth umgehend mitteilte. Danach habe ich nie wieder von ihr gehört. Vielleicht hatte sie wie manch andere ursprünglich ein echtes Erlebnis und begann später, es mit fantastischen Details auszuschmücken. Ich bin davon überzeugt, daß viele bekannte Entführungsopfer und Kontaktpersonen ihre Erlebnisse übertrieben haben, um eine Anhängerschaft zu gewinnen oder ihr Selbstbewußtsein dadurch zu stärken. Häufig spielen sicher beide Motive eine Rolle. Das heißt aber nicht, daß ihre Behauptungen grundsätzlich falsch sind.

Dieses Buch will auch aufzeigen, daß es mehr außerirdische Arten gibt, als im allgemeinen angenommen wird. Die kleinen »Grauen« scheinen erst vor relativ kurzer Zeit auf den Plan getreten zu sein. Von schönen Mädchen bis zu grotesken Kobolden – auch die kleinen grünen Männchen sind darunter – werden die meisten außerirdischen Arten, die in Berichten Erwähnung finden, in diesem Buch vorgestellt.

Anlaß zu Zweifel gibt häufig die anthropomorphe Natur der beschriebenen Außerirdischen. »Einer der Hauptgründe, warum ich Berichte über Kontakte mit Außerirdischen nie ernst nehmen konnte«, schrieb der große Raumfahrtpionier und Science-fiction-Schriftsteller Arthur C. Clarke 1997, »ist, daß man an Bord der Raumschiffe nie auf Außerirdische, sondern immer auf Menschen trifft. Natürlich gibt es ein paar kleine Variationen wie große Augen oder spitze Ohren … aber ansonsten entspricht das allgemeine Erscheinungsbild genau dem von Menschen wie dir und mir. Echte Außerirdische dagegen wären wirklich fremdartig …«[11] Abgesehen davon, daß manche der außerirdischen Geschöpfe, wie der sogenannte Chupacabras, keinem irdischen Wesen ähneln, kann man die Zeugenaussagen von Tausenden von Männern und Frauen aus allen Gesellschaftsschichten und Lebensbereichen nicht einfach außer acht lassen. Zumindest im 20. Jahrhundert stimmen alle Zeugen darin überein, daß die Außerirdischen, denen sie begegneten, tatsächlich im allgemeinen menschenähnlich wirkten, manchmal allerdings mit auffallenden Abweichungen. »Sie vertreten Ihre Ansicht wirklich überzeugend«, schrieb mir Clarke als Antwort auf meine Kritik an seinem Artikel, setzte dann aber hinzu: »Mein Hauptargument gegen die Existenz von Außerirdischen ist, daß sich bis jetzt noch keiner bei mir gemeldet hat, was ich für eine bedauerliche Unterlassung halte.«[12]

Die Ähnlichkeit könnte darauf zurückzuführen sein, daß der *Homo sapiens* mit einer außerirdischen Art verwandt ist. Der Gedanke mag weit hergeholt erscheinen, aber die Wahrscheinlichkeit, daß unsere Galaxie durch andere, höher entwickelte Rassen kolonisiert wurde, läßt sich nicht einfach von der Hand weisen.

Viel von dem in diesem Buch veröffentlichten Material wird selbst erfahrenen Forschern neu sein. Zusätzlich zu den Berichten über Kontakte mit Außerirdischen sind hier neue oder relativ unbekannte Meldungen von Sichtungen durch zivile und militärische Piloten erwähnt. Beschreibungen nicht identifizierter Tauchobjekte, die auf See beobachtet wurden, habe ich ebenfalls berücksichtigt. Außerdem schildere ich Fälle, bei denen offenbar außerirdische Raumfahrzeuge zu Reparaturzwecken landen mußten oder gemeinsam mit den Leichen Außerirdischer vom Militär beseitigt wurden. Dieser Fall soll sich bereits lange vor Roswell ereignet haben. Keiner der vielen Berichte liefert schlüssige Beweise, aber ich glaube dennoch, daß die Wahrscheinlichkeit, diese zu erhalten, ständig wächst.

1997 veröffentlichte die amerikanische Air Force ihre dritte »endgültige« Erklärung des Vorfalls von Roswell in New Mexico,

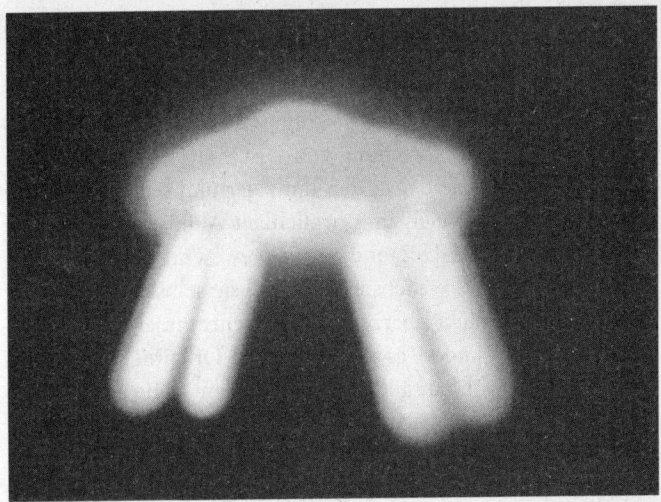

Ein Flugobjekt, das Lichtstrahlen aussendet. Von einem unbekannten Arzt am 23. März 1974 bei Tavernes im Departement Var aufgenommen. Damals kam es in Frankreich zu einer Welle von Sichtungen.

der sich im Juli 1947 zugetragen hat. Damals barg das Militär ein außerirdisches Raumschiff und dessen Besatzung. In dem 230 Seiten umfassenden Bericht, der rechtzeitig zum fünfzigsten Jahrestag von Roswell erschien, behauptet man, bei den Leichen habe es sich in Wirklichkeit um Dummies gehandelt, mit denen in den fünfziger Jahren die Auswirkung von Fallschirmsprüngen aus großer Höhe auf den menschlichen Körper getestet werden sollte.[13] Diese »realistische« Erklärung berücksichtigt in keiner Weise, daß solche Dummies erst Jahre nach Roswell abgeworfen wurden. Außerdem müßte man wirklich dumm sein, um einen Dummy mit der Leiche eines Außerirdischen zu verwechseln. »Sonderbeauftragte« der US Air Force im Pentagon scheinen sich große Mühe zu geben, die öffentliche Wahrnehmung zu beeinflussen. Offenbar soll die zentrale Ikone der Ufologie, nämlich Roswell, zerstört werden, weil man hofft, damit der gesamten Forschung einen vernichtenden Schlag zu versetzen. Parallel dazu veröffentlichte die CIA im August 1997 einen Artikel über ihre Rolle bei der Erforschung von UFOs (1947–1990), in dem behauptet wird, viele der in den fünfziger und sechziger Jahren gesichteten UFOs seien in Wirklichkeit Aufklärungsflugzeuge vom Typ Lockheed U-2 und SR-71 gewesen.[14] Diese »Erklärung« der CIA ist so fadenscheinig, daß sie selbst hartgesottene UFO-Skeptiker nicht überzeugt. Angesichts dieser ausweichenden Politik verwundert es nicht, daß die Öffentlichkeit immer stärker das Gefühl hat, getäuscht zu werden. »Die alten Vertuschungsversuche funktionieren einfach nicht mehr«, sagt John E. Pike, Direktor für Weltraumpolitik beim Verband amerikanischer Wissenschaftler in Washington. »Die Gemeinschaft der UFO-Interessierten ist eindeutig auf ein heißes Thema gestoßen.«[15]

Vielleicht werden sich die wenigen Persönlichkeiten in leitenden Positionen, denen die Existenz der Außerirdischen bewußt ist, in Zukunft offener zeigen. Im Juni 1997 erschien ein bemerkenswertes Buch, das trotz seiner ungeheuerlichen Übertreibungen und der fehlerhaften Wiedergabe von Tatsachen den Schlüssel zu zahlreichen Vorfällen liefert, die seit 1947 von bestimmten Elementen innerhalb der amerikanischen Geheimdienste verschleiert worden sind. Lieutenant Colonel a. D. Philip J. Corso von der US Army, der unter Präsident Dwight Eisenhower für den Nationalen Sicherheitsrat[16] tätig und im Pentagon für die Armee mit der Erforschung und Entwicklung ausländischer Technologie befaßt war, behauptet, die Leichen der Außerirdischen gesehen zu haben, die nach dem Absturz von Roswell geborgen wurden. Seinen Angaben zufolge betreute er zudem von 1961 bis 1963 ein Projekt der Armee, bei dem außerirdische Technologie an amerikanische Firmen wie IBM, Hughes Aircraft, Bell Labs und Dow Corning weitergegeben wurde, ohne daß diese von deren Ursprung erfahren hätten. Corso erklärt, Chips mit integrierten Schaltkreisen, Faseroptik, Laser und extrem widerstandsfähige Fasern, wie wir sie heute kennen, seien aus Material entwickelt worden, das an Bord des Raumschiffs von Roswell gefunden worden war. Er enthüllt außerdem, in welchem Maße außerirdische Technologie die geopolitische Politik bestimmt hat. Mit ihrer Hilfe gelang es den Vereinigten Staaten, der Sowjetunion auf dem Gebiet der Raumfahrt den Rang abzulaufen und die Strategic Defensive Initiative (SDI, »Krieg der Sterne«) zu entwickeln, die schließlich zum Ende des kalten Krieges führte.

Weiterhin behauptet Corso, Teilen des Geheimdiensts sei bekannt gewesen, daß eine oder mehrere außerirdische Kulturen die Erde »testeten«, wodurch eine ernste Bedrohung entstehen könnte. »Zwar besaßen wir in den sechziger Jahren nicht die Technologie, mit deren Hilfe es uns heute möglich wäre, ihre Schiffe abzufangen«, erläutert er, »aber wir glaubten, durch die neuartige Satellitentechnik ihre Anwesenheit auf unserem Planeten nachweisen zu können. Wenn man die Einrichtung von Basen auf der Erde genügend erschwerte, so kalkulierte der militärische Geheimdienst, würden sie vielleicht einfach wieder verschwinden ...«[17]

Das war aber nicht der Fall.

Top Secret – Die UFO-Akten ist Gordon Creighton gewidmet, dem unermüdlichen, vielsprachigen Herausgeber der 1955 gegründeten britischen *Flying Saucer Review*[18]. Viel von dem in diesem Buch verwendeten Material ist dieser Zeitschrift entnommen. Creighton zählt zu den wenigen verbleibenden Pionieren. Sein Interesse an UFOs begann bereits 1941, als er während seines Dienstes an der britischen Botschaft im chinesischen Chongking ein solches Objekt beobachtete. Während seiner Tätigkeit als Geheimdienstoffizier im Verteidigungsministerium in White-hall erfuhr er von Top-Secret-Untersuchungen des Phänomens, die von der Royal Air Force in Zusammenarbeit mit der United States Air Force durchgeführt wurden.[19] Viele, die sich für dieses ungelöste Rätsel interessieren, haben von seinem Wissen profitiert.

Zuletzt möchte ich betonen, daß die Berichte der zahlreichen in diesem Buch erwähnten Zeugen unverfälscht wiedergegeben wurden. Die verschiedenen Interpretationen und Erklärungen dieser Zeugen müssen als subjektive Versuche betrachtet werden, die ungewöhnlichen Begegnungen rational einzuordnen.

Ein unwirkliches Theater

Über Hunderte von Jahren hielt sich das Gerücht, in der Nähe des majestätischen Mount Shasta in Kalifornien lebten merkwürdige Menschen, die sich von der einheimischen Bevölkerung fernhielten. Gegen Ende des 19. Jahrhunderts wurden angeblich vereinzelt Individuen gesehen, die aus den Wäldern um den Shasta kamen und in den Städten der Umgebung Nuggets und Goldstaub gegen Artikel des täglichen Bedarfs eintauschten. Sie wurden als groß, anmutig und flink beschrieben und zeichneten sich durch eine auffallend hohe Stirn und langes, lockiges Haar aus. Ihre ungewöhnliche Kleidung bestand unter anderem aus einem Kopfputz, dessen Schmuck über die Stirn bis zur Nasenwurzel reichte.

Gelegentlich schienen die Wälder hell erleuchtet. Dann erklang eine auf fremdartige Weise schöne Musik. Wenn sich jemand dem betreffenden Gebiet näherte, trat dem Eindringling eine »vollkommen verhüllte, riesige Person entgegen, die ihn hochhob und fortschickte«. Andere Neugierige waren den Berichten zufolge von einem unsichtbaren Einfluß vorübergehend gelähmt.[1]

Alle Versuche der einheimischen Bevölkerung, sich den geheimnisvollen Wesen zu nähern oder diese zu fotografieren, erwiesen sich als fruchtlos. Angeblich rannten die Fremden entweder davon oder lösten sich plötzlich in Luft auf. »Diejenigen unter ihnen, die Geschäfte in den nahe gelegenen Städten, und zwar vor allem in Weed, aufsuchten, sprachen hervorragendes Englisch mit leicht britischem Akzent. Fragen beantworteten sie nur ungern, Informationen zu ihrer Person waren von ihnen praktisch nicht zu erhalten. Für die erworbenen Artikel zahlten sie stets mit Goldnuggets, deren Wert den der Ware überstieg, sie weigerten sich aber, Wechselgeld anzunehmen. Gold sei für sie wertlos, so ihre Erklärung, und für Geld hätten sie keinerlei Verwendung.«[2]

Abgesehen davon, daß in manchen Gebieten starke Lichter beobachtet wurden – und zwar Jahre vor der Einführung der Elektrizität –, wurde zu Beginn des 20. Jahrhunderts ein weiteres Phänomen beschrieben. Autos, die sich dem abgelegenen Gebiet näherten, in dem diese Wesen offenbar lebten, blieben plötzlich stehen. Diese merkwürdigen Vorfälle sollten sich Jahre später bei Begegnungen mit UFOs wiederholen. »Völlig unerwartet leuchtete vor den Fahrzeugen ein Licht auf, und diese hörten auf zu funktionieren«, erläuterte Cervé 1931, »und zwar offenbar, weil die Stromversorgung zusammengebrochen war. Erst wenn die Insassen ausstiegen, das Fahrzeug gute dreißig Meter zurückschoben und in die entgegengesetzte Richtung drehten, erwachten Elektrik und Motor zu neuem Leben.«

Weitere Zeugen berichteten, merkwürdiges Vieh, »wie es in Amerika völlig unbekannt ist«, sei auf das Gebiet zugelaufen, in dem die geheimnisvolle Gruppe wohnte. Von besonderer Bedeutung sind die (undatierten) Sichtungen ungewöhnlicher Luftschiffe:

Hunderte anderer Zeugen erklären, sie hätten aus dieser Gegend merkwürdig geformte Boote aufsteigen sehen, die in großer Höhe über die Hügel und Täler Kaliforniens flogen und von anderen beobachtet wurden, wie sie in Küstennähe auf den Wassern des Pazifischen Ozeans landeten und dort wie Schiffe auf das Meer hinausfuhren … wieder andere haben gesehen, wie sich diese Boote erneut in die Luft erhoben und auf Inseln im Pazifik landeten … Erst kürzlich beobachtete eine Gruppe, die auf einem kalifornischen Golfplatz in der Nähe der Ausläufer der Sierra Nevada Golf spielte, wie ein merkwürdiges, silbriges Gefährt in die Luft aufstieg und über die Berggipfel davonschwebte. Es glich keinem bekannten Luftschiff und bewegte sich völlig lautlos. Nichts deutete darauf hin, daß es von einem Motor angetrieben wurde.[3]

Handelte es sich bei diesen merkwürdigen Menschen um Überlebende vom sagenumwobenen untergegangenen Kontinent Lemuria, wie die Rosenkreuzer meinen, deren mystische Überzeugungen auch Wishar Cervé teilt, oder waren sie vielleicht außerirdischer Herkunft? Die Antwort auf diese Fragen kenne ich nicht, aber es gibt eindeutige Parallelen zu anderen Berichten aus neuerer Zeit.

Zret und die Norkaner

»Hilfe, so helfen Sie mir doch!«

Im Juni des Jahres 1920 befand sich der 16jährige Albert Coe mit seinem Freund Rod auf einem Kanuurlaub in Ontario. Während er alleine auf einen Felsen in dem abgelegenen, zerklüfteten Gelände um den Mattawa River kletterte, hörte er plötzlich einen erstickten Hilferuf. Als er sich umblickte, konnte er jedoch niemanden entdecken. Er stieß selbst einen Schrei aus, auf den jemand rechts vor ihm antwortete. »Bitte helfen Sie mir, ich bin hier unten.«

»Ich konnte immer noch niemanden sehen«, sagte Coe. »Als ich etwa acht Meter in die Richtung, aus der die Stimme kam, gegangen war, gelangte ich an eine zirka anderthalb Meter breite Spalte am Fuß des Felsens, die diagonal auf den Fluß zulief. In der sich verengenden Öffnung steckte ein junger Mann, dessen blonder Kopf sich etwa achtzig Zentimeter unter der Oberfläche befand. Er hatte nur einen Arm frei. Also streckte ich die Hand aus und packte ihn am Handgelenk, konnte ihn aber nicht bewegen. Da wir immer Seil und Jagdmesser bei uns trugen, schnitt ich einen etwa drei bis fünf Meter langen jungen Ast ab, den ich als Hebel verwenden wollte, und zog mein Seil unter der Achsel des eingeklemmten Arms durch. Dann führte ich es um seinen Rücken und die Brust und legte es auf Bodenhöhe in eine Schlaufe. Dabei erklärte ich ihm, daß ich versuche, ihn herauszuhebeln. Falls es mir nicht gelingt, besteht kein Anlaß zur Sorge, beruhigte ich ihn, weil mein Freund am anderen Ufer des Flusses ist und wir ihn mit vereinten Kräften schon freibekommen.«

Coe schob die Stange durch die Schlaufe, stützte sie auf der gegenüberliegenden Seite der Spalte ab und stemmte sie nach oben. Als er fühlte, daß sich der Fremde bewegte, hob er das Ende seines Hebels so weit an, daß er ihn auf dem Ast eines Baumes ablegen konnte. Dann sprang er über den Spalt und zog den Mann heraus. Dessen Beine waren wie betäubt, so daß er nicht stehen konnte. Die linke Hüfte, das Knie und das Schienbein wiesen üble Wunden auf. Als erstes verlangte er nach Wasser. Coe kletterte über die Felsen zum Fluß zurück und holte ihm in seinem Filzhut etwas zu trinken. Mit Hilfe zweier zerschnittener Halstücher säuberte und verband er die Wunden. Dabei fielen ihm einige Ungereimtheiten auf.

Während ich ihm half, begann ich mich zu fragen, wer mein »Patient« eigentlich war. Ich erzählte ihm von unserer Reise und daß ich nach einem Weg zum offenen Wasser suchte. Dabei fiel mir auf, daß er ein merkwürdiges silbergraues Kleidungsstück trug, das wie eine enge Tunika aussah. Es fühlte sich an wie Leder, glänzte aber wie Seide. Einen Gürtel oder andere

Verschlüsse konnte ich nicht entdecken, aber direkt unter der Brust befand sich eine kleine Instrumententafel. Mehrere der Knöpfe und Anzeigen waren bei seinem Sturz zu Bruch gegangen. Da wir uns meilenweit von der Zivilisation entfernt befanden, fragte ich ihn ohne Umschweife, wo er herkam, ob er mit dem Kanu unterwegs war und wie und wann es zu seinem Unfall gekommen war.

Er erklärte mir, er sei nicht mit dem Kanu unterwegs, sondern mit einem Flugzeug, das er drei- bis vierhundert Meter flußabwärts auf einer Lichtung abgestellt habe. Am Morgen zuvor sei er dann früh aufgebrochen, um fischen zu gehen. Als er über die Spalte springen wollte, hatten Erde und Moos unter ihm nachgegeben. Er hatte schon jede Hoffnung auf Rettung aufgeben, als er hörte, wie ein paar Steine, die ich beim Aufstieg losgetreten hatte, den Felsen hinunterprasselten ... da beschloß er zu rufen. Mein Antwortschrei kam ihm wie ein Wunder vor.

»Damals waren Flugzeuge ziemlich primitiv«, fuhr Coe fort. »Wie also wollte er an einem Berghang heruntergegangen und zwischen Felsen und Bäumen gelandet sein? Ich sagte nichts dazu, weil ich dachte, der Kerl ist durchgedreht. Vielleicht hatte er sich den Kopf angeschlagen und litt unter Halluzinationen.«

Der Fremde fragte Coe nach seinem Namen und seiner Adresse und versicherte ihn seiner ewigen Dankbarkeit. Er bat ihn, nach einer kleinen Schachtel mit Ködern und seiner Angelrute zu suchen, die er bei dem Sturz in die Spalte verloren hatte. Coe fand die Schachtel nicht, aber mit der Angelrute hatte er mehr Glück. »Dieser merkwürdige Mensch wurde für mich immer geheimnisvoller. Die eigenartige Kleidung, ein Flugzeug, das in einem felsigen Wald landet, und jetzt eine Angelrute, wie ich sie nie zuvor gesehen hatte.«

Das Ende hatte einen Durchmesser von knapp zwei Zentimetern und fühlte sich ebenso lederähnlich an wie das Gewand des Fremden, war aber von strahlendblauer Farbe und saß auf einer leicht hervorgewölbten Rundung. Zu beiden Seiten befand sich ein schmaler Schlitz. Die Rute selbst bestand aus einem dünnen Aluminiumschaft ohne Führungen und Rollen, aus deren Spitze eine Leine austrat, die wie ein feiner Faden wirkte und an deren Ende eine konventionelle Trockenfliege befestigt war. Ich fragte, wo er die Rute gekauft hatte. Seine Erklärung lautete, sein Vater sei Forschungsingenieur und habe sie selbst entworfen, was mich aber nicht ganz überzeugte.

Inzwischen hatte das Blut in den betäubten Gliedern des Fremden wieder zu zirkulieren begonnen. Obwohl er gelegentlich noch vor Schmerzen das Gesicht verzog, war die generelle Verfassung des Mannes nach den Qualen, die er erlitten haben mußte, höchst erstaunlich. Das Angebot, ihm zu seinem Flugzeug zurückzuhelfen, lehnte er zunächst ab.

Coe und sein Freund waren auf dem Fluß auf Baumstämme und anderes Treibgut gestoßen und suchten nach einem Weg durch dieses Hindernis beziehungsweise nach einer Umgehungsmöglichkeit. Nach dem, was er von seinem Flugzeug aus gesehen habe, so der Fremde, lägen noch acht bis zehn harte Kilometer vor ihnen. Allerdings sei es vielleicht möglich, das Kanu streckenweise durch das seichte, sumpfige Wasser zu schieben. »Er wollte sich mir nicht weiter aufdrängen und sagte, ich solle mich besser auf den Rückweg begeben. Er wolle mich nicht länger aufhalten«, erklärte Coe.

Bei dem Zustand, in dem sich sein Bein befand, bezweifelte ich, daß er überhaupt laufen konnte, half ihm aber kommentarlos auf. Er ging zwei Schritte, schwankte und mußte sich an einen

Baum klammern, um nicht zu stürzen. Ich schob einen Arm um seine Hüfte, legte seinen linken Arm über meine Schulter und bestand erneut darauf, daß er meine Hilfe annahm ... Schließlich gab er nach, aber nur unter der Bedingung, daß ich ihm versprach, niemandem, noch nicht einmal meinem Partner, etwas von den Ereignissen des heutigen Tages und von dem, was ich sehen würde, zu erzählen. Dann berichtete er mir, sein Vater habe ein neues Flugzeug entwickelt, das sich noch im Versuchsstadium befinde und strikter Geheimhaltung unterliege. Nach der Schule helfe er selbst oft im Labor mit. Sein Vater habe ihm erlaubt, das Flugzeug zur Erprobung auf seinen Angelausflug mitzunehmen. Später würde er mir ausführlich erklären, warum ich mein Versprechen unbedingt halten müsse.

Coe erklärte sich einverstanden und half dem Mann, den er mehr tragen als stützen mußte, flußabwärts zu seinem Flugzeug.

DAS LUFTSCHIFF

Auf einer nicht mehr als zwanzig bis 25 Meter breiten Lichtung stand das Gefährt des Fremden. Coe, der ein konventionelles Flugzeug erwartet hatte, war überrascht.

Auf drei Beinen stand eine runde Silberscheibe von etwa sechs Meter Durchmesser vor mir. Ich konnte weder Propeller noch Motor, weder Tragflächen noch Rumpf entdecken. Als wir näher kamen, fielen mir mehrere schmale Schlitze am Rand auf. Das Gebilde mündete in eine runde zentrale Kuppel. Der Abstand zwischen der leicht konkaven Unterseite und dem Erdboden betrug nur etwa anderthalb Meter, so daß ich mich bücken mußte, als wir zwischen den Stützen durchgingen.

»Überrascht?« fragte er. Das war deutlich untertrieben, aber ich wollte ihn nicht mit Fragen belästigen, weil mir klar war, daß er starke Schmerzen litt. Mich interessierte nur eines: Wie zum Teufel fliegt dieses Ding?

»Ich hielt ihn fest, und er sagte: ›Bring mich zur Mitte des Schiffes.‹ Dort befanden sich an der Unterseite des Gefährts drei versenkte Abdeckungen, die sich von den Standbeinen bis zum Zentrum der runden Scheibe erstreckten. In eine von diesen griff er hinein und drückte einen Knopf, worauf eine Tür herausschwang, an deren Innenseite zwei Stufen angebracht waren. Ich verschränkte meine Hände, so daß er mit dem gesunden Fuß darauf steigen konnte, und half ihm hinauf. Von der Öffnung aus sah er zu mir herunter und erklärte: ›Ich werde nie vergessen, was du heute für mich getan hast. Vergiß dein Versprechen nicht und tritt zurück, wenn ich abhebe.‹« Coe entfernte sich, ging aber nur bis zu den Bäumen am Rande der Lichtung, wo er sich umwandte, um zu sehen, was geschehen würde.

Ich wunderte mich, daß es weder Fenster noch Bullaugen gab. Vielleicht befanden sie sich auf der anderen Seite, denn wie hätte er sonst etwas sehen können? Genau in diesem Augenblick begann der äußere Rand zu rotieren. Zuerst war ein leises, pfeifendes Geräusch zu vernehmen, das mit zunehmender Geschwindigkeit zu einem schrillen Heulen anschwoll, bis es schließlich eine Höhenfrequenz erreicht hatte, die für das menschliche Ohr nicht mehr hörbar war. Von dem Flugobjekt ging ein Pulsieren aus, das ich eher fühlte als hörte. Ich hatte das Gefühl, zusammengepreßt zu werden. Als sich das Gefährt wenige Meter über dem Boden befand, blieb es in der Luft stehen, wobei es leicht vibrierte. Die Beine falteten sich zusammen und verschwanden in den Aussparungen, woraufhin sich das Schiff mit der Leichtigkeit eines Löwenzahnsamens, der vom Wind getrieben wird, in die Luft erhob und verschwand.

Völlig verwirrt begab sich Coe auf den Rückweg zum Camp. »Das Ganze kam mir vor wie ein bizarres Theaterstück. Obwohl alles nicht länger als eine Stunde gedauert hatte, hatte ich den Eindruck, tausend Jahre in die Zukunft gereist zu sein. Ich hatte das unbehagliche Gefühl, etwas gesehen zu haben, was gar nicht existierte. Es war, als seien vor mir unzusammenhängende Bilder aufgetaucht, wie man es von Träumen kennt.«

Er lief zurück, um nach der Köderschachtel zu suchen, allerdings vergeblich. Doch ein Teil eines blutbefleckten Halstuchs, die Stange, die er als Hebel benutzt hatte, der Baumstumpf und die Zweige zeugten von dem, was vorgefallen war.

Coe und Rod fuhren den Mattawa River hinunter. Ihre Reise verlief genau so, wie von dem Fremden vorhergesagt. Schließlich erreichten sie den Ottawa River, wo sie die folgenden beiden Wochen in der Wildnis verbrachten.

Als sie keine Tagesreise mehr von Ottawa entfernt waren, saß Coe eines Nachts am Lagerfeuer, während Rod sich im Zelt aufhielt. »Ich träumte vor mich hin, als plötzlich über den dunklen, von Bäumen bedeckten Hügeln am anderen Ufer des Flusses ein silbriger Schimmer sichtbar wurde, der kurz darauf für wenige Sekunden wieder verschwand. Doch dann war ich mir sicher: Vor dem Sternenhimmel schwebte bewegungslos das eigenartige Flugzeug meines merkwürdigen Freundes. Es stand in etwa zwanzig Meter Höhe direkt vor dem Ufer und neigte sich dann von Seite zu Seite. Kein Zweifel: ein Gruß … Mir war klar, daß er mir damit sagen wollte, daß es ihm wieder gutging. Wenn ich ihn jemals treffen sollte, nahm ich mir vor, wollte ich ihn fragen, wie er in der dunklen Nacht so genau wissen konnte, wo ich war.«

Die Rückkehr

Fast sechs Monate nach der ersten Begegnung erhielt Coe eine mit »Xretsim« unterzeichnete Nachricht, in der er gebeten wurde, sich zum Mittagessen im McAlpine-Hotel in Ottawa einzufinden. Er war sicher, daß sie nur von dem mysteriösen Fremden stammen konnte, mit dem er sich damals angefreundet hatte.

»Ich spürte ein leichtes Kribbeln im Bauch, weil ich nicht sicher war, daß ich mich an sein Gesicht erinnern würde. Als ich die Eingangshalle betrat, kam er mir mit ausgestreckter Hand entgegen und begrüßte mich mit den Worten: ›Du siehst aber ganz anders aus als bei unserer ersten Begegnung.‹ Genau das dachte ich auch. Ich hatte große Zweifel, ob ich ihn in seinem konventionellen Anzug mit weißem Hemd und Krawatte erkannt hätte.«

Der Händedruck schien Coe etwas merkwürdig, denn der Mann hielt dabei ein kleines Gerät in der Hand. Später erfuhr er, daß damit die »Vibrationsfrequenz« seines Körpers aufgezeichnet wurde, die auf einer Art Fernsehbildschirm wiedergegeben werden konnte. Sobald seine »Vibrationsfrequenz« registriert war, so Coe, ließ sich jede seiner Bewegungen aus der Ferne verfolgen. »Damit wollte man sichergehen, daß ich mein Versprechen halte«, erklärte er.

»Ich fragte zuerst, wie man seinen Namen aussprach, und erkundigte mich nach seinen Verletzungen. Mit einem schelmischen Lächeln erwiderte er: ›Für den Augenblick kannst du mich Zret nennen. Bald wirst du verstehen, warum. Dank deiner rechtzeitigen Hilfe befinden sich mein Bein und ich in hervorragender Verfassung.‹« (*Xretsim* heißt rückwärts gelesen »Mister X«.)

»Mir lagen tausend Fragen auf der Zunge, aber die meisten davon konnte ich nicht stellen, weil er selbst viel redete und sich nach meinem Ausflug, meiner Schule, meinen Hobbys und Zielen erkundigte. Er erzahlte mir, daß er auf unserer Fahrt nach Ottawa immer wieder nach uns gesehen hatte, weil er wissen wollte, ob es uns gut ging. In der Nacht, als ich sein Flugzeug beobachtete, hatte er am anderen Ufer geangelt [!], als wir unser Lager aufschlugen, und meine Umrisse im Schein des Feuers erkannt …«

Nach dem Mittagessen erklärte Zret Coe, daß er zwei bis drei Monate nichts von ihm hören werde, versprach ihm aber, im späten Frühjahr mit ihm einen Angelausflug zu unternehmen. Anfang Mai trafen sich die beiden an der Hastings Station in Ottawa und fuhren mit Zrets (normalem) Auto zum Lake Mahopac. Während der Fahrt erfuhr Coe von dem außerirdischen Angler vieles von dem, was er hatte wissen wollen. Es war eines der zahlreichen Treffen, die sich über sechs Jahrzehnte hinziehen sollten.

DIE MISSION

Zret begann das Gespräch damit, daß er Coe fragte, ob er seinen Eltern von der Begegnung erzählt hatte. Dieser verneinte und erklärte, er werde das Geheimnis niemals verraten. Daraufhin sprach Zret weiter:

> Vermutlich ahnst du bereits, daß ich in deiner modernen Welt ein Fremder bin. Für die Erklärung, die ich dir jetzt geben werde, trage ich die alleinige Verantwortung. Unsere Mission hier muß für alle Zeiten streng geheim bleiben. Wenn die Ereignisse, die wir vorhersehen, nicht eintreten, wird niemand jemals von unserer Anwesenheit erfahren. Ich bin dir zutiefst dankbar, und da du zudem bestimmte Dinge gesehen und damit von ihrer Existenz erfahren hast, habe ich mich entschlossen, das Gesetz des Schweigens zu brechen … Ich bin überzeugt davon, daß du auch in Zukunft so verschwiegen sein wirst wie in der Vergangenheit, so daß ich nichts zu befürchten habe. Solltest du aber mein Vertrauen enttäuschen, könnte dies entsetzliche Folgen haben.

Zret fuhr fort, seine wahre Identität müsse ebenso geheim bleiben wie seine Adresse und Einzelheiten über sein Privatleben, erklärte aber, er gehöre zu einer Gruppe, deren Aufgabe es sei, den wissenschaftlichen Fortschritt auf der Erde zu beobachten. Bei seinen Erdaufenthalten trat er seinen Angaben zufolge als Elektronikstudent auf. Das Hauptmotiv für die Besuche auf der Erde sei die Fähigkeit des Menschen, Waffen von immer größerer Zerstörungskraft zu entwickeln. »Erst vor kurzem ist ein langer, blutiger Krieg zwischen vielen der ›intelligenteren‹ und ›kultivierteren‹ Nationen der Erde zu Ende gegangen, in dessen Verlauf es zu Erfindungen kam, deren einziges Ziel der Massenmord am Menschen ist … Ihr militärischer Einsatz führte zu dem entsetzlichen Phänomen brutaler Zerstörung, das man als ›Weltkrieg‹ bezeichnet. Diese Konzentration der menschlichen Erfindungskraft auf die Entwicklung immer tödlicherer Waffen war der Hauptauslöser für unsere Mission …«

Später sollte Coe erfahren, daß Zrets Volk 1904 etwa hundert seiner Leute in alle größeren Nationen eingeschleust hatte. Sie sollten, als kleine Gruppen von Technikern getarnt, die Fortschritte unserer Wissenschaftler genauestens beobachten. Ihre Hauptsorge war, daß wir Geheimnisse des Atoms entdecken würden, die für unseren Planeten katastrophale Folgen haben könnten.

Auf drei Planeten zu Hause

Coe wollte gern wissen, woher sein Freund stammte. Wie so häufig stellt dieses Thema einen heiklen Punkt dar. Kontaktpersonen geben häufig absurde Orte an, von denen die Außerirdischen angeblich stammen, und entwerten dadurch ihre eigenen Berichte. Zret erwiderte, er lebe gegenwärtig auf zwei Planeten: »… einmal auf dem Mars, der sich dem Ende seiner Evolution nähert, und zum anderen auf der Venus, auf welcher der Evolutionsprozeß weniger weit fortgeschritten ist als auf der Erde. Dennoch unterscheiden sich die Lebensbedingungen in den höher gelegenen

Gebieten nicht allzu drastisch von denen hier.« Offenbar hatte er auch eine beträchtliche Zeit auf der Erde verbracht.

Bei späteren Treffen erklärte Zret, seine Rasse stamme von einem Planeten namens »Norka«, der etwas kleiner als die Erde sei, vier Monde besitze und sich auf einer 136 Millionen Kilometer langen Umlaufbahn um Tau Ceti bewege. Dieser elf Lichtjahre von uns entfernte Stern gleicht dem unseren und ist etwa genauso alt. Vor 14 000 Jahren begann Norka langsam, aber unaufhaltsam auszutrocknen. Man versuchte alles, um diese Entwicklung aufzuhalten, aber vergebens. Als einzige Lösung blieb die Auswanderung in ein anderes Sonnensystem. Da das unsrige eine ähnliche Sonne besaß, wurde es zum Ziel ihrer Emigration. Nach einer erfolgreichen Erkundung der Erde, bei der es zu einem kurzen Kontakt mit Cromagnon-Menschen kam, kehrte die ausgesandte Expedition nach Norka zurück. Man beschloß, die Erde zu kolonisieren. 243 000 Norkaner verließen ihren Planeten in 62 riesigen Raumschiffen, auf denen sie verschiedene Tier-, Pflanzen- und Insektenarten mit sich führten. Aufgrund unvorhergesehener tragischer Umstände wurden fast alle dieser Gefährte in unsere Sonne gezogen. Nur eine »norkanische Arche« entging diesem Schicksal, erlitt jedoch auf dem Mars eine Bruchlandung, bei der es zahlreiche Todesopfer gab. Dennoch überlebten 3700 der ursprünglich etwa 5000 Passagiere.

Den Norkanern gelang es, so Zret, unter den relativ ungünstigen Bedingungen auf dem Mars zu überleben. Über 900 Jahre blieben sie auf diesem Planeten. »Spätere Generationen«, erläuterte er, »erreichten wieder einen Entwicklungsstand, der sie befähigte, eine Doppelmission auf die Venus und die Erde zu entsenden, die später beide kolonisiert wurden. Während der ersten Phase dieser Expansion wurden auf der Venus Forschungsstationen eingerichtet, um die besondere Atmosphäre des Planeten zu untersuchen, doch die Kolonisierung konzentrierte sich vor allem auf die Erde.« Wenn man Coe – und Zret – Glauben schenken will, wurden folgende Orte besiedelt, die hier in chronologischer Ordnung genannt sind: der mythische Kontinent Atlantis, das Cuzco-Tal in den Anden, der legendäre Kontinent Lemuria (etwa 1600 Kilometer östlich der heutigen Marshall Islands), Nordtibet und zuletzt der Libanon. Die Norkaner vermischten sich mit der einheimischen Bevölkerung, die, so Zret, damals durchweg schwarz- oder braunhaarig war und dunkle Augen besaß, sich allerdings durch die Pigmentierung der Haut unterschied. Erst durch die Vermischung der Rassen entstanden hellhäutige Menschen mit blondem Haar.

»Auf der Venus gab es keine menschlichen Wesen«, berichtete Zret. »Heute befindet sich unsere Heimatbasis im Hochland der Venus, aber ein Großteil unserer Forschungsarbeit erfolgt nach wie vor auf dem Mars. Die dünne Atmosphäre und die ungewöhnlichen Magnetfelder ermöglichen einen nahezu verzerrungsfreien Empfang, was den Planeten zu einem idealen Versuchslabor für elektronische Sondierung macht.«

Es ist bekannt, daß eine ungeschützte menschliche Existenz weder auf dem Mars noch auf der Venus möglich ist. Auf dem Mars ist die Atmosphäre viel zu dünn und zu kalt, während der atmosphärische Druck auf der Venus neunzigmal so hoch sein soll wie auf der Erde. Die Durchschnittstemperatur liegt etwa bei 470 Grad Celsius, der Kohlendioxidanteil der wasserlosen Atmosphäre beträgt 97 Prozent. Zehn Prozent der Venus bestehen aus Hochland, dessen höchster Punkt ein Berg namens Maxwell Montes ist, der sich 10 760 Meter über den »Meeresspiegel« der Venus erhebt und ein riesiges Hochland von der Größe Australiens, die sogenannte Ishtar Terra, um 8200 Meter überragt. Da die Venus häufig als Heimat von Außerirdischen erwähnt wird – Coe war anscheinend der erste, dem dies mitgeteilt wurde –, stehen wir vor einem Paradox. Wenn wir davon ausgehen, daß weder

Coe noch Zret gelogen haben, stellt sich die Frage, ob es den Norkanern gelungen sein kann, mit Hilfe von hochentwickelter Technologie die lebensfeindliche Umgebung an ihre Bedürfnisse anzupassen. Dabei ist zu berücksichtigen, daß die Bedingungen im
Hochland möglicherweise weniger extrem sind als anderswo auf
dem Planeten. Selbst mit irdischer Technologie ist diese Vorstellung nicht völlig aus der Luft gegriffen. Der verstorbene Carl
Sagan, eine führende wissenschaftliche Autorität auf diesem Gebiet, stellte die Hypothese auf, daß sich durch die Injektion geeig-
neter Algen in die Atmosphäre der Venus »im Laufe der Zeit die
extrem lebensfeindliche Umwelt für den Menschen wesentlich
angenehmer gestalten ließe«.[4]

Noch mehr Erklärungen

Zret erklärte, zur Zeit seiner ersten Begegnung mit Coe habe er
Sommerferien gehabt und die Gelegenheit genutzt, um Angehörige seines Volkes zu besuchen, »die eine der festen Basen außerhalb des Planeten betreiben«. Mit seinem Flugobjekt könne er
»die wunderbaren Fischgründe der sonst unzugänglichen Flüsse
und Seen Kanadas genießen«. Als er die Basis verließ, hatte er seinen Kameraden erklärt, es bestehe kein Grund zur Sorge, falls sie
eine Woche lang nichts von ihm hörten, solange sie in regelmäßigen Abständen von zwanzig Minuten das Funksignal für »alles
klar« von seinem Schiff empfingen. Das erwies sich als unverzeih-
licher Fehler.

Du erinnerst dich sicher an die kleine Instrumententafel vorne
an meinem Fliegeranzug. Im Inneren des Anzugs befinden sich
mehrere Elektroden, wie ich sie vereinfacht nennen will, die
mit den verschiedenen Nervenzentren des Körpers in Verbindung stehen. Zwei weitere sind an meinem Nacken, direkt unter dem Gehirn, angebracht. Die linke der beiden empfängt

Impulse vom Gehirn, während die andere die Signale registriert, die die Hirnanhangsdrüse, das »Schaltzentrum« des Gehirns, aussendet. All diese relativ schwachen Wellen werden in die Schalttafel auf meiner Brust eingespeist, wo in einer Notlage Streßimpulse und entsprechende Gedanken umgewandelt und verstärkt werden. Normalerweise wird diese Information an das Kontrollzentrum im Raumschiff weitergeleitet, das dann anstatt des »O.K.-Signals« eine schnelle Tonwelle aussendet, mit der Alarm geschlagen wird. Innerhalb von drei bis vier Stunden trifft dann Hilfe ein. Über die manuell zu bedienenden Instrumente auf der Tafel werden außerdem zahlreiche Funktionen des Raumschiffs gesteuert. Sogar ein unbemannter Rückflug zur Basis ist damit möglich ...

Bei Zrets Sturz in die Spalte waren die Knöpfe auf der Instrumententafel an seinem Anzug so stark beschädigt worden, daß er sie nicht mehr bedienen konnte. Als er nach seiner Rettung durch Coe an Bord seines Schiffes gegangen war, stellte er den dort installierten Sender sofort auf Notruf um. Wenige Minuten nachdem er den automatischen Rückflug einprogrammiert hatte, war er zusammengebrochen. Später erfuhr er, daß »mich eines unserer größeren Schiffe ›eingesammelt‹ hat, das den Notruf aufgefangen und mich mitsamt meinem Gefährt an Bord genommen hat«.

Coe erkundigte sich nach Zrets Alter. »Du wirst überrascht sein«, erwiderte Zret, der sehr jung aussah. »Ich bin genau 304 Jahre älter als du.« Jahrzehnte später sollten zahlreiche Kontaktpersonen von der phänomenalen Langlebigkeit der Außerirdischen berichten. Es ist daher interessant, daß Coe (zumindest seinen Aussagen nach) bereits 1921 davon erfuhr. Zret erklärte ihm, diese Langlebigkeit werde durch einen Verjüngungsprozeß erreicht. »Alle 105 Jahre müssen wir diesen Zyklus durchlaufen.

Unser Lebenspotential beträgt etwa 630 Jahre, aber ohne den Verjüngungsprozeß sterben wir genau wie ihr. Der Vorgang läßt sich fünfmal wiederholen, dann ist die chemische Zersetzung zu weit fortgeschritten, und der interne Mechanismus versagt.«

Die Norkaner schienen nicht nur auf technologischem Gebiet hoch entwickelt zu sein, sondern auch bemerkenswerte geistige Fähigkeiten wie Telepathie und ethische Prinzipien zu haben.

DIE WEITERE ENTWICKLUNG

Albert Coes Begegnungen mit Zret und anderen Angehörigen seiner Gruppe dauerten bis in die späten siebziger Jahre an und fanden etwa zehn- bis zwölfmal pro Jahr statt. Er hielt sein Versprechen und erzählte bis 1958 niemandem etwas. Erst dann berichtete er mit Zrets Genehmigung seiner Frau davon. »Zuerst hielt sie es für einen Witz«, gestand Coe 1977 Dr. Berthold Schwarz, einem Psychiater und UFO-Forscher. »Dann wollte sie ihn auch kennenlernen, was natürlich ausgeschlossen war. Diese Leute legen größten Wert auf Geheimhaltung. Dafür gibt es gute Gründe, und ich wollte sie auf keinen Fall verraten.«

Coe erhielt auch die Erlaubnis, mit Teilen seiner Geschichte an die Öffentlichkeit zu treten. Er gab verschiedenen Radio- und Fernsehsendern in Washington Interviews und schrieb ein Buch über seine Erlebnisse, das er 1969 selbst herausgab. Außerdem behauptete er, in Washington mit Beamten der amerikanischen Regierung zusammengekommen zu sein. »Sie haben mich ausgefragt, um meine Aussagen zu entkräften.«

1958 begannen sich Leute für ihn zu interessieren, die er für FBI-Agenten hielt. »Ein Jahr lang folgten sie mir überallhin. Ich lebte in New Jersey und hatte eine kleine Wohnung neben einem Friseurgeschäft. Der Friseur war ein guter Freund von mir und erzählte mir, daß diese Männer versuchten, ihn auszuhorchen. Sie wollten wissen, wohin ich ging, was ich tat, wer meine Freunde waren und so weiter.« In den fünfziger Jahren wurden zahlreiche Kontaktpersonen wie George Adamski von Bundesbeamten überprüft, wie aus den unter dem Freedom of Information Act freigegebenen Akten des FBI hervorgeht. Adamskis wesentlich spätere Begegnungen enthalten viele Parallelen zu denen von Coe, der jedoch interessanterweise auf Befragen von Dr. Schwarz erklärte, Adamski sei ein »Betrüger«.

Was soll man von Albert Coes verrückter Geschichte halten? Coe war ein anerkannter Maschinenbauingenieur und litt, wie er Dr. Schwarz mitteilte, weder unter Verwirrungszuständen, Halluzinationen oder Paranoia, noch hatte er jemals eine Gehirnentzündung gehabt oder war wegen einer geistigen Erkrankung in klinischer Behandlung. Nachdem ich mir sein neunzigminütiges Interview mit Dr. Schwarz[5] genau angehört und sein Buch *The Shocking Truth*[6] eingehend studiert habe – beide haben mir für dieses Buch als Quellen gedient –, kam ich zu dem Schluß, daß er die Wahrheit sagte, zumindest so, wie er sie sah.

Reparaturarbeiten am Boden

Im Sommer 1933 bemerkten zahlreiche Personen in Nipawin im kanadischen Saskatchewan merkwürdige Lichter am Himmel und in Bodenhöhe. Eines Nachts beschlossen zwei Männer und eine Frau, deren Namen dem UFO-Forscher John Musgrave bekannt sind, dem Geheimnis auf den Grund zu gehen, und fuhren mit ihrem Pick-up in das entsprechende Gebiet. Nachdem sie sich diesem so weit wie möglich genähert hatten, ging das Trio zu Fuß in Richtung des Lichtscheins, der aus den Wäldern drang. Obwohl sie etwa vierhundert Meter von ihrem Ziel entfernt durch einen Muskegstreifen (Sumpf) am Weitergehen gehindert wurden, konnten die Zeugen beobachten, daß das Licht von einem großen, ovalen Raumschiff stammte, das auf Landebeinen mitten im Moor stand.

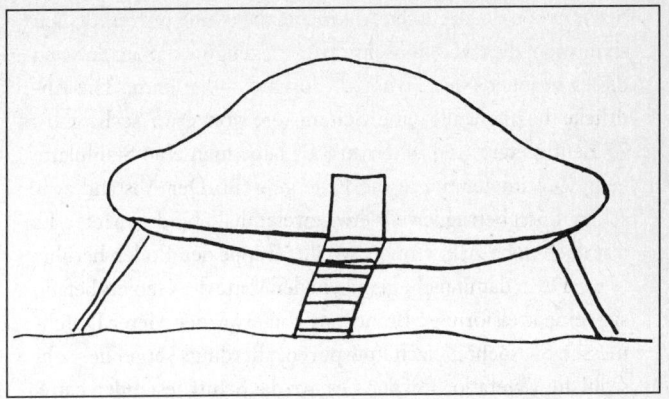

Skizze des 1933 im kanadischen Nipawin gelandeten Raumschiffs, erstellt von einem der Augenzeugen.

Das Raumschiff mündete oben in eine Kuppel und war unten leicht gewölbt (siehe oben). Aus einer Tür oder Klappe in der Mitte ragte eine Treppe, auf der ein Dutzend Gestalten nach oben und unten stiegen. Sie schienen etwas kleiner als ein durchschnittlicher Mann zu sein und trugen silberfarbene Anzüge und Helme oder »Ski«-Mützen. Offenbar versuchten sie hektisch, ihr Raumschiff zu reparieren. Eine merkwürdige Stille lag über dem betroffenen Gebiet, was auch in Berichten über solche Fälle aus späteren Jahren immer wieder erwähnt wird. Von dem Raumschiff ging ein helles, orangefarbenes Licht aus und erleuchtete die Umgebung. Nach etwa einer halben Stunde begaben sich die Zeugen auf den Rückweg zur Stadt. Sie hofften, den Sumpf umgehen zu können, um einen besseren Aussichtspunkt zu finden.

Ein paar Nächte später kehrten sie an den Ort des Geschehens zurück. Von dem Raumschiff fehlte jede Spur, aber die Spuren an der Landungsstelle waren noch deutlich sichtbar. John Musgrave berichtete:

Sechs große quadratische Abdrücke, die wohl von den Beinen stammten, die das Raumschiff trugen, zeugten davon, daß sich dieses in jener Nacht wirklich dort befunden hatte. Die Abdrücke besaßen alle eine Seitenlänge von etwa sechzig bis 75 Zentimetern und sahen aus, als habe man eine Stahlplatte zehn Zentimeter tief in die Erde gepreßt. Der Abstand zwischen ihnen betrug jeweils etwa zweieinhalb bis drei Meter. Es war auch noch zu erkennen, wo die Treppe den Boden berührt hatte. Doch damit nicht genug, in der Mitte des Gebiets befand sich eine kreisförmige Brandspur von etwa vier Meter Durchmesser. Sie suchten nach Fußspuren, allerdings vergeblich, obwohl die Vegetation um den Ort, wo das Schiff gestanden hatte, zum Teil niedergetreten war.[7]

Humanoiden in Spanien

Im Laufe der Jahre ist immer wieder berichtet worden, daß Außerirdische auf Plattformen aus ihren Raumschiffen herabgelassen wurden (zum Beispiel bei dem von Lord Mountbatten untersuchten Vorfall, der sich 1955 auf seinem Anwesen im englischen Hampshire ereignete und den ich in meinem Buch *Jenseits von Top Secret* – Orig. *Beyond Top Secret* – beschrieben habe). Später werde ich noch weitere Fälle zitieren. Hier möchte ich das früheste mir bekannte Ereignis dieser Art wiedergeben, wie es dem UFO-Forscher Oscar Rey berichtet wurde.

Am 25. Juli 1938 um 23 Uhr 30 stießen im spanischen Guadalajara ein Angehöriger des Militärs und sein Assistent auf ein dunkles, linsenförmiges Objekt mit einem Durchmesser von elf Metern, das etwa zwei Meter über der Erde schwebte. Es war nur sechzig Meter von ihnen entfernt. Aus der Unterseite ragte eine Art Säule, an deren Ende sich eine Plattform befand, auf der zwei menschenähnliche Gestalten herabgelassen wurden (siehe nächste Seite). Es herrschte völlige Stille. Ein blauer Lichtkegel fiel auf

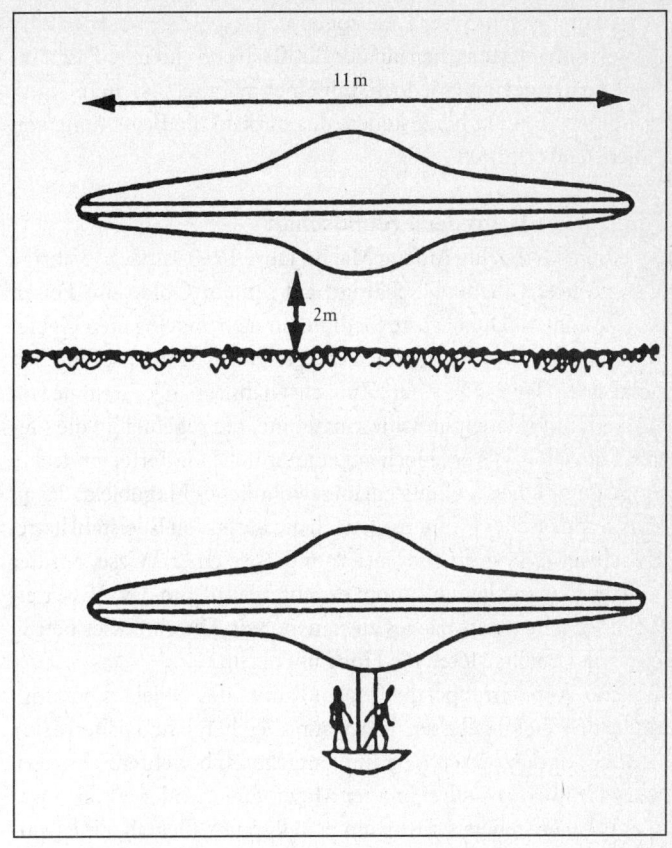

Die von Angehörigen des Militärs 1938 im spanischen Guadalajara beobachtete fliegende Untertasse *(Terence Collins/FSR Publications)*.

die Augenzeugen, denen eiskalt wurde. Die Plattform wurde eingezogen, und die beiden Teile des Objektes begannen sich in entgegengesetzter Richtung zu drehen. Als das UFO abhob, ging ein intensives weißes Licht davon aus.[8]

In den meisten dieser Fälle zogen sich die Außerirdischen eilig zurück, sobald Menschen auf der Bildfläche erschienen. Fast zwei Jahre später gelang es jedoch, mit einer aufgeschloseneren Spezies einen Kontakt herzustellen, der stark an die Begegnung von Albert Coe erinnert.

Ein starkes Band der Freundschaft

An einem klaren Tag Anfang Mai im Jahre 1940 war der 37jährige Udo Wartena damit beschäftigt, auf seinem Goldclaim Felsen wegzuräumen. Die nächste Siedlung in dem abgelegenen Gebiet war das Dorf Townsend südlich von Helena in Montana. Plötzlich hörte er ein lautes Dröhnen. Zunächst nahm er an, es stamme von den Triebwerken einer Militärmaschine, die regelmäßig die Gegend überflog. Als er jedoch auf eine Anhöhe kletterte, entdeckte er zu seiner Überraschung ein ungewöhnliches Flugobjekt, das an zwei Suppenteller erinnerte, jedoch die Farbe von Edelstahl hatte. Es schwebte in geringer Entfernung über einer Wiese, auf der Wartena einen kleinen Damm errichtet hatte, um das Wasser eines nahe gelegenen Baches zu stauen. Sein Durchmesser betrug mehr als dreißig Meter, die Höhe über zehn.

Eine Wendeltreppe, die fest am Rumpf des Objektes befestigt war, wurde herabgelassen. Ein Mann stieg herab und näherte sich dem Goldgräber. »Ich ging ihm entgegen«, berichtete Wartena. »Als wir noch etwa drei bis vier Meter voneinander entfernt waren, blieb er stehen. Er trug einen hellgrauen Overall, eine [runde] Mütze aus dem gleichen Material und Slipper oder Mokassins.« Der Fremde schüttelte ihm die Hand, wobei er entschuldigend meinte, es sei bei ihnen eigentlich nicht üblich, fremde Grundstücke zu betreten, wo sie von Menschen gesehen werden konnten.

»Dann fragte er mich, ob ich damit einverstanden sei, daß sie Wasser aus dem Bach entnehmen. Da ich keinen Grund sah, seine Bitte abzuschlagen, erteilte ich ihm die Erlaubnis. Daraufhin gab er ein Signal, und ein Schlauch oder Rohr wurde herabgelassen. Sein Englisch war nicht schlechter als meines, aber er sprach langsam, wie ein Sprachenkenner, der seine Worte sorgfältig wählt.«

Der Fremde lud den verwirrten Wartena höflich in sein Raumschiff ein. Als dieser direkt unter dem Objekt stand, fiel ihm auf, daß das Dröhnen zwar leiser geworden war, aber direkt durch seinen Körper hindurchzugehen schien. Im Inneren war es jedoch kaum noch vernehmbar.

Wir betraten einen Raum, der etwa vier mal fünf Meter maß und von indirekter Beleuchtung unter der Decke erhellt wurde. An seinem anderen Ende befand sich eine dicht schließende Schiebetür, an den Seiten waren einladend wirkende, gepolsterte Bänke angebracht. Ein älterer, unauffällig gekleideter Mann mit schneeweißem Haar erwartete uns ... Das Haar des jüngeren Mannes war ebenfalls weiß.

Beide Männer sahen auffallend gut und jugendlich aus und wirkten kraftvoll. Ihre Haut war so makellos, daß sie transparent schien. Der Augenzeuge begann daran zu zweifeln, daß sie von der Erde stammten, und erkundigte sich danach. »Wir leben auf einem fernen Planeten«, erwiderten sie und deuteten auf den Himmel.

Auf die Frage, warum sie das Wasser aus dem Bach dem eines nahe gelegenen Sees vorzogen, erwiderte der Jüngere, das Wasser des Baches sei reiner, da es keine Algen enthielt, und besser »geeignet« – was darauf hindeutet, daß sie dort bereits früher Wasser entnommen hatten.

Dann erklärte der jüngere der beiden das Antriebssystem des Schiffes:

Wie Ihnen bereits aufgefallen sein dürfte, schweben wir über dem Grund. Trotz des Gefälles steht das Raumschiff gerade. Am äußeren Rand befinden sich zwei Schwungräder, die sich in entgegengesetzte Richtungen drehen ... Dadurch erhält das Schiff seine eigene Schwerkraft, genauer gesagt, die Anziehungskraft der Erde und anderer Planeten sowie der Sonne und der Sterne wird überwunden. Obwohl diese Anziehung nicht stark ist, nutzen wir sie, um auf ihr zu gleiten. Es ist etwa so, als würde man auf Eis fahren.

Die »Schwungräder« oder Ringe waren etwa einen Meter breit und mehrere Zentimeter dick und an Stangen befestigt, die von Motoren gedreht wurden. Diese erhielten ihre Energie von »akku- oder transformatorähnlichen« Einheiten am Innenrand des Gefährts. Bei interstellaren Reisen konnte das Schiff angeblich auf einen Stern und dessen Energie »eingestellt« werden und mit deren Hilfe schneller als das Licht (die Lichtgeschwindigkeit beträgt $2,99792458 \cdot 10^8$ m/s) reisen, wobei es »auf den Lichtwellen dahinglitt«, wie sie es nannten. »Sie überwinden die Schwerkraft nicht nur«, erläuterte Wartena, »sie nutzen sie.«

Dann fragte er, woher sie die Energie für solch ein großes Schiff bezogen. »›Von der Sonne und anderen Sternen‹, sagten sie. Es sei möglich, diese in den Akkus zu speichern. Diese Möglichkeit werde aber nur im Notfall genutzt. Sie erklärten, sie besäßen noch eine andere Energiequelle, erläuterten das aber nicht weiter.« Viele Jahre später deutete Wartena einem Familienmitglied gegenüber an, bei diesem Kraftstoff habe es sich um Wasserstoff gehandelt.

Auch diesmal erklärten die Außerirdischen nicht, wie die Überwindung der Schwerkraft allein als Antrieb diente. Bei vielen Begegnungen begründeten sie ihre Zurückhaltung mit der Sorge, die Erdlinge könnten ihre revolutionäre Technologie mißbrauchen, was durchaus verständlich scheint. Dennoch hat Wartena meines Erachtens einige wichtige Hinweise erhalten.

Wartena, der völlig entspannt mit den Kosmonauten umging, ließ sich auf deren Bitte auf »Unreinheiten untersuchen«, wobei eine Art »Röntgen«-Gerät über seinen Körper geführt wurde. Leider sind keine Einzelheiten über den Sinn und die Ergebnisse dieser Untersuchung überliefert. Bemerkenswert ist jedoch, daß andere Kontaktpersonen ebenfalls von solchen Untersuchungen berichten.

Als sich der Zeuge nach dem Alter seiner Gastgeber erkundigte, erklärte der eine, er sei 600 Jahre alt. Der andere, der verständlicherweise »etwas älter« wirkte, behauptete, er sei 900. Selbst für Norkaner ist dies bemerkenswert. Ihren Aussagen zufolge sprachen sie viele unserer Sprachen und versuchten ständig dazuzulernen.

Warum aber besuchten sie die Erde? »Wie Sie sehen, gleichen wir Ihren Leuten«, erklärten sie Wartena. »Wir mischen uns unter die Menschen, um Informationen zu sammeln, Ratschläge zu erteilen und, falls nötig, zu helfen.« Sie überwachten den »Fort- beziehungsweise Rückschritt« unserer Gesellschaft, sagten sie weiter. Als tiefgläubiger Christ fragte Wartena, ob sie von Jesus und dem Glauben an ihn wüßten. »Wir würden gerne über diese Dinge sprechen, aber es ist uns nicht möglich«, lautete die Antwort. »Wir dürfen uns in keiner Weise einmischen.«

Die freundlichen Raumfahrer luden ihn ein, mit ihnen zu kommen, doch er lehnte ab, weil dies vielen Menschen Probleme bereiten würde, so seine Erklärung. »Später fragte ich mich, warum ich das gesagt hatte«, bemerkte er. Vielleicht war seine Weigerung darauf zurückzuführen, daß zwei Jahre zuvor in der Nachbarschaft ein junger Mann spurlos verschwunden war. Hatte er die Besucher begleitet?

Wartena hatte das Gefühl, es sei an der Zeit, sich zu verabschieden. Die Männer rieten ihm, mit niemandem über seine Begegnung zu sprechen, da ihm ohnehin niemand glauben würde. Wenn die Zeit gekommen sei, könne er dies aber tun.

Wie bei anderen Begegnungen dieser Art riet man dem Zeugen, von dem startenden Flugobjekt ausreichend Abstand zu halten. »Als ich mich von dem Raumschiff entfernte, holten sie die Treppe ein. Nach etwa hundert Metern drehte ich mich um. Eine Reihe von Bullaugen hatte sich geöffnet. Zwar konnte ich selbst niemanden erkennen, doch ich hatte das Gefühl, daß sie mich sehen konnten. Auf jeden Fall winkte ich ihnen.« Erneut war das laute, dröhnende Geräusch zu vernehmen. Dann stieg das Schiff, das während der zweistündigen Begegnung in der Luft geschwebt hatte, auf, neigte sich kurz von einer Seite zur anderen und verschwand mit hoher Geschwindigkeit.

Eine Art »Energiefeld« legte sich über das Gebiet und hinderte den Zeugen mehrere Stunden lang am Fortgehen.

Diese bemerkenswerte Geschichte erfuhr ich von dem australischen UFO-Forscher Warren Aston, der sie wiederum von einer amerikanischen Quelle hatte, die den Zeugen gekannt hatte. Udo Wartena war holländischer Abstammung und wurde von allen als einfacher, ehrlicher Mensch beschrieben. Diese Einschätzung teilte auch seine Frau, die Aston persönlich kennenlernte. Wartena hielt sein Erlebnis in einem umfassenden Bericht fest, wahrte das Geheimnis jedoch fast dreißig Jahre lang, bis er sich seinem besten Freund anvertraute. Er starb 1989.

Der vielleicht eindrucksvollste Aspekt der Begegnung war für den Zeugen das starke Gefühl freundschaftlicher Bindung, das er für die Kosmonauten empfand. Er betonte, sie seien Männer »wie wir und sehr nett«. In ihrer Gegenwart fühlte er sogar »Liebe oder Geborgenheit«. Leider sind Begegnungen mit Außerirdischen nicht überall so positiv verlaufen.

Treppe zu den Sternen

Am Abend des 4. Juli 1949 sollte Daniel Fry, Raketentechniker auf dem riesigen Testgelände der Aerojet General Corporation im abgelegenen White Sands in New Mexico, seinen ganz persönlichen Unabhängigkeitstag erleben.

Fry hatte ursprünglich vorgehabt, nach Las Cruces zu fahren, um dort mit seinen Kollegen zu feiern, hatte aber den letzten Bus verpaßt. Daher ging er in sein Zimmer zurück und begann ein Fachbuch über Hitzetransfer zu lesen, ein Problem, das bei der Entwicklung des Raketenantriebs eine wichtige Rolle spielt. »Bald sollte ich allerdings merken«, so Fry, »daß diese Materie, akademisch betrachtet, zwar sehr interessant ist, für den menschlichen Körper jedoch höchst unangenehme Auswirkungen haben kann.« Um 20 Uhr fiel offenbar die Klimaanlage aus, und es wurde unerträglich heiß. In der Hoffnung, daß es draußen kühler sein würde, beschloß er spazierenzugehen.

Zunächst marschierte er auf einen alten Teststand zu, an dem bei Aerojet damals die größten Raketenantriebe erprobt wurden. Dann jedoch entschied er sich für eine Strecke, die zum Fuß der Organ Mountains führte. Als er zum Abendhimmel aufblickte, sah er zu seiner Überraschung, wie ein Stern »erlosch«. Diesem folgte ein weiterer, dann noch zwei. Plötzlich tauchten die vor dem dunkelblauen Himmel kaum wahrnehmbaren Umrisse eines

(Links). Daniel Fry, der Raketentechniker, behauptete, 1949 von einem unbemannten Raumschiff, das auf dem Testgelände von White Sands in New Mexico gelandet war, auf einen Flug mitgenommen worden zu sein und später
regelmäßig Kontakt mit Außerirdischen gehabt zu haben.
(Rechts) Vergrößerung eines vermutlich echten Fotos, das Fry im September
1954 in der Nähe von Baldwin Park in Kalifornien aufnahm.

Objektes auf, das sich offenbar in seine Richtung bewegte. »Als es
immer näher kam, wäre ich am liebsten losgerannt«, erläuterte er.
»Aber meine Erfahrung mit Raketen hat mich gelehrt, daß es
sinnlos ist, vor einem heranrasenden Objekt davonzulaufen, solange man nicht weiß, in welche Richtung es sich bewegt. Wenn
man rennt, ist es nämlich unmöglich, seine Flugbahn zu bestimmen.«

Inzwischen hatte sich der Flugkörper bis auf 200 bis 300 Meter
genähert. Er bewegte sich jetzt langsamer und verringerte seine
Geschwindigkeit offenbar weiter. Von der Form her handelte es
sich um ein abgeplattetes Ellipsoid, dessen Durchmesser an der

breitesten Stelle um die zehn Meter betrug. »Durch die stark verringerte Geschwindigkeit etwas beruhigt, blieb ich, wo ich war, und beobachtete, wie es leicht wie Distelsamen durch die Luft glitt. Etwa zwanzig Meter von mir entfernt setzte es ohne den geringsten Ruck oder Stoß auf dem Boden auf. Bis auf das Knacken im Unterholz, auf dem es niedergegangen war, war nicht das geringste Geräusch zu vernehmen gewesen. Unendlich lange … starrte ich das bewegungslos daliegende Objekt an wie ein Kind das Kaninchen, das der Zauberer gerade aus dem Hut geholt hat. Ich war mir bewußt, daß es unmöglich war, aber trotzdem war es da!«

Fry arbeitete seit vielen Jahren in der Raumfahrtindustrie, hatte jedoch noch nie ein solches Gerät gesehen. Als Vizepräsident der Crescent Engineering and Research Company in Kalifornien hatte er zum Beispiel mehrere Teile des Leitsystems für die Atlas-Rakete entwickelt. Bei Aerojet war er für die Instrumente verantwortlich, mit deren Hilfe die Raketen kontrolliert und gelenkt wurden. »Wer dieses Gefährt entwickelt hatte, verfügte offenkundig über eine Intelligenz und Technologie, die die Antwort auf Fragen kannte, die unsere besten Physiker noch nicht einmal gestellt hatten«, kommentierte Fry. Vorsichtig näherte er sich dem gelandeten Objekt bis auf wenige Meter und lauschte auf Lebenszeichen oder Geräusche aus dem Inneren, aber vergeblich.

Ich begann langsam, um das Objekt herumzugehen, um es genauer zu untersuchen. Es handelte sich um … ein Rotationsellipsoid, das oben und unten stark abgeflacht war. Seine Höhe betrug etwa fünf Meter, an der breitesten Stelle maß es ungefähr zehn Meter. Diese befand sich etwa zwei Meter über dem Boden. Aufgrund der Linienführung wirkte es, von unten betrachtet, wie eine Untertasse, obwohl es in Wirklichkeit eher wie eine auf einen Teller gestülpte Suppentasse geformt war.

Die dunkelblaue Färbung, die ich in der Luft beobachtet hatte, war verschwunden. Die Oberfläche bestand aus poliertem, silbrigem Metall, das jedoch leicht violett glänzte. Ich ging einmal um das Teil herum, ohne irgendwelche Türen oder Fenster zu finden. Nicht einmal Nähte konnte ich entdecken … Vorsichtig trat ich näher und streckte meinen Zeigefinger aus, bis dieser die metallene Oberfläche berührte. Sie war nur wenige Grad wärmer als die Lufttemperatur und so glatt, daß mein Interesse sofort geweckt war. Es war unmöglich, irgendeine Reibung zwischen meiner Fingerspitze und dem Metall herzustellen. So fest ich meinen Finger auch dagegenpreßte, er rutschte auf der Oberfläche ab, als befänden sich Millionen winziger Kugellager zwischen ihm und dem Metall. Als ich mit der geöffneten Hand über das Metall fuhr, spürte ich ein leichtes, aber unverkennbares Kribbeln in den Fingerspitzen und dem Handballen.

Die Stimme

Plötzlich erscholl aus dem Nichts eine laute Männerstimme. »Faß den Rumpf besser nicht an, Kumpel, der ist nämlich noch heiß!« Erschrocken sprang Fry zurück, wobei er mit der Ferse in einem niedrigen Busch hängenblieb und der Länge nach auf den Rücken schlug. Er hörte ein leises Kichern, dann meldete sich erneut die Stimme. »Ganz ruhig bleiben, Junge, wir kommen in freundlicher Absicht.« Fry erlangte seine Fassung soweit wieder, daß er sich nach der Person oder dem Gerät umsehen konnte, aus dem die Stimme drang. Obwohl er nichts entdeckte, beschwerte er sich bei der Stimme über deren Lautstärke. »Tut mir leid, Kumpel, aber Sie waren gerade dabei, sich umzubringen, und da blieb keine Zeit, mit den Knöpfen herumzuspielen«, lautete die Antwort darauf. »Soll das heißen, daß der Rumpf radioaktiv ist?« wollte Fry wissen. »Wenn ja, bin ich viel zu dicht dran.«

»Nicht in dem Sinn, in dem ihr das Wort verwendet. Ich habe ›heiß‹ gesagt, weil mir in eurer Sprache kein anderes Wort für diesen Zustand einfiel. Der Rumpf ist von einem Feld umgeben, das jede andere Materie abstößt. Eure Physiker würden von einem Gegenstück zur bindenden Kraft des Atoms sprechen.« Dann folgte eine längere Ausführung, von der Fry erstaunlich viele Einzelheiten behielt.

Wenn bestimmte Elemente, wie zum Beispiel Platin, richtig aufbereitet und lange genug energiereichen Photonen ausgesetzt werden, bilden sich außerhalb des Atomkerns Teilchen, die der Bindungskraft entgegenwirken. Da sich diese Teilchen gegenseitig ebenso abstoßen wie andere Materien, tendieren sie wie Elektronen dazu, an die Oberfläche des Metalls zu wandern, wo sie sich als Abstoßungskraft manifestieren. Die Halbwertszeit dieser Teilchen ist relativ lang, so daß die kosmische Strahlung im Weltraum für eine wirksame Aufladung ausreicht. Im molekularen Bereich ist das Feld sehr stark. Da es jedoch dem siebten Energiegesetz folgt, wird die Kraft im Abstand weniger Mikron vom Rumpf so schwach, daß man sie vernachlässigen kann.

Vielleicht ist Ihnen aufgefallen, daß sich der Rumpf ungewöhnlich glatt und rutschig anfühlt. Das liegt daran, daß Ihr Körper gar nicht direkt mit dem Metall in Verbindung gekommen ist, sondern von der Abstoßungskraft des Feldes in einer kurzen Entfernung davon gehalten wurde. Durch dieses Feld ist der Rumpf während der Landung vor Kratzern und anderen Schäden geschützt. Bei Flügen durch eine Atmosphäre verringert sich dadurch zudem die Reibung stark. Das Feld sorgt für einen fast perfekten, laminaren Luft- beziehungsweise Gasfluß, so daß nur wenig Hitze entsteht, die auf den Rumpf übertragen werden könnte.

»Aber warum sollte mich das umbringen?« erkundigte sich Fry. »Als ich den Rumpf berührt habe, war nur ein leichtes Kribbeln in der Hand zu fühlen. Und warum sprechen Sie von *meiner* Sprache? Für mich klingen Sie wie ein echter Amerikaner.«

Auf die erste Frage erklärte die Stimme, Fry wäre vermutlich innerhalb weniger Monate gestorben, wäre er dem »Kraftfeld« länger ausgesetzt gewesen. Dieses löse nämlich die Bildung von »»Antikörpern‹, wie ihr es nennen würdet«, im Blut aus, die von der Leber aufgenommen werden und dort zu einer abnormen Vergrößerung und Verstopfung des Organs führen. »Sie waren dem Feld nur so kurz und auf solch einem begrenzten Bereich ausgesetzt, daß die Gefahr nicht besonders groß ist. Allerdings werden Sie vermutlich früher oder später seine Wirkung spüren, immer vorausgesetzt, daß eure biologischen Funktionen den unseren ähnlich sind. Wir haben guten Grund anzunehmen, daß dies der Fall ist.« Die Stimme fuhr fort:

Was die zweite Frage angeht, so will ich Ihnen sagen, daß ich kein Amerikaner wie Sie, ja noch nicht einmal ein »Erdling« bin, obwohl ich im Rahmen meiner gegenwärtigen Mission beide Identitäten annehmen werde. Die Tatsache, daß Sie mich für einen Ihrer Landsleute gehalten haben, zeigt, mit welchem Einsatz ich Ihre Sprache gelernt und geübt habe. Wenn Sie länger mit mir sprechen würden, würde Ihnen jedoch auffallen, wie begrenzt mein Wortschatz ist. Viele der von mir verwendeten Wörter würden Ihnen überholt und altmodisch vorkommen. Tatsache ist, daß ich noch nie einen Fuß auf euren Planeten gesetzt habe. Ich werde mindestens noch vier Jahre brauchen, um mich an eure Umwelt mit der stärkeren Schwerkraft und an eure Atmosphäre zu gewöhnen … Dazu benötige ich die volle Unterstützung von jemandem wie Ihnen, der bereits auf diesem Planeten lebt.

Fry stand lange Zeit schweigend da und versuchte zu verarbeiten, was er gesehen und gehört hatte. Dann setzten die beiden das Gespräch fort, wobei Fry eine Reihe von Fragen stellte, die sich zunächst vor allem mit seiner Reaktion auf sein Erlebnis befaßten. Die Stimme klang ermutigend:

Bei unserem Besuch wollen wir unter anderem herausfinden, wie es um die Anpassungsfähigkeit der Erdbewohner bestellt ist, vor allem, wenn es darum geht, sich in kurzer Zeit mental auf Bedingungen und Ideen einzustellen, die eurer Denkweise fremd sind. Frühere Expeditionen, wie sie unsere Vorfahren immer wieder durchführten, erwiesen sich in dieser Hinsicht als Fehlschläge. Diesmal hoffen wir, auf aufnahmefähigere Geister zu treffen, die uns dabei helfen, zum Fortschritt eurer Rasse beizutragen oder zumindest ihr Überleben zu sichern … Die Tatsache, daß Sie trotz der für Sie einzigartigen Erfahrung ruhig meiner Stimme lauschen und logische Antworten geben, ist der beste Hinweis darauf, daß Sie die geistigen Fähigkeiten besitzen, nach denen wir suchen.

Fry dankte der Stimme, merkte jedoch an, daß diese Feststellung offensichtlich bedeute, er solle an einem Projekt beteiligt werden, das dem Fortschritt der Menschheit diene. »Warum ich? Nur weil ich zufällig am Ort der Landung war? Ich könnte Ihnen ohne Probleme direkt hier auf dem Testgelände eine Reihe von Leuten vorstellen, die Ihnen weit wertvollere Dienste leisten könnten als ich.«

»Das mag schon sein«, lautete die Antwort. »Aber würden sie mir auch helfen wollen?«

Wenn Sie glauben, Sie seien nur zufällig hier, unterschätzen Sie unsere Fähigkeiten gewaltig. Warum, glauben Sie, hat man Ihnen bei der Abfertigung am Busbahnhof die falsche Auskunft erteilt? Warum ist die Klimaanlage, die bis jetzt einwandfrei funktioniert hat, heute nacht ausgefallen? Warum sind Sie in diese kleine Straße eingebogen, wo Sie doch eigentlich zur Standtestanlage gehen wollten? Und nicht zuletzt, warum sind Sie nicht zur Basis zurückgelaufen, um von der Ankunft unseres Erkundungsfahrzeugs Bericht zu erstatten, wie Sie es ursprünglich vorhatten [das war anfänglich Frys Absicht gewesen]? Wir zwingen anderen nur sehr selten unseren Willen auf ... aber dieser Fall ist für euer Volk so wichtig, daß wir das Gefühl hatten, wir müßten eine Ausnahme machen ...

Die Stimme bat Fry um seine Hilfe bei einem geplanten Programm für »das Wohlergehen, mehr noch, das Überleben« der Bevölkerung der Erde. Man teilte ihm mit, es würden noch mehrere Jahre vergehen, bevor seine Mitarbeit erforderlich werde. »Wir möchten Ihnen gerne einen kurzen Testflug in unserem Erkundungsfahrzeug anbieten. Vielleicht überzeugt Sie das davon, daß wir wirklich die sind, als die wir uns ausgeben, und daß ihr viel von unserer Technologie lernen könnt«, fuhr die Stimme fort.

Bei diesem Fahrzeug handelt es sich um ein ferngesteuertes Erkundungsgerät, das auch für Frachttransporte eingesetzt werden kann. Ich benutze zwar sein Kommunikationssystem, befinde mich selbst jedoch nicht dort, sondern an Bord eines wesentlich größeren Langstrecken-Weltraumtransporters, den ihr Mutterschiff nennen würdet. Gegenwärtig befindet sich dieser in einer Höhe von 1300 Kilometer über der Oberfläche eures Planeten. Weiter dürfen sich Schiffe dieser Größe Planeten mit einer meßbaren Atmosphäre nicht nähern. Mit Hilfe des Frachttransporter entnehmen wir eurer Atmosphäre

Proben, damit sich meine Lungen allmählich daran gewöhnen …

Noch im Weltraum wurde die Atmosphäre im Inneren des Transporters durch ein ferngesteuertes Ventil ausgestoßen, so daß sich dort nun ein fast hundertprozentiges Vakuum befindet. Wenn ich die Schleuse erneut öffne, was umgehend der Fall sein wird, wird eure Luft einströmen und das Schiff füllen. Damit steht uns ein Muster eurer Atmosphäre zur Verfügung, an dem sich deren Zusammensetzung und die enthaltenen Mikroorganismen in großem Maßstab studieren lassen. Letztere werden von uns ebenfalls untersucht und sind auch für die Immunisierung von Bedeutung. Während des kurzen Demonstrationsflugs werden Sie natürlich diese Atmosphäre einatmen, was das Bild bezüglich dieses Musters verzerrt, aber bis meine Akklimatisierung an die Umwelt auf eurem Planeten abgeschlossen ist, wird sich noch ausreichend Gelegenheit ergeben, weitere Proben zu erhalten.

Im Inneren des Raumschiffs

Vom oberen Teil des Raumschiffs war ein Geräusch zu vernehmen, das sich wie eine Mischung aus Zischen und Murmeln anhörte und etwa fünfzehn Sekunden lang anhielt. Danach war alles ruhig. »Bei einem Einlaß, der groß genug war, ein Schiff dieser Größe in fünfzehn Sekunden mit Luft zu füllen, hätte man eigentlich einen ziemlichen Lärm hören müssen«, überlegte Fry. »Mir wurde klar, daß die Wände des Raumschiffs so gut wie schalldicht waren. Da das durch die eindringende Luft verursachte Geräusch hauptsächlich im Inneren entstand, war draußen kaum etwas davon zu hören.«

Dann klickte es im Unterteil der Wand des Raumschiffs einmal. Ein Bereich des unteren Rumpfes glitt ein paar Zentimeter nach hinten und verschwand seitlich in der Wand des Rumpfes.

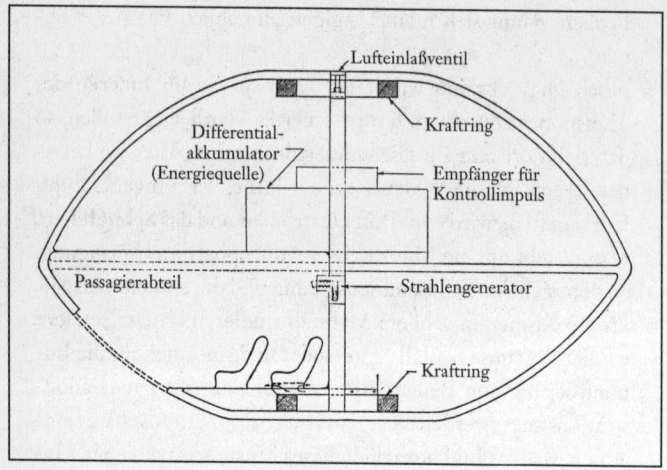

Querschnitt des ferngesteuerten Raumschiffs

Zurück blieb eine ovale Öffnung, die etwa einen Meter fünfzig hoch war und an der breitesten Stelle ungefähr einen Meter maß. Fry ging auf die Luke zu, duckte sich leicht und trat ins Innere des Raumschiffs. Aufgrund der runden Form des Schiffes befanden sich seine Füße noch auf dem Boden, als er sich zum ersten Mal umsah.

Das Abteil, in das ich blickte, nahm nur einen kleinen Teil des Inneren des Schiffes ein. Der Raum war etwa drei Meter tief und gut zwei Meter breit, wobei sich der Fußboden etwa vierzig Zentimeter über der Erde befand. Die Wände waren leicht gebogen und dort, wo sie zusammentrafen, abgeschrägt, so daß es weder ausgeprägte Winkel noch Ecken gab …
Der Raum enthielt vier Sitze, die sehr an unsere modernen, an die Körperform angepaßten Stühle erinnerten, aber kleiner

waren ... Sie waren in je zwei Reihen mitten im Raum angeordnet und auf die Öffnung, in der ich stand, ausgerichtet, so daß zu den Wänden hin ein Gang frei blieb. In der Mitte der hinteren Wand war direkt unter der Decke ein kleiner Kasten oder Schrank angebracht, der mit einem Rohr und einer Linse ausgestattet war. Ich fühlte mich an eine kleine Filmkamera oder an einen Projektor erinnert, allerdings waren weder Filmrollen noch andere bewegliche Teile zu entdecken. Aus der Linse fiel Licht, aber nicht in einem Strahl wie bei einem Projektor. Es war eher ein diffuses Glimmen ... das dennoch so viel Licht lieferte, daß man in dem kleinen Abteil ohne Probleme sehen konnte.

Fry fiel auf, daß die Sitze und das Licht offenbar die einzigen Einrichtungsgegenstände in dem sonst leeren Metallraum waren. Nicht sehr einladend, diese Kabine, dachte er. Sieht eher aus wie eine Zelle.

»Das hier ist nur ein Erkundungsgerät und nicht für den Transport von Passagieren bestimmt«, antwortete die Stimme auf Frys unausgesprochenen Gedanken. »Dieses kleine Abteil ist nur für Notfälle bestimmt, aber Sie werden feststellen, daß die Sitze ziemlich bequem sind. Wenn Sie den Testflug machen möchten, kommen Sie herein und nehmen Sie Platz.«

Fry stieg ein und ging auf den nächsten Sitz zu. Dabei hörte er ein Klicken, und die Tür glitt aus der Vertiefung in der Wand hinter ihm. »Instinktiv wandte ich mich um, als wollte ich in die verhältnismäßig sichere offene Wüste hinter mir springen, aber die Tür hatte sich bereits geschlossen. Wenn es sich um eine Falle handelte, saß ich bereits fest, und es hatte keinen Sinn, gegen das Unausweichliche anzukämpfen.«

»Wohin möchten Sie fliegen?« erkundigte sich die Stimme, die jetzt von allen Seiten zu kommen schien. »Ich weiß nicht, wieviel Zeit Ihnen zur Verfügung steht und wie weit wir kommen«, gab er zurück. »Und da das Abteil keine Fenster besitzt, ist es egal, wohin wir fliegen, weil ich ohnehin nichts sehen werde.«

»Sie werden durchaus etwas sehen können, zumindest soviel wie aus einem eurer Flugzeuge bei einem Nachtflug. Ich würde Ihnen einen Flug über New York empfehlen, von dem wir in zirka dreißig Minuten zurück sein könnten. Aus einer Höhe von etwa dreißig eurer Kilometer bieten die Lichtmuster eurer Großstädte ein faszinierendes Bild, das wir noch bei keinem anderen Planeten beobachten konnten.«

»Nach New York und zurück in dreißig Minuten? Eure Minuten müssen anders als unsere sein. New York befindet sich über dreitausend Kilometer von hier entfernt, ein Rundflug wäre also mehr als sechstausend Kilometer lang. Eine Flugzeit von einer halben Stunde würde eine Geschwindigkeit von zwölftausend Kilometern pro Stunde bedeuten. Wie wollen Sie mit diesem Raumschiff Energien dieser Größenordnung erzeugen und einsetzen? Und wie soll ich die Beschleunigung aushalten? Die Sitze sind ja nicht einmal mit Gurten ausgestattet!«

»Sie werden die Beschleunigung nicht spüren«, lautete die beruhigende Antwort. »Nehmen Sie einfach Platz, dann starte ich das Raumschiff ...«

Fry ließ sich in dem Sitz nieder, der der Tür am nächsten war, und fand ihn sehr bequem. »Das Material fühlte sich an wie Schaumstoff mit Vinylbezug. Da ich jedoch keine Nähte oder Verbindungsstellen entdeckte, wie sie bei einem Bezug nötig wären, war das Material, was immer es auch sein mochte, vermutlich in einem Arbeitsgang an den Rahmen angepaßt worden.«

Stoffe werden transparent
»Ich werde jetzt das Licht im Abteil aus- und den Sichtstrahl einschalten«, sagte die Stimme. Für einen Augenblick wurde das

Abteil völlig dunkel, dann drang aus dem Projektor ein Lichtstrahl. »Der Strahl beziehungsweise der Teil, der überhaupt sichtbar war, war dunkelviolett, zeigte also eine Farbe am obersten Ende des sichtbaren Spektrums«, erläuterte Fry. »Er war so eingestellt, daß er genau die Tür abdeckte, durch die ich gekommen war. Unter seiner Einwirkung wurde diese vollkommen transparent, so daß ich das Gefühl hatte, durch feines Tafelglas oder Akryl zu blicken.«

Als die Stimme sagte, sie werde nun einige der grundlegenden technischen Prinzipen erläutern, wurde Fry klar, daß die Worte, die er hörte, seine Ohren vermutlich nicht über Schallwellen erreichten, sondern direkt in seinem Gehirn entstanden. Die Stimme fuhr fort:

Wie Sie sehen, ist die Tür transparent geworden. Das überrascht Sie, weil Sie von der Vorstellung ausgehen, daß Metalle vollkommen undurchsichtig seien. Gewöhnliches Glas ist jedoch ebenso dicht wie viele Metalle und härter als die meisten von ihnen. Dennoch ist es lichtdurchlässig. Die meisten Stoffe sind undurchsichtig, weil die Lichtphotonen in der Umlaufbahn der Elektronen des Atoms abgefangen und absorbiert werden. Dies geschieht, wenn die Frequenz der Photonen der des Atoms entspricht. Die so gespeicherte Energie wird bald wieder abgegeben, allerdings normalerweise im infraroten Bereich, der nicht mehr zum sichtbaren Spektrum gehört, so daß sie nicht als Licht erkannt werden kann. Es gibt verschiedene Methoden, Stoffe durchsichtig oder zumindest durchscheinend zu machen.

Einmal kann man eine Feldmatrix zwischen den Atomen schaffen, die die Absorption des Photons verhindert. Solch eine Matrix entwickelt sich in vielen Substanzen während der Kristallisierung. Dann kann man auch die Frequenz der Photonen erhöhen, bis sie über der höchsten Absorptionsfrequenz der Atome liegt. Bei dem Energiestrahl, der gegenwärtig auf das Metall der Tür einwirkt, handelt es sich um einen »Frequenzverstärker«, wie ihr es nennen würdet. Der Strahl dringt in das Metall ein und erhöht die Frequenz des Lichts, das dieses erreicht, bis sie in einem Bereich zwischen »Röntgenstrahlen« und »kosmischer Strahlung« liegt, um mit euren Worten zu sprechen. Bei diesen Frequenzen ist es für die Wellen kein Problem, das Metall zu durchdringen. Wenn sie auf der Innenseite erneut austreten, kommt es zu einer zweiten Interaktion mit dem Sichtstrahl. Dadurch entstehen Schwingungsfrequenzen, die mit den ursprünglichen Frequenzen des Lichts identisch sind. Man könnte sie ungefähr mit der Trägerfrequenz einer eurer Radiostationen vergleichen. Allerdings findet die Modulation erst später statt und nicht direkt bei der Entstehung der Trägerfrequenz.

Der irdische Rundfunk wird abgehört

Fry bemerkte, daß sein unsichtbarer Gast hervorragend mit der irdischen Technologie vertraut war, wenn man bedachte, daß er noch nie einen Fuß auf die Erde gesetzt hatte. »Sie unterschätzen *unsere* Technologie«, lautete die Antwort.

Sie haben keine Ahnung, wie genau euer Planet in den letzten Generationen von vorbeifahrenden Raumschiffen beobachtet worden ist. Die Funknachrichten und Radiosendungen, die ihr ständig in den Weltraum hinausschreit, können von unseren Systemen ohne Probleme aus einer Entfernung empfangen werden, die dem Mehrfachen des Durchmessers eures Sonnensystems entspricht. Innerhalb eines Raums dieser Größenordnung gibt es immer Schiffe, die entweder das System passieren oder dort anhalten, um Solarenergie zu laden. Alle Daten aus irdischen Radio- und Funkübertragungen, die für andere Rassen von Interesse sein könnten, werden aufgezeichnet und an entferntere Empfangsstationen weitergeleitet, die sie ebenfalls weitergeben, bis sie in einem Großteil der Galaxie zur Verfügung stehen.

Der Start

Die Stimme kündigte an, das Schiff werde sofort abheben. »Einen Augenblick später verschwand plötzlich der Erdboden unter mir mit unglaublicher Geschwindigkeit«, berichtete Fry. »Ich hatte selbst nicht das Gefühl, mich zu bewegen, und das Schiff schien felsenfest zu stehen ... die Lichter der Armeebasis auf dem Testgelände, die durch einen niedrigen Hügel verdeckt worden waren, wurden sofort sichtbar ... Ein paar Sekunden später sah ich die Lichter der Stadt Las Cruces ... ich wußte, daß wir in wenigen Sekunden mindestens 350 Meter an Höhe gewonnen haben mußten. Während des Aufstiegs rotierte das Schiff leicht nach links, so daß ich den Highway von Las Cruces nach El Paso [Texas] sehen konnte ... Ich konnte sogar die dünne dunkle Linie des Rio Grande erkennen ... Die Erdoberfläche schimmerte grünlich. Der Himmel draußen vor dem Schiff war viel dunkler geworden, und die Sterne schienen doppelt so hell zu leuchten.« Er nahm an, daß das Schiff inzwischen die Stratosphäre erreicht hatte, was bedeutete, daß sie in nicht mehr als zwanzig Sekunden eine Höhe von über 15 Kilometern erreicht hatten, ohne daß er die Beschleunigung auch nur im geringsten gespürt hätte.

»Sie befinden sich jetzt zwanzig Kilometer über der Erdoberfläche«, verkündete die Stimme, »und wir steigen mit mehr als achthundert Metern pro Sekunde. Wir haben die Geschwindigkeit bewußt reduziert, damit Sie den Blick auf eure Städte aus der Luft besser genießen können. Die Flughöhe wird fünfzig Kilometer betragen ...«

Gravitationsfelder

Die Stimme erklärte, warum sich die Beschleunigung nicht auf die Insassen der Raumschiffe auswirke, eine Frage, »die sich eure Wissenschaftler, und nicht nur diese, offenbar häufig gestellt haben«.

Immer wenn unsere Erkundungsgeräte oder Landungsfahrzeuge beobachtet und ihre Geschwindigkeit und Beschleunigung beschrieben wurden, reagierte man mit Unglauben ... Das war für uns eine große Enttäuschung hinsichtlich der Bewertung der Intelligenz der Erdbewohner ... Die Antwort lautet einfach, daß die Kraft, mit der unsere Gefährte beschleunigt werden, von ihrer Natur her mit dem Gravitationsfeld identisch ist. Sie wirkt nicht nur auf jedes Atom des Schiffes, sondern auch auf alle Masseatome in seinem Inneren, also auch auf den Piloten und die Passagiere. Unabhängig von der Stärke des Feldes befinden sich also alle Masseteilchen in seinem Einflußbereich in einem gleichmäßigen Zustand der Beschleunigung oder, wie ihr es nennen würdet, des freien Falls im Verhältnis zum Feld. Unter diesen Umständen wirkt sich die Beschleunigung weder auf das Gefährt aus noch auf das, was es in seinem Inneren birgt.

»Aber warum schwebe ich dann nicht in der Luft«, wandte Fry ein, »wie man es bei Objekten im Inneren einer Rakete, die sich im freien Fall befindet, erwarten müßte?«

Bevor das eigene Feld des Schiffes generiert wurde, befand es sich auf der Erde, und Sie saßen auf dem Sitz. Daher wirkte zwischen Ihnen und dem Sitz die Schwerkraft. Da die Beschleunigungskraft auf das Schiff und Ihren Körper direkt proportional zur Masse wirkt, bleibt die ursprüngliche Kraft zwischen Ihrem Körper und dem Sitz konstant. Allerdings nimmt sie ab, wenn sich mit der Entfernung die Anziehungskraft des Planeten reduziert. Bei Reisen zwischen Planeten und Sternen, bei denen es keine natürliche Schwerkraftquelle gibt, reproduzieren wir diese Kraft aus praktischen Gründen künstlich.

Die Schwerkraft, an die wir gewöhnt sind, beträgt kaum mehr als die Hälfte der Anziehungskraft der Erde. Das ist einer der Gründe, warum es so lange dauert, bis wir uns an eure Umwelt gewöhnt haben. Wenn ich jetzt auf eurem Planeten landen würde, könnte ich die doppelt so hohe Schwerkraft zwar eine Zeitlang ertragen, doch das verdoppelte Gewicht würde meine inneren Organe nach unten drücken und ihre Funktion beeinträchtigen. Die Differenz zwischen dem Blutdruck im Kopf und dem in den Füßen wäre, wenn ich aufrecht stehe, doppelt so hoch wie normalerweise. Es gibt noch ein paar andere Komplikationen … Wenn ich dagegen auf meinem eigenen Schiff bleibe, kann die Schwerkraft, der ich ausgesetzt bin, langsam, aber regelmäßig erhöht werden. Das bedeutet, daß sich das Stützgewebe allmählich kräftigen und verstärken kann, bis eure Schwerkraft für mich schließlich so normal wie meine eigene ist.

Fry fragte, ob man ihm das Antriebssystem des Schiffes erklären könne, vor allem weil der Energiebedarf bei dieser fantastischen Beschleunigung doch gewaltig sein müsse. Die Stimme wies darauf hin, daß es dafür Konzepte und Wörter gebe, die in der menschlichen Sprache und im menschlichen Bewußtsein noch keine Entsprechung hätten. Nachdem der Sprecher diese durch mehrere Analogien veranschaulicht hatte, fuhr er fort:

Bei dem großen, trommelähnlichen Gerät direkt über dem mittleren Schott handelt es sich um den Differentialakkumulator. Im wesentlichen dient dieser Akku zur Energiespeicherung. Er kann aus mehreren natürlichen Quellen aufgeladen werden. Wir können ihn auch aus den Energiebänken unseres eigenen Schiffes auffüllen, aber das ist nur selten notwendig. In eurer Stratosphäre gibt es zum Beispiel mehrere Schichten ionisierter Gase, die zwar verdünnt, aber stark aufgeladen sind. Bringt man das Schiff auf der entsprechenden Höhe in eine planetare Umlaufbahn, kann es bei jeder Umkreisung das Mehrfache der Energie aufnehmen, die notwendig ist, um es in der Umlaufbahn zu halten. Außerdem würde es natürlich auch eine beträchtliche Anzahl energiereicher Elektronen von der Sonne einsammeln.

Mit »den Differentialakkumulator laden« meine ich nur, daß zwischen seinen beiden Polen eine potentielle Differenz geschaffen wird. In seinem Material sind freie Elektronen in Mengen vorhanden, die eure Vorstellungskraft weit übersteigen. Ein Steuerungsmechanismus läßt diese Elektronen durch die Elemente der Kraftringe fließen, die Sie an Boden und Decke sehen ... Durch den enormen Durchfluß von Elektronen durch die Kraftringe entsteht ein stark magnetisches Feld. Da sich Richtung und Amplitude durch jeden Ring und über verschiedene Pfade in jedem der Ringe kontrollieren lassen, können wir ein Feld erzeugen, das in einem sehr genau festgelegten Modus schwankt. Damit lassen sich magnetische Resonanzen zwischen beiden Ringen beziehungsweise zwischen verschiedenen Segmenten eines Ringes erzeugen.

Wie Sie wissen, erzeugt jedes magnetische Feld von wechselnder Intensität ein elektrisches Feld, bei dem die Amplitude gleich, die Stromrichtung aber entgegengesetzt ist und das senkrecht zum magnetischen Feld steht. Kommt es zu einer gegenseitigen Resonanz beider Felder, entsteht eine Vektorkraft. Wenn Amplitude und Frequenz der Resonanz nicht sehr groß sind, bleibt das Vektorfeld sehr klein und wird leicht übersehen. Die Amplitude des Vektorfeldes wächst jedoch schneller als die der beiden Felder, die es erzeugen, und wird bei einer hohen Resonanz sehr stark. Das Vektorfeld, das senkrecht zu den anderen beiden Feldern ausgerichtet ist, sorgt für einen Effekt, der dem der Schwerkraft ähnlich, ja im Grunde mit ihr identisch ist.

Fällt das Zentrum des Feldes mit dem Massezentrum des Raumschiffs zusammen, erhöht sich dadurch nur die Trägheit oder Masse des Schiffes. Ist dies nicht der Fall, wird das Schiff in Richtung auf dieses Zentrum beschleunigen. Da das System, das das Feld erzeugt, Teil des Schiffes ist, wird es sich mit diesem bewegen und daher ständig ein Feld erzeugen, dessen Zentrum mit seiner Anziehungskraft direkt vor dem Massezentrum des Schiffes liegt. Dieses wird daher so lange beschleunigen, wie das Feld erzeugt wird … Um das Schiff zu bremsen oder anzuhalten, wird das Feld so generiert, daß sein Zentrum direkt hinter dem Massezentrum liegt, was zu einer negativen Beschleunigung führt.

Unkonventionelle Kommunikation

»Übrigens«, bemerkte Fry irgendwann, »ich kenne noch nicht einmal Ihren Namen. Oder habt ihr keine Vornamen und Nachnamen wie wir?«

»Wir haben Namen, obwohl sich unter uns kaum jemals die Gelegenheit ergibt, sie zu benutzen. Wenn ich Mitglied eurer Rasse werde, werde ich den Namen Alan verwenden, der in eurem Land weit verbreitet und mit meinem Vornamen fast identisch ist, der ›Ahlahn‹ ausgesprochen wird.«

Alan sagte, wenn es notwendig sei, werde man Fry erneut kontaktieren, allerdings nicht unbedingt auf konventionellem Wege. »Wir haben Ihr genaues Frequenzmuster aufgezeichnet«, sagte er (über diese Methode berichtete auch Albert Coe) und erläuterte kurz das Thema mentale Telepathie und »übersinnliche« Wahrnehmung:

> Zunächst einmal handelt es sich gar nicht um ein übersinnliches Phänomen, sondern um einen Teil der normalen Wahrnehmungsfunktionen des Körpers. Während einer bestimmten Entwicklungsphase einer Rasse hört man jedoch auf, sich ihrer zu bedienen, weil es sich um eine relativ öffentliche Art der Kommunikation handelt und das Individuum in dieser Phase eine weitgehend geschützte Privatsphäre für seine Gedanken und Worte benötigt. Die meisten eurer Tiere nutzen diesen Sinn stärker als eure Leute. Für einige eurer Insekten handelt es sich sogar um die einzige Form von Kommunikation ...

Kommunikation sei auch über ferngesteuerte kleine Sonden sowie über eine »Modulation des Hörnervs durch Elektronenstrahlen« möglich.

Im freien Fall

Noch bevor Alan das Antriebssystem genau erklärte, hatte das Raumschiff New York überflogen. Dabei hatte man die Höhe auf 35 Kilometer und die Geschwindigkeit auf 900 Kilometer pro Stunde reduziert, was Fry einen ausgezeichneten Ausblick ermöglichte. »Durch die Temperaturunterschiede zwischen den verschiedenen Luftschichten unter mir«, schrieb er, »flimmerten die Lichter stark, so daß die gesamte Stadt wie ein Meer pulsierender, schimmernder Lichter wirkte.«

Bevor sie zurückflogen, fragte Alan Fry, ob er den »freien Fall« erleben wolle. »Unter den gegenwärtigen Bedingungen wäre es gefährlich, diesen Zustand komplett herzustellen, aber wir können eine weitgehende Annäherung erreichen, bei der zwar eine gewisse Stabilität erhalten bleibt, Sie aber dennoch die Schwerelosigkeit erleben.«

»Plötzlich ging das Licht im Abteil an«, berichtete Fry. »Während ich versuchte, meine Augen an das Licht zu gewöhnen, schien mein Magen plötzlich in die Höhe zu springen.« Obwohl er häufig erlebt hatte, wie ein Flugzeug abrupt in den Sinkflug ging oder nach oben zog, und oft genug Achterbahn gefahren war, war diese Erfahrung für ihn neu.

»Ich hatte nicht das Gefühl zu fallen. Es war einfach, als hätte man ein schweres Gewicht von meinen Organen genommen, so daß sie nach oben sprangen wie an Gummibändern, die man gelöst hat ... Nach wenigen Sekunden fühlte ich mich wieder fast normal.« Er stemmte seine Hände auf den Sitz und schwebte langsam zur Decke empor. Allerdings drehte sich sein Körper dabei und kippte so, daß seine Knie schließlich auf dem Stuhl ruhten, dessen Rückenlehne sich direkt vor seinen Augen befand.

Von keinem Planeten abhängig

Zu seiner Überraschung entdeckte er auf dem Stoff des Sitzes ein sehr irdisches Symbol, den Caduceus, der zwei Schlangen zeigt, die sich um einen Baum winden. »In der einen oder anderen Form findet sich dieses Zeichen in den Legenden, Inschriften und Reliefs praktisch all unserer frühen Rassen«, sagte er. »Für mich war es immer ein typisch irdisches Symbol. Daher bin ich sehr überrascht, es nun aus den Tiefen des Weltraums auftauchen zu sehen, wo auch immer euer Heimatplanet liegen mag. Alan erwiderte:

Es ist schwierig, in wenigen Minuten die Ereignisse vieler Jahrhunderte auch nur grob zu skizzieren. Denn Jahrhunderte sind vergangen, seit wir einen Planeten Heimat nannten. Die Raumschiffe, auf denen wir leben, arbeiten und lernen, sind seit Generationen unser einziges Zuhause. Wie alle im Weltraum lebenden Rassen sind wir im wesentlichen von Planeten unabhängig. Einige unserer Raumschiffe sind nach euren Standards sehr groß, um ein Vielfaches größer als eure größten Schiffe. Für uns persönlich ist es nicht notwendig, Planeten anzufliegen und auf ihnen zu landen. Nur gelegentlich benötigen wir Rohmaterial für neue Bauten, das wir jedoch gewöhnlich auf Asteroiden oder unbewohnten Trabanten [Monden] finden.

Bei unseren Schiffen handelt es sich um geschlossene Systeme. Das bedeutet, daß die Materie im Inneren des Schiffes auch dort bleibt; es wird nichts an die Umgebung abgegeben, ausgestoßen oder gar verloren. Wir haben uns einfache Methoden angeeignet, mit deren Hilfe sich alle Verbindungen auf ihre Elemente reduzieren und in jeder Form neu kombinieren lassen … Zum Beispiel atmen wir genau wie ihr. Unsere Lungen nehmen aus der Luft Sauerstoff auf, der im Körper teilweise in Kohlenstoffdioxid umgewandelt wird. Daher wird die Luft auf unserem Schiff permanent durch Lösungen geleitet, die pflanzenähnliche Organismen enthalten, welche Kohlenstoffdioxid absorbieren, den Kohlenstoff für ihr eigenes Wachstum verwenden und den Sauerstoff erneut an die Luft abgeben. Diese Pflanzen dienen uns schließlich als Nahrung …

Euch fällt es vielleicht schwer, euch vorzustellen, daß eine Rasse intelligenter Wesen ihr gesamtes Leben innerhalb des begrenzten Raumes eines solchen Schiffes verbringt. Möglicherweise fühlt ihr sogar Mitleid. Wir dagegen empfinden Mitleid für die relativ primitiven Rassen, die immer noch an die Oberfläche eines einzigen Planeten gebunden sind und … Erdbeben, Überschwemmungen, Tornados, Flutwellen, Blizzards, Dürre und vielen anderen Gefahren … hilflos ausgesetzt sind.

Während unsere Körper das Raumschiff nur selten verlassen, ermöglicht uns unsere Technologie eine nahezu unbegrenzte Erweiterung unserer Sinne … so daß wir uns in jeder Zeit und an jedem Ort unserer Wahl aufhalten können, vorausgesetzt, der Ort befindet sich im Umkreis von einigen tausend Kilometern um das Schiff. Durch eine Technologie, die eurer Rasse noch unbekannt ist, sind wir in der Lage, weit von unserem Schiff entfernt einfache Kräfte zu erzeugen und anzuwenden. Diese Fähigkeiten mögen so merkwürdig scheinen, daß Sie kaum daran glauben können. Wenn man jedoch bedenkt, welche wissenschaftlichen Kenntnisse und Fähigkeiten ihr heute besitzt, und diese mit denen eurer Vorfahren vor wenigen hundert Jahren vergleicht, könnte man von einer wesentlich erstaunlicheren Entwicklung sprechen ...

Gemeinsame Vorfahren

Alan erklärte, das Symbol von Baum und Schlange sei keineswegs nur auf der Erde gebräuchlich. Es sei auf natürliche Weise entstanden, »vielleicht, weil es heißt, das Leben entstehe in den Gewässern eines Planeten, und die Windungen der Schlange seien ein schönes Symbol für die Wellen des Meeres. Der Baum steht fast immer für das Leben, das im Meer beginnt und sich in die Atmosphäre und schließlich in den Weltraum erhebt.« Doch es gab noch einen weiteren Faktor, der möglicherweise von Bedeutung war.

Euer Volk und ein Teil des Volkes, zu dem auch ich gehöre, haben zumindest teilweise gemeinsame Vorfahren. Vor Zehntausenden von Jahren lebten einige unserer Vorfahren auf diesem Planeten, auf der Erde. Damals gab es in dem heute vom Meer bedeckten Gebiet, das ihr den Pazifischen Ozean nennt, einen kleinen Kontinent. In einigen eurer alten Legenden wird dieses versunkene Land als der »untergegangene Kontinent Lemuria oder Mu« erwähnt.

Unsere Vorfahren hatten auf diesem Kontinent ein mächtiges

Reich errichtet; ihre Wissenschaft war hoch entwickelt. Zur gleichen Zeit lebte in einem Land im südwestlichen Teil des heutigen Atlantiks eine Rasse, die sich rapide entwickelte. In euren Legenden heißt dieser Kontinent Atlantis. Zwischen beiden Kulturen entwickelte sich eine Rivalität, was den materiellen und technologischen Fortschritt anging. Zuerst war der Wettstreit freundlich, doch dann gestaltete er sich immer erbitterter ... Innerhalb weniger Jahrhunderte hatte ihre Wissenschaft den Punkt überschritten, den eure Rasse heute erreicht hat. Ihnen genügte es nicht, ein paar Krumen aus der bindenden Energie des Atoms zu lösen, wie eure Wissenschaftler es tun: Sie verstanden es, ganze Massen um die Energieachse rotieren zu lassen. Durch die Umwandlung von Materie, die nicht mehr Masse besaß als einer eurer Kupferpfennige, wurden Energien freigesetzt, die 75 Millionen eurer Kilowattstunden entsprechen würden.

Als die Feindschaft zwischen beiden Rassen wuchs ... wurde ihre gegenseitige Zerstörung unausweichlich. Die Energien, die dabei freigesetzt wurden, übersteigen die menschliche Vorstellungskraft. Durch ihre Kraft wurde die Oberflächengestalt des Planeten verändert. So intensiv und weitreichend war die entstandene radioaktive Strahlung, daß die gesamte Oberfläche mehrere Generationen lang unbewohnbar wurde.

Rückkehr zur Erde

Alan teilte Fry mit, weitere Erklärungen müsse er auf ein späteres Treffen verschieben, da die Zeit vorüber sei und sie wieder in White Sands gelandet seien. »Sie befinden sich wieder auf dem Erdboden, und ich werde die Tür öffnen«, sagte er. »Wir warten, bis Sie sich ein wenig entfernt haben ... Passen Sie auf sich auf, bis wir zurückkommen.«

Fry, der von seinem fantastischen Erlebnis noch ganz benommen war, stieg aus und taumelte ein paar Schritte weiter, bevor er sich umwandte und nach dem Schiff sah.

Die Tür hatte sich hinter mir geschlossen. Als ich mich umdrehte, erschien ein Band orangefarbenen Lichts um die breiteste Stelle in der Mitte des Schiffes. Es raste nach oben, als hätte man es von einem Katapult abgeschossen. Der Luftstrom zu dem entstandenen Vakuum war so heftig, daß ich einen ganzen Schritt nach vorne gerissen wurde und fast das Gleichgewicht verloren hätte. Es gelang mir, das Raumschiff im Auge zu behalten, während das Licht orange bis violett schimmerte. Als es violett schien, befand sich das Raumschiff bereits mehrere tausend Meter hoch und verschwand aus meiner Sichtweite.

Fry wurde von einer heftigen Depression erfaßt. Ihm war, als hätte sein Lebenswerk jede Bedeutung verloren. »Wenige Stunden zuvor war ich ein relativ selbstbewußter Ingenieur gewesen, der die Instrumente für die Erprobung eines der größten Raketenantriebe in der Geschichte vorbereitete. Mir war klar gewesen, daß ich bei dem Projekt nur eine kleine Rolle spielte, doch ich hatte das Gefühl, durch meine Arbeit an der Spitze des Fortschritts zu stehen. Nun wußte ich, daß Raketenantriebe … seit Tausenden von Jahren überholt waren. Ich fühlte mich wie ein kleines, unbedeutendes Rädchen im schwerfälligen Getriebe einer rückständigen Wissenschaft, die sich auf ihre eigene Zerstörung zubewegt.«

Fry berichtete niemandem von seinem Erlebnis, zum einen, weil er Alan dies stillschweigend zugesichert hatte, zum anderen, weil er davon überzeugt war, es würde ihm ohnehin niemand glauben. Ziemlich lustlos setzte er seine Arbeit fort und testete mehrere Typen von Raketenantrieben unterschiedlicher Größe. Alan hatte gesagt, er werde in wenigen Monaten zurückkehren, und

Fry wurde allmählich unruhig. Nachdem die erste Testreihe abgeschlossen war, kehrte er nach Hause, nach Kalifornien, zurück, kam jedoch zur zweiten Testreihe wieder auf die Basis.

Eines Abends war Fry von seinem Quartier im »H«-Gebäude zum Kontrollraum des Testgeländes gefahren, als er ein merkwürdig leuchtendes Objekt entdeckte, das einen Durchmesser von etwa dreißig Zentimetern besaß. Während er darauf zuging, hörte er plötzlich Alans Stimme, die so deutlich klang, als stünde dieser neben ihm. »Ja, Dan, das Gerät gehört uns. Da wir diesmal das Erkundungsfahrzeug nicht benutzen, hielten wir es für das beste, einen kleinen Kommunikationsverstärker zu verwenden. Wir könnten auch ohne ihn auskommen, aber damit [reduziert sich] die Wahrscheinlichkeit von Fehlern bei der Kommunikation fast auf null.« Nachdem er Fry Zeit gegeben hatte, seine Überraschung zu verarbeiten, erläuterte Alan, daß es ihm zwar schließlich gelingen werde, seinen Körper an die Umweltbedingungen der Erde anzupassen, daß er dazu jedoch Hilfe benötige.

»Wenn Sie uns nicht helfen wollen«, fuhr er fort, »wird jede Erinnerung an dieses sowie an das vorhergehende Treffen aus Ihrem Gedächtnis gelöscht werden ... Falls Sie sich jedoch dazu entscheiden, uns zu unterstützen, könnten Sie in eine schwierige Lage geraten ... Die einzige Belohnung, die wir Ihnen versprechen können, ist die innere Befriedigung, zum Überleben Ihrer Rasse beigetragen zu haben. Außerdem werden Sie ein Wissen und Verständnis erwerben, das Ihnen sonst vorenthalten bleibt.« Fry willigte ein.

Zunächst bat Alan Fry, ihm eine Reihe von Fachbüchern für Englisch und Mathematik zu besorgen. Dazu erklärte er, ihr mathematisches System basiere nicht auf Vielfachen von zehn, sondern von zwölf, so daß es eine Weile dauern werde, bis er das »neue« System beherrsche. Diese Bücher sollten seinen Anweisungen zufolge auf einem Vorsprung am Teststand deponiert werden, wo sie von einem kleinen Erkundungsfahrzeug »eingesammelt« werden würden. Man werde sie analysieren, kopieren und 24 Stunden später zurückgeben. Mehrfach besorgte Fry für Alan Bücher (einschließlich der Bibel) aus der Bibliothek der Basis, die unbeschädigt zurückgegeben wurden.

Neue Form der Kommunikation

Erst im April 1954 nahm Alan erneut Kontakt mit Daniel Fry auf. Zu dieser Zeit hielt Fry sich in seinem Ferienhaus tief in den Wäldern des südlichen Oregon auf. Wie zuvor trat Alan nicht als Person auf, aber seine Stimme war unverwechselbar. Diesmal wurden keine Geräte verwendet, offenbar fand die Kommunikation statt dessen direkt über »elektronisch verstärkte Telepathie« statt.

Zunächst bemängelte Alan, daß Fry nicht öffentlich über sein Erlebnis gesprochen hatte. Dieser erwiderte, zum einen habe er Alans beabsichtigten Besuch auf der Erde nicht gefährden wollen, zum anderen sei er außerhalb der Raketenindustrie unbekannt. Wie also hätte er die Menschen erreichen sollen?

»Wer nicht blind für die Wahrheit ist, erkennt den Wert einer Botschaft unabhängig von der Stellung ihres Überbringers«, lautete die Antwort. »Die für die Anpassung an eure Umwelt eingeplante Zeit von vier Jahren hat sich als übertrieben optimistisch erwiesen. Tatsächlich wird es sich eher um fünf Jahre handeln. In der Zwischenzeit hat sich bei einem eurer Hauptprobleme eine kritische Entwicklung ergeben. Falls nicht rechtzeitig gegengesteuert wird, könnte sich eure gesamte Zivilisation selbst auslöschen ... bevor wir in der Lage sind, euch zu helfen.«

Fry wurde gebeten, seine Erfahrungen in einem Buch niederzuschreiben und in Zeitungen, Rundfunk und Fernsehen zu erzählen, was er erfahren hatte. »Sie haben keine Ahnung, was Sie da von mir verlangen«, entgegnete Fry. »Wenn ich versuche, mit den Informationen, die ich von Ihnen erhalten habe, an die Öffentlichkeit zu gehen, wird man sich über mich lustig machen und mich verachten … Ein Bericht würde von unseren Zeitungen entweder ignoriert oder in einer verzerrten Fassung gedruckt werden.«

»Natürlich wird man sich über Sie lustig machen«, erwiderte Alan. »Spott ist der Wall, den die Furchtsamen und Unwissenden errichten, um sich vor allem zu schützen, was sie erschreckt oder stört … Es ist der Preis, den jedes Individuum zu zahlen hat, das seinen Mitmenschen auch nur einen Schritt voraus ist.«

»Warum setzen Sie nicht einfach eines schönen Morgens ein kleines Landungsfahrzeug auf dem Rasen vor dem Weißen Haus ab und verlangen nach Kommunikationsmitteln, mit denen Sie Ihre Informationen und Ratschläge der gesamten Welt auf einmal mitteilen können?« – »Solch eine einfache Lösung ist pures Wunschdenken. Wenn Sie ein wenig überlegen, wird Ihnen klar werden, daß es zahlreiche Gründe gibt, warum ein solches Vorgehen nicht erfolgreich sein kann.«

… Würden wir als überlegene Rasse auftreten, die von »oben« kommt, um die Führung über eure Welt zu beanspruchen, würde dies das Selbstverständnis eurer Gesellschaft erschüttern. Millionen Menschen würden in ihrer Verzweiflung mit allen Mitteln versuchen, Beweise gegen unsere Existenz zu erbringen oder diese schlicht abstreiten, nur um nicht auf den zweiten Rang innerhalb des Universums verwiesen zu werden. Würden wir dagegen Maßnahmen ergreifen, die sie zwängen, unsere Existenz anzuerkennen, würden uns etwa dreißig Prozent der Menschen als Götter ansehen und uns die gesamte Verantwortung für ihr Wohlergehen aufbürden. Eine solche Verantwortung dürfen wir nicht übernehmen, selbst wenn wir ihr gerecht werden könnten … Die verbleibenden siebzig Prozent würden zum größten Teil annehmen, daß wir ihre Welt versklaven wollen, und nach Mitteln suchen, uns zu vernichten. Wenn unsere Anstrengungen dauerhaft Erfolg haben sollen, müssen eure eigenen Leute die Führung übernehmen oder zumindest Personen, die als Führer akzeptiert werden …

Infiltration

Um auf der Erde reisen zu können, benötige er selbstverständlich einen Paß (!), der jedoch ohne Geburtsurkunde nicht zu erhalten war. »Da ich nicht von der Erde stamme, kann ich auf legale Art weder Geburtsurkunde noch Paß erhalten, die ich jedoch beide brauche. Daher müssen wir einen Standesbeamten finden, der die Notwendigkeit meines Aufenthalts auf der Erde einsieht und bereit ist, mir zu helfen, selbst wenn dies für ihn selbst ein Risiko bedeutet … Wir werden ein Treffen zwischen Ihnen beiden organisieren. Sie müssen einander gut kennenlernen, da Sie die Verhandlungen führen sollen.« Dann fuhr Alan fort:

> Wir haben die Maßnahmen analysiert, die notwendig sind, damit ich mich ungehindert und unbemerkt unter den Erdlingen bewegen kann … Ich brauche einen Beruf oder zumindest einen Job, der mir ein Einkommen sichert. Am geeignetsten wäre eine Tätigkeit, die in der Öffentlichkeit bekannt und akzeptiert ist, jedoch normalerweise im Hintergrund stattfindet … Ideal erscheint mir die Stelle eines Einkäufers in einem internationalen Handelsunternehmen. Eine solche Position bietet ein gesichertes Einkommen und einen ausgezeichneten Hintergrund als Tarnung und würde eventuell notwendige Besuche in anderen Ländern hinreichend erklären. Auf diese Weise ließen sich Kontakte mit den Regierungen eurer Welt unterhalb der politischen Ebene herstellen. Jedes Land will unabhängig von Freundschaften und Feindschaften Dinge kaufen oder verkaufen.

Ein weiteres Problem war die Eröffnung eines Bankkontos. »Anscheinend beziehen sich die meisten eurer Währungssysteme auf den Goldwert. Ich werde daher dafür sorgen, daß Ihnen ein paar Pfund dieses Metalls geliefert werden, damit Sie sie in Ihre Währung umtauschen und ein Bankkonto auf meinen Namen eröffnen können.«

»Kein Gold«, wandte Fry ein. »Gold wird zu streng kontrolliert. Beim Verkauf muß jeder die Herkunft des Metalls nachweisen. Falls Sie jedoch ein paar kleine Barren Platin beschaffen könnten, wäre das ideal. Die Nachfrage ist höher als das Angebot, was bedeutet, daß es leicht zu verkaufen ist. Zudem übersteigt sein Wert gegenwärtig den von Gold um das Mehrfache.«

»Also gut, dann eben Platin, obwohl es mir merkwürdig erscheint, daß es auf der Erde einen solchen Wert hat … Zur Beschichtung von korrosionsgefährdeten Oberflächen eignet es sich hervorragend, und die meisten unserer Raumschiffe sind damit behandelt, aber ansonsten wird es in unserer Technologie kaum verwendet.«

Die Überlebenden der geheimnisvollen Zivilisation

Während dieses langen Gesprächs im April 1954 erläuterte Alan, was mit den Überlebenden des verheerenden Konfliktes geschehen war, der vor Zehntausenden von Jahren eine gesamte Zivilisation zerstört hatte. Auf einer Hochebene im heutigen Tibet waren sechs Raumschiffe mit Überlebenden gelandet, um zu entscheiden, was geschehen sollte.

Man schlug vor, den Versuch zu unternehmen, einen anderen Planeten zu erreichen. Die damals üblichen Schiffe waren weltraumtauglich und bewegten sich häufig in einer Höhe von Hunderten von Kilometern. Allerdings hatte bis dahin niemand den großen Sprung zu einem anderen Planeten versucht, so daß die Besatzungen keineswegs vom Erfolg eines solchen Unternehmens überzeugt waren.

Der Planet, den ihr als Mars kennt, stand in Konjunktion zur Erde, und nach ihren Schätzungen schien die Reise möglich. Damals waren die Oberflächenbedingungen wie Temperatur, Atmosphäre, Wasser usw. günstiger für das menschliche Überleben, als sie euren Astronomen zufolge heute sind. Nach einer Abstimmung beschlossen die Besatzungen von vier der Raumschiffe, das große Risiko einzugehen, weil sie hofften, damit zumindest einen Teil der Kultur ihrer Rasse zu bewahren. Die übrigen Besatzungen entschieden sich für den Verbleib auf der Erde. Sie glaubten, aufgrund der Höhe des Plateaus, auf dem sie sich befanden, und der relativ geringen Strahlung sei es möglich, in diesem Gebiet zu leben, ohne daß es bei ihnen selbst oder ihren Nachkommen zu einer kompletten körperlichen und geistigen Degeneration kommen würde.

Ich sehe, welche Frage sich Ihnen aufdrängt. Bei jener Rasse war die vollkommene Gleichberechtigung der Geschlechter verwirklicht, so daß beide bei der Beratung und in den Besatzungen der Schiffe gleichermaßen vertreten waren. Von den vier Schiffen, die den großen Sprung wagten, erreichten drei sicher ihr Ziel. Über das Schicksal des vierten ist nichts bekannt. Viele Generationen lang forderte der harte Kampf ums Überleben die gesamte Zeit und Energie unseres Volkes … Als das Überleben in einer lebensfeindlichen Umgebung weitgehend gesichert war, nahm die Entwicklung der Naturwissenschaften erneut ihren normalen Lauf, und die Technologie entwickelte sich in rasantem Tempo. Da unserem Volk die Erfahrungen der Vergangenheit ständig vor Augen standen, bemühte man sich jedoch sehr darum, das Gleichgewicht zwischen materiellen Werten und sozialen und spirituellen Gesichtspunkten zu bewahren.

»Das wichtigste für eure Rasse und eure heutige Zivilisation und Gesellschaft ist, daß ihr zu einem grundlegenden Verständnis der Menschen und Nationen untereinander gelangt und dieses auch zwischen der Menschheit und der höheren Macht und Intelligenz erreicht, die in der Natur lebt und herrscht. Verständnis ist der Schlüssel zum Überleben eurer Rasse ...«[1]

Kritische Fragen an Daniel Fry

Was ist von Dan Frys Geschichte zu halten? Führt er uns an der Nase herum? Aus zwei Gründen habe ich diese Geschichte so ausführlich wiedergegeben: Einmal, weil ich glaube, daß sie für das Verständnis bestimmter Begegnungen mit Außerirdischen wichtig ist, und zum zweiten, weil ich davon überzeugt bin, daß sie im Kern wahr ist. Das soll nicht heißen, daß ich sie uneingeschränkt akzeptiere. Eine kritische Betrachtung bestimmter Behauptungen Frys ist unerläßlich.

Ich begegnete Fry zum ersten Mal Anfang der siebziger Jahre, als ich als Geiger mit dem Londoner Symphonieorchester auf einer Tournee in den Vereinigten Staaten unterwegs war. Im August 1976 lud er dann mich und meine Freundin und Forscherkollegin Louise (Lou) Zinsstag ein, ihn und seine Frau Florence in Tonopah in Arizona zu besuchen. Ich erinnere mich, daß das Thermometer damals auf 44 Grad Celsius kletterte, was glücklicherweise durch die trockene Wüstenluft einigermaßen erträglich wurde. Dan und Florence waren aufmerksame Gastgeber, die uns viel Zeit widmeten.

Während unseres Aufenthalts, der fast eine Woche dauerte, stellte ich Dan zahlreiche Fragen bezüglich seiner Behauptungen. Zunächst einmal wollte ich wissen, warum er in den meisten seiner Veröffentlichungen als »Dr. Daniel Fry« geführt wurde, der angeblich am »St. Andrews College of London« promoviert hatte. In London gibt es keine Universität dieses Namens. Der absurde »Ehrentitel« »Doktor der Philosophie (Kosmologie)« wurde ihm im April 1960 vom »St. Andrews Ecumenical University Intercollegiate« verliehen, wie aus einem gerahmten »Diplom« in seinem Haus hervorging. Nachforschungen von Philip Klass, der seiner Skepsis deutlich Ausdruck verlieh, ergaben, daß es sich dabei allerdings um eine Universität für »Fernstudiengänge« handelte, bei der jeder einen Doktortitel erhielt, der eine entsprechende Arbeit vorlegte und darüber hinaus eine bescheidene Gebühr entrichtete.[2]

»Ich glaube nicht, daß man sich dort einen Titel kaufen kann«, erwiderte Dan. »Auf jeden Fall habe ich nichts dafür bezahlt, und man hat mich auch nicht darum gebeten. Er wurde mir für das Material in der ersten Ausgabe meines Buches *Steps to the Stars* verliehen.«

»Aber Dan«, wandte ich ein, »einen Doktortitel erhält man eigentlich nur an einer anerkannten Universität. Sie werden doch sicher verstehen, daß Wissenschaftler mißtrauisch werden, wenn sie den Eindruck haben, jemand versuche, sich einen falschen Titel zuzulegen?«

»Das habe ich nie getan, es waren andere, die mir diesen Titel zugeschrieben haben«, antwortete er abwehrend. »Mir ist das egal.«

Vielleicht war es Fry gleichgültig, aber die Tatsache, daß der falsche Doktortitel auf den Umschlägen seiner Bücher und Publikationen ebenso wie auf seinem Briefpapier erschien, war für die Aufnahme seiner Behauptungen in der Welt der Wissenschaft sehr wohl von Bedeutung. Interessant ist, daß *Steps to the Stars*[3] dennoch von mindestens einem Wissenschaftler ernst genommen wurde. In einem Brief an Fry bestätigt Parry Moon, Professor für Elektrotechnik am Massachusetts Institute of Technology, das Buch mit folgenden Worten (eine Kopie befindet sich in meinem Besitz):

Auf Ihr Buch, *Steps to the Stars*, wurde ich durch Alexander Mebane aufmerksam, [der] eine bissige Kritik darüber geschrieben hat. Ich fürchte, ich beleidigte ihn dadurch, daß ich mit seiner Bewertung in keiner Weise übereinstimmte ... *Steps to the Stars* schien mir ein hervorragendes Werk für den Laien zu sein. Wie bei jeder populärwissenschaftlichen Darstellung bleiben die Ausführungen notwendigerweise vage. Eine konkretere Abhandlung könnte für Wissenschaftler von großem Wert sein ...[4]

Eine andere meiner Fragen bezog sich auf die Tatsache, daß Fry als Datum des Vorfalls in allen Ausgaben seines ersten Buches *The White Sands Incident* (erste Ausgabe 1954, deutsch 1988 als *Mein UFO-Erlebnis von White Sands*)[5] den 4. Juli 1950 angibt. Zehn Jahre nach der Veröffentlichung des Buches gesteht er jedoch ein, daß sich dieses Ereignis tatsächlich am 4. Juli 1949 abgespielt hatte.

»Ich mußte das ändern«, erklärte er. »Ich sagte dem Verleger, er soll es in der letzten Ausgabe korrigieren, aber er meinte, das hinterlasse in der Öffentlichkeit einen schlechten Eindruck. Also blieb er bei 1950, obwohl ich ihn gebeten hatte, das Datum zu ändern, weil es nicht mehr notwendig war, die Tatsache geheimzuhalten, daß die Ereignisse schon 1949 stattgefunden hatten.«

»Es gab also einen Grund?« erkundigte ich mich.

»Den gab es«, erwiderte Dan, »denn es stellte sich heraus, daß Alan die Erde erst ein Jahr später aufsuchen konnte als geplant. Er hatte angenommen, er würde nur vier Jahre brauchen, doch am Ende benötigte er fünf. Hätte zum Beispiel das Pentagon damals das Buch ernst genommen, hätte die Gefahr bestanden, daß man ihn aufspürte. Also mußten wir uns ein Hintertürchen offenhalten. Tatsache ist, daß ich mich am Abend des 4. Juli 1950 gar nicht in White Sands aufhielt. Ich traf erst später im Juli dort ein.

Jeder auf dem Testgelände von White Sands und bei Aerojet weiß das.«

Während seiner Zeit in White Sands unterzog sich Fry mehrfach Sicherheitsüberprüfungen. Als *The White Sands Incident* veröffentlicht wurde, ging er mit dem ersten Exemplar sofort zur Sicherheitsabteilung von Aerojet. »Ich sagte: ›Lest euch das durch, und wenn ihr einen Verstoß gegen die Sicherheitsbestimmungen entdeckt, sagt mir Bescheid.‹ Sie lasen das Buch und erklärten dann, sie könnten keinen Verstoß finden. Das Exemplar wurde in die Technische Bücherei von Aerojet eingeordnet, und zwar als Sachbuch. Zufällig war der Präsident von Aerojet bei der Marine gewesen und während dieser Zeit auf einem Flug nach Japan von einem UFO verfolgt worden, das seine Maschine am hellichten Tag in kurzem Abstand mehrfach umkreiste. Daher wußte er, daß sich solche Vorfälle nicht durch phosphoreszierendes Sumpfgas erklären ließen.«

In White Sands war Fry nicht der einzige, der von der Existenz von UFOs überzeugt war. Commander Robert McLaughlin erklärte, sein Team von Wissenschaftlern der US Navy habe am 21. April 1949 (dem Jahr von Frys erster Begegnung) von der Basis aus einen Skyhook-Ballon verfolgt, als ein ungewöhnliches, silbriges Objekt auftauchte. Mit Hilfe von Theodoliten und einer Stoppuhr gelang es den Wissenschaftlern festzustellen, daß sich das UFO auf einer Höhe von neunzig Kilometern bewegte, 13 Meter lang und 33 Meter breit war. Bei der ersten Sichtung betrug seine Geschwindigkeit elf Kilometer pro Sekunde. »Ich bin davon überzeugt«, sagte McLaughlin, »daß es sich um eine fliegende Untertasse handelte und daß diese Raumschiffe von anderen Planeten sind, die von intelligenten Lebewesen gesteuert werden.« Bei einer anderen Gelegenheit, so berichtete er, seien von fünf Beobachtungsposten in White Sands aus zwei kleine Untertassen gesichtet worden, die in großer Höhe einer Armeerakete folgten. Nachdem sie diese kurz umkreist hatten, schossen sie mit großer Geschwindigkeit davon.[6] McLaughlin wird auch mit den Worten zitiert: »Auf dem Testgelände von White Sands in New Mexico habe ich häufig beobachtet, wie fliegende Untertassen Raketen im Flug verfolgten und überholten. Es ist bekannt, daß dort die erste amerikanische Atombombe erprobt wurde.«[7]

Bei Frys Bericht von seinem ersten Kontakt hatte Lou kaum an seinen außergewöhnlichen Mut glauben können. »Wie konnten Sie mitten in der Nacht in ein dunkles Objekt steigen, in dem niemand zu sehen war, wo Sie doch nur die Stimmte hörten?«

Er lachte. »So mutig war ich gar nicht. Ich kann Ihnen sagen, mir schlotterten ganz schön die Knie!«

»Nachdem man ihm gesagt hatte, daß es sich um ein Erkundungsgerät handelte, war er sich gar nicht sicher, daß nicht er selbst erkundet werden sollte!« setzte Florence hinzu.

Was die Echtheit von Frys 16-mm-Filmaufnahmen von UFOs angeht (von denen ich Kopien besitze), war ich immer mißtrauisch. Besonders unglaubwürdig scheint mir ein Objekt, das er angeblich in Oregon beobachtete, das jedoch für mich aussieht, als habe man Lampenschirme oder ähnliche Gegenstände zusammengebunden und an feinen Fäden aufgehängt. Er erläuterte ausführlich die Umstände, unter denen er damals filmte, und behauptete, auf einigen der Bilder schiebe sich eine Wolke vor die Untertasse. Mich hat er damit nicht überzeugt, der Bewegung nach handelt es sich um eine Nachbildung, die an Fäden hängt. Vielleicht täusche ich mich. Beweist dies, daß Fry auch bezüglich seiner vorangegangenen Erfahrungen lügt? Ich glaube nicht. Höchstwahrscheinlich dachte er, ein paar Filmaufnahmen von »Untertassen« würden seine nicht nachbeweisbaren Behauptungen unterstützen. Mir sind eine Reihe von Kontaktpersonen begegnet, die so gehandelt haben, wie zum Beispiel Eduard (Billy) Meier.[8]

Abgesehen davon scheint mir, daß Fry zumindest einmal wirklich ein UFO fotografiert hat. Der Vorfall ereignete sich am 18. September 1954, als er auf dem Rückweg von der Arbeit auf dem Garvey Boulevard in der Nähe des kalifornischen Baldwin Park unterwegs war. Da er keinen Fotoapparat bei sich hatte, aber gerade an einem Drugstore vorbeigekommen war, kehrte er um und erstand in aller Eile eine Brownie-Box mit Film. Das UFO wurde fotografiert, und binnen weniger Minuten übergab er demselben Laden die Aufnahmen zur Entwicklung.[9]

Am ungewöhnlichsten an Dan Frys Bericht ist wohl die Beschreibung der Energieversorgung und des Antriebs der fliegenden Untertassen. Unabhängig davon, ob man Fry für glaubwürdig hält, ist seine Beschreibung nicht nur detailliert, was sich dadurch erklärt, daß er selbst Techniker ist, sondern wissenschaftlich sehr fortschrittlich, da weder 1949 noch 1950 Theorien dieser Art bekannt waren. Physik und Technik, wie sie Fry angeblich von Alan beschrieben wurden, wurden selbst als Hypothesen erst Ende der achtziger Jahre und in den neunzigern näher untersucht. Auch dann beschränkte sich der Kreis der Eingeweihten auf wenige visionäre Wissenschaftler und Ingenieure an der Spitze der Forschung (zum Beispiel Dr. Hal Puthoff), die sich in Fachjournalen dazu äußerten. Bei diesen Magazinen, die Artikel erst nach kritischer Prüfung veröffentlichen, handelt es sich um anerkannte Medien, in denen führende Wissenschaftler ihre Erkenntnisse an der Schwelle zum 21. Jahrhundert zur Diskussion stellen.

Fry behauptete, er habe Alan im Abstand von etwa fünf Jahren regelmäßig getroffen, wollte mir jedoch keine Beschreibung des Außerirdischen liefern. Bezüglich seiner Tarnung äußerte sich Alan Fry gegenüber bei ihrer ersten Zusammenkunft folgendermaßen: »Wenn ich in einer eurer großen Städte die Straße hinuntergehe, werde ich zum ersten Mal wirklich auf die Probe gestellt werden. Wenn sich auch nur ein Mensch nach mir umdreht, habe ich versagt.« Dans Aussagen zufolge betrug die Lebenserwartung von Alans Rasse das Zweieinhalbfache der unseren. Zwei weitere Individuen sollten später an seine Stelle treten, um die Gefahr eines nuklearen Holocausts zu bannen.

Schließlich erörterte Fry die verwirrende Vielfalt außerirdischer Arten, mit denen wir konfrontiert sind. »Wahrscheinlich rührt die Verwirrung, die auf diesem Gebiet herrscht, daher, daß viele Leute alle UFO-Phänomene in eine Schublade zwängen wollen. Dabei handelt es sich bei jedem Einzelfall um eine individuelle Erfahrung, die unabhängig von allen anderen betrachtet werden sollte. Davon auszugehen, daß alle Besucher unseres Planeten von dem gleichen Ort stammen, dieselben Absichten hegen und identische Raumschiffe verwenden, ist so, als beobachtete man an einer Straßenecke des Broadway die Passanten und wollte allen den gleichen Heimatort und die gleichen Absichten und Gewohnheiten zuschreiben. In unserer Galaxie wimmelt es nur so von intelligentem Leben, was wir uns aber nur eingestehen können, wenn wir unser eigenes Ego unter Kontrolle halten. Wir sind nur eines von vielen Produkten der Evolution und bei weitem nicht das gelungenste ...«[10]

3
Die Völker aus dem Weltall

Wer von UFOs spricht und dabei den Namen George Adamski erwähnt, erntet mit großer Wahrscheinlichkeit Hohn und Spott. Wichtig ist seine Geschichte vom Kontakt mit einem Außerirdischen aus dem Jahre 1952 aber schon allein deshalb, weil es sich um den ersten Fall handelt, von dem die Öffentlichkeit erfuhr. Wie bereits erwähnt, gibt es eine Reihe von Berichten über Kontakte, die vor 1952 stattgefunden haben. Soviel ich weiß, war jedoch bis zur Mitte der fünfziger Jahre keiner davon einem breiteren Publikum bekannt.

Adamskis »arisches« Weltraumvolk war niemals sonderlich beliebt. In einigen Kreisen kam sogar das Gerücht auf, Hitler erfreue sich bester Gesundheit und baue mit seinen Nazis in Patagonien fliegende Untertassen, mit deren Hilfe er die Weltherrschaft erringen wolle. Allerdings waren Adamskis Weltraummenschen gar nicht alle hellhäutig. Während eines privaten Treffens in Dänemark im Jahre 1963 erklärte er: »Auch auf anderen Planeten gibt es farbige Menschen, genau wie hier. Orthon selbst ist dunkel, nicht so schwarz wie ein Neger, aber dunkler als Sie und ich.«[1] Das erinnert an die »indisch wirkenden« Außerirdischen, von denen Rose C. und andere Kontaktpersonen berichten.

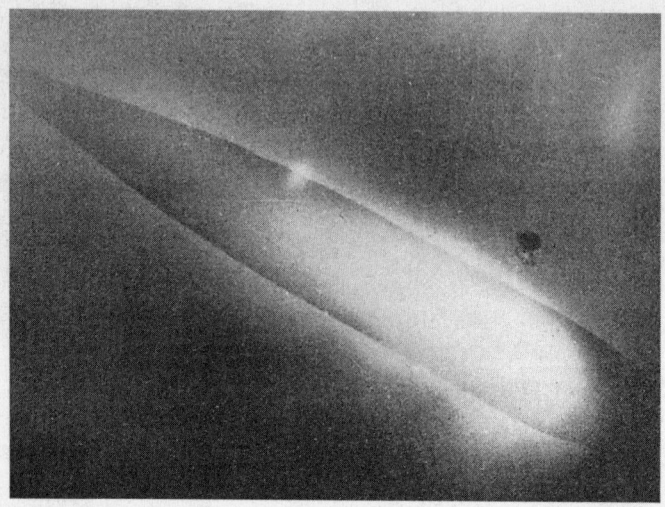

Nach Adamskis Aussage diente dieses riesige Trägerschiff sowohl als Raumschiff als auch als U-Boot. Es wurde am 9. März 1951 durch Adamskis Teleskop aufgenommen. (©G.A.F. International)

Zum Hintergrund des »Professors«

George Adamski stammt aus einer polnisch-ägyptischen Mischehe und wurde 1891 in Polen geboren. Als er zwei Jahre alt war, wanderten seine Eltern nach Dunkirk im amerikanischen Bundesstaat New York aus. 1913 trat er in das 13. US-Cavalry-Regiment ein, das in Columbus in New Mexico stationiert war. Aus seiner FBI-Akte geht hervor, daß er 1916 als Hausmeister und Maler im Yellowstone-Nationalpark beschäftigt war, bevor er 1918 in die Nationalgarde eintrat, bei der er in Portland in Oregon stationiert war. Nach seiner Entlassung aus der Armee arbeitete er unter anderem in einer Mühle und als Betonbauer. 1921 begann er, in Kalifornien Philosophie zu lehren.[2] 1934 gründete er in Laguna Beach das Kloster vom »Königlichen Orden Tibets«, wo er »Universelles Recht« und »Universelles progressives Christentum« lehrte. (Adamskis Philosophie ist teilweise eklektisch, aber andere Aspekte scheinen tatsächlich originär zu sein.) Eine Reihe von Vorträgen wurden von Radiosendern in Los Angeles und Long Beach übertragen. Damals erhielt Adamski von seinen Studenten den Titel »Professor«. 1940 zog er mit seiner Frau und einigen Anhängern nach Palomar Gardens am Südhang des Mount Palomar in Kalifornien. Einer seiner Studenten schenkte ihm ein Sechs-Zoll-Tinsley-Spiegelteleskop, mit dessen Hilfe ihm in der Folgezeit bemerkenswerte Aufnahmen von Raumschiffen gelangen.[3]

Außerdem besaß Adamski ein 15-Zoll-Spiegelteleskop, das in Palomar Gardens unter einer Kuppel stand. Dies führte zeitweise zu beträchtlicher Verwirrung, weil sich das berühmte Palomar-Observatorium mit dem 200-Zoll-Hale-Teleskop nur 18 Kilo-

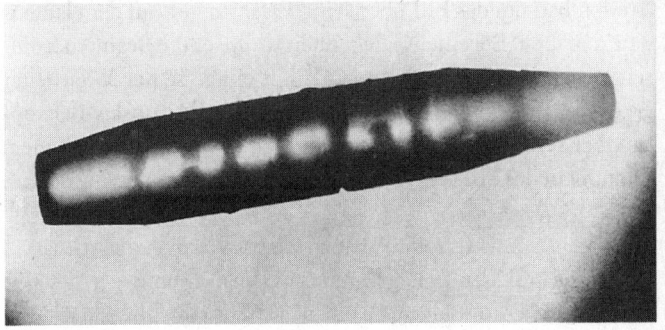

Ein riesiges Trägerschiff, das Adamski am 1. Mai 1952 durch sein Teleskop aufnahm. Das Raumschiff schwebte in knapp fünfzig Kilometer Entfernung über einem Berg. Seine geschätzte Größe betrug vier- bis fünfhundert Meter. Adamski behauptete, bei der kleinen Einkerbung (mittschiffs unten) handle es sich um die Ausgangsschleuse für kleinere »Pfadfinderschiffe«, die bei ihrer Rückkehr durch eine Luke auf dem oberen Deck hineingelangten. (©*G.A.F. International*)

meter von Adamskis Haus entfernt auf dem Mount Palomar befand. Kritiker behaupten, um seinen Behauptungen Glaubwürdigkeit zu verleihen, habe »Professor« Adamski damit geprahlt, er arbeite am Observatorium. Tatsache ist, daß er während eines Treffens mit den Forschern Jim und Coral Lorenzen im Frühling 1951 behauptete, er besitze jederzeit Zugang zu den Teleskopen des Observatoriums. »Auf einen Brief, den ich an den Direktor des Palomar-Observatoriums richtete, erhielt ich eine höchst aufschlußreiche Antwort«, schrieb Coral Lorenzen. »Adamskis Behauptung, er verfüge über freien Zugang zu den Teleskopen von Palomar und gehöre zum Personal des Observatoriums, hatte dieses in eine peinliche Situation gebracht. Immer wieder mußten sie Briefe beantworten, um den Sachverhalt richtigzustellen.«[4]

Adamski wurde mehrfach vom FBI überprüft, einmal, weil er des öfteren wegen unpatriotischer und prokommunistischer Äußerungen denunziert wurde, zum anderen, weil er selbst um Treffen bat, um das FBI über seine Erfahrungen auf dem laufenden zu halten. Bei einer Gelegenheit wollte er die Beamten ironischerweise davon unterrichten, daß er einige seiner Mitarbeiter einer unpatriotischen Haltung verdächtigte! Adamskis Behauptung, er sei für das Observatorium tätig gewesen, wird in einem Dokument des FBI vernichtend beurteilt. Hier ein Auszug daraus:

> [Name gelöscht] vom Palomar-Observatorium erklärt, daß ihm Adamski seit 1943 bekannt ist. Damals nannte sich dieser »Reverend Adamski« und hielt im Tal Ostergottesdienste ab … [Name gelöscht] wies weiter darauf hin, daß Adamski behauptete, für das Observatorium von Mount Palomar tätig gewesen zu sein, erklärte jedoch, dies sei niemals der Fall gewesen.[5]

In seinem ersten, im Jahre 1953 veröffentlichten Buch erklärt Adamski (dem das offizielle Dementi vermutlich bekannt war):

»Um einen weitverbreiteten Irrtum zu korrigieren, lassen Sie mich hier sagen, daß ich nicht zum Personal des Observatoriums gehöre und dies auch zu keiner Zeit der Fall war. Ich bin mit einigen dort angestellten Personen befreundet, aber ich arbeite nicht am Observatorium.«[6]

Für viele seiner Kritiker ist Adamski ein »Hamburger-Verkäufer«. Das stimmt insofern, als er tatsächlich im Palomar Gardens Café bediente, das einer seiner Anhängerinnen – Alice Wells – gehörte. In einer FBI-Akte wird er irrtümlich als Besitzer und Betreiber des Cafés angegeben.[7]

Mysteriöse Begegnung in Desert Center

Viele werden von Adamskis Begegnung mit »Orthon« gehört haben, der angeblich am 20. November 1952 um 12 Uhr 30 in der kalifornischen Wüste, 16 Kilometer von Desert Center entfernt, aus einer fliegenden Untertasse trat. Die Einzelheiten dürften jedoch nur wenigen bekannt sein, da der Bestseller *Flying Saucers Have Landed* von Desmond Leslie und Adamski, in dem der Vorfall eingehend geschildert wird, seit langem vergriffen ist.

Teilweise wurde der Kontakt aus der Ferne von sechs Freunden Adamskis beobachtet, die alle eidesstattliche Erklärungen unterzeichneten, in denen der Vorfall bestätigt wurde. Nachdem Adamski durch sein Teleskop mehrere bemerkenswerte Aufnahmen von »Pfadfinder-« und »Mutterschiffen« gelungen waren, unternahm er 1952 mehrfach erfolglos Ausflüge in die kalifornische Wüste, wo er mit Außerirdischen Kontakt aufzunehmen hoffte. Am 20. November ließ er sich von Alice Wells und Lucy McGinnis an einen Ort in der Nähe von Desert Center fahren, an dem, wie sich später herausstellte, die Begegnung stattfinden sollte. Begleitet wurden sie von Alfred und Betty Bailey sowie George und Betty Hunt Williamson, die in einem anderen Auto fuhren. Bereits kurz nach acht Uhr trafen sie an ihrem Ziel ein, doch das

Abenteuer begann erst nach zwölf Uhr mittags. Zu diesem Zeitpunkt flog eine zweimotorige Maschine dicht über ihre Köpfe hinweg und verschwand dann in der Ferne. »Plötzlich drehten wir uns alle gleichzeitig um«, berichtete Adamski, »und blickten zur nächst gelegenen Bergkette, die wenige Minuten zuvor das erste Flugzeug passiert hatte.« Und da war es:

> In großer Höhe schwebte lautlos ein riesiges, zigarrenförmiges Schiff, das weder Tragflächen noch sonstige Anbauten besaß. Langsam, als würde es in der Luft treiben, bewegte es sich auf uns zu, schien dann anzuhalten und bewegungslos stehenzubleiben ... Auf den ersten Blick wirkte es wie der Rumpf eines riesigen Flugzeugs, dessen unlackierte Seite die grellen Sonnenstrahlen reflektierte. Tragflächen waren nicht zu entdecken, aber man hätte glauben können, dies war auf die Höhe und den Winkel zurückzuführen, aus dem wir die Maschine sahen.

Aufgeregt wurden Ferngläser herumgereicht, und man versuchte, das Flugobjekt zu fotografieren. Adamski überlegte, ob er sein Teleskop (an dem eine Kamera befestigt war) aus dem Auto holen sollte, entschied sich aber dagegen. Seine Intuition sagte ihm, daß der Kontakt nicht hier stattfinden würde.[8]

1979, am 27. Jahrestag des Vorfalls, interviewte ich Lucy McGinnis, Adamskis frühere Sekretärin, die auf mich ehrlich und objektiv wirkte. »Da tauchte dieses riesige Luftschiff auf«, erklärte sie. »George sagte: ›Schnell, bringt mich dorthin! Ich will das Teleskop aufstellen.‹ Also fuhr ich ihn [und Al Bailey] zu dem Ort, den er mir angab.«

> Ich sah die ganze Zeit aus dem Auto. Das Schiff wendete und folgte uns einfach. Dann sagte er: »Hier. Stop!« Also blieb ich

Lucy McGinnis gehörte zu den sechs Zeugen, die Adamskis Begegnung mit einem Außerirdischen in der Nähe von Desert Center in Kalifornien im November 1952 beobachteten. Vierzehn Jahre lang arbeitete sie ehrenamtlich als Adamskis Sekretärin, kündigte ihm jedoch Anfang der sechziger Jahre die Mitarbeit auf. Wie Lou Zinsstag stand sie bis zu ihrem Tod hinter Adamskis ursprünglichen Behauptungen. *(© Timothy Good)*

stehen. Er stieg aus, und das Luftschiff hielt an – allerdings in einer ziemlichen Entfernung. Ich kann nicht genau sagen, wie groß sie war. Dann stellte er das Teleskop auf. Nachdem er alles installiert hatte, sagte er: »Fahr jetzt zurück.«

Adamski blieb allein an seinem neuen Standort (den ich selbst aufgesucht habe) zurück, während die anderen ihn aus einer Entfernung von zirka 800 bis 1600 Metern beobachteten. Als der Wagen abfuhr, wendete das große zigarrenförmige Objekt und verschwand. »Zuvor jedoch dröhnten mehrere unserer Flugzeuge über uns hinweg, die offenbar den riesigen Fremden einschließen wollten«, berichtete Adamski. Fünf Minuten später erschien ein weiteres Objekt:

> … ein Blitz am Himmel erregte meine Aufmerksamkeit. Fast unmittelbar danach erschien ein schönes kleines Raumschiff, das durch einen Sattel zwischen zwei Berggipfeln zu treiben schien und sich lautlos etwa 800 Meter von mir entfernt in eine Mulde sinken ließ, wobei es nicht vollständig hinter dem Bergrücken verschwand. Nur der untere Teil verschwand hinter dem Kamm, während der obere, also die Kuppel, darüber zu sehen war und von den Zurückgebliebenen beobachtet werden konnte. Ich jedoch konnte in dieser Position das gesamte Schiff sehen.[10]

Die anderen dagegen konnten das Raumschiff nur mit Mühe erkennen. »Ich hatte das Gefühl, es war eine Art Licht«, erzählte mir Lucy, »aber es war so dämmrig, und die Sonne schien so hell, daß ich nicht sicher war. Auf jeden Fall sah ich, wie es herunterkam … Ich blickte durch das Fernglas, aber es war nicht auf meine Augen eingestellt, so daß ich nichts Genaues erkennen konnte. Ohne Glas ging es besser, weil meine Augen sehr gut sind und die Entfernung nicht so groß war. Draußen in der Wüste kann man weit sehen.«[11]

Ohne sich ausreichend Zeit zu nehmen, das Bild durch das geschliffene Glas hinten an der alten deutschen Plattenkamera, die an seinem Teleskop befestigt war, richtig einzustellen, belichtete Adamski mehrere Fotoplatten. Leider mißlangen diese Aufnahmen. Bilder, die er mit einer Brownie-Box ohne Stativ schoß, wurden besser, sind jedoch aufgrund der Entfernung vom Objekt ziemlich unscharf. Als sich das kleine Raumschiff entfernte und verschwand, dröhnten zwei Militärmaschinen über ihn hinweg.

DER MANN AUS DEM ALL

Kurz darauf entdeckte Adamski einen Mann, der knapp einen halben Kilometer von ihm entfernt am Eingang zu einer Schlucht zwischen zwei Bergen stand. »Er winkte mich zu sich heran. Ich fragte mich, wer er war und woher er kam, denn ich war mir sicher, daß er zuvor nicht dagewesen war.«

Als ich mich ihm näherte, überkam mich ein seltsames Gefühl, als müsse ich besonders vorsichtig sein. Ich blickte mich um, um sicherzugehen, daß wir beide von meinen Gefährten gesehen werden konnten. Für diese Empfindung gab es keinen äußeren Anlaß, denn der Mann sah wie ein ganz gewöhnlicher Mensch aus, war aber etwas kleiner und wesentlich jünger als ich. Als ich näher kam, fielen mir zwei Unterschiede auf:

1. Seine Hosen waren anders als meine. Sie wirkten vom Schnitt her wie Skihosen, und ich fragte mich flüchtig, warum er sie hier in der Wüste trug.

2. Sein Haar war so lang, daß es ihm auf die Schultern reichte ... Aber das war nicht allzu merkwürdig, denn ich habe Männer gesehen, die ihr Haar fast ebenso lang trugen.

Plötzlich verlor Adamski sein Mißtrauen, denn ihm begann die Wahrheit zu dämmern. »Zu diesem Zeitpunkt waren wir einander bereits sehr nah. Er trat vier Schritte auf mich zu, bis wir nur noch eine Armlänge voneinander entfernt waren. Jetzt erst wurde mir voll bewußt, daß ich mich in der Gegenwart eines Mannes aus dem All befand – man muß sich das vorstellen: *eines Menschen aus einer anderen Welt!* Als ich auf ihn zuging, hatte ich sein Schiff nicht gesehen, und ich hielt auch jetzt nicht danach Ausschau ... Ich war durch diese plötzliche Erkenntnis so verwirrt, daß es mir die Sprache verschlug.«

Seine Gestalt war schöner als alles, was ich je gesehen hatte. Der Anblick seines anmutigen Gesichts löschte alle Gedanken an mein eigenes Ich aus. Ich fühlte mich wie ein kleines Kind in Gegenwart eines Menschen von großer Weisheit und Liebeskraft … Er streckte die Hand aus, als wollte er die meine schütteln, worauf ich in der bei uns üblichen Weise reagierte. Doch er wehrte mit einem Lächeln und einem leichten Kopfschütteln ab. Statt nach meiner Hand zu greifen, wie wir es auf der Erde tun, legte er seine Handfläche an die meine, so daß sich beide nur leicht berührten.

Orthon, der Mann aus dem All, war knapp einen Meter siebzig groß und etwa 28 Jahre alt. Sein Gesicht zeichnete sich durch eine extrem hohe Stirn, leicht schräg stehende graugrüne Augen und relativ hohe Wangenknochen aus. Die Haut wirkte gebräunt und zeigte keinerlei Bartstoppeln. Er trug ein schokoladenbraunes, einteiliges Kleidungsstück aus einem sehr fein gewebten, schimmernden Stoff, das weder Nähte noch sichtbare Verschlüsse aufwies.

Laut Adamskis Beschreibung trug Orthon hohe Schuhe, die eng am Fuß saßen und sich an der Außenseite zwischen dem Rist und der Ferse öffneten. Offenbar wurden sie durch zwei schmale Riemen geschlossen, ohne daß Schnallen oder Verschlüsse zu erkennen gewesen wären. Die Absätze waren etwas niedriger als üblich und die Kappe abgestumpft.[12] Von besonderer Bedeutung waren die Sohlen der Schuhe, da sie hieroglyphenähnliche Abdrücke im Wüstensand hinterließen, von denen später Gipsabdrücke angefertigt wurden.

DAS ERSTE GESPRÄCH

Nachdem Adamski versucht hatte, sich auf englisch, mit Zeichensprache und über Telepathie zu verständigen, stellte sich heraus, daß der Besucher offenbar vom Planeten Venus stammte. Orthon sprach dieses Wort (und einige andere) sogar auf englisch aus, wobei seine Stimme relativ hoch klang. (Bei einem späteren Treffen erklärte er, er beherrsche die Sprache gut, wolle jedoch Adamskis telepathische Fähigkeiten testen).

Auf Adamskis Frage nach dem Zweck der außerirdischen Besuche erklärte Orthon durch Gesten und Zeichen, seine Leute fürchteten, nukleare Strahlung von unseren Atombomben könnte ins All gelangen.

Nach seinem Schiff gefragt, erläuterte Orthon, es sei von dem großen Trägerschiff, das alle Augenzeugen zuvor beobachtet hatten, durch die Erdatmosphäre transportiert worden. Die beiden unterhielten sich ausführlich über Raumschiffe und andere Themen. Orthon gab Adamski zu verstehen, daß die Erde sowohl von Wesen von anderen Planeten in unserem Sonnensystem besucht wurde als auch von Wesen aus anderen Systemen. »Ich erinnerte mich an Berichte über Männer, die tot in Untertassen gefunden worden waren, die man auf der Erde entdeckt hatte«, sagte Adamski. »Diese Untertassen waren offenkundig abgestürzt. Also fragte ich, ob ihre Mannschaften bei Besuchen auf der Erde umgekommen seien. Er nickte und gab mir zu verstehen, daß einige ihrer Schiffe Unfälle erlitten hatten …«

Adamski griff nach seiner Brownie-Kamera und fragte Orthon, ob er ihn fotografieren dürfe. »Ich bin sicher, daß er meinen Wunsch verstand, schließlich konnte er ohne Probleme meine Gedanken lesen. Zudem bin ich davon überzeugt, daß er wußte, daß ich ihm nicht schaden würde, denn er zeigte keinerlei Angst, als ich nach der Kodak griff. Dennoch wollte er sich nicht fotografieren lassen.«

Ich hatte oft gehört, daß sich Wesen aus anderen Welten auf der Erde aufhalten. Wenn das stimmte, konnte ich seinen

Wunsch, nicht fotografiert zu werden, gut verstehen, weil seine Gesichtszüge in einigen Punkten charakteristisch waren. Normalerweise fiel das nicht auf, aber auf einem Foto treten die Unterschiede deutlicher hervor. Damit bestand die Gefahr, daß man seine Brüder identifizierte, die sich auf der Erde aufhalten.[13]

Am Ende gelang es Adamski doch, ein Foto von Orthon zu erhalten, doch das war vermutlich bei einer anderen Gelegenheit. Während eines Gesprächs mit Adamski im Jahre 1959 erkundigte sich seine Mitarbeiterin Lou Zinsstag nach einem Gemälde von Orthon, auf dem der Mann aus dem All eher weiblich und unauffällig wirkt. »Ihre Intuition trügt Sie nicht«, erwiderte Adamski. »Orthon sah überhaupt nicht so aus. Er besaß ein sehr männliches, intellektuelles Gesicht, aber da seine Gesichtszüge ungewöhnlich und charakteristisch sind, wäre es für ihn gefährlich, wenn Bilder von ihm veröffentlicht würden. Er war mehrfach in Los Angeles …«

»Und zu meiner großen Überraschung«, berichtete Louise, »holte George eine kleine Brieftasche hervor. Ein paar Augenblicke lang durfte ich Orthons Gesicht im Profil sehen. Es unterschied sich in der Tat stark von der gemalten Version.«[14] Lou erzählte mir, Orthons auffälligster Gesichtszug sei sein ausgeprägtes Kinn. Dies wird zum Beispiel auch im Bericht des spanischen Entführungsopfers Julio Fernández aus dem Jahre 1978 erwähnt.[15]

Adamski kommunizierte auch weiterhin mit Orthon. Eine seiner vielen Fragen befaßte sich mit dem Tod.

Ich wollte wissen, ob sie sterben wie die Menschen von der Erde … Er deutete auf seinen Körper und nickte – der Körper stirbt. Doch dann wies er auf seinen Kopf, wobei ich annahm,

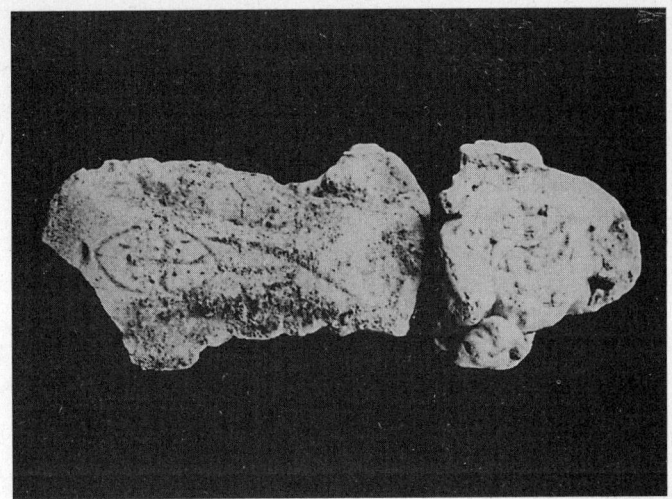

Einer der Gipsabgüsse von Orthons Fußspuren aus dem Besitz von Desmond Leslie. (© *Timothy Good*)

daß er damit den Geist oder die Intelligenz meinte, und schüttelte ihn verneinend; dieser Teil starb also nicht. Mit einer Geste seiner Hand gab er mir zu verstehen, daß dieser Teil – die Intelligenz – sich weiterentwickelt. Dann zeigte er auf sich selbst und teilte mir mit, er habe einst auf der Erde gelebt. Dann wies er ins All hinaus, wo er jetzt lebe ...

Schließlich deutete Orthon beständig auf seine Füße und sprach in einer unverständlichen Sprache. »Es klang wie eine Mischung aus Chinesisch und etwas, das eine der alten Sprachen von der Erde hätte sein können«, lautete Adamskis Kommentar. »Ich habe keine Ahnung, ob dies den Tatsachen entspricht. Es war einfach mein Eindruck, während ich seiner Stimme lauschte, die sehr musikalisch klang.«

Daß er sprach und ständig auf seine Füße wies, mußte bedeuten, daß sich dort etwas sehr Wichtiges befand. Als er dann beiseite trat, entdeckte ich an der Stelle, wo er gestanden hatte, merkwürdige Abdrücke, die seine Schuhe auf der Erde hinterlassen hatten. Er blickte mich gespannt an, um zu sehen, ob ich verstand, was ich tun sollte. Als ich ihm bedeutete, daß dies der Fall war und ich seinem Wunsch entsprechen würde, trat er vorsichtig auf eine andere Stelle und von dort aus weiter. Auf diese Weise hinterließ er drei tiefe, deutliche Fußabdrücke. Meiner Meinung nach wurden seine Schuhe extra für diese Reise angefertigt, sonst hätten die ausgeprägten Markierungen auf den Sohlen nicht so tiefe Abdrücke hinterlassen.[16]

DAS PFADFINDERSCHIFF

Mit einer Geste wies Orthon Adamski an, ihm zu folgen, und beide begaben sich zu dem wartenden Raumschiff. »Es handelte sich um ein schönes kleines Schiff«, sagte Adamski, »das eher wie eine Glasglocke als wie eine Untertasse geformt war. [Obwohl] es durchscheinend und von besonderer Farbe war, konnte ich nicht hindurchsehen.«

Damit kein Mißverständnis entsteht, möchte ich jedoch klarstellen, daß ich auf keinen Fall glaube, daß das Schiff aus Glas war, wie wir es kennen ... Ich denke, sie verstehen es, ihre Grundelemente vom undurchsichtigen in den transparenten Zustand zu versetzen. Dabei bleiben oder werden diese jedoch so hart, daß sie praktisch unzerstörbar sind wie Diamanten. Aus solch einem Material bestand das Raumschiff ... Durch diese Transparenz und aufgrund der verwendeten Energie wirken die Schiffe wie verschiedenfarbige Lichter ohne bestimmte Form. An der mir abgewandten Seite schwebte das Schiff dicht am Rücken des Hügels etwa dreißig bis sechzig Zentimeter über dem Boden. Da das Gelände jedoch steil abfiel, befand sich das Vorderteil beziehungsweise der Teil, der mir am nächsten war, fast zwei Meter über dem Boden. Der aus drei Kugeln bestehende Landungsapparat war so weit ausgefahren, daß er über die Kante des Abdeckflansches hinausragte. Ich hatte das Gefühl, daß es sich dabei um eine Vorsichtsmaßnahme handelte, falls sie plötzlich zur Landung gezwungen sein sollten. Die Windböen waren zum Teil sehr stark und brachten das Schiff gelegentlich zum Schaukeln. Dabei wurde das Sonnenlicht vom Schiff in Prismastrahlen von großer Schönheit reflektiert, wie bei einem rauchigen Diamanten …

Als ich mich dem Schiff näherte, fiel mir eine runde Kugel direkt auf der Spitze auf, die an eine dicke Linse erinnerte, sie leuchtete … Die Spitze des Raumschiffs war wie eine Kuppel geformt, wobei in die Seitenwand am Ansatz der Kuppel Getrieberinge oder dicke Spulen eingebaut waren. Diese glühten ebenfalls, als flösse Energie durch sie hindurch. In den Seitenwänden befanden sich runde Bullaugen, die allerdings nicht um das gesamte Schiff herumliefen. Mir fiel auf, daß die Wand über einer der Kugeln des Landeapparats massiv war. Ob dies auch für die anderen beiden Kugeln galt, kann ich nicht sagen, weil ich nicht um das Schiff herumging. Die zurückversetzten Bullaugen müssen aus einem anderen Material bestanden haben, oder vielleicht war es auch einfach nur dünner; auf jeden Fall waren sie klar und durchsichtig. Einmal sah ich für einen flüchtigen Augenblick ein schönes Gesicht dahinter auftauchen und wieder verschwinden. Wer auch immer sich dort drinnen aufhielt, suchte offenbar nach dem, der noch bei mir war, doch es wurde kein Wort gesprochen …

Der untere Teil des Schiffes war wie ein Flansch gearbeitet. Er glänzte stark, war jedoch nicht glatt, wie dies bei einem einzigen Stück Metall der Fall gewesen wäre. Offenbar bestand er aus verschiedenen Schichten, die aber nicht als Treppe dienen konnten, weil sie nicht wie Stufen, sondern genau umgekehrt angebracht waren ...

Mein Gefährte aus dem All warnte mich davor, zu nah [an das Raumschiff] heranzutreten, und hielt selbst einen Abstand von dreißig Zentimetern davon. Doch offenbar war ich dem Objekt schon zu nah gekommen, denn als ich mich umwandte, um mit Orthon zu sprechen, geriet meine rechte Schulter leicht unter den äußeren Rand des Flansches. Sofort wurde mein Arm in die Höhe gerissen, und fast im selben Augenblick wieder gegen meinen Körper geschleudert. Die Kraft war so stark, daß ich kein Gefühl mehr im Arm hatte, als ich vom Schiff zurücktrat. Bewegen konnte ich ihn aber noch.

Mein Gefährte bedauerte den Zwischenfall sehr ... Er versicherte mir jedoch, daß keine Schäden zurückbleiben würden. Jetzt, drei Monate später, hat sich die Wahrheit dieser Voraussage erwiesen, denn das Gefühl ist zurückgekehrt, und nur gelegentlich schießt ein Schmerz durch die geschundenen Knochen und erinnert mich an den Vorfall.

Damals galt Adamskis vordringliche Sorge vor allem den belichteten Negativplatten, die sich immer noch in seiner Jackentasche befanden, und zwar auf der Seite, die dem Raumschiff am nächsten gewesen war. Als Adamski sie in seine andere Tasche steckte, bedeutete Orthon ihm, daß er gerne eine der Platten mitnehem würde. »Er steckte sie vorne in seinen Kittel«, sagte Adamski, »aber ich konnte immer noch keinerlei Öffnung oder Tasche entdecken. Während er dies tat, gab er mir zu verstehen, daß er mir den Halter zurückgeben werde, aber ich begriff nicht, wie, wann und wo.«

Adamskis Bitte, mitfliegen zu dürfen, wurde höflich abgelehnt. Dann betrat Orthon das Schiff:

Mit wenigen anmutigen Schritten erreichte er den Hügelrücken hinter dem Schiff und trat auf den Flansch, zumindest sah es für mich so aus. Wo sich der Eingang befand und wie er in das Schiff gelangte, kann ich nicht mit Sicherheit sagen, doch als es sich lautlos erhob und davonschwebte, drehte es sich ein wenig, und ich entdeckte eine kleine Öffnung etwa in der Mitte des Flansches, die durch etwas verschlossen wurde, was wie eine Schiebetür wirkte. Außerdem hörte ich die beiden Insassen miteinander sprechen. Ihre Stimmen klangen wie Musik, doch die Worte blieben mir unverständlich.

Als sich das Schiff zu bewegen begann, bemerkte ich zwei Ringe unter dem Flansch und einen dritten, der um die mittlere Scheibe herum verlief. Der innere und der äußere Ring schienen sich im Uhrzeigersinn zu drehen, während sich der Ring zwischen diesen beiden in die entgegengesetzte Richtung bewegte.[17]

NACH DER BEGEGNUNG MIT ORTHON

Nachdem das Raumschiff verschwunden war, kehrte Adamski zu den Fußabdrücken zurück. »Als ich zurückging«, berichtete er, »fiel mir auf, daß sowohl seine als auch meine Fußspuren auf dem Weg zu dem schwebenden Schiff sichtbar waren. Seine waren durchgehend tiefer eingedrückt.« Wie vereinbart, winkte Adamski den anderen mit seinem Hut. Sie trafen ihn an einer nahe gelegenen Straße, wo sie die Autos zurückließen, weil das Gelände um den Ort der Begegnung zu rauh für die Fahrzeuge war. Die gesamte Begegnung hatte eine Stunde gedauert. Während der ganzen Zeit kreisten Militärmaschinen über ihnen, die auch danach noch eine Weile vor Ort blieben.

George Hunt Williamson schickte sich an, Gipsabdrücke von den Fußspuren zu nehmen. Alle waren sehr aufgeregt, und jeder wollte zuerst seine Fragen loswerden. Adamski war buchstäblich außer sich. »Ich hatte das Gefühl, als wäre ich nur noch physisch auf der Erde präsent«, sagte er, »und beantwortete die Fragen ganz benommen.«[18]

Die eidesstattliche Erklärung von Lucy McGinnis, die mit der der anderen identisch ist, lautet folgendermaßen:

Ich, die Unterzeichnete, erkläre feierlich, daß ich den vorliegenden Bericht über den persönlichen Kontakt zwischen George Adamski und einem Mann aus einer anderen Welt, der in seinem »Pfadfinderschiff« – einer fliegenden Untertasse – hierhergelangt ist, gelesen habe, bei dieser Begegnung zugegen war und bestätige, daß diese wie hier beschrieben stattgefunden hat.[19]

Ich fragte Lucy, wieviel sie hatte sehen können. »Aus dieser Entfernung konnte man kaum Einzelheiten erkennen«, erwiderte sie, »sie waren so weit weg, daß sie aussahen wie Zaunpfähle! Auf jeden Fall haben sie sich miteinander unterhalten, und dann beobachteten wir, wie sie sich umdrehten und zum Schiff zurückgingen. Wie Orthon ins Schiff stieg, habe ich allerdings nicht gesehen.«

Als es abhob, wirkte es wie eine aufsteigende Seifenblase oder wie ein helles Licht, das sich in die Luft erhebt. Dann ging George zum Highway und winkte uns heran. Er erzählte uns, er sei dem Schiff zu nahe gekommen, und sein Arm sei durch die Strahlung geschädigt worden. Daran litt er noch eine ganze Weile … Man konnte sehen, wo die beiden über den Boden gegangen waren. Da gibt es überhaupt keinen Zweifel.[20]

Man hat eingewandt, daß Adamski verdächtig gut auf den Kontakt von Desert Center vorbereitet war (z. B. mitgebrachter

Gips). Einen Hinweis dazu lieferte Sergeant Jerrold Baker, ein früherer Instruktor der Air Force, der sich damals in Palomar Gardens aufhielt. Mehrere Tage bevor die Gruppe in die Wüste aufbrach, hörte Baker seinen Aussagen zufolge ungewollt eine Tonbandaufnahme von einer »übersinnlichen Botschaft«, die Adamski erhalten hatte. »Dieser kurze Blick hinter die Kulissen verriet mir, daß es sich bei der Begegnung in der Wüste nicht um einen blinden Versuch oder ein Picknick handelte, sondern um eine geplante Operation.« Außerdem widersprach Jerrold Baker Adamskis Behauptung, dieser habe unzählige Stunden damit verbracht, den Himmel zu beobachten, bis sich ihm die Gelegenheit geboten habe, Raumschiffe zu fotografieren. »Das stimmt mit Sicherheit nicht«, fuhr er fort. »Denn ich weiß, daß ihm genau bekannt ist, wann ein Schiff auftauchen wird, so daß er im richtigen Moment an der richtigen Stelle ist, um das Foto zu schießen.«[21]

Adamski war davon überzeugt, daß die Symbole in den Fußspuren wichtige Hinweise für die Menschheit enthielten. Seine Hypothese lautete, daß auf der Erde einst Kulturen bestanden, deren Entwicklungsstand und Wissen über das Universum dem der heutigen Menschheit weit überlegen war. Die Symbole, so sagte er, waren vermutlich universeller Natur und könnten vielleicht als »Wegweiser im All« verstanden werden, »die gegenwärtig von den Bewohnern anderer Welten bei ihren interplanetaren Reisen benutzt werden. Damit wird den Menschen von der Erde in dem Moment eine helfende Hand entgegengestreckt, wo sie ihre Gedanken und Bemühungen auf Reisen ins All richten.«[22] Ähnliche Symbole wurden von Professor Marcel Homet in seinem 1958 erschienenen Buch *Sons of the Sun* reproduziert und erörtert. Homet schätzte das Alter der Symbole auf mindestens zehntausend, wahrscheinlich sogar zwanzigtausend Jahre.[23]

Zwei Bilder aus Adamskis berühmter Serie von Fotos des »Pfadfinderschiffs von der Venus«, die er am 13. Dezember 1952 in Palomar Gardens durch sein Sechs-Zoll-Spiegelreflex-Teleskop aufnahm. Adamski bestand darauf, daß die Fotos (links und rechts) so gedruckt werden sollten, daß sowohl der Sichtbereich des Teleskops als auch die so ungewöhnlichen Lichteffekte sichtbar würden. (© G. A. F. International)

Die Rückkehr des Besuchers

Da Orthon versprochen hatte, die Fotoplatte zurückzugeben, befand sich Adamski in ständiger Alarmbereitschaft. Auf dem Gelände von Palomar Gardens installierte er das Teleskop mit der daran befestigten Plattenkamera so, daß die Sicht über eine weite Entfernung durch nichts versperrt war. Er hatte auf diese Weise sogar ein langes Stück der Pazifikküste im Blick.

Am Morgen des 13. Dezember 1952 wurde er durch über ihn hinwegjagende Jets alarmiert. In der Ferne sah er einen Blitz, von dem er meinte, es könne sich um das Raumschiff handeln, wie er den Leuten, in deren Gesellschaft er sich aufhielt, mitteilte. Um neun Uhr entdeckte er dann einen weiteren Blitz am Himmel und versuchte, sein Teleskop darauf zu richten. »Tatsächlich konnte ich beobachten, wie es lautlos in meine Richtung glitt – ein schillerndes, glasähnliches Raumschiff, das in der Morgensonne in strahlenden Farben funkelte ...«

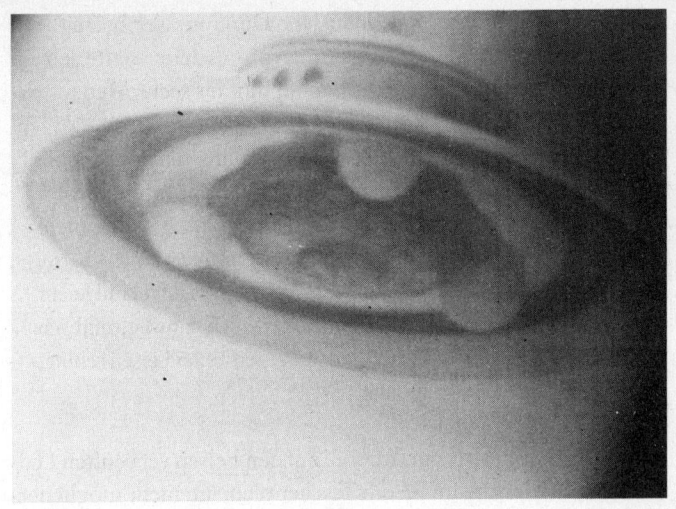

Über dem nahe gelegenen Tal schien es anzuhalten und bewegungslos in der Luft zu verharren. Ich strengte all meine Willenskraft an und beherrschte meine Erregung, um diesmal wirklich ein gutes Bild zu bekommen. In aller Eile machte ich zwei Aufnahmen. Dann wurde mir klar, daß das Schiff aus dieser Nähe zu groß war, um es aus dieser Kameraposition heraus in seiner Gesamtheit aufnehmen zu können. Daher drehte ich die Kamera und fotografierte das immer noch in der Luft stehende Schiff. Die vierte Aufnahme erfolgte genau in dem Moment, in dem sich das Schiff erneut in Bewegung setzte ... auf den ersten drei Bildern sind die Einzelheiten deutlich sichtbar. Das vierte – in der Bewegung aufgenommene – ist zwar verschwommen, aber dennoch brauchbar.

Während er die Position der Kamera veränderte, berechnete Adamski schnell die Maße des Raumschiffs, indem er es mit bekannten Entfernungen verglich. Der Durchmesser betrug statt sechs Meter, wie er drei Wochen zuvor geschätzt hatte, elf bis zwölf Meter. Die Höhe schätzte er auf fünf bis sechs Meter.

> Als es sich seitlich von mir in einer Entfernung von etwa dreißig Metern befand, öffnete sich eines der Bullaugen ein kleines Stück, eine Hand reichte heraus, und der Halter, den mein Freund aus dem All am 20. November mitgenommen hatte, fiel zu Boden. Als sie den Halter losließ, schien die Hand leicht zu winken. Dann zog das Schiff über mich hinweg, und ich beobachtete, wie der Halter fiel und gegen einen Felsen schlug, als er auf den Boden aufkam.

Adamski hob den vom Aufprall auf den Felsen verbeulten Halter auf und wickelte ihn in ein Taschentuch, um nicht möglicherweise wichtiges Beweismaterial, wie Fingerabdrücke, zu verwischen. Unterdessen überquerte das Raumschiff eine kleine Schlucht, die zum Gelände von Palomar Gardens gehörte, und bewegte sich auf den Fuß der Berge im Norden zu. Dann sank es unter die Höhe der Baumwipfel ab und flog dicht an einer Hütte vorbei, wo es angeblich von anderen Zeugen gesehen und von einem von ihnen auch fotografiert wurde.[24]

Das angeblich von Jerrold Baker, der sich seit Ende Oktober auf dem Grundstück aufhielt, aufgenommene Foto ist (ebenso wie Adamskis Fotos) sehr umstritten. Tatsächlich wirkt die Untertasse verschwommen, aber nachdem der Verschluß der Brownie nur sehr langsam arbeitet, hätte schon eine leichte Bewegung diesen Effekt gehabt. Baker unterzeichnete eine Aussage über den Vorfall, die auszugsweise folgendermaßen lautet:

> Plötzlich sah ich aus dem Augenwinkel, wie ein kreisförmiges Objekt, das aus der Gegend kam, in der sich der Professor

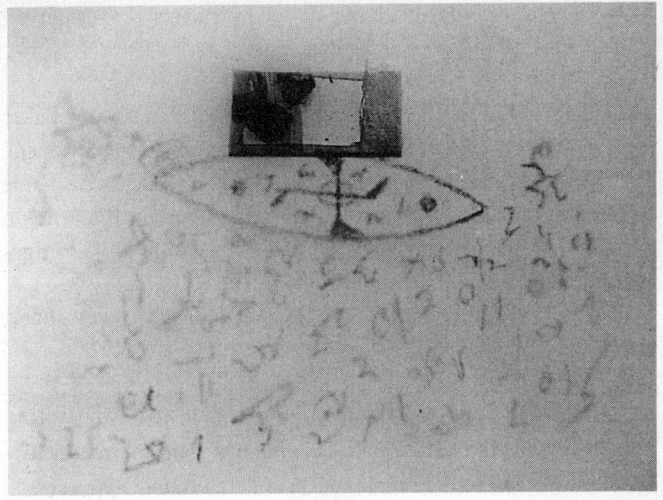

Die berühmte Fotoplatte, auf der das ursprüngliche Bild durch hieroglyphenähnliche Symbole ersetzt wurde. Adamski erhielt sie von »Orthon« im Dezember 1952. (© *G. A. F. International*)

aufhielt, knapp über die Baumwipfel flog ... Ich wartete einen Augenblick, hauptsächlich wohl, weil ich so überrascht war, während es immer näher kam. Dann hing es in höchstens vier Meter Höhe in der Luft, wobei es etwa acht Meter von meiner Position entfernt war, als wüßten sie, daß ich darauf wartete, es zu fotografieren. Hastig schoß ich ein Bild. Daraufhin neigte es sich leicht und schoß dann unvorstellbar schnell über dem Baum davon ...

Soviel kann ich mit Sicherheit sagen:

1. Die Untertasse gab keinerlei Geräusche von sich.

2. Sie wurde von einer überlegenen Intelligenz gesteuert.

3. Als die Untertasse nach oben davonschoß, lag ein leichter Geruch in der Luft.

4. Sie besaß Bullaugen und drei riesige Kugellager, die vermutlich bei der Landung zum Einsatz kommen.[25]

In einer späteren eidesstattlichen Erklärung bestreitet Baker jedoch, daß das Foto von ihm stammt. »Das mir zugeschriebene Foto habe ich nicht aufgenommen«, schreibt er. »Das betreffende Bild wurde zusammen mit drei oder vier ähnlichen Bildern von Mr. George Adamski am Morgen des 12. Dezembers 1952 aufgenommen und nicht am 13. Dezember 1952.«[26]

In einem Brief an den UFO-Forscher James Moseley äußert sich Baker ausführlicher:

> Ich hatte vorgeschlagen, [Adamski] solle sich an einer Stelle mit seinem Teleskop und seiner Kamera aufstellen, während ich oder eine andere Person mit einem anderen Kameratyp an einer anderen Stelle auf dem Grundstück postiert sein sollte … Sehr zu meiner Überraschung teilte mir George Adamski etwa eine Woche, nachdem ich meinen Vorschlag geäußert hatte, mit, daß er in der Nähe seiner Hütte mit der Brownie-Kamera fotografiert hatte.

Baker gab die Namen von zwei weiteren Personen an, von denen er behauptete, sie könnten seine Aussage bestätigen.[27] Zwar ist bekannt, daß er sich später gegen Adamski wandte, was teilweise darauf zurückzuführen ist, daß sich letzterer ungehalten über Bakers Benehmen während seines Aufenthalts in Palomar Gardens zeigte (unter anderem entwickelte er Pläne für den Einsatz eines Geräts, mit dem er »fliegende Untertassen und Flugzeuge anziehen« wollte, was dem FBI gemeldet wurde).[28] Trotzdem ist es durchaus möglich, daß Adamski das Material gefälscht hat. Vielleicht stammt das Brownie-Foto wirklich von ihm, und er hat Baker gebeten, es als seines auszugeben, um glaubwürdiger zu er-

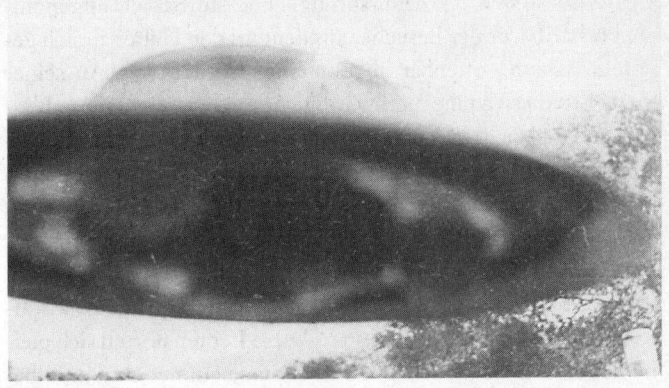

Das umstrittene, angeblich von Sergeant Jerrold Baker mit einer Kodak Brownie aufgenommene Foto. Es entstand, kurz nachdem Adamski am 13. Dezember 1952 in Palomar Gardens seine berühmten Teleskopbilder des »Pfadfinderschiffs« aufgenommen hatte. *(©G.A.F. International)*

scheinen. Lucy McGinnis, die damals vor Ort war, teilt diese Ansicht jedoch nicht. »Die ganze Geschichte geht allein auf Baker zurück«, erklärte sie mir. »Er wollte unbedingt an Beweismaterial kommen. Soweit ich mich erinnere, hat er mir gegenüber nichts abgestritten.«[29]

Noch am selben Tag, an dem die Fotos aufgenommen wurden, brachte Adamski die Fotoplatten – mit Ausnahme derjenigen, die Orthon ihm zurückgegeben hatte – ins 65 Kilometer entfernte Carlsbad, wo er sie einem Mr. D.J. Detwiler aushändigte, der sie entwickelte und Abzüge davon anfertigte. Alle Bilder waren hervorragend gelungen. Eine Zeitlang war Adamski unschlüssig, ob er die von Orthon zurückgebrachte Platte entwickeln lassen sollte. Schließlich beschloß er, sie zu einem Fotografen am Ort zu bringen. »Nachdem die Entwicklung abgeschlossen war, wurde in Anwesenheit von Zeugen ein Abzug gemacht«, schrieb Adamski. »Es zeigte sich, daß das ursprüngliche Foto, das ich aufgenommen hatte, bevor der Besucher aus dem All den Halter an sich genommen hatte, offenbar abgewaschen worden war. An seiner Stelle befand sich eine merkwürdige Aufnahme mit einer symbolischen Nachricht, die bis heute nicht vollständig entziffert werden konnte. Mehrere Wissenschaftler arbeiten daran und bemühen sich auch, die Zeichen in den Fußspuren zu entziffern.« Adamski beschloß, keine Fingerabdrücke nehmen zu lassen.

Auf seine Bitte suchten ihn Vertreter zweier Regierungsbehörden (des FBI und des Office of Special Investigations der Luftwaffe, OSI) in Palomar Gardens auf. »Diese Leuten hörten sich meine detaillierte Schilderung der Ereignisse aufmerksam an«, berichtete er, »zeigten jedoch keinerlei Überraschung und äußerten nicht die geringsten Zweifel, was den Wahrheitsgehalt meiner Aussage anging. Sie verhörten mich noch nicht einmal ... Sie nahmen ein paar meiner Fotos von dem Raumschiff sowie einen Abzug von dem abgeworfenen Negativ mit, das ich ihnen ebenfalls aushändigte.«[30] Aus dem FBI-Memorandum zu diesem Treffen, das an den Direktor des FBI, J. Edgar Hoover, ging, geht hervor, daß Adamski den Agenten tatsächlich eine genaue Beschreibung der Begegnung von Desert Center gab. Zudem nannte er ihnen umfangreiche weitere Informationen. Hier einige Auszüge aus dem Memorandum:

Adamski erklärte, er habe das Raumschiff und den Mann aus dem All fotografiert. Da dieser offenbar seine Gedanken lesen konnte, bat er Adamski zunächst, auf die Aufnahme zu verzichten, und nahm dann, als er aufbrach, die »Platte« mit dem Negativ mit ...

Diese Aussage stimmt nicht mit Adamskis Version der Ereignisse überein, der man wohl eher vertrauen darf. In *Flying Saucers*

Have Landed erklärt er, er habe Orthon nicht fotografiert. Das FBI-Memorandum fährt fort:

> Adamski sagte, am 13. Dezember 1952 sei das Raumschiff nach Palomar Gardens zurückgekehrt und dabei so niedrig geflogen, daß es die Platte, die ihm der Mann aus dem All abgenommen hatte, abwerfen konnte ... dann war es über dem Hügel verschwunden ... Adamski erklärte, daß [Jerrold Baker] das davonfliegende Raumschiff ebenfalls fotografiert hatte ... Adamski stellte dem Verfasser Kopien der Schrift aus dem All und der Aufnahmen von dem Raumschiff zur Verfügung.

Adamskis Behauptung, die Beamten hätten keinerlei Zweifel hinsichtlich des Wahrheitsgehalts seiner Aussage geäußert, wird weder durch das FBI noch durch das OSI bestätigt, im Gegenteil. »Eine weitere Untersuchung ist nicht beabsichtigt«, schließt das Memo. »Der Fall wird als [*sic*] abgeschlossen betrachtet.«[31] In einem anderen FBI-Memo heißt es: »Das OSI der Air Force hat umfangreiche Untersuchungen durchgeführt ... und hält Adamskis Aussagen für absolut unglaubwürdig.«[32]

Abmahnung durch das FBI

In seiner Rede am 12. März 1953 vor dem Lions Club von Corona in Kalifornien prahlte Adamski nach Angaben der örtlichen Zeitung damit, sein Material sei nun offiziell vom FBI und OSI »freigegeben worden«. Offenbar belegte er diese gewagte Behauptung bei anderen Gelegenheiten mit einer manipulierten Kopie eines von FBI-Agenten und Beamten der Luftwaffe unterzeichneten Dokuments. Wegen dieser verfälschten Darstellung erhielt Adamski dann Besuch von FBI-Agenten aus San Diego, die ihn streng zur Ordnung riefen. FBI-Direktor J. Edgar Hoover schrieb dazu:

ADAMSKI further advised that on November 20, 1952, on the California Desert, at a point ten and two-tenths miles from Desert Center on the road to Parker and Needles, Arizona, that he had made contact with a space craft and had talked to a space man. ADAMSKI stated that he, ███████ ███████████████████ and his wife MARY, had been out in the desert and that he and the persons with him had seen the craft come down to the earth. ADAMSKI stated that a small stairway in the bottom of the craft, which appeared to be a round disc, opened and a space man came down the steps. ADAMSKI stated he believed there were other space men in the ship because the ship appeared translucent and could see the

SD 100-8382

shadows of the space men. ADAMSKI described the space man as being over 5' in height, having long hair like a woman's and garbed in a suit similar to the space suits or web suits worn by the U. S. Air Force Men. ADAMSKI stated that he and the space man conversed by signs and that there appeared to be a certain area around the space ship which consisted of magnetic or electric lines of force, inasmuch as when he got too close, some of the lines went through his arm and momentarily paralyzed his arm. ADAMSKI stated that he took a picture of the space ship and the space man, but the space man could evidently read his thoughts inasmuch as he motioned to him not to take the picture and when the space man left he took the "plate" with the negative on it with him.

ADAMSKI further advised that he had obtained plaster casts of the footprints of the space man and stated that the casts indicated the footprints had designs on them similar to the signs of the Zodiac,.   (b)(7)(c)

On January 12, 1953, ADAMSKI advised that on December 13, 1952, the space ship returned to the Palomar Gardens and came low enough to drop the plate which the space man had taken from him, ADAMSKI, and had then gone off over the hill. ADAMSKI stated that he saw the space ship and that as the space ship was leaving, ███████████ also took a picture of the ship.

ADAMSKI stated that when he had the negatives developed at a photo shop in Escondido, California, that the negative that the space man had taken from him contained writing which he believed to be the writing of the space men. ADAMSKI furnished the writer with copies of the space writing and photographs of the space ship.   (b)(7)(c):(b)

███████████████████████ at the Palomar Observatory, advised that he had been acquainted with ADAMSKI since 1943, at which time ADAMSKI had called himself "the Reverend ADAMSKI" and had held Easter Services in the Valley. ███████████ stated that in talking to ADAMSKI, ADAMSKI had told him, ███████████ that he had had a "cult" or colony at Laguna Beach, California, previous to 1943, and that he had also been interested in metaphysics and astrology.   (b)(7)(c):(b)

███████████ further advised that ADAMSKI claimed

(b)(7)(A):(a)

to have worked at the Observatory at Mount Palomar, but stated that ADAMSKI had never been employed at the Observatory.
███████ stated that ADAMSKI also claims to have been associated with ████████████, formerly with the Observatory at Mount Palomar, but now located in Pasadena, California. ████████ stated that ████████ had known ADAMSKI
for quite some time and that ████████ address was:

████████████
Pasadena, California

Telephone: Sycamore ████

(b)(7)(D)

████████ stated he considered ADAMSKI to be
more qualified in astrology than astronomy. He continued
that he had never viewed any space ship and believed ADAMSKI
to be an opportunist.

(b)(7)(c)

Copies of the letters of ████████ and prints
of the space writing and flying saucers, are being enclosed
to the Bureau, for informational purposes only.

Copies are also being enclosed to the Cleveland
Office for any action that they may desire to take.

This information is not being furnished to (b)(7)(c)
the U. S. Air Force inasmuch as ████████ OSI, was along
at the time of the interview, and is cognizant of all facts
contained herein.

ADAMSKI furnished the following information
concerning himself:

Born:	4-17-1891
Place:	Eland
Father:	JOSEPH ADAMSKI (deceased)
Mother:	FRANCES ADAMSKI (deceased)
Sister:	
	(phonetic)
Address:	Lackawana, New York
Sister:	Mrs. ████ ( ),
Address:	Dunkirk, New York
Sister:	Mrs.
Address:	Dunkirk, New York

Auszüge aus dem FBI-Memorandum an J. Edgar Hoover vom 28. 1. 1953, das
sich mit einigen von Adamskis Behauptungen auseinandersetzt.

Während des Gespräches stritt Mr. ADAMSKI ab, sich in diesem Sinne geäußert zu haben. In Gegenwart der Agenten
schrieb er einen Brief an den Herausgeber der *Riverside Enter-
prise*, in dem er darauf hinwies, daß der Artikel bezüglich der
Freigabe des Materials durch FBI und Luftwaffe nicht korrekt

war … Gleichzeitig erklärte er gegenüber den Beamten, die ihn verhörten, er habe keinerlei Stellungnahme abgegeben, aus der hervorgehe, die Luftwaffe der Vereinigten Staaten oder das Federal Bureau of Investigation hätten in seinen Reden verwendetes Material genehmigt.[33]

Weiter erklärte ADAMSKI, am 20. November 1952 habe er in der kalifornischen Wüste, 16,3 Kilometer von Desert Center entfernt, auf der Straße nach Parker and Needles in Arizona Kontakt mit einem Raumschiff gehabt und mit einem Mann aus dem All gesprochen. ADAMSKI sagte aus, er ███ und seine Frau MARY hätten sich in der Wüste aufgehalten, und er und die Personen, die bei ihm waren, hätten gesehen, wie sich das Raumschiff der Erde näherte. ADAMSKI erklärte, an der Unterseite des Raumschiffs, das wie eine runde Scheibe aussah, habe sich eine Treppe geöffnet, über die ein Weltraummensch herunterstieg. ADAMSKI sagte, er glaube, daß sich in dem Raumschiff noch weitere Menschen aus dem All aufhielten, weil das Schiff durchscheinend war und er die Schatten der Menschen aus dem All sehen konnte. ADAMSKI beschrieb den Mann aus dem All als über einen Meter fünfzig groß. Sein Haar war so lang wie bei einer Frau, und er trug einen Anzug, der Raum- oder Schwimmanzügen ähnelte, wie sie die US Air Force verwendet. ADAMSKI erklärte, er und der Mann aus dem All hätten sich durch Zeichen verständigt. Das Schiff war offenbar von einem Feld magnetischer oder elektrischer Kraftlinien umgeben, denn als er diesem zu nahe kam, fuhren einige davon durch seinen Arm, wodurch dieser vorübergehend gelähmt war. ADAMSKI sagte, er habe ein Bild des Raumschiffs und des Mannes aus dem All aufgenommen, doch dieser konnte offenbar seine Gedanken lesen, weil er ihm zu verstehen gab, er solle nicht fotografieren, und als er aufbrach, die »Platte« mit dem Negativ an sich nahm.

Weiter erklärte ADAMSKI, er habe Gipsabdrücke der Fußspuren des Mannes aus dem All genommen, und diese Abgüsse zeigten Symbole, die an die Sternzeichen erinnerten.

Am 12. Januar 1953 erklärte ADAMSKI, das Raumschiff sei am 13. Dezember 1952 nach Palomar Gardens zurückgekehrt. Dabei sei es so niedrig geflogen, daß es die Platte, die der Mann aus dem All ihm, ADAMSKI, abgenommen hatte, abwerfen konnte. Danach verschwand es hinter den Bergen. ADAMKSI sagte aus, er habe das Raumschiff gesehen und, als es sich entfernte, ■■ auch ein Bild davon gemacht.

ADAMSKI sagte aus, als er das Negativ in einem Fotogeschäft im kalifornischen Escondido entwickeln ließ, habe sich herausgestellt, daß sich auf dem Negativ, das ihm der Mann aus dem All abgenommen hatte, eine Schrift befand, die er für die des Mannes aus dem All hielt. ADAMSKI händigte dem Schreiber Kopien der Weltraumschrift und Fotos des Raumschiffs aus.

■■ vom Palomar-Observatorium erklärte, ihm sei ADAMSKI seit 1943 bekannt. Damals habe sich ADAMSKI »Reverend ADAMSKI« genannt und im Tal Ostergottesdienste abgehalten. ■■ erklärte, bei Gesprächen mit ADAMSKI habe ihm ADAMSKI erzählt, vor 1943 habe er einen »Kult« oder vielmehr eine Kolonie im kalifornischen Laguna Beach geleitet. Außerdem sei er an Metaphysik und Astrologie interessiert gewesen.

■■ sagte weiter, ADAMSKI behaupte, am Observatorium am Mount Palomar gearbeitet zu haben, stellte jedoch fest, ADAMSKI sei nie beim Observatorium beschäftigt gewesen. ■■ erklärte, ADAMSKI behaupte auch, mit ■■ zusammenzuarbeiten, der früher beim Observatorium von Mount Palomar beschäftigt gewesen sei, aber jetzt im kalifornischen Passadena lebe. ██ erklärte, er kenne ADAMSKI seit geraumer Zeit, und die Adresse von ██ sei:

██

Pasadena, Kalifornien

Telefon: Sycamore ██

██ erklärte, seines Erachtens verstehe ADAMSKI mehr von Astrologie als von Astronomie. Weiter sagte er, er habe nie ein Raumschiff gesehen und halte ADAMSKI für einen Opportunisten.

Kopien der Briefe von ██ und Bilder der Weltraumschrift und der fliegenden Untertassen werden zur Information des FBI beigelegt.

Weitere Kopien gehen an das Büro in Cleveland, für den Fall, daß dieses weitere Schritte unternehmen will.

Diese Information wird nicht an die US Air Force weitergeleitet, da ██ OSI bei dem Interview zugegen war und von allen darin erwähnten Fakten weiß.

Zu seiner Person lieferte ADAMSKI folgende Information:

Geburtsdatum: 17. 4. 1891
Geburtsort: Polen
Vater: JOSEPH ADAMSKI (verstorben)
Mutter: FRANCES ADAMSKI (verstorben)

Schwester:	■ (phonetisch)
Adresse:	Lackawana, New York
Schwester:	Mrs. ■
Adresse:	Dunkirk, New York
Schwester:	Mrs. ■
Adresse:	Dunkirk, New York

Die Bilder vom Pfadfinderschiff

Die meisten Forscher tun Adamskis berühmte Fotos von dem Pfadfinderschiff aus den fünfziger Jahren als Fälschungen ab. Als verwendetes »Modell« hat man eine Vielfalt von Gegenständen vermutet: »Lampenschirm«, »OP-Lampe«, »Topfdeckel mit Pingpong-Bällen«, »Tabakhumidor«, »Futterspender für Hühner«, »Oberteil eines Staubsaugers aus dem Jahre 1937« und ein »Flaschenkühler aus der Stadt Wigan in Lancashire«. Das Problem ist, daß bis jetzt niemand Exemplare der erwähnten Gegenstände präsentiert hat, deren Proportionen denen des abgebildeten Raumschiffs entsprechen würden. Übrigens bot Adamski zweitausend Dollar für jeden, der nachweisen könne, daß es sich bei seinen Fotos um Fälschungen handelte, doch niemand ging darauf ein.

Desmond Leslie, Kampfflieger im Zweiten Weltkrieg, der den ersten (längeren) Teil von *Flying Saucers Have Landed* verfaßte, war von der Authentizität der Fotos überzeugt:

Jedem, der Erfahrung mit Teleobjektiven besitzt, wird beim Anblick der Originalabzüge von Adamskis Originalnegativen sofort ein Faktor auffallen, den alle Filmregisseure berücksichtigen müssen, die mit verkleinerten Modellen arbeiten. Diese »atmosphärische Weichzeichnung«, wie das Phänomen gelegentlich genannt wird, entsteht durch Feuchtigkeit und Staub in der Atmosphäre. Ein Modell im Vordergrund läßt sich daher

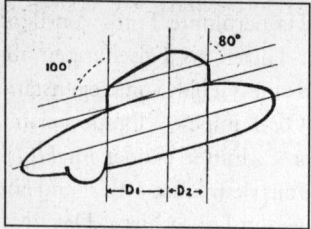

auch bei hervorragender Tiefenschärfe nicht mit einem entfernten Hintergrund in Übereinstimmung bringen, es sei
denn, man verwendet dazu bestimmte Filter und Siebe. Bei
Aufnahmen mit einem Teleobjektiv entsteht ein bestimmter
Effekt, der das Bild grauer und flacher wirken läßt und künstlich praktisch nicht zu reproduzieren ist. Auch die Perspektive
wird beeinträchtigt, daher der deutliche Grauschleier und die
verflachte Wirkung von Adamskis Bildern.

Leslie weist auch darauf hin, daß sich aus seinen Experimenten
mit Adamskis Originalteleskop am Ort der Aufnahme eindeutig
ergibt, daß atmosphärische Verzerrung dafür verantwortlich ist,
daß auf einem der Fotos eine der drei Kugeln unter dem Raumschiff größer als die anderen erscheint. Das wäre bei einem Modell nicht der Fall gewesen. Ferner führt er an, daß Adamskis alte
deutsche Hagee-Dresden-Graflex-Plattenkamera nur in Verbin-

(Linke Seite) Ein Raumschiff, das den von Adamski beobachteten ähnelt und im Februar 1954 von Stephen Darbishire bei Coniston in Lancashire fotografiert wurde. Links oben seine selten veröffentlichte zweite Aufnahme, die einen Verzerrungseffekt zeigt, wie er aus dem Film von Silver Spring bekannt ist. Darbishire, heute ein erfolgreicher Maler, steht bis heute zu seinen Fotos. (©*Stephen Darbishire*)

(Rechts) Stephen Darbishire (links) und sein Cousin, Adrian Myers, der die Begegnung ebenfalls beobachtete.

dung mit dem Sechs-Zoll-Teleobjektiv verwendet werden konnte, weil keine anderen Linsen dafür erhältlich waren. Um ein Foto von einem Modell zu fälschen, hätte die Brennweite wesentlich kürzer sein müssen.

Leslie gab Adamskis Abzüge Hollywoods damals renommiertestem Regisseur, John Ford, der der Ansicht war, bei der Untertasse handle es sich um ein großes Objekt, das durch ein Teleobjektiv mit einer Brennweite von etwa sechs Zoll fotografiert worden war. Zu diesem Ergebnis gelangte auch Joseph Mansour, dessen Aufgabe es war, Flugzeugmodelle auf Fotos echt wirken zu lassen.[34] Es heißt, Pev Marley, Cecil B. de Milles erster Kameramann für Spezialeffekte, der im Zweiten Weltkrieg für das Enemy Intercept Command tätig war, habe bei einem Treffen von Reserveoffizieren der US-Luftwaffe im Jahre 1953 erklärt, falls es sich bei Adamskis Bildern um Fälschungen handle, seien es die besten, die er je gesehen habe.[35] Später stritt er diese Aussage ab.[36]

In *Jenseits von Top Secret* habe ich mich zu dem außergewöhnlichen 8-mm-Farbfilm von einem Pfadfinderschiff geäußert, das mit dem auf den Fotos, die in Palomar Gardens entstanden sind, identisch ist. Dieses Material wurde von Adamski in Anwesenheit von Madeleine Rodeffer und drei weiteren Zeugen am 26. Februar 1965 in Silver Spring in Maryland aufgenommen (Abbildung siehe unten). William Sherwood, ein Physiker mit dem Spezialgebiet Optik, der bei Eastman Kodak in gehobener Position als Leiter für Entwicklungsprojekte tätig war, hält den Film für authentisch.[37] Meine eigene Überprüfung des Films begann im Jahre 1966. Aufgrund dieser Untersuchungen und in Anbetracht meiner Freundschaft mit Madeleine, die seit nunmehr drei Jahr-

Ein stark belichtetes Einzelbild aus dem 8-mm-Film, den George Adamski in Gegenwart von Madeleine Rodeffer und anderen am 26. Februar 1965 in deren Haus in Silver Spring in Maryland aufnahm. Ein auf Optik spezialisierter Physiker schätzte den Durchmesser des Raumschiffs auf neun Meter. (©*Madeleine Rodeffer*)

zehnten besteht, kann ich sagen, daß der Film echt ist. (Interessanterweise bat Adamski Madeleine zu erklären, die Aufnahmen stammten von ihr. Möglicherweise hat er sich im Falle Jerrold Baker ähnlich verhalten.)

In *Jenseits von Top Secret* habe ich auch die Fotos, die von Stephen Darbishire im Februar 1954 in Anwesenheit seines Cousins Adrian Myers in der Stadt Coniston in Lancashire aufgenommen wurden, angesprochen. Das bessere der beiden Bilder zeigt ein »glasähnliches« Raumschiff, dessen Proportionen denen von Adamskis Pfadfinderschiff entsprechen.[38] Ich bin davon überzeugt, daß auch dieses Bild authentisch ist. Darbishire erklärte nachdrücklich, die Bullaugen seien in Viererreihen angeordnet gewesen, während auf den von Adamski veröffentlichten Fotos nur Dreierreihen zu sehen sind. Adamskis leicht verzerrtes viertes Foto von dem Pfadfinderschiff, das 1954 noch nicht veröffentlicht war, zeigt ein viertes Bullauge, was Darbishire erst bewußt wurde, als Desmond Leslie ihm das Bild vorlegte. Auf einem Foto von einem identischen Raumschiff, das 1973 in Peru aufgenommen wurde, ist ebenfalls ein viertes Bullauge zu erkennen.

Im Inneren der Raumschiffe

Nach der Begegnung von Desert Center und der Rückkehr des Raumschiffs nach Palomar Gardens nahmen Adamskis Begegnungen mit Wesen aus dem All explosionsartig zu. Zu diesem Zeitpunkt wurden seine Behauptungen teilweise immer absurder. Sein zweites Buch, *Im Innern der Raumschiffe* (Orig. *Inside the Space Ships)*, ebenfalls seit langem vergriffen, beginnt mit der Beschreibung seines Kontaktes mit zwei unbekannten Männern, die ihn am 18. Februar 1953 in einem Hotel in Los Angeles ansprachen.

Mir fiel auf, daß beide Männer gut proportioniert waren. Der eine von ihnen war knapp einen Meter fünfundachtzig groß,

offenbar Anfang Dreißig und besaß eine gesunde Gesichtsfarbe. Er hatte dunkelbraune Augen, die vor Lebenslust funkelten,
und sein Blick war ungewöhnlich durchdringend. Das wellige
schwarze Haar trug er nach unserer Art geschnitten. Ein dun-
kelbrauner Anzug, wie ihn Geschäftsmänner tragen, vervoll-
ständigte das Bild …
Der kleinere wirkte jünger, seine Größe schätze ich auf einen
Meter fünfundsiebzig. Sein jungenhaftes Gesicht war rund und
zeichnete sich durch helle Haut und graublaue Augen aus. Auch
sein Haar war lockig und modisch geschnitten, im Unterschied
zu dem seines Gefährten jedoch sandfarben. Er trug einen
grauen Anzug, aber keinen Hut. Mit einem Lächeln begrüßte
er mich mit Namen und streckte die Hand aus, als ich den Gruß
erwiderte. Als seine Hand die meine berührte, wurde ich von
großer Freude erfüllt. Seine Geste war identisch mit der des
Mannes, dem ich in der Wüste begegnet war … Daher wußte
ich, daß diese Männer nicht von der Erde stammten.

Nachdem sich Adamski einverstanden erklärt hatte, sie zu begleiten, fuhren sie in einer schwarzen Pontiac-Limousine zu einem Ort außerhalb von Los Angeles. Unterwegs erzählten ihm
die beiden Fremden, sie stammten vom »Mars« und vom »Saturn«. Adamski fragte sich, wieso sie so gut Englisch sprachen.
Auf diesen unausgesprochenen Gedanken antwortete einer der
Männer:

Wir sind das, was ihr auf der Erde »Verbindungsleute« nennt.
Wir leben und arbeiten hier … Auf eurem Planeten halten
wir uns schon seit mehreren Jahren auf. Zunächst sprachen
wir mit leichtem Akzent, doch das hat sich gegeben. Wie Sie
sehen, sind wir von den Erdlingen nicht mehr zu unterscheiden.

Adamski fragte sich, warum er auserwählt worden war. Die Antwort ließ nicht auf sich warten:

> Sie sind weder der erste noch der einzige Mensch von dieser Welt, mit dem wir gesprochen haben. Viele andere in verschiedenen Teilen der Erde sind von uns aufgesucht worden. Manche von ihnen, die es gewagt haben, über ihre Erlebnisse zu sprechen, sind dafür verfolgt worden ... Aus diesem Grund haben viele Stillschweigen bewahrt. Doch wenn das Buch, an dem Sie gerade arbeiten, der Öffentlichkeit bekannt wird, wenn die Menschen von Ihrer ersten Begegnung draußen in der Wüste hören ... werden viele andere Mut fassen und Ihnen von ihren Erlebnissen schreiben.

Der Pontiac verließ den Highway und fuhr auf einer holprigen Piste durch die Wüste. Adamski entdeckte ein Raumschiff, das dem ähnelte, das er drei Monate zuvor gesehen hatte, jedoch größer war und in der Ferne in einem sanften, weißen Licht erstrahlte. »Als wir anhielten, fiel mir auf, daß neben dem leuchtenden Raumschiff ein Mann stand, [der] offenbar an einem damit verbundenen Gerät arbeitete. Als wir auf ihn zugingen, stellte ich zu meiner großen Freude fest, daß es sich um meinen Freund von der ersten Begegnung handelte ... Auch diesmal trug er eine Art Skianzug, doch dieser war hellbraun und oben und am Hosenbund mit orangefarbenen Streifen versehen.« Diesmal war sein Haar kurz geschnitten.

Nachdem sie sich begrüßt hatten, erläuterte Orthon, daß er gerade dabei war, ein kleines Teil am Pfadfinderschiff zu reparieren. Während er sprach, leerte er einen kleinen »Schmelztiegel« aus, dessen Inhalt sich auf den Sand ergoß. »Ich bückte mich und berührte vorsichtig die herausgeflossene Masse, die wie ein winziger Klumpen aus geschmolzenem Metall aussah. Obwohl dieser noch ziemlich warm war, konnte ich ihn anfassen. Sorgfältig wickelte ich ihn in mein Taschentuch …«

Auf Orthons amüsierte Frage, was er mit dem Material vorhabe, erwiderte Adamski, daß es unter Umständen als Beweis dafür dienen könne, daß ihr Besuch tatsächlich stattgefunden habe, weil die Menschen immer nach handfesten Belegen verlangten. »Ja«, erwiderte Orthon, »ihr seid wirklich ein Volk von Souvenirjägern! Allerdings wird sich herausstellen, daß die Legierung Metalle enthält, die sich auch auf der Erde finden, weil sie auf allen Planeten sehr ähnlich sind.«[39] Desmond Leslie übergab das Metallstück George Ward, dem damaligen britischen Minister für Luftfahrt, der es analysieren ließ. Dabei stellte sich heraus, daß es sich vor allem um sehr reines Aluminium handelte, das aber Spurenelemente aufwies, die es vermutlich im geschmolzenen Zustand aufgenommen hatte.[40]

Namen nannten die Leute aus dem All Adamski nicht, was seiner Aussage nach daran lag, daß »ihr Konzept von Namen sich grundlegend von unserem unterscheidet«. In *Im Innern der Raumschiffe* werden zur Identifizierung Pseudonyme verwendet, die sich Adamski zusammen mit der Ghostwriterin des Buches, Charlotte Blodget, ausdachte. Danach hieß der Mann vom Mars »Firkon« und der Besucher vom Saturn »Ramu« (allerdings behauptete Adamski, dies sei ein echter Name).

Nachdem die Reparatur abgeschlossen war, wurde Adamski eingeladen, mit den anderen das Raumschiff zu betreten. Er fand sich in einer Kabine wieder.

Mir fiel ein kaum vernehmbares Summen auf, das vom Fußboden und von einer schweren Spule, die offenbar oben in die runde Wand eingebaut war, gleichzeitig zu kommen schien. Als das Geräusch einsetzte, begann die Spule hellrot zu glühen, strahlte jedoch keine Hitze ab …

Erneut bewunderte ich die unglaubliche Genauigkeit, mit der die Teile so zusammengesetzt worden waren, daß keinerlei Trennstellen sichtbar blieben ... von der Tür, die sich hinter uns geschlossen hatte, war nichts mehr zu erkennen ... Ich schätzte den Innendurchmesser der Kabine auf etwa sechs Meter. Vom höchsten Punkt der Kuppel reichte eine etwa sechzig Zentimeter dicke Säule bis zur Mitte des Fußbodens. Später erfuhr ich, daß es sich dabei um den Magnetpol des Schiffes handelte, mit dessen Hilfe die Kräfte der Natur zur Fortbewegung genutzt wurden ...

In der Mitte des Fußbodens war eine durchsichtige runde Linse von gut zwei Meter Durchmesser eingebaut, durch deren Zentrum der Magnetpol führte. Am Rand der riesigen Linse waren einander gegenüber zwei kleine, aber bequeme Bänke angebracht, deren Form der Rundung der Kreislinie angepaßt war. Ich wurde gebeten, auf einer von ihnen Platz zu nehmen. Neben mir ließ sich Firkon nieder, um mir die Vorgänge zu erklären ... während Orthon an die Instrumententafeln trat. Diese befanden sich zwischen beiden Bänken an der äußeren Wand ... kleine, biegsame Stangen legten sich um unsere Taillen ...

»Manchmal«, erläuterte Firkon, »gibt es beim Abheben einen scharfen Ruck, wenn das Schiff fest auf dem Boden gestanden hat. Das geschieht nicht sehr häufig, aber wir sind immer darauf vorbereitet.«

Adamski richtete seine Aufmerksamkeit auf mehrere Grafiken und Karten – zumindest hielt er es dafür –, die eine Fläche von knapp einem Meter zu beiden Seiten der unsichtbaren Tür bedeckten. »Sie waren wirklich faszinierend«, berichtete er begeistert, »völlig anders als alles, was ich auf der Erde gesehen hatte.«

Es gab weder Instrumente noch Nadeln, sondern nur Lichtblitze von wechselnder Farbe und Intensität. Manche davon wirkten wie farbige Linien auf den ungewöhnlichen Karten … andere nahmen die Gestalt geometrischer Figuren an … Auf etwa drei Metern direkt hinter den Bänken, auf denen wir saßen, schien die Wand massiv und leer zu sein, während sich dahinter … andere Karten befanden, die den beschriebenen zwar ähnlich waren, sich aber dennoch von ihnen unterschieden.

Die Instrumententafel des Piloten war völlig anders, als ich sie mir vorgestellt hatte … sie wirkte eher wie eine Orgel, besaß jedoch anstelle von Tasten und Registern in Reihen angeordnete Knöpfe. Über diesen waren kleine Lampen so angebracht, daß sie je fünf Knöpfe gleichzeitig beleuchteten. Soweit ich mich erinnere, gab es sechs dieser Knopfreihen, von denen jede etwa einen Meter achtzig lang war.

Vor der Tafel befand sich der Sitz des Piloten, der von der Form her den Bänken glich. Dicht daneben entdeckte er ein merkwürdiges Instrument, das mit dem zentralen Pol verbunden war und offenbar als eine Art Periskop fungierte.

Adamski gelang es nicht, die Quelle des Lichts zu entdecken. »Jede Nische und jede Ecke war von einem sanften, angenehmen Leuchten erfüllt. Ich kann das Licht nicht genau beschreiben … es schien aus einer weichen Mischung aller Farben zu bestehen, obwohl es manchmal so aussah, als würde die eine oder andere intensiver.«

Als das Schiff abhob, spürte er es kaum. Adamskis Aufmerksamkeit richtete sich auf die große Linse zu seinen Füßen. »Offenbar flogen wir knapp über die Dächer einer kleinen Stadt. Die Einzelheiten waren so gut zu erkennen, als befänden wir uns nur dreißig Meter über dem Boden, aber man teilte mir mit, daß wir uns tatsächlich in einer Höhe von dreieinhalb Kilometern befanden und immer noch stiegen. Durch die starke Vergrößerungskraft des optischen Glases sei es sogar möglich, bei Bedarf ausgewählte einzelne Personen zu studieren ...« Weiter erklärte man ihm, daß die zentrale Säule nicht nur als starkes Teleskop fungierte, dessen eines Ende auf den Boden gerichtet war und dessen anderes – das in der Kuppel – zum Himmel zeigte, sondern auch den größten Teil der Energie für das Raumschiff erzeugte.

ANTRIEB
Vier Kabel verliefen durch die Linse beziehungsweise direkt unter ihr. Firkon erläuterte deren Zweck:

> Durch drei dieser Kabel wird Energie vom Magnetpol zu den drei Kugeln unter dem Schiff geleitet, die, wie Sie gesehen haben, manchmal bei der Landung zum Einsatz kommen. Diese Kugeln sind hohl. Obwohl sie bei Notlandungen ausgefahren und während des Fluges eingezogen werden können, dienen sie in erster Linie als Kondensatoren für die statische Elektrizität, die sie über den Magnetpol erhalten. Diese Energie ist überall im Universum vorhanden und manifestiert sich auf natürliche Weise hochkonzentriert als Blitz.
> Das vierte Kabel reicht vom Pol zu den beiden periskopähnlichen Instrumenten neben dem Sitz des Piloten und direkt dahinter in der Nähe der zentralen Linse ... Sie können nach Belieben ein- und ausgeschaltet und eingestellt werden, so daß die beiden Besatzungsmitglieder, die sich normalerweise an Bord befinden, das Teleskop voll nutzen können, ohne sich gegenseitig zu behindern.[41]

In seinem letzten Buch, *Flying Saucer Farewell*, äußerte sich Adamski ausführlich zu dem Prinzip der »Steuerung durch elektrostatischen Dreipunktantrieb«, wie er es nannte. »Ähnlich wie bei der Steuerung von Raketen durch Bremsraketen wird bei Manövern die Ladung des flexiblen Dreipunktsystems verändert. Bei horizontalen Flügen innerhalb der Ionosphäre von Planeten fliegen die Untertassen entlang den geomagnetischen Kraftlinien. Wird die Ladung der Kugeln verändert, kommt es zu einer abrupten Richtungsänderung.«[42]

Bei einem Gespräch mit Captain Edward Ruppelt, dem für Wissenschaft und Technik verantwortlichen Geheimdienstoffizier der Luftwaffe, der bei der Blue-Book-Untersuchung über UFOs federführend war, behauptete Adamski, die Untertassen würden nur zehn Prozent der aus der Natur gewonnenen Energie verwenden. Der Überschuß würde von der Haut des Schiffes abgestrahlt. »Teilchen, die das Schiff treffen, werden von der negativen Strahlung auf der Haut des Raumschiffs abgestoßen, daher kommen sie noch nicht einmal mit Meteoriten in Berührung.«

»Aber warum die Untertassenform?« wollte Ruppelt wissen.

»Weil sie so nicht auf die gleiche Art wenden müssen, wie wir es tun. Für uns sieht es aus, als würden die Raumschiffe im rechten Winkel abbiegen, aber das ist nicht der Fall. Einmal wird die eine Kugel abgeschaltet, einmal die andere, danach richtet sich, wohin das Schiff fliegt.«[43]

Ann Grevler, die behauptete, 1957 im östlichen Teil der südafrikanischen Provinz Transvaal von einer Gruppe ähnlicher Außerirdischer an Bord ihres Pfadfinderschiffes gebracht worden zu sein, lieferte weitere Einzelheiten zu diesem besonderen Antriebssystem:

Das Prinzip ihres Antriebs besteht in der Entnahme kosmischer Energie (Elektrizität?) aus der Umgebungsluft. Dieser Vorgang erfolgt über die Spitze der zentralen Säule … Durch eine Pumpe unten an der Zentralsäule wird diese Energie dann

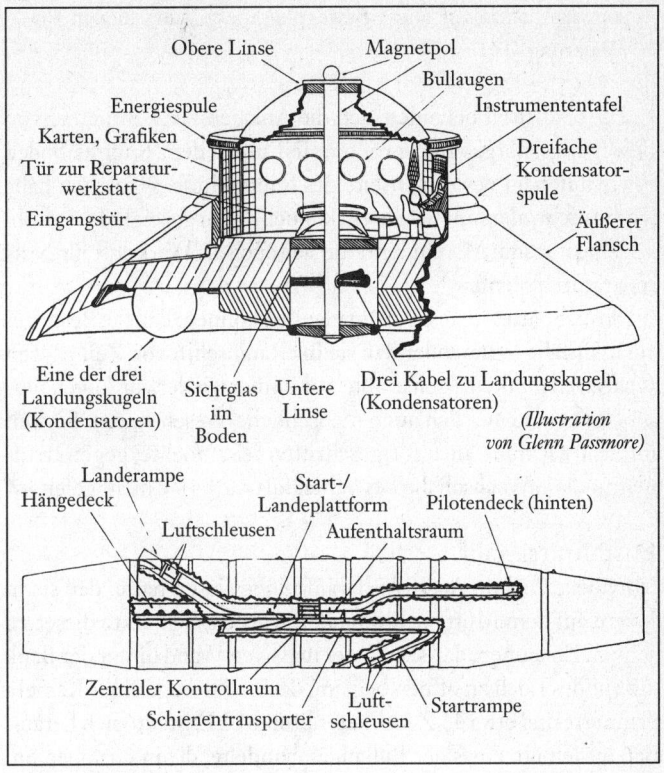

Obere Linse   Magnetpol

Bullaugen

Energiespule   Instrumententafel

Karten, Grafiken

Dreifache
Kondensator-
spule

Tür zur Reparatur-
werkstatt

Äußerer
Flansch

Eingangstür

Eine der drei
Landungskugeln   Sichtglas   Untere   Drei Kabel zu Landungskugeln
(Kondensatoren)   im   Linse   (Kondensatoren)
Boden

*(Illustration
von Glenn Passmore)*

Landerampe   Start-/
Hängedeck   Landeplattform   Pilotendeck (hinten)

Luftschleusen   Aufenthaltsraum

Zentraler Kontrollraum   Luft-
Schienentransporter   schleusen   Startrampe

Querschnitt des Pfadfinder- und Trägerschiffs nach Adamskis Beschreibung
(G.A.F. International).

an eine Art Quarzpulver abgegeben, das innerhalb des Schiffes
auf einer möglichst großen Fläche verteilt ist. Daraus ergibt
sich eine Ionisierung der Luft, die dann durch die drei hohlen
Ringe um die äußere Basis des Kabinenaufbaus gepumpt wird
und gleichzeitig in den drei Kugeln darunter zirkuliert. Letztere werden nicht hauptsächlich bei der Landung eingesetzt,

sondern liefern vor allem Bewegungsenergie und dienen zur Steuerung.[44]

Laut Adamski befanden sich die Anlagen zur Erzeugung von Bewegungsenergie zum größten Teil unter dem Kabinenboden sowie unten an der Außenseite des Raumschiffs. »Gesehen habe ich sie nicht, aber mir wurde ein kleiner Raum gezeigt, der sowohl als Eingang zum Maschinenraum wie auch als Werkstatt für Notreparaturen diente.«[45]

Früher hatte Adamski kaum glauben können, daß die Besucher auch Unfälle hatten oder daß sie ihr Raumschiff von Zeit zu Zeit reparieren mußten. »Ich mußte mir immer wieder vor Augen führen, daß sie schließlich auch menschliche Wesen waren. So weit ihre Entwicklung auch fortgeschritten sein mochte, gegen Irrtümer und die Wechselfälle des Schicksals waren sie nicht gefeit.«[46]

DAS MUTTERSCHIFF

Nachdem Orthon Adamski darauf hingewiesen hatte, daß sie in Kürze auf dem Mutterschiff landen würden, bemerkte dieser zu seinem Erstaunen, daß sich in der massiven Wand hinter der Bank ein rundes Loch zu öffnen begann, das an das Auge einer Kamera erinnerte und etwa 45 Zentimeter breit war. Es stellte sich heraus, daß es sich um eines der Bullaugen handelte, die in Gruppen um die Kabine herum angeordnet waren. Nach Adamskis Berechnung befanden sich auf jeder Seite des Raumschiffs vier davon. Das ergab eine Gesamtzahl von acht (die Fotos vom Dezember 1952 zeigen insgesamt 16). Durch die Bullaugen konnte Adamski das gewaltige Trägerschiff sehen, das sich in einer Höhe von 1300 Kilometern über der Erde bewegte.

Wir näherten uns einem gewaltigen Objekt, das sich ins Endlose zu erstrecken schien und sich an beiden Seiten nach außen und nach unten wölbte. Langsam, ganz langsam näherten wir uns, bis wir fast über dem großen Trägerschiff schwebten. Ich war nicht überrascht, als mein Begleiter mir mitteilte, daß dessen Durchmesser mehr als fünfzig, die Länge mehr als 650 Meter betrug. Nie werde ich den Anblick des riesigen, zigarrenförmigen Raumschiffs vergessen, das bewegungslos in der Stratosphäre hing.

Das Pfadfinderschiff sank ab und flog durch eine Luke, die sich oben auf dem Trägerschiff geöffnet hatte. Von dort glitt es auf zwei Schienen nach unten, wobei seine Geschwindigkeit offenbar durch die Reibung und die magnetische Kraft des Flansches der Untertasse bestimmt wurde. Da sich das Schiff nicht mehr mit eigener Kraft bewegte, sah sich Adamski erneut der normalen Schwerkraft ausgesetzt und verlor beinahe das Gleichgewicht. Auf der Plattform eines »riesigen Hangars oder Lagerdecks« im Inneren des Trägerschiffs wurden sie von einem Mann mit dunkler Haut empfangen der eine Art Baskenmütze trug und etwas in der Hand hielt, das wie eine an einem Kabel befestigte Klemme aussah. Diese Vorrichtung wurde am Flansch des Pfadfinderschiffes befestigt, um es »aufzuladen«. »Die kleineren Schiffe sind nur begrenzt in der Lage, eigene Energie zu erzeugen«, erklärte Firkon, »und entfernen sich daher nie weit von den Trägerschiffen, wo sie wieder aufgeladen werden. Sie werden im Pendelverkehr zwischen größeren Schiffen und Kontakt- oder Beobachtungspunkten eingesetzt und sind darauf angewiesen, daß sie an den Kraftwerken der Mutterschiffe aufgeladen werden.«

Adamski und seine Begleiter begaben sich in einen großen rechteckigen Kontrollraum mit abgerundeten Ecken. Mit Ausnahme der beiden Türöffnungen war der gesamte etwa 15 Meter lange Raum mit farbigen Grafiken und Karten bedeckt. Unter den Instrumenten befand sich auch ein roboterähnliches Gerät, von dem Adamski im Pfadfinderschiff eine Miniaturausgabe gesehen hatte. Man bat ihn jedoch, auf der Erde nichts über diese Maschine zu berichten. Nachdem er sich kurz umgesehen hatte, wurde er in das Wohnzimmer geführt, dessen einfache Schönheit ihn überwältigte.

Der mindestens 13 Meter breite und fünf Meter hohe Raum war von einem »weichen, geheimnisvollen blauweißen Licht« erfüllt, dessen Quelle nirgends zu entdecken war. Als er eintrat, wurde Adamski von zwei »unglaublich schönen jungen Frauen« begrüßt, die ihm ein Glas Wasser anboten, das dickflüssiger war als sein irdisches Gegenstück. Seine Beschreibung der Frauen liest sich wie ein Märchen:

> Diejenige, die mir das Wasser gebracht hatte, war etwa einen Meter sechzig groß. Ihre Haut war sehr hell, und das goldene Haar fiel ihr in bezaubernder Symmetrie bis über die Schultern. Auch ihre Augen lassen sich am ehesten als golden beschreiben … Der nahezu durchsichtige Teint zeigte keinerlei Unreinheiten und war wunderbar zart, dabei aber gleichzeitig straff und von warmem Glanz. Ihr Gesicht war fein geschnitten, die Ohren waren klein, die weißen Zähne von schöner Ebenmäßigkeit. Sie sah sehr jung aus … Ihre Hände waren schmal, mit langen, spitz zulaufenden Fingern. Mir fiel auf, daß weder sie noch ihre Gefährtin Make-up trugen …

Adamski nannte diese Venus-Frau »Kalna« und die andere, die vom Mars stammte, »Ilmuth«. Bei dieser handelte es sich um eine Brünette, die größer als Kalna war und große »leuchtende«, schwarze Augen besaß. Beide Frauen trugen leichte Sandalen und Gewänder aus einem schleierähnlichen Material, die bis zu ihren Knöcheln reichten und durch einen Gürtel in einer kontrastierenden Farbe zusammengehalten wurden.

Der Raum war mit einem langen Tisch ausgestattet, um den herum Stühle, Diwane und Sofas verschiedener Größe und Art standen, die niedriger und bequemer als die auf der Erde üblichen Modelle waren. »Sie waren mit einem Stoff mit langem, weichem Flor und Brokateffekt bedeckt«, behauptete Adamski. »Die Farben waren unterschiedlich … üppig, warm und gedämpft.« Neben den Sitzgelegenheiten standen niedrige Tische, deren Platten aus Glas oder Kristall bestanden und von dekorativen Tafelaufsätzen geschmückt wurden. Der gesamte Fußboden war von einem einzigen schlichten, braunen Teppich bedeckt, der von Wand zu Wand reichte.

An den Wänden hingen verschiedene Bilder, die offenbar Szenen von einem anderen Planeten darstellten, dessen Architektur sich stark von der des unseren unterschied. Ein Bild zeigte ein großes Mutterschiff. Während Adamski noch überlegte, ob es das Schiff war, auf dem sie sich aufhielten, wurde er von Kalna korrigiert. »Nein, im Vergleich dazu ist unser Schiff sehr klein. Das andere gleicht eher einer reisenden Stadt und besitzt eine Länge von mehreren Kilometern. Das unsere ist nur gut 650 Meter lang.« Es fiel Adamski schwer, sich diese ungeheure Größe vorzustellen. »Viele solcher Schiffe sind gebaut worden«, fuhr Kalna fort. »Sie sind jedoch nicht für den ausschließlichen Gebrauch durch einen Planeten bestimmt, sondern sollen allen Bürgern in der Gemeinschaft des Universums Wissen und Freude vermitteln.«

Adamski wurde ein Stockwerk höher ins Cockpit geführt, wo Firkon ihm erklärte, daß sich an Bord des Mutterschiffs mehrere Piloten befanden, die in Viererschichten arbeiteten. Diese setzten sich jeweils aus zwei Männern und zwei Frauen zusammen. Außerdem beherbergte es zwölf Pfadfinderschiffe und zahlreiche mechanische Geräte, wie zum Beispiel die zwischen den einzelnen Wänden installierten Apparate, die den nötigen Druck erzeugten. Das Schiff, auf dem sie sich befanden, besaß vier solche

Wände oder Häute, erläuterte Ilmuth, die gerade die Steuerung übernahm.

Plötzlich öffneten sich in den Wänden bullaugenähnliche Öffnungen, woraufhin sich die Pilotinnen auf kleinen Sitzen an entgegengesetzten Enden des Cockpits niederließen. »Ich spürte eine leichte Bewegung, als hätte das Raumschiff begonnen, schräg anzusteigen«, berichtete Adamski. »Wir befinden uns jetzt in einer Entfernung von achtzigtausend Kilometern von eurer Erde«, erläuterte Ilmuth.[47]

Dann lud Firkon Adamski ein, aus einem der Bullaugen zu sehen. Was er dort im Jahre 1953 erblickte, stimmt mit den Beschreibungen von Astronauten aus späteren Jahren überein. Unter anderem ist es diese Tatsache, die mich davon überzeugt hat, daß George Adamskis Begegnungen mit den Menschen aus dem All nicht sämtlich seiner Fantasie entsprungen oder von ihm erfunden sind.

Behauptungen, Widersprüche und Beweise

»Überrascht stellte ich fest, daß der Hintergrund im Weltall vollkommen dunkel ist«, schilderte George Adamski, der fasziniert durch eines der Bullaugen des riesigen Trägerschiffs starrte, später seine Eindrücke. »Dennoch geschah um uns herum ständig etwas, als wären wir von Milliarden hin- und her flitzender Glühwürmchen umgeben. Im Gegensatz zu ihnen funkelten die Lichter jedoch in vielen Farben, wie ein gigantisches himmlisches Feuerwerk von geradezu furchteinflößender Schönheit.«[1]

Am 20. Februar 1962, neun Jahre nach dem Datum, das Adamski für seinen ersten Flug ins All angibt, beobachtete Astronaut John Glenn, als er in der Raumkapsel *Mercury VI* die Erde umkreiste, ein ähnliches Bild:

Beim ersten Licht des Sonnenaufgangs – es war der erste Sonnenaufgang, den ich im All beobachtete – war ich, wie in der Umlaufbahn üblich, in die Richtung orientiert, aus der ich gekommen war. Als die ersten Sonnenstrahlen die Kapsel erreichten, sah ich kurz nach unten, um die Instrumente zu überprüfen und ein paar Dinge zu erledigen, und als ich wieder aufblickte, hatte ich den Eindruck, ein komplettes Sternenfeld vor mir zu haben. Mir war, als wäre die Kapsel in der Zwischenzeit in die Höhe gestiegen und als läge vor mir jetzt ein neues Sternenfeld.

Doch das war nicht der Fall. Viele der kleinen Objekte, die ich für Sterne hielt, leuchteten in einem hellen Grüngelb und wiesen etwa die Intensität und Größe eines Glühwürmchens in stockfinsterer Nacht auf ... es gab buchstäblich Tausende davon.[2]

Dieser Eindruck wurde am 12. Oktober 1964 von den sowjetischen Kosmonauten Wladimir Komarow, Konstantin Feoktistow und Boris Jegorow in *Woschod 1* bestätigt:

Die Leuchtpartikel waren nur vor dem Hintergrund eines schwarzen Himmels zu sehen, wenn das Sonnenlicht von der Seite kam ... Ihre Bewegung ist eigenartig. Manchmal sahen wir, wie sich zwei Teilchen aufeinander zubewegten. Man hatte den Eindruck, daß die Partikel von unserem Schiff stammten. Offenbar handelte es sich einfach um Staub, den es anscheinend überall, sogar im Kosmos, gibt.[3]

Die Meinungen über den Ursprung des »Glühwürmchen-Effekts« sind nach wie vor geteilt. 1996 erklärte mir US Air Force Lieutenant General a. D. Thomas Stafford, der 1965 und 1966 zwei *Gemini*-Missionen flog und bei der Mondumkreisung von *Apollo X* im Mai 1969 Kommandant war, seine Theorie. Seiner Ansicht nach handelt es sich um vom Sonnenlicht angestrahlte sublimierte Teilchen, die von den Steuerraketen ausgestoßen werden, mit deren Hilfe das Raumschiff auf Position gehalten wird. Bei den Gemini-Projekten wurden diese mit Wasserstoffperoxidgas angetrieben. Zudem wies er darauf hin, daß auch Wasser und Urin, die von bemannten Raumschiffen abgeworfen werden, einen ähnlichen Effekt hervorrufen können.[4] Das ist richtig, obwohl in anderen Fällen Mikrometeoriten (»Weltraumstaub«) als Ursache überzeugender scheinen.

Ein ungewöhnliches Gerät

Während seines ersten Fluges an Bord des riesigen Trägerschiffs zeigte man Adamski angeblich ein Instrument, das nicht größer war als ein gewöhnliches Tischradio (aus den fünfziger Jahren), jedoch einen Bildschirm besaß wie ein Fernseher. »Damit«, erläuterte Firkon, »können wir alles sehen, was auf der Erde oder einem anderen Planeten geschieht, den wir überfliegen oder über dem wir schweben. Wir hören nicht nur gesprochene Worte, es werden auch Bilder empfangen und auf dem Bildschirm wiedergegeben. Ein interner Mechanismus löst sie in Tonimpulse auf, die gleichzeitig in unsere Sprache übertragen werden. Die Aufzeichnung erfolgt ähnlich wie bei euren Tonbandaufnahmen.«

Wie Firkon weiter erklärte, bestünden alle Wörter aus Vibrationen oder Skalen, die sich mit den Oktaven in der Musik vergleichen lassen, so wie sich alle Melodien aus bestimmten Noten zusammensetzen. Daher sind unbekannte Sprachen relativ schnell zu erlernen. Wenn unbekannte Vibrationen auftreten, werden diese in Bilder übertragen, die genau die Bedeutung der fremden Wörter und ihrer Vibrationen zeigen.[5]

Die Warnung des Tausendjährigen

Seine Gastgeber stellten Adamski einem älteren Mann vor, der als »hochentwickeltes Wesen« bezeichnet wurde und angeblich »fast tausend Jahre« alt war. Dieser warnte vor den schädlichen Folgen der nuklearen Explosionen auf der Erde:

> Gegenwärtig beschränkt sich die Wirkung der bei den Tests freigesetzten Energie und Strahlung auf den Einflußbereich der Erde, wo sie das Leben der Menschen bedroht. Es wird ein Zerfall einsetzen, der im Laufe der Zeit eure Atmosphäre mit den tödlichen Elementen füllen wird, die eure Wissenschaftler und Militärs in das gepackt haben, was ihr »Bombe« nennt.

Da die von den Bomben freigesetzte Strahlung leichter als eure Atmosphäre und schwerer als das All ist, ist ihr Wirkungs-bereich bis jetzt beschränkt geblieben. Sollten die Menschen jedoch bei einem Krieg ihre volle Zerstörungskraft gegenein-ander einsetzen, könnte ein großer Teil der Erdbevölkerung ausgelöscht werden. Euer Boden würde unfruchtbar, euer Was-ser vergiftet werden und das Leben für viele Jahre verschwin-den. Es ist sogar möglich, daß die Gestalt des Planeten selbst in einer Weise verstümmelt wird, die das Gleichgewicht in un-serer Galaxie zerstört …

Unsere Reisen durch das All könnten für lange Zeit schwierig und gefährlich werden, denn die bei solch zahlreichen Explo-sionen freigesetzten Energien würden durch eure Atmosphäre hindurch in das All dringen.[6]

Der zweite Flug ins All

Bei Adamskis zweiter Reise ins All – am 21. April 1953 – wurde er angeblich von einem anderen Pfadfinderschiff an Bord ge-nommen. Dieses stammte seinen Aussagen zufolge vom Saturn, und sein Durchmesser war viermal so groß wie der des Schiffes von der Venus. Später ging er dann an Bord eines großen Träger-schiffs, wo man ihn in eine Küche führte, in der Adamski weder Geräte noch Schränke entdecken konnte. Dieser Eindruck sollte sich jedoch als falsch erweisen. »Zuhl«, sein Gastgeber, erklärte ihm, in den Wänden seien von der Decke bis zum Boden Schrän-ke und Fächer eingebaut, die jedoch wie alle Türen auf dem Raumschiff erst sichtbar würden, wenn man sie öffnete. In diesen Schränken befänden sich Lebensmittel und die zu ihrer Zuberei-tung erforderlichen Utensilien. Eine kleine, glasartige Tür, die in eine der Wände eingelassen war, stellte sich als Ofen heraus, wo-bei jedoch keine Kochflamme zu entdecken war. Zuhl erklärte dazu:

Wir kochen unser Essen nicht, wie ihr es tut. Unsere Speisen werden mit Hilfe von Strahlen oder hohen Frequenzen gegart. Auf der Erde experimentiert ihr ja gegenwärtig auch mit dieser Methode. Prinzipiell bevorzugen wir unser Essen jedoch naturbelassen und ernähren uns daher hauptsächlich von den köstlichen Früchten und Gemüsesorten, die auf unseren Planeten wachsen. Grundsätzlich sind wir das, was ihr »Vegetarier« nennt, aber in Notfällen, wenn keine andere Nahrung zur Verfügung steht, greifen wir auch zu Fleisch.

In einem nahe gelegenen Aufenthaltsraum, in den man Adamski geführt hatte, fiel ihm der graugelbe Fußbodenbelag auf, der ihn an Schaumgummi erinnerte. Auch hier standen Sofas und Sessel im Raum verstreut. »Ich sah keine Bücher, Zeitungen oder andere Lektüre und konnte auch keine Regale oder Schränke zu deren Unterbringung entdecken.«[7]

Die Leute an Bord des Trägerschiffs glichen denen, die er auf seiner ersten Reise getroffen hatte. Keine der Frauen schien älter als Anfang Zwanzig zu sein, doch Adamski erfuhr später, daß sie zwischen dreißig und zweihundert Jahre zählten. Bei dieser Begegnung hatten sie »schöne, zarte Kleider« mit breiten Gürteln, an denen Edelsteine »in einem weichen, lebendigen Licht funkelten, wie ich es auf der Erde nie gesehen habe«, angelegt. Die Männer trugen »schimmernde weiße Kittel« mit langen, bauschigen Ärmeln, die an den Gelenken gerafft waren. Auch die Hosen waren lose geschnitten, »den unseren sehr ähnlich«, aber aus einem unbekannten Material hergestellt.

Die Männer waren zwischen einen Meter fünfzig und einen Meter achtzig groß, von entsprechendem Gewicht und auffallend wohlgestaltet. Wie bei den Frauen war auch ihre Hautfarbe unterschiedlich, aber mir fiel auf, daß die Haut des einen

kupferfarben war. Alle zeichneten sich durch gepflegtes, sorgfältig geschnittenes Haar aus, das sie zwar wie auf der Erde in
unterschiedlichen Längen trugen, aber niemals ganz lang ...
Obwohl ihre Gesichter durchweg schön waren, unterschieden
sie sich kaum von denen irdischer Männer. Ich bin mir sicher,
daß sich jeder von ihnen unter uns bewegen könnte, ohne als
Fremder aufzufallen.[8]

Ferngesteuerte Untertassen

An Bord dieses Trägerschiffs befand sich ein »Laborraum« mit
zwölf kleinen, unbemannten Untertassen. »Ich erriet sofort, daß
es sich dabei um kleine, ferngesteuerte Aufzeichnungsgeräte handelte, die zur näheren Beobachtung vom Mutterschiff aus entsandt wurden«, erklärte Adamski.

Ihr Durchmesser betrug etwa einen Meter, und sie bestanden
aus einem glänzenden, glatten Material. Von der Form her erinnerten sie an zwei umgedrehte flache Teller oder Radkappen,
die man an den Rändern miteinander verbunden hatte, so daß
der mittlere Teil mehrere Zentimeter dick war. Ich erfuhr jedoch, daß die Größe dieser Untertassen zwischen 25 Zentimetern und vier Metern schwanken konnte, je nachdem, welche
Ausrüstung sich an Bord befand ... Sie waren mit hochsensiblen Geräten ausgestattet, die nicht nur die kleinen Untertassen ohne Abweichung auf ihrer Flugbahn hielten, sondern auch
jede Vibration, die in dem beobachteten Gebiet entstand, in
vollem Umfang an das Mutterschiff übermittelten ... dabei
konnte es sich um Töne, Funk, Licht und sogar Gedanken
handeln ...

In einem Cockpit gaben sechs Frauen geschickt und flink Instruktionen und Flugdaten für die wartenden Untertassen ein.

»Ich erinnere mich, wie ich mich beim Anblick der sechs Frauen an eine Pantomime, ein Konzert ohne Töne erinnert fühlte«, kommentierte Adamski. »Fasziniert beobachtete ich, wie sich für die Untertassen, die ihre kompletten ›Instruktionen‹ erhalten hatten, eine der Falltüren öffnete. Elegant glitt jedes Flugobjekt durch die Öffnung, hinter der sich mehrere Luftschleusen verbargen, um sich auf seine Mission im All zu begeben.«

Unterdessen zeigten Bildschirme im Labor, was die kleinen Untertassen aufzeichneten. »Mir fiel auf, daß auf einem der Monitore Linien erschienen und wieder verschwanden, um dann in neuer Gestalt wieder aufzutauchen. Auf diese Linien folgten runde Punkte und lange Striche, die sich in Windeseile zu geometrischen Figuren formierten.« Deren Zweck wurde von Adamskis außerirdischen Gefährten folgendermaßen erklärt:

Die Untertassen schweben nun über einem bestimmten Punkt auf der Erde und zeichnen die Geräusche auf, die von dort ausgehen. Diese werden auf dem Bildschirm als Linien, Punkte und Striche wiedergegeben. Die übrigen Geräte setzen diese Information zusammen und interpretieren sie, indem sie Bilder von der Bedeutung der Signale erstellen und die ursprünglichen Töne rekonstruieren …

Im Universum besitzt jedes Ding sein eigenes Muster. Wenn zum Beispiel jemand das Wort »Haus« spricht, hat er das geistige Bild einer Behausung vor Augen. Viele Dinge, einschließlich der menschlichen Gefühle, werden auf diese Weise registriert. Durch unsere Geräte erfahren wir sogar, was eure Leute denken und ob sie uns gegenüber feindlich eingestellt sind …

Auf jeder Seite des Mutterschiffs ist direkt unterhalb der Tore, aus denen die Untertassen austreten, ein Projektor für Magnetstrahlen angebracht. Gerät eine Untertasse außer Kontrolle, wird sie durch einen Strahl zerstört. Dies ist auch die Erklärung für einige der geheimnisvollen Explosionen an eurem Himmel ... Wenn eine Untertasse allerdings nahe an der Oberfläche eines Planeten außer Kontrolle gerät, wo eine Explosion Schaden anrichten könnte, läßt man sie landen. Durch eine abgeschwächte Ladung wird das Metall dann stufenweise aufgelöst. Zunächst weicht es auf, wird dann zu einer Art Gelee und schließlich zu einer Flüssigkeit. Im Endstadium verwandelt es sich in Gas, so daß kein Wrack zurückbleibt.[9]

Angeblich hatten die Menschen aus dem All durch diese Untertassen von einer abnormen Entwicklung am Rande unserer Atmosphäre erfahren – »ein Umstand, der sich mit jeder Atom- und Wasserstoffbombe, die auf der Erde explodiert, weiter verschlimmert.«[10]

Der Mond

Auf dieser zweiten Reise, die Adamski angeblich in den Weltraum unternahm, zeigte man ihm auf einem Monitor die Oberfläche unseres Mondes. Seine Beschreibungen sind häufig verlacht worden, enthalten jedoch durchaus interessante Elemente:

Überrascht stellte ich fest, wie irrig unsere Vorstellungen von unserem nächsten Nachbarn sind. Bei vielen der Krater handelt es sich in Wirklichkeit um weite, von zerklüfteten Bergen umgebene Täler, die durch gewaltige Verwerfungen im Inneren des Mondes entstanden sein müssen ... Natürlich gibt es auch Krater, die durch aufprallende Meteoriten entstanden sind, aber in diesen Fällen ist der Kratergrund stets trichterförmig. Als ich die vergrößerte Mondoberfläche auf dem Schirm vor uns studierte, fielen mir tiefe Rinnen auf, die sich durch den Boden und teilweise auch durch den darin eingebetteten Fels zogen. Diese können nur durch starke Wasserströmungen entstanden sein, die es hier in der Vergangenheit gegeben haben muß. An einigen dieser Stellen waren Spuren von Vegetation zu erkennen. Ein Teil der Oberfläche wirkte fein und pulverig, während andere Teile aus größeren Partikeln wie grobem Sand oder feinem Kies zu bestehen schienen ...[11]

Abgesehen von den »Spuren von Vegetation« wurde diese Beschreibung Jahre später bestätigt. Bevor unbemannte Raumschiffe auf dem Mond landeten, stritten die Astronomen darüber, wie dessen Oberfläche wohl aussehen mochte. So meinte Dr. Thomas Gold vom Greenwich Royal Observatory, die Maria (»Meere«) des Mondes seien von einer Staubschicht bedeckt, die so dick sei, daß sie jeden verschlucke, der darauf zu landen versuche.[12] Neil Armstrong, dessen Erfahrung aus erster Hand stammt, klärte diesen Irrtum auf, als er am 20. Juli 1969 den denkwürdigen Schritt aus der Mondlandefähre von *Apollo XI* tat. »Die Oberfläche ist fein und pulverig«, berichtete er.

Selbst Adamskis schärfste Kritiker dürften von diesen Übereinstimmungen beeindruckt sein, allerdings wurde seine Beschreibung von »einem kleinen, vierbeinigen Pelztier«[13], das er durch den Schirm auf der Mondoberfläche entdeckte, nicht bestätigt ...

Adamskis vielleicht absurdeste Behauptung bezieht sich auf seinen dritten Flug ins All am 23. August 1954, bei dem man ihm erneut auf einem Monitor den Mond zeigte. Bei dieser Gelegenheit sah er Bilder der anderen Seite, auf der um den Äquator herum offenbar ein gemäßigtes Klima herrscht. Angeblich gab es dort schneebedeckte Berge, Wälder, Seen, Flüsse und sogar eine »relativ große« Stadt, in der Menschen ohne Probleme leben konnten, wenn man den Druck entsprechend absenkte.[14]

Desmond Leslie verteidigte diese Behauptung mit dem Hin-

Der riesige Schmidt-Krater im Hochland des Mare Tranquillitatis auf dem Mond. Das Bild wurde im Mai 1969 von den Astronauten an Bord der Mondlandeeinheit von Apollo X unter dem Kommando von Lieutenant-General Thomas P. Stafford aufgenommen. Dabei wurden eine Hasselblad-500EL/ 70-mm-Kamera sowie ein Zeiss-Sonnar-250-mm-Teleobjektiv verwendet. *(NASA)*

weis darauf, daß mehrere von der Besatzung von *Apollo VIII* aufgenommene Bilder eindeutig grüne Schatten auf der Mondoberfläche zeigen, was den Eindruck erwecken könnte, man blicke auf Bergwälder. Ein Bild zeigt etwas, das aussieht wie ein schöner blauer See. Wenn die besten Kameras der Erde den Mond so sehen, so Leslie, dann sei es nur verständlich, wenn Adamski einer »optischen Täuschung« unterlegen sei. Außerdem wies er darauf hin, daß Adamski schlecht sah (er litt an grauem Star), dies aber nicht zugeben wollte und nie seine Brille trug.[15] Die Sehschwäche mag einige Ungereimtheiten in den Beschreibungen erklären. Warum Adamski aber behauptete, seine Gastgeber hätten ihm von den Wäldern, Seen, Flüssen und allem anderen *erzählt*, bleibt offen.

Adamski berichtete, er habe auf einer Reise nach Holland im Mai 1959 in seinem Hotelzimmer eine Radiosendung der BBC, »The News of Europe«, gehört. Zu seiner Überraschung erklärte dort ein russischer Wissenschaftler, der Mond bestehe nicht aus Vulkanstaub, sondern vielmehr, ähnlich wie die Erde, aus Granitformationen. Zudem seien auf der anderen Seite des Mondes zahlreiche grüne Flecken beobachtet worden, die auf Vegetation hindeuteten.[16]

Auf einigen Fotos von *Apollo VIII* sind die grünen Schatten sehr auffällig. In meinem Besitz befindet sich eine wunderbare Aufnahme des Schmidt-Kraters. Man hat eindeutig den Eindruck, die dunkelgrüne Farbe um den Krater stamme von einer möglicherweise »moosartigen« Vegetation, während sich der Krater selbst in weiße, gelbliche und rosafarbene Bereiche gliedert. Selbst der Astronom Patrick Moore hielt Formen von Vegetation auf der Oberfläche des Mondes für möglich. »Auf dem gesamten Mond gibt es kein Leben, wenn man von vereinzelten Flecken flechten- oder moosartiger Vegetation auf dem Boden einiger Krater absieht.«[17]

John McLeaish von der NASA erklärte mir, die grüne Farbe sei auf eine leichte Unterbelichtung des Ektachrom-Films (SO-368) zurückzuführen:

Farbfilme produzieren häufig eine Farbe, um ein leicht unterbelichtetes, neutrales Motiv darzustellen … Im allgemeinen liegt die erdabgewandte Seite des Mondes topographisch gesehen höher als die, die wir von der Erde aus sehen. Eine wichtige Ausnahme stellen der Tsiolkowsky-Krater und sein Mare dar. Densitometrisch gesehen handelt es sich um den dunkelsten Punkt auf dem Mond (der auf einigen Fotos grün erscheint).

Viele Wissenschaftler sind der Ansicht, daß es auch der topographisch tiefste Punkt auf dem Mond ist.[18]

Zwar ist es richtig, daß unzureichend belichtete Filme Farben verfälschen können, doch einige der Fotos von *Apollo VIII* scheinen mir extrem deutlich zu sein. Mein Bild vom Schmidt-Krater ist zum Beispiel ausgezeichnet belichtet.

Einige Wochen nach der Unterhaltung mit McLeaish erhielt ich einen spontanen Brief von Paul D. Lowman jr. von der Abteilung für Planetenkunde der NASA:

> Ihr interessanter Brief zu der offenbar grünen Farbe der Mondoberfläche wurde an mich weitergeleitet … Ich bezweifle, daß die grüne Farbe echt ist. Dabei halte ich mich vor allem an die Augenzeugenberichte der Raumschiffbesatzungen. So erklärte Bill Anders (*Apollo VIII*) nachdrücklich, auf der Mondoberfläche sei im Prinzip keine Farbe zu erkennen. Andere Raumschiffbesatzungen haben dies relativiert und von einer bräunlichen Tönung gesprochen. Von Grün war jedoch niemals die Rede …

Ich fragte General Thomas Stafford, ob und, wenn ja, welche Farben er bei seiner Mondumkreisung gesehen hatte. Er erwiderte, am frühen Morgen, wenn die Sonne aufgeht, würden die Berggipfel rötlich glühen, später nehme die Oberfläche eine hellbraune Farbe an, die gegen Mittag zu gleißendem Weiß werde. Grüntöne habe er nie gesehen. Seiner Ansicht nach sind diese Farben auf den Apollo-Aufnahmen bei der Entwicklung der Fotos entstanden.[19]

Fred Steckling, ein überzeugter Anhänger Adamskis, der behauptete, mehrfach mit »Menschen aus dem All« zusammengetroffen zu sein[20], erklärte, die nach Adamskis Angaben bewohnten

Gebiete auf dem Mond würden durch riesige unsichtbare Kuppeln geschützt, die durch »Magnetstrahlen« erzeugt würden. Dadurch werde der Luftdruck auf 3,4 Kilogramm pro Quadratzentimeter gehalten, und die Bewohner würden vor den Widrigkeiten der Umwelt auf dem Mond geschützt (die Temperaturen schwanken am Äquator zwischen 110 Grad Celsius in den Mittagsstunden und minus 143 Grad in der Nacht, eine Atmosphäre existiert praktisch nicht, und die Schwerkraft beträgt ein Sechstel der auf der Erde wirksamen Kraft).

Zuvor hatte bereits der französische Ufologe René Fouéré eine ähnliche Hypothese aufgestellt, die Adamskis Beschreibung von Flüssen, Seen und Wäldern erklärte. Wenn uns die außerirdischen Kolonisten auf dem Mond technisch überlegen waren, so seine Argumentation, war es dann nicht möglich, daß es ihnen gelungen war, eine künstliche Atmosphäre zu erzeugen und zu erhalten – »eine riesige atmosphärische Blase, innerhalb deren man Seen und Flüssen schaffen und es sogar schneien lassen kann ...«?[21] Fouéré stellt eine weitere interessante Hypothese auf, um Adamskis Beschreibung zu erklären, auf die ich später in diesem Kapitel zurückkommen werde. Angesichts der Tatsache, daß die Bilder vom Mond auf einen Schirm projiziert wurden, spekuliert er, es könne sich dabei möglicherweise um Fälschungen handeln.

Wenn Adamski wirklich Außerirdischen begegnete, könnte man sich vorstellen, daß diese ihm absichtlich ein falsches Bild zeigten, damit unsere Wissenschaftler, wenn sie später Adamskis Buch lesen, zu dem Schluß kämen, der Autor sei nicht zurechnungsfähig und zudem unehrlich. Damit wären auch die Berichte über die Existenz außerirdischer Raumschiffe entkräftet. Wenn es wirklich Außerirdische gibt, sind sie vielleicht gar nicht so wild darauf, daß wir an ihre Existenz glauben ... Möglicherweise wollen sie keine Aufmerksamkeit erregen. Falls sie wirklich mit Adamski in Kontakt standen, wurde er vielleicht psychisch so konditioniert, daß er, nachdem er sich von ihnen getrennt hatte, anfing, abenteuerliche Geschichten zu verbreiten.[22]

ANOMALIEN AUF DEM MOND

Trotz der Absurditäten und Widersprüche in Adamskis Behauptungen über den Mond bleiben einige Rätsel ungelöst. So gibt es zum Beispiel Gebiete mit scheinbar künstlich angelegten Furchen oder »Mondrillen«. Normalerweise werden diese geologisch als alte Flußbetten mit seismischer Aktivität in der Vergangenheit oder als eingestürzte »Lavaröhren« erklärt, doch die Rillen auf dem Gassendi-Krater wirken künstlich.

Interessant sind auch die sogenannten »Transient Lunar Phenomena« (TLP), was in etwa »flüchtige Phänomene auf dem Mond« bedeutet. Der Astronom, Patrick Moore, der den Begriff prägte, schrieb sie »durch Mondbeben ausgelösten Gasemissionen« zu. Noch faszinierender ist die Tatsache, daß von *Apollo XI* und *XII* installierte Instrumente Wasserdampf entdeckt haben, der »wie bei Geysiren durch Spalten an der Mondoberfläche bricht«.[23] Offenbar wurde eine Wolke aus Wasserdampf beobachtet, die mehr als 25 Quadratkilometer maß. Während *Apollo VIII* den Mond umkreiste, soll der Astronaut Frank Borman gesagt haben: »Es sieht aus, als gäbe es dort unten Wolken.«[24] Dies bestätigt Adamskis Behauptung, daß sich dort gelegentlich zarte Wolken bilden.

Ende 1996 verkündete das Pentagon, Radarpeilungen, die 1995 von *Clementine*, einem unbemannten Raumschiff, durchgeführt worden waren, hätten offenbar einen riesigen See mit gefrorenem Wasser entdeckt. Dieser befinde sich am Grunde des größten Kraters des Sonnensystems, des sogenannten Aitin-

Beckens am Südpol des Mondes. Der Krater selbst ist über elf Kilometer tief, und der Eissee wird auf eine Dicke von mehreren Metern und eine Fläche von fünfzig bis achtzig Quadratkilometern geschätzt. Wissenschaftler von der Ballistic Missile Defense Organization des Pentagon, die *Clementine* finanzierte, erklärten, sie seien aufgrund der an den Mondpolen durchgeführten Radarpeilungen davon überzeugt, daß es sich bei der Substanz im Krater tatsächlich um Wassereis handle. Allerdings müsse dies noch durch weitere Daten bestätigt werden. Ein riesiger permanenter Schatten, der über dem Krater liege, verhindere, daß das Eis verdampft. Weder am Nordpol noch in den der Sonne direkt ausgesetzten Gebieten im Süden wurde Vergleichbares gefunden. Die

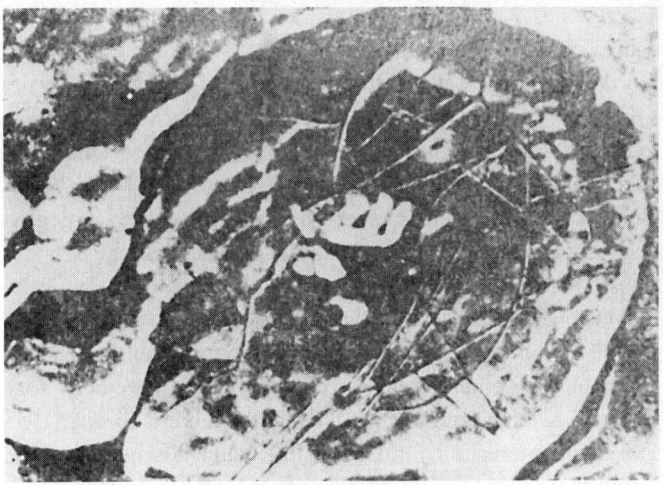

Ein stark belichtetes Foto des Gassendi-Kraters auf dem Mond. Es wurde in den dreißiger Jahren durch ein 100-Zoll-Teleskop aufgenommen und zeigt bemerkenswerte Details. Howard Menger, George Adamski und andere, die in Kontakt mit Außerirdischen getreten waren, behaupteten, diese besäßen Basen auf dem Mond. *(Mount Wilson Observatory)*

Existenz von Wasser auf dem ansonsten offenbar trockenen Mond ist vermutlich auf eine Kollision mit einem Kometen zurückzuführen, der zum Großteil aus Eis bestand. Nach Spekulationen der Wissenschaftler könnte dieses Ereignis vor 3,6 Milliarden Jahren stattgefunden haben. Diese wichtige Entdeckung wird das Leben auf dem Mond erleichtern, wenn wir mit seiner Kolonisierung beginnen.[25]

Noch merkwürdiger ist, daß auf dem Mond gelegentlich Konstruktionen entdeckt werden, die offenbar künstlich angelegt sind. Frank Halstead, Kurator des Darling Observatory in Duluth im amerikanischen Bundesstaat Minnesota, beschrieb ein Objekt, das er und sein Assistent am 6. Juli 1954 durch ein Teleskop beobachtet hatten. Es wirkte wie eine »gerade schwarze Linie« am Grunde des Piccolomini-Kraters, wo eine solche nie zuvor beschrieben worden war. Seitdem ist sie dort nicht mehr gesehen worden. Auch das Tulane Observatory bestätigte die Existenz des Objektes.[26] Halstead berichtete auch von einem 26 Meter langen, zigarrenförmigen Raumschiff, dem sich später eine Untertasse anschloß, die einen Durchmesser von etwa dreißig Meter besaß. Beide hatte er beobachtet, als er am 1. November 1955 in Begleitung seiner Frau mit dem Zug durch die kalifornische Mojave-Wüste fuhr.[27]

Weitere Hinweise auf Bauwerke auf dem Mond lieferte der britische Astronom Dr. H.P. Wilkins, der von einem gewölbten »Bogen« oder einer geschwungenen »Brücke« mit einer Länge von drei Kilometern im Mare Crisium berichtete. Sie war 1953 von dem Amerikaner John O'Neill, einem Wissenschaftsautor, entdeckt worden. Da dessen Teleskop weniger leistungsfähig als das von Wilkins war, nahm er irrtümlich eine Länge von 19 Kilometern an. »Es sieht künstlich aus«, erklärte Wilkins im Dezember 1953 in einer Radiosendung der BBC. »Es ist fast nicht zu glauben, daß so etwas nicht nur auf natürliche Weise entstanden sein, sondern auch noch ganze Zeitalter auf dem Mond überdauert haben soll.«

Die »Mondbrücke« wurde damit erklärt, daß Sonnenstrahlen schräg durch eine Spalte zwischen zwei felsigen Vorgebirgen fielen, was zu einer optischen Täuschung führe. Ähnlich unglaubwürdig klingt Adamskis Behauptung, es handle sich um ein kilometerlanges Mutterschiff, das gewartet werde. Wenn an diesen riesigen Schiffen ein Defekt auftritt, so Adamski, gehen sie zwischen zwei Berggipfeln zu Boden. Falls dann schwere Geräte bewegt werden müssen, setzt ein zweites Mutterschiff auf den beiden Gipfeln auf und hebt die Maschinen an wie ein Kran. »Das sieht dann aus wie eine Brücke, aber sobald das Schiff repariert ist, heben beide wieder ab, und die sogenannte Brücke ist verschwunden.«[28]

Zusammenfassend läßt sich sagen, daß einiges darauf hindeutet, daß es auf dem Mond tatsächlich außerirdische Basen gibt, wie Adamski behauptet, wenn auch vielleicht keine Flüsse, Seen und Wälder. So lächerlich die Vorstellung scheinen mag, man sollte sie nicht ohne weiteres von der Hand weisen. Lieutenant Colonel a. D. Philip Corso von der US Army, der Anfang der sechziger Jahre in leitender Position beim Stab für Forschung und Entwicklung der Armee im Pentagon tätig war, behauptet, 1961 »sei mit der NASA die Durchführung eines zweiten Raumfahrtprogramms in Zusammenarbeit mit dem Militär vereinbart worden. Diese ›zweite Schicht‹ sollte von den zivilen Missionen zu wissenschaftlichen Zwecken gedeckt werden. Gleichzeitig sollte ein ›Untergrundkanal‹ für die Kommunikation mit dem militärischen Geheimdienst eingerichtet werden, über den jede feindliche Aktivität von EBEs [*Extraterrestrial Biological Entities* – außerirdische biologische Wesen] gemeldet werden sollte, selbst wenn es sich nur um Beschattung oder Überwachung handelte.« Corso behauptet, US Army und Air Force befänden sich im Besitz von mindestens 122 Fotos, die von Astronauten auf dem Mond aufgenommen wurden und »Hinweise auf die Anwesenheit von Außerirdischen liefern«.[29] Er setzt hinzu:

> Ob sich nun in den fünziger Jahren Außerirdische auf dem Mond aufhielten oder nicht, auf jeden Fall war die Angelegenheit militärisch von solcher Bedeutung, daß sie im Nationalen Sicherheitsrat debattiert werden sollte. Dann jedoch sorgten Admiral Hillenkoetter und die Generäle Twining und Vandenberg dafür, daß das Thema nach den Sicherheitsbestimmungen ihrer [UFO-]Arbeitsgruppe für geheim erklärt wurde. Eine formelle Erörterung im Nationalen Sicherheitsrat fand niemals statt, obwohl die Abteilung Army R & D [*Research and Development* – Forschung und Entwicklung] unter ihrem neuen Leiter General Trudeau 1958 unter Hochdruck erste Pläne für »Horizon« erarbeitete, ein Projekt für eine Mondbasis, die den Vereinigten Staaten als militärischer Beobachtungspunkt auf der Mondoberfläche dienen sollte ... »Horizon« sollte die Sowjets daran hindern, den Mond als Militärbasis zu nutzen, und als Frühwarnsystem gegen sowjetische Raketenangriffe dienen. Vor allem aber sollten UFOs entdeckt und abgewehrt werden.

»Jahre später«, fährt Corso fort, »spekulierte man beim Geheimdienst der Armee, der an der Strategieplanung der NASA nicht beteiligt war, sogar darüber, ob das Apollo-Mondlandeprogramm nicht aufgegeben worden war, weil man die Astronauten nicht vor der Bedrohung durch Außerirdische schützen konnte.«[30]

Begegnungen mit VIPs

Durch den Erfolg seiner Bücher wurde Adamski berühmt. Aus der ganzen Welt erreichten ihn Einladungen zu Vorträgen und

Treffen mit Prominenten. 1959 erhielt er von Juliana, der Königin der Niederlande, eine Einladung in den Palast von Soestdijk in Den Haag. An dem Treffen, das am 18. Mai stattfand, nahmen hochgestellte Persönlichkeiten und Experten teil. Zu ihnen gehörten Prinz Bernhard, Generalleutnant H. Schaper, der Kommandant der niederländischen Luftwaffe, sowie Professor Jongbloed, ein Experte für Luftfahrtmedizin.

Nachdem sich die Königin nach einer seiner Reisen um den Mond erkundigt hatte, stellten General Schaper und ein Astronom Adamski spöttische Fragen. »Mir sind keine hohen Offiziere der Luftwaffe und nur wenige Astronomen bekannt, die wirklich gesagt hätten, was sie über die Besucher aus dem All wissen«, gab er zurück. »Es ist bekannt, daß die Öffentlichkeit nie Zugang zu den geheimen Akten und vertraulichen Berichten der Air Force erhielt. Dies gilt sogar für hohe Regierungsbeamte. Meiner Meinung nach verhalten sich alle Regierungen so.«

Obwohl man ihm viele Fragen über die Menschen aus dem All stellte, interessierte man sich vor allem für die Zukunft der Menschheit im Weltraum. Statt der geplanten 45 Minuten dauerte das Treffen zwei Stunden. Als er später in der Halle eintraf, in der er einen Vortrag halten sollte, wurde Adamski von Presse und Öffentlichkeit bestürmt, von seinen Begegnungen zu berichten. »Das war mir unmöglich. Angesichts der hohen Ebene, auf der das Treffen stattfand, konnte ich mich nicht äußern, bevor die Königin dies nicht getan hatte.«[31] Die Presse reagierte empört. Die meisten Zeitungen berichteten spöttisch über das Treffen, ohne zu wissen, was dort überhaupt diskutiert worden war. »Neuer Skandal am holländischen Hof« lautete die Schlagzeile auf den Titelseiten in Frankreich, Belgien und der Schweiz.

Carol Honey, ein Luftfahrtingenieur, der sieben Jahre lang Adamskis rechte Hand war, erzählte mir, daß er zwar nicht all seinen Behauptungen Glauben schenke, aber mehrfach erlebt hatte, wie Regierungs- und Militärbeamte Adamski in Palomar Terraces aufsuchten (Palomar Gardens war Mitte der fünfziger Jahre verkauft worden).[32] Adamski behauptete auch, die Air Force habe ihn in einem Fall konsultiert, in dem einer ihrer Jets drei Stunden lang ausgeblieben war. Als die Maschine schließlich überraschend landete, fehlten Pilot und Copilot. Adamski zufolge ereignete sich der Vorfall am 6. Juli 1956 in Washington, und er erfuhr davon durch einen Brief von einer Basis am Panamakanal, weil die Air Force wissen wollte, was vorgefallen war. Darauf entgegnete Adamski, er werde sich bei »den Jungs« (wie er seine Kontaktpersonen aus dem All nannte) erkundigen. Zwei Wochen später teilte er der Air Force mit, die Piloten seien von einem Raumschiff »aufgesammelt worden«. Man habe es ihnen freigestellt, zur Erde zurückzukehren oder sie zu begleiten. Offenbar hatten sie sich für letzteres entschieden, weil mehrere Piloten, die in der Vergangenheit auf ähnliche Weise »entführt« worden und zurückgekehrt waren, verspottet und abfällig behandelt worden waren, wenn sie ihre Geschichte erzählt hatten. Um ihren guten Willen zu beweisen, brachten die »Jungs« das Flugzeug mit Hilfe einer Fernsteuerung zur Basis zurück. Angeblich erklärte die Air Force, sie sei zu einem ähnlichen Schluß gelangt.[33]

Im März 1960 erhielt Adamski nach seinen Angaben ein Telegramm, das ihn zu offiziellen Besprechungen nach New York und Washington einlud. Bei einer davon traf er sich unter anderem mit einem Assistenten von Dag Hammarskjöld, dem damaligen Generalsekretär der Vereinten Nationen. »In New York hatte ich die große Ehre, anderthalb Stunden lang mit dem wichtigsten Mitarbeiter von Dag Hammarskjöld zu speisen«, schrieb er. »Ursprünglich sollte ich Mr. H. selbst treffen, doch dieser wurde aufgrund der Krise in Afrika abberufen. Dennoch erfuhr ich viele Dinge, die für uns alle wichtig sind ...«

Zu dieser Zeit traf Adamski auch die Senatorin Margaret

Chase-Smith aus Maine, die damalige Vorsitzende des Finanzausschusses des Senats für die Erforschung des Weltraums. »Ich lieferte ihr so viele Information wie möglich, und sie dankte mir dafür. Mit solch einer Anerkennung hätte ich nie gerechnet ...«[34]

Papst Johannes XXIII.

Am 31. Mai 1963 traf sich Adamski angeblich privat im Vatikan mit dem erkrankten Papst Johannes XXIII., um ihm ein wichtiges Paket auszuhändigen, das er in Kopenhagen von einem der Menschen aus dem All erhalten hatte. Dies wurde später selbstverständlich dementiert, aber Indizien sprechen dafür, daß die Begegnung tatsächlich stattfand.

Adamski, der um elf Uhr an einem bestimmten Eingang erwartet wurde, ließ sich von seinen Mitarbeiterinnen May Morlet aus Belgien und Lou Zinsstag aus der Schweiz bis an die Stufen der Peterskirche begleiten. Lou, die seit zwanzig Jahren eine enge Freundin von mir ist und mein volles Vertrauen genießt, beschreibt die Ereignisse folgendermaßen:

May und ich brachten ihn rechtzeitig dort hin. Langsam stiegen wir die breite Haupttreppe empor, wobei wir uns immer wieder umsahen. Nach wenigen Minuten rief George: »Da ist er – ich kann ihn sehen! Bitte wartet hier in etwa einer Stunde auf mich.« Mit schnellen Schritten lief er die Treppe hinunter und wandte sich nach links. Ich hatte nach rechts gesehen, weil ich annahm, er würde durch das bekannte, von der Schweizergarde bewachte Tor eingelassen werden. Doch er ging, ohne zu zögern, auf ein hohes Holztor links von der Kirche zu, in das eine kleine Tür eingebaut war. Diese stand ein Stück weit offen, so daß ein Mann zu sehen war, der George diskret ein Zeichen gab. Er trug einen schwarzen Anzug, aber kein Priestergewand. Auf seiner Brust bemerkte ich einen farbigen Stoff in Weiß,

Grün und Rot ... Im stillen registrierte ich die Tatsache, daß Adamski nicht durch das übliche Tor ging, wo die Schweizergarde jeden Besucher überprüft. Das bedeutete, daß sein Besuch vom Vatikan vermutlich nicht offiziell registriert werden würde. Eine interessante Tatsache, die uns aber vor Probleme stellen würde, wenn man Beweise von uns verlangte.

Eine Stunde später kehrten May und ich zurück. George erwartete uns bereits. Er strahlte über das ganze Gesicht. Nie zuvor hatte ich ihn so glücklich gesehen; seine Augen funkelten wie Topase, ein Anblick, den ich nie vergessen werde. »Wir haben es geschafft«, erklärte er. »Der Papst hat mich empfangen. Er hat mir seinen Segen erteilt, und ich habe ihm die Nachricht übermittelt.«

Als wir später mit George zu Mittag aßen, berichtete er, der Papst befinde sich nicht in dem Zimmer, das über dem Petersplatz liegt, wie man der Öffentlichkeit erzählt hatte. Sein Schlafzimmer gehe auf den schönsten Teil der Gärten des Vatikans hinaus. Vertraulich setzte er hinzu: »Wenn ihr mich fragt, ich glaube nicht, daß der Papst im Sterben liegt. Ich habe mehrfach Leute gesehen, die an Krebs gestorben sind, aber die Haut des Papstes ist so frisch wie die eines Kindes. Bis jetzt ist er noch nicht operiert worden, aber ich bin mir sicher, daß es bald soweit ist. Dafür ist er noch nicht zu alt.« Außerdem seien ihm die rosigen Wangen des Papstes aufgefallen, der gesagt habe, er fühle sich nicht allzu schlecht.

Bevor George das Schlafzimmer betreten hatte, hatte man ihm geholfen, über seinen Anzug eine Art Soutane anzulegen. Der Papst lächelte freundlich und begrüßte ihn mit den Worten: »Ich habe Sie erwartet.« Als George ihm die versiegelte Botschaft aus Kopenhagen überreichte, erklärte er, wiederum auf englisch: »Darauf habe ich gewartet.« Dann unterhielt er sich mit einer sehr leisen, sanften Stimme einige Minuten lang mit

SEGRETERIA DI STATO
DI SUA SANTITÀ

DAL VATICANO, September 20, 1965

The Secretariat of State of His Holiness,
in acknowledging receipt of the recent letter
which Ronald Caswell addressed to His Eminence
Amleto Cardinal Cicognani, regretfully
communicates that it is not possible to
provide the information requested therein.

Antwortschreiben des Vatikans auf eine Anfrage von Ronald Caswell, der sich nach Einzelheiten der Privataudienz von George Adamski bei Papst Johannes XXIII. im Mai 1963 erkundigt hatte. *(Ronald Caswell)*

seinem Besucher, wobei Adamski sich weit zu ihm herunter-
beugen mußte. Seine letzten Worte lauteten: »Sorge dich
nicht, mein Sohn, wir werden es schaffen.« Nachdem er den
päpstlichen Segen empfangen hatte, führte man Adamski hinaus.

Während des Essens holte Adamski eine kleine, lilafarbene
Brieftasche aus seiner Brusttasche. »Sie trug die merkwürdigste
Inschrift, die ich jemals gesehen habe«, sagte Lou. »Die von einem durchsichtigen Überzug geschützten Lettern waren höchst
ungewöhnlich. Es handelte sich mit Sicherheit weder um römi-
sche noch um deutsche Schrift und auch nicht um Russisch, Chinesisch, Japanisch, Arabisch oder Hebräisch. Doch unter dem
Text war das Datum der Unterhaltung, der 31. Mai 1963, in römi-
scher Schrift angegeben. Fasziniert beobachteten wir, wie George
die kleine Brieftasche öffnete.

Auf weiße Watte gebettet lag eine wunderschöne Goldmünze,
die den Papst im Profil zeigte. Später sollte ich herausfinden,
daß es sich um eine neue ökumenische Gedenkmünze handelte,
deren Verkauf bereits vorbereitet war. Auf dem Markt war sie
jedoch noch nicht erhältlich, weil der bevorstehende ökumenische Rat aufgrund der Krankheit des Papstes verschoben worden war. Dem Gewicht nach mußte es sich mindestens um 18-,
wenn nicht 22karätiges Gold handeln (mein Vater war Gold-
schmied). Zwei Wochen später war die Münze bei den euro-
päischen Banken erhältlich. Ich sah sie mir an und stellte fest,
daß sie zwischen dreihundert und vierhundert Schweizer Fran-
ken kostete. Zum Zeitpunkt unseres Besuches in Rom hätte
Adamski sie nicht einmal kaufen können, wenn er das Geld
dazu gehabt hätte, und in Basel hat er das Hotel nie ohne uns
verlassen und nie ein Geschäft betreten.[35]

George Adamski mit Lou Zinsstag. Als Adamskis Behauptungen Anfang der
sechziger Jahre immer fantastischer wurden, gab Zinsstag, die aus der Schweiz
stammte, enttäuscht ihre Position als seine Mitarbeiterin auf. Ihr Leben lang
stand sie jedoch hinter seinen ursprünglichen Berichten.

Zwei Tage später starb der Papst. Es überrascht natürlich
nicht weiter, daß Adamskis Begegnung mit ihm von offizieller
Stelle nie bestätigt wurde. Nachdem Ronald Caswell, einer von
George Adamskis britischen Mitarbeitern, vom Vatikan eine
zweideutige Antwort erhalten hatte, die besagte, man könne
ihm die gewünschte Auskunft nicht liefern, versuchte ich mein
Glück mit einer weiteren Anfrage. »Bezüglich der angeblich am
31. Mai 1963 von Papst Johannes XXIII. gewährten Privataudienz«, teilte mir ein Beamter des Vatikans mit, »kann ich Ihnen
versichern, daß diese niemals stattgefunden hat.«[36] Zu meiner

Frage, wie Adamski an die Münze gekommen sei, erhielt ich keine Antwort.

Obwohl Lou Zinsstags Zweifel an einigen von Adamskis späteren Behauptungen dazu führten, daß sie ihm die Mitarbeit aufkündigte, blieb sie ihr Leben lang davon überzeugt, daß er tatsächlich eine Audienz beim Papst erhalten hatte. »Ich weiß sicher, daß er von Papst Johannes XXIII. erwartet und empfangen wurde«, schrieb sie. »Daher glaubte ich ihm auch, als er uns von anderen geheimen Treffen an wichtigen Orten wie dem Weißen Haus erzählte.«[37]

Präsident John F. Kennedy

Madeleine Rodeffer zufolge, mit der Adamski 1965 seine letzten Lebensmonate verbrachte, traf dieser sich mindestens einmal mit Präsident Kennedy. Sie erzählte mir, Kennedy habe Adamski im Mai 1963 spätabends im Willard-Hotel in der Nähe des Weißen Hauses aufgesucht. Diese Behauptung ist nicht belegt, obwohl Madeleine erklärte, sie habe einen auf Adamski ausgestellten Militärausweis der US-Regierung gesehen, der ihm Zutritt zu allen amerikanischen Militärbasen sowie zu bestimmten Sicherheitsbereichen gewährte.

Dies könnte als Beleg für seine Behauptung, er habe das Weiße Haus privat besucht, gedeutet werden. Lou Zinsstag wurde die Geschichte ebenfalls erzählt:

Er erzählte mir, einmal habe man ihm eine schriftliche Einladung für Präsident Kennedy anvertraut, auf einer geheimen Basis im kalifornischen Desert Hot Springs einige Tage lang eines der riesigen Mutterschiffe der Weltraummenschen zu besuchen. Um die völlige Geheimhaltung zu garantieren, sollte Adamski die Einladung durch eine Seitentür direkt ins Weiße Haus bringen ... wo ihn ein ihm bekannter Mann einließ. Später erfuhr Adamski, daß Kennedy mehrere Stunden auf der Basis verbrachte, nachdem er eine wichtige Reise nach New York abgesagt hatte. Er hatte sich lange mit der Besatzung des Schiffes unterhalten, war jedoch nicht zu einem Flug eingeladen worden.[38]

Ein Gentleman mit guten Beziehungen

Daß Adamski gute Beziehungen besaß, wird auch von anderen bestätigt. So erfuhr Dr. Jacques Vallée von einem Mann, der während Adamskis Australienreise im Jahre 1959 dessen Gastgeber gewesen war, daß dieser mit einem Paß reiste, der ihm bestimmte Privilegien verlieh.[39]

Ebenso erstaunlich waren Adamskis Manieren. »Er benahm sich wie ein englischer Gentleman«, erzählte Lou Zinsstag. In Basel waren sie und Adamski von einem wohlhabenden Ehepaar zu einem formellen Abendessen eingeladen worden. Neben jedem Teller lag eine Reihe wertvoller Silberbestecke, was darauf hindeutete, daß vier oder fünf Gänge serviert werden sollten. »Wir waren von Adamskis geschliffenen Manieren überrascht«, erklärte der Gastgeber Lou später. »Ohne zu zögern, griff er zum richtigen Besteck und aß und trank wie ein echter Gentleman. Er hätte eine Einladung in den Buckinghampalast annehmen können.«[40]

Weitere Versuche, die Behauptungen zu belegen

Mehrfach haben Zeugen Adamskis Behauptungen unterstützt. Bei anderen Gelegenheiten gelang es ihm hingegen nicht, Beweise zu erbringen. So behauptete er, zwei Wissenschaftler hätten ihn auf einer seiner Reisen ins All begleitet. »Beide nehmen wichtige Positionen ein«, schrieb er an Charlotte Blodget. »Da heutzutage aus Sicherheitsgründen alles geheimgehalten wird, müssen sie für den Augenblick im Hintergrund bleiben. Sobald sie sich äußern

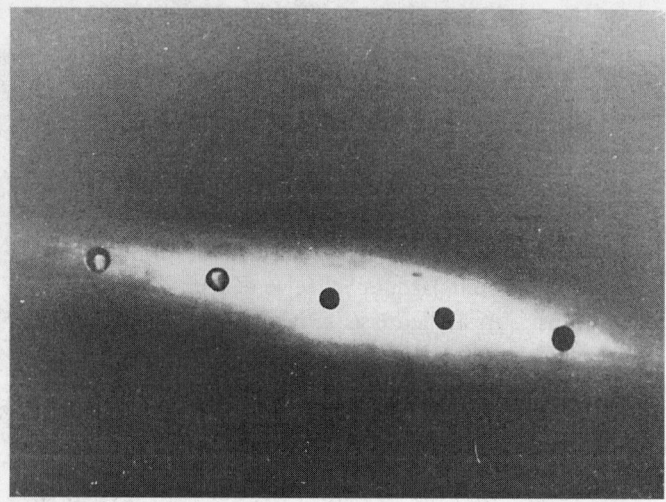

Eines aus einer Serie von vier Polaroidfotos, die angeblich einer der Außerirdischen von einem »Pfadfinderschiff« aus aufgenommen haben soll. Es soll Adamski (zweiter von links) zeigen, wie er bei einem Flug ins All im April 1955 aus dem Bullauge eines Trägerschiffs sieht. *(©G.A.F. International)*

können, ohne die nationale Sicherheit oder sich selbst zu gefährden, werden sie sich an die Presse wenden.«[41] Leider sind die beiden Wissenschaftler nie an die Öffentlichkeit getreten. Der Ufologe Richard Ogden behauptete, sein Freund Dr. David Turner sei einer davon gewesen.[42] Wenn dies stimmt, hat er mit seiner Aussage zu lange gewartet.

Im Nachwort zu *Im Innern der Raumschiffe* schrieb Adamski, am 24. April 1955 habe man ihn auf seine Bitte auf eine Reise ins All mitgenommen, damit er das Innere der Raumschiffe fotografieren konnte. »Aus Gründen, die Sie später verstehen werden«, so einer seiner Gastgeber, »können wir für nichts garantieren, aber wir werden versuchen, ein Bild von Ihnen in unserem Schiff

ER-7-4372 A

OCT 4 1955

Honorable Gordon H. Scherer
House of Representatives
Washington 25, D. C.

Dear Mr. Scherer:

Thank you for your letter of 13 September 1955 with which you enclosed a letter to you from Thomas H. Eickhoff.

The questions which Mr. Eickhoff has raised in his letter to you are largely outside of the jurisdiction of this Agency. Section 102(d) of the National Security Act of 1947 provides that CIA shall have no police, subpena, law-enforcement powers, or internal-security functions. Insofar as Mr. Eickhoff appears interested in pursuing the problem of mail fraud in connection with George Adamski's book entitled "Inside The Space Ships", it would appear to be a problem of law-enforcement, from which we are specifically barred by statute.

CIA, as a matter of policy, does not comment on the truth or falsity of material contained in books or other published statements, and therefore it is not in a position to comment on Mr. Adamski's book or the authenticity of the pictures which it contains.

The subject matter of Mr. Adamski's book would appear to be more in the jurisdiction of the Department of Defense and the National Science Foundation, and it may be that you would wish to refer some of these questions to them for consideration.

Mr. Eickhoff's letter is returned herewith for your files.

With kindest regards.

Sincerely,

OGC:WLP/blc (20 Sept. 55)
Orig. - 1 Add.
2 - Signer
2 - Legislative Counsel w/basic

Schreiben von Allen W. Dulles, Direktor der CIA (1953–1961), an Gordon H. Scherer, Repräsentantenhaus, vom 4. Oktober 1955. Es befaßt sich mit dem von Thomas Eickhoff erhobenen Vorwurf der »Postfälschung, die George Adamski angeblich durch seine in *Im Innern der Raumschiffe* veröffentlichte Behauptung beging, er sei einmal gemeinsam mit zwei Wissenschaftlern an Bord eines außerirdischen Raumschiffs gewesen. Wie in *Jenseits von Top Secret* erwähnt, heißt es jedoch, Dulles habe erklärt, er werde nicht zulassen, daß sich jemand vor Gericht zu Adamskis Buch äußere, »weil beim Thema UFOs höchste Sicherheitsinteressen berührt werden.« *(CIA)* zu bekommen. Wenn wir unsere eigene Art der Fotografie verwenden könnten, wäre dies kein Problem, aber davon hätten Sie nichts. Unsere Kameras und Filme funktionieren ausschließlich magnetisch, und auf der Erde gibt es keine Geräte, mit denen sich diese Aufnahmen reproduzieren ließen. Daher müssen wir Ihre Ausrüstung verwenden und sehen, was dabei herauskommt.«

Adamski hatte eine neue Polaroidkamera mitgebracht, die er seinen Gastgebern erklärte. Angeblich standen Orthon und Adamski an einem der dicken Glasbullaugen des Mutterschiffs – zwischen Innen- und Außenfenster befand sich ein Zwischenraum von knapp zwei Metern –, während ein Weltraummensch aus dem Bullauge eines in der Nähe befindlichen Pfadfinderschiffs fotografierte. »Dessen kugelförmige Spitze warf einen hellen Lichtstrahl auf das größere Licht, der manchmal stärker, manchmal schwächer war.«

Wie die Fotos zeigen, experimentierte man mit der Lichtintensität, die notwendig war, um das Mutterschiff zu zeigen und gleichzeitig durch das Bullauge zu dringen, hinter dem ich und Orthon standen. Dabei wurde die Strahlung von Mutter- und Pfadfinderschiff auf ein Minimum reduziert. Später erfuhr ich, daß es notwendig gewesen war, Kamera und Linse durch eine Art Filter vor der magnetischen Wirkung des Raumschiffs zu schützen.

Als das Pfadfinderschiff zurückkehrte, studierte Adamski die Bilder. Obwohl er nicht unzufrieden war, ärgerte er sich, daß er nicht mehr Filme mitgebracht hatte. Seine Gastgeber dagegen waren von dem Ergebnis nicht überzeugt. Während die vier Bilder (von denen eines auf Seite 162 zu sehen ist.) angeblich den Rumpf des Trägerschiffs (und den Rand des Bullauges im Pfadfinderschiff) zeigen, sind die Gesichter durch die Bullaugen nicht deutlich zu erkennen. Hinweise auf eine Fotomontage kann ich allerdings nicht entdecken.

Die Weltraummenschen versuchten, ein kleines Cockpit aufzunehmen, in dem zwei Piloten vor den Instrumenten saßen. »Aber beide Versuche schlugen fehl, weil die magnetische Wirkung im Träger- stärker war als im Pfadfinderschiff«, erläuterte Adamski. »Ohne ein bis heute noch nicht entwickeltes Filtersystem für unsere Filme ist es unmöglich, innerhalb der Raumschiffe scharfe Bilder zu schießen. Als ich fragte, ob wir mit einer besseren Kamera mit feineren Linsen mehr Erfolg haben würden, teilte man mir mit, eine deutliche Verbesserung sei aufgrund des verwendeten Films unwahrscheinlich.«[43]

Adamski behauptete außer der von Orthon erhaltenen Metall-»Schlacke« noch ein weiteres Muster einer außerirdischen Legierung zu besitzen, deren chemische Zusammensetzung er analysieren ließ:

Als ich das erste Mal anrief, um mich nach dem Ergebnis zu erkundigen, klang dieser Mann sehr aufgeregt, aber als ich ihn später in seinem Labor traf, versuchte er … die ganze Angelegenheit herunterzuspielen. Weil er erklärte, das Muster könne von jedem Schrottplatz stammen, verlangte ich eine genauere Aufschlüsselung der Ergebnisse. Daraufhin gab er zu, die Zusammensetzung unterscheide sich »geringfügig« von den üblicher Legierungen, dies lasse sich jedoch durch Temperaturunterschiede bei der Erhitzung oder einen »kleineren Zwischenfall« erklären, der unbemerkt geblieben war. Eine identische Probe zu finden sei daher unwahrscheinlich.[44]

Im Dezember 1958 behauptete Adamski, ein Weltraummensch habe ihn mit dem Auto von seinem verspäteten Zug in

Kansas City abgeholt und zu einem nicht weit entfernten Wäldchen gefahren, über dem ein Raumschiff schwebte. Sein diesmaliger Besuch an Bord unterschied sich gravierend von seinen bisherigen Erlebnissen. Es lohnt sich, den Vorfall festzuhalten, weil er stark den wesentlich späteren Erfahrungen von Entführten und Kontaktpersonen ähnelt:

> Ich wurde in das schwebende Raumschiff transportiert. Man hat das Gefühl, von einem durchsichtigen Plastikvorhang umgeben zu sein, den man weder anfassen noch sehen kann, während man, durch eine magnetische Kraft angezogen, wie mit einem Aufzug zum Schiff fährt. Dieser Vorgang ist über Tausende von Kilometern möglich, doch normalerweise handelt es sich um Entfernungen von hundert bis hundertfünfzig Meter. Gepäck und ähnliches kann man wie auf einer unsichtbaren Plattform mitnehmen. Die Methode funktioniert nur im Freien, und die beförderte Person bleibt die ganze Zeit sichtbar.[45]

An Bord fragte Adamski seine Freunde, ob sie das Raumschiff nicht bei Tageslicht vor den Augen von Hunderten von Menschen landen könnten. Diese erklärten ihm jedoch, daß ihnen selbst das Militär zwar nichts anhaben könne, daß er aber verhaftet und isoliert werden würde. Selbst wenn Hunderte von Menschen sähen, wie das Schiff landete und er heraustrat, würde man diese Personen schnell zum Schweigen bringen. Adamski zufolge wurde daher die Landung in Davenport in Iowa, wohin auch sein Zug fuhr, bis zum Einbruch der Dunkelheit hinausgeschoben.[46]

Noch mehr Behauptungen, noch mehr Zweifel

Nach Adamskis Aussagen brachte das US-Militär 1960 eine Atombombe in der oberen Erdatmosphäre zur Explosion. Wie er Lou Zinsstag berichtete, hatten die Russen ähnliche Pläne, doch nach dem ersten amerikanischen Test gaben beide Seiten das Projekt sofort stillschweigend auf, angeblich, weil sie von Menschen aus dem Weltraum Warnungen erhalten hatten. (In Wirklichkeit explodierten im Rahmen des amerikanischen Marineprojekts »Prime Argus« 1958 drei derartige Bomben.) Die Weltraumbewohner bemühten sich zudem, die bei diesen Tests entstandene schädliche Strahlungen zu neutralisieren, so Adamski.

Eines ihrer Laboratorien an Bord eines Mutterschiffs sendet grüne Kugeln aus (die auf der gesamten Welt beobachtet worden sind). Die bei den Atombombentests entstandene konzentrierte Strahlung soll damit in ihrer Wirkung begrenzt, neutralisiert oder sogar absorbiert werden.[47]

Wie oft man im Jahre 1959, als Adamski diese Behauptung erhob, tatsächlich »grüne Kugeln« sichtete, ist mir nicht bekannt, aber ich weiß, daß zumindest von 1948 bis 1950 häufig von »grünen Feuerbällen« berichtet wurde. Diese traten vor allem in der Nähe von nuklearen Testanlagen und -geländen auf und wurden geheim von militärischem und wissenschaftlichem Geheimdienstpersonal untersucht, was ich auch in *Jenseits von Top Secret* erwähnt habe (siehe dazu die folgenden Schriftstücke). Ein Memo des militärischen Geheimdiensts aus dieser Zeit klärt uns darüber auf:

Die Dienststellen in New Mexico zeigen sich wegen dieser Phänomene sehr beunruhigt. Ihrer Ansicht nach gibt eine fremde Macht von einem Gerät außerhalb der Stratosphäre, das sich danach selbst zerstört, »Probeschüsse« ab.[48]

1959 stelle Adamski auch die Behauptung auf, es würden geheime Studien zur Aufhebung der Schwerkraft durchgeführt. »Es

PREPARING OFFICE: Office of the AC of S, G-2, Headquarters, Fourth Army, Fort Sam Houston, Texas

SUBJECT

Unconventional Aircraft

(Control Number A-1917)

SUMMARY OF INFORMATION

(G-2 NOTE: This report is a supplement to report, this headquarters, subject as above, dated 3 January 1949.)

1. Following is a list of sightings of unidentified lights over New Mexico subsequent to 27 December 1948:

a. Los Alamos, 20 Dec 48, 2054 hours. Falling light from 45 degree angle, decreasing to 20 degree angle. Observed by four security inspectors at Los Alamos AEC project.

b. Los Alamos, 28 Dec 48, 0431 hours. Descending vertical light much slower than falling star. Disintegrated in greenish flash lighting up cloud area between observer and light. Observed by security inspector, Los Alamos AEC project.

c. Los Alamos, 30 Dec 48, 2010 and 2100 hours. High speed motor sound directly over Los Alamos and above overcast. Sound heard for seven seconds (timed) and repeated 10 minutes later. Heard again at 2100 hours for 8.2 seconds (timed). Positive determination that no vehicles on approaching highways and no planes overhead. Checked and observed by Los Alamos security inspectors.

d. Sandia base, 6 Jan 49, 173. hours. Brightly lighted object from southeast to northwest. Diamond shape, two feet long. Altitude 1500 to 2000 feet. Speed — faster than a jet plane. No smoke or vapor trail. No sound. Observed by Sandia base sentry who claims experience in aircraft observation.

2. Dr. La PAZ, meteorologist at the University of New Mexico, personally interviewed all persons who have made observations. He has made transit sightings to determine altitudes and angles of flight. He has made a report to the O.S.I. of the U.S.A.F., closing with this remark, "I have no hesitancy in testifying that an object possessing the real path and other peculiarities observed by Messrs. WILSON, TRUETT, STRONG, and SKIPPER was not a falling meteorite."

Distribution: D/I; C/S; G-3; 14th AF; FBI; file; O.S.I., A.M.C.

Ein Geheimdienstbericht der US Army vom 13. Januar 1949, der sich mit Raumschiffsichtungen über Los Alamos befaßt. *(US Army)*

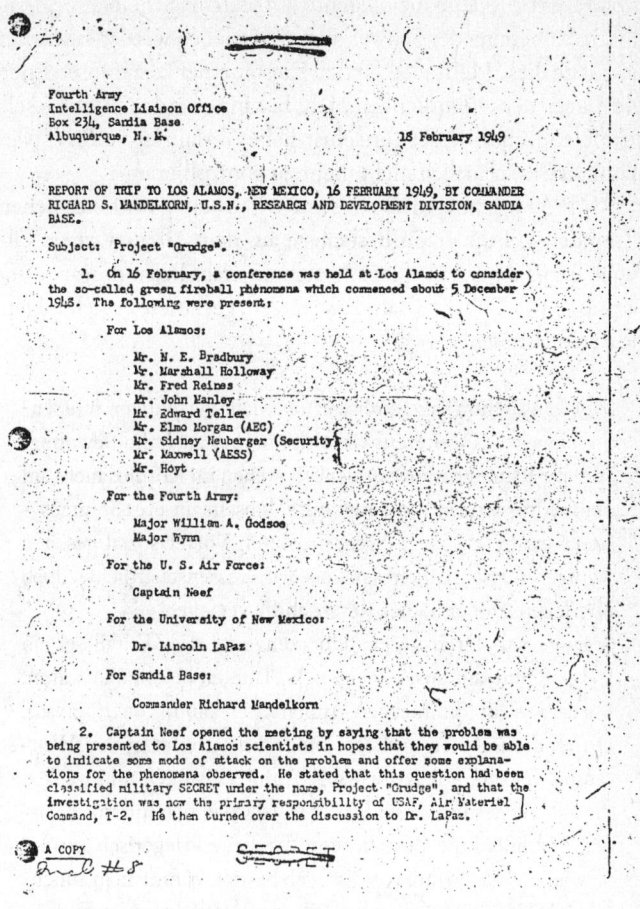

Fourth Army
Intelligence Liaison Office
Box 234, Sandia Base
Albuquerque, N. M.   18 February 1949

REPORT OF TRIP TO LOS ALAMOS, NEW MEXICO, 16 FEBRUARY 1949, BY COMMANDER
RICHARD S. MANDELKORN, U.S.N., RESEARCH AND DEVELOPMENT DIVISION, SANDIA
BASE.

Subject: Project "Grudge".

    1. On 16 February, a conference was held at Los Alamos to consider
the so-called green fireball phenomena which commenced about 5 December
1948. The following were present:

        For Los Alamos:

            Mr. N. E. Bradbury
            Mr. Marshall Holloway
            Mr. Fred Reines
            Mr. John Manley
            Mr. Edward Teller
            Mr. Elmo Morgan (AEC)
            Mr. Sidney Neuberger (Security)
            Mr. Maxwell (AESS)
            Mr. Hoyt

        For the Fourth Army:

            Major William A. Godsoe
            Major Wynn

        For the U. S. Air Force:

            Captain Neef

        For the University of New Mexico:

            Dr. Lincoln LaPaz

        For Sandia Base:

            Commander Richard Mandelkorn

    2. Captain Neef opened the meeting by saying that the problem was
being presented to Los Alamos scientists in hopes that they would be able
to indicate some mode of attack on the problem and offer some explana-
tions for the phenomena observed. He stated that this question had been
classified military SECRET under the name, Project "Grudge", and that the
investigation was now the primary responsibility of USAF, Air Materiel
Command, T-2. He then turned over the discussion to Dr. LaPaz.

A COPY
Encl #8   SECRET

Der Anfang eines ausführlichen Berichts des Geheimdienstes der US Army
vom 18. Februar 1949, der sich auf eine geheime Konferenz in Los Alamos
bezieht, bei der die »grünen Feuerbälle« diskutiert wurden. *(US Army)*

gibt bereits Modelle für fliegende Objekte in Scheibenform, die durch Aufhebung der Schwerkraft angetrieben werden«, schreibt er, »doch diese Methoden für den Einsatz einer kostenlosen Energie dürfen der Öffentlichkeit nicht bekannt werden. Eine Gesellschaft, die über derart fortschrittliche Verfahren verfügt, wäre nämlich wirtschaftlich nicht mehr zu kontrollieren.«

Ab 1960 begann Adamski, seine Mitarbeiter vor einer neuen, »fremden« Gruppe von Besuchern aus dem All zu warnen. Obwohl er zugab, daß ihm ihre Absichten nicht bekannt waren und es ihm schwerfiel, ihre Zahl zu schätzen, gestattete er sich folgende Spekulationen:

Wer kann schon sagen, ob wir uns nicht verteidigen müssen? So wie wir uns weiterentwickeln, tun dies auch die Bewohner anderer Planeten im Kosmos. Wir stehen im Kosmos nicht auf der niedrigsten Entwicklungsstufe! Jenseits unseres Sonnensystems existieren ganze Systeme, deren Völker sozial gesehen weniger fortschrittlich sind als wir, wissenschaftlich jedoch überlegen sind und über Raumschiffe verfügen.

Solange wir durch unsere Überzeugung, das Weltall sei ein leerer Raum, auf unseren eigenen Planeten beschränkt waren, waren wir für die meisten Außenseiter kaum von Interesse. Durch die Raketen und Satelliten, die wir jetzt in den Weltraum schicken, erregen wir ihre Aufmerksamkeit und wecken ihr natürliches Interesse. Daher werden sie sich mit uns befassen. Nachdem die Bevölkerung der Erde kriegerisch ist und eine lange Geschichte von Kriegen besitzt, könnte man annehmen, daß Wesen auf einer niedrigeren Entwicklungsstufe diese Eigenschaft ebenfalls aufweisen, möglicherweise sogar stärker als wir. Nur weil sie auf einem anderen Planeten leben und durch den Raum reisen, sind sie noch lange keine Engel! Auch wenn sie die Welt vorläufig nicht als Ganzes angreifen, könnten unsere Raumschiffe eines Tages den Schutz unseres Militärs benötigen.

Sehr zur Überraschung der Friedensbewegung der sechziger Jahre trat Adamski nie als Apostel für Frieden und Abrüstung auf. »Er war kein Träumer«, schrieb Lou Zinsstag, »und wußte, daß die Zeit noch nicht reif für Abrüstung war. Schlimmer noch, die weltweiten Kriegsvorbereitungen stellten das größte Hindernis für Kontakte zwischen den Wesen aus dem All und hohen Funktionären und Beamten dar.«[49]

Anfang der sechziger Jahre wurden Adamskis Behauptungen und philosophische Abhandlungen immer esoterischer, was mit seinem sonst so realistischen Wesen nur schwer harmonierte. »Ich muß gestehen, Adamskis Artikel über kosmische Philosophie fingen an, mich zu langweilen«, sagte Lou Zinsstag, bis dahin eine seiner engagiertesten Mitarbeiterinnen. »Meiner Meinung nach waren sie belehrend, schwammig und häufig einfach sinnlos.«[50]

DIE VENUS

Adamski beschreibt, wie ihm auf seinem angeblichen Weltraumflug vom August 1954 Szenen vom Planeten Venus gezeigt wurden, die dreidimensional projiziert wurden. »Wir besitzen einen Projektor, der Strahlen aussenden und in jeder gewünschten Entfernung anhalten kann«, erläuterte Orthon. »Der Haltepunkt dient als unsichtbare Leinwand, auf der die Bilder mit ihren ursprünglichen Eigenschaften bezüglich Farbe und Dimension konzentriert werden.« (Die Ähnlichkeit mit den späteren Laser-Hologrammen ist verblüffend.)

Adamski beschrieb »majestätische Berge«, von denen einige schneebedeckt, andere dagegen felsig karg und wieder andere dicht bewaldet waren. »Wir haben viele Seen und sieben Ozeane«, sagte Orthon, »die alle durch natürliche und künstliche Wasserstraßen miteinander in Verbindung stehen.« Man zeigte ihm mehrere Städte auf der Venus, in denen die Bewohner »ihren Geschäften nachgingen.« Fahrzeuge verschiedener Größe, die den Mutterschiffen ähnelten, glitten dicht über dem Boden dahin. Dann erschien eine Strandszene an einem See, an dem sich Schwimmer in den »langen, flachen Wellen« tummelten. Unter den gezeigten Tieren befanden sich auch Kühe und Pferde, die etwas kleiner waren als ihre irdischen Artgenossen, diesen ansonsten aber stark ähnelten. »Das schien für alle Tiere auf der Venus zu gelten«, berichtet Adamski.

Man erklärte ihm, die mittlere Lebensdauer betrage tausend Jahre, wobei die ständig bewölkte Atmosphäre der Venus eine Rolle spiele. »Als auf der Erde eine solche Atmosphäre herrschte«, so Orthon, »war auch das Leben der Menschen auf eurem Planeten entsprechend viel länger.«[51]

In Kapitel 1 habe ich die rauhen atmosphärischen Bedingungen auf der Venus erwähnt, unter denen weder menschliches noch tierisches, ja nicht einmal pflanzliches Leben ohne Schutz möglich ist (allein der atmosphärische Druck ist neunzigmal so hoch wie auf der Erde). Natürlich ist es denkbar, daß die gezeigten Gebiete durch eine fortschrittliche Technologie vor den Widrigkeiten der Atmosphäre geschützt werden, wie Adamski dies für den Mond beschrieben hat. Tatsache ist jedoch, daß die Venusianer dies nicht erwähnten. 1961 behauptete Adamski dann gar, die Venus selbst aufgesucht zu haben. Angeblich dauerte die Reise zwölf Stunden, der Besuch selbst fünf. Seine Beschreibung der Umgebung zeugt ebenfalls von seiner blühenden Fantasie:

Der Tag war warm, und die Sonne schien hell durch die Schäfchenwolken am Himmel. Die Luft war frisch und roch sauber. Man erzählte mir, es habe am Tag zuvor geregnet … Als ich ein paar Schritte gegangen war, fühlte ich mich erschöpft … Der

Luftdruck war in dem Gebiet der Venus, in dem ich mich aufhielt, mit dem in der Höhe von Mexico City zu vergleichen.[52]

In einem anderen (undatierten) Bericht erging sich Adamski in weiteren fantastischen Details:

> Die Venus ist wie die Erde zu achtzig Prozent von Wasser bedeckt. Die Wolkendecke, die verhindert, daß wir die Oberfläche des Planeten sehen, entsteht durch die ständige Verdampfung von Flüssigkeit. Dadurch wird ein breiter tropischer Gürtel geschaffen, in dem Obst und Gemüse im Überfluß gedeihen. Während mancher Jahreszeiten regnet es heftig, in bestimmten Gebieten fällt jeden Tag leichter Regen …

Zudem erzählte man Adamski, die Venus umkreise die Sonne in 23 Stunden (anstatt in 24 wie bei der Erde). Tatsächlich benötigt sie dafür 243 *Tage*!

Der Bericht vom Saturn

Adamskis absurdeste Behauptung aus jener Zeit bezieht sich auf einen angeblichen Besuch auf dem Saturn. Im März 1962 erhielten seine Mitarbeiter eine Kopie seines Berichts über eine »Reise zum Treffen der Zwölf Räte unseres Sonnensystems«, das vom 27. bis zum 30. März desselben Jahres stattgefunden haben soll. »Das [Raum-]Schiff war am 24. auf einer unserer Air-Force-Basen gelandet, wo ein hoher Beamter der US-Regierung ein Gespräch mit der Besatzung führte«, schrieb Adamski. »Nach der Konferenz kehrte das Schiff zum heimischen Saturn zurück. Bei einer Geschwindigkeit von über dreihundert Millionen Kilometer pro Stunde dauerte die Reise neun Stunden.«

Adamskis nachfolgende Erklärungen wurden nur von seinen ergebensten Mitarbeitern rückhaltlos ernst genommen. Lou

Zinsstag hielt die Geschichte vom Saturn für ein »persönliches mentales Erlebnis«. Henk Hinfelaar, ein neuseeländischer Mitarbeiter, zeigte sich ebenso skeptisch. Er berichtete, kurz nach der Veröffentlichung des Saturnberichtes »geschahen viele Dinge, die zu Zweifeln Anlaß gaben. Die Hinweise darauf, daß George Adamski sich gewaltig veränderte, nahmen zu … nur er allein kann dieses Problem lösen. Seitdem kann man ihn als Informationsquelle nicht mehr berücksichtigen.«

Hinfelaar und Zinsstag gelangten zu dem Schluß, Adamski sei »in die falschen Hände geraten«. Er selbst gab zu, es inzwischen mit »anderen Jungs« zu tun zu haben, wie er es nannte. Lou wurde noch deutlicher:

> Wir meinten, bei den »neuen Jungs« handelte es sich entweder um gewiefte Schwindler, nämlich Geheimagenten, die (nicht unbedingt im Auftrag der Regierung tätig waren und) Gehirnwäsche und Hypnose beherrschten, oder aber um eine neue Gruppe von Menschen aus dem All, die George absichtlich falsche Informationen lieferten. Möglicherweise sollten die früheren Erfahrungen mit den freundlich gesinnten Kontaktpersonen entwertet werden. Warum nicht? »Sie sind keine Engel«, hatte George selbst gesagt.[53]

Täuschungsmanöver

Der Autor John Keel ist davon überzeugt, daß alle Kontaktpersonen von den »Ufonauten« belogen wurden. Dies »gehöre zu den verwirrenden Täuschungsmanövern, mit denen sie die Wahrheit über ihre Herkunft, Absicht und Motive verschleiern«.[54] Wenn man die Außerirdischen der Täuschung bezichtigt, sollte man die Tatsache nicht aus den Augen verlieren, daß Adamski selbst gerne schwindelte. So erhielten seine Mitarbeiter im Oktober 1962 einen unsinnigen Brief, der angeblich von einem seiner außerirdischen Kontakte stammte und in englischer Sprache abgefaßt, aber mit offenkundig gefälschten »außerirdischen« Symbolen ausgeschmückt war. »Ihr leistet gute Arbeit«, hieß es darin. »George Adamski ist der einzige Mensch auf der Erde, der unsere Unterstützung genießt.« Den Brief hatte Adamski selbst geschrieben und von einem Postfach abgeschickt, das eine Freundin, Martha Ulrich, für ihn eingerichtet hatte.

Für viele von Adamskis Anhängern brachte dieser Vorfall das Faß zum Überlaufen. »Adamski selbst zerstört sein Ansehen«, schrieb Roy Russel, ein australischer Mitarbeiter.[55] Nicht zu vernachlässigen ist auch die Tatsache, daß Adamskis Buch *Science of Life Study Course* aus dem Jahre 1964, das angeblich Informationen und philosophische Erkenntnisse enthielt, die ihm von den »Brüdern aus dem All« enthüllt worden waren, in Wirklichkeit eine Neufassung seines ersten Buches, *Wisdom of the Masters of the Far East*, war, das 1936 vom »Königlichen Orden von Tibet« veröffentlich worden war.[56]

Ray Stanford, der ebenfalls außerirdische Kontakte hatte, behauptet, als überzeugter Anhänger von Adamski im Alter von 15 Jahren bei einem Besuch mit seinem Bruder Rex in Palomar Terraces erlebt zu haben, wie sich Adamski eines Morgens in Erinnerungen erging:

> ... während der Prohibition benutzte ich den [Königlichen] Orden von Tibet als Deckorganisation, damit ich Wein herstellen konnte. Wie jeder wußte, mußten wir unsere religiösen Zeremonien abhalten; aber wir produzierten Wein. Gegen Religion sind die Behörden machtlos. Ich stellte genug Wein für halb Südkalifornien her. Leute, ich war der größte Schwarzbrenner weit und breit ... Wenn nicht dieser lästige Roosevelt aufgetaucht wäre, hätte ich mich gar nicht mit diesem Untertassenquatsch abgeben müssen.[57]

Während ich glaube, daß Adamski das Kloster vom Königlichen Orden von Tibet vielleicht wirklich gründete, um in großen Mengen Wein herstellen zu können, denke ich nicht, daß ihn die Prohibition dazu zwang, sich »mit diesem Untertassenquatsch abzugeben«. Wenn er das wirklich gesagt hat, würde ich es seinem manchmal handfesten Sinn für Humor zuschreiben. Selbst Adamskis schärfste Kritiker geben zu, daß er sich seiner Mission und Philosophie völlig verschrieben hatte. Stanford fand Adamski sympathisch. »Ich sah an ihm eine sanfte, gutmütige, künstlerische Seite. Viele seiner Gemälde, die er uns zeigte, waren ziemlich gut. Zudem meint Stanford, vieles spreche dafür, daß Adamskis erste Berichte über Kontakte authentisch sind.«[58]

Carol Honeys negative Äußerungen werden von Adamskis Kritikern gerne als endgültiger Beweis dafür zitiert, daß er ein Scharlatan ist. Dabei wird das positive Material immer wieder außer acht gelassen. 1979 schrieb Honey:

Um mit Adamski zu sprechen: Er »verließ den Weg des Lichts« erst viele Jahre nach seinen ersten Kontakten. Da mich nur die Wahrheit interessiert, erklärte ich Adamski viele Male, daß ich nur die Informationen unterstützen würde, deren Wahrheitsgehalt erwiesen war ... Adamski händigte mir viele Manuskripte, die meisten seiner Bücher und fast alle Originalakten aus. Jahrelang stammte jedes Wort, das er veröffentlichte, aus meiner Schreibmaschine. Seine unveröffentlichten Manuskripte blieben unveröffentlicht, weil sie sich meiner Meinung nach nicht auf dem »Weg des Lichts« bewegten und mit der mir bekannten Wahrheit nicht vereinbar waren ...
Mehrmals produzierte Adamski Fotos, Gegenstände, Aufnahmen, Laborberichte usw., die ich eingehend untersuchte. Soviel ich weiß, erhielten weder Presse noch Öffentlichkeit davon Kenntnis, obwohl sie mir allesamt überzeugender schienen als

die Dinge, mit denen er an die Öffentlichkeit trat. Er behauptete, Anweisungen erhalten zu haben, »sie nicht zu enthüllen, bevor nicht die Zeit gekommen ist«. Wenn alle seine Behauptungen falsch waren, warum legte er dann nicht das überzeugendere Material vor? Was geschah mit diesen Gegenständen nach seinem Tod?

George Adamski ist Menschen von anderen Planeten begegnet, [und] seine Fotos waren echt ... später, nachdem die Kontakte ein Ende gefunden hatten, täuschte er lieber die Öffentlichkeit, als einfach zuzugeben, daß die ersten Phasen des »Programms« vorüber waren.[59]

Ein Pionier der Raumfahrt

1949 wurde ein Science-fiction-Buch von »Professor George Adamski« privat veröffentlicht. Der Titel des in begrenzter Auflage gedruckten Buches lautete *Pioneers of Space: A Trip to the Moon, Mars and Venus;* Ghostwriterin war Lucy McGinnis. In diesem Buch finden sich auffällige Ähnlichkeiten zu *Im Innern der Raumschiffe* (1956), besonders was Adamskis Beschreibung der »Venetier, Martianer [sic] und Saturnianer« angeht. Ansonsten differieren die Beschreibungen allerdings beträchtlich von denen des späteren Werkes. Dennoch entwertete für viele *Pioneers of the Space* das vorangegangene Buch vollkommen. Interessanterweise äußert sich Adamski im Vorwort folgendermaßen: »Während diese Dinge gegenwärtig noch ins Reich der Dichtung gehören, ist der Fortschritt der Wissenschaft so rasant, daß sie schon bald Wirklichkeit werden könnten.«

In *Pioneers* findet sich zum Beispiel eine Beschreibung des Mondes, die stark an die von 1953 erinnert:

Wir entdecken ... einen gürtelförmigen Bereich, der sich, soweit das Auge reicht, um den Mond erstreckt und in dem ohne künstliche Hilfe Bäume und andere Pflanzen gedeihen, [und] sehen einen kleinen See.[60]

Auch die Beschreibung des Lebensalters, das die Außerirdischen erreichen, stimmt mit der in seinem späteren Buch überein:

Dieser Mann wirkt auf uns, als sei er siebzig Jahre alt. Später erfahren wir, daß er 190 Jahre alt ist[61] ... Auf dem Mars beträgt das Lebensalter fünfhundert bis tausend Jahre.[62]

In den anschaulichen Schilderungen der Venus und der »Venetier« nähert sich *Pioneers* am stärksten den späteren Beschreibungen:

Sie erzählen uns, daß es neun Ozeane sowie viele Seen und Flüsse gibt, hohe Berge und wunderschöne Wälder ... [ihre Autos] scheinen direkt über der Bodenoberfläche dahinzugleiten[63] ... Zunächst war das Atmen für uns etwas mühsam, weil die Luft so dünn ist, aber es gelang uns schnell, uns anzupassen ...[64]
Ihr Erscheinungsbild gleicht mehr dem eines Traumwesens als dem unsrigen ... ihre Hände sind lang und schlank, von eher zartem Knochenbau ... die Frauen übertreffen die unseren an Schönheit und Gewandtheit des Ausdrucks bei weitem[65] ... Wir fühlen uns, als blickten sie durch uns hindurch und könnten unsere Gedanken lesen. Man hat uns gesagt, sie seien Experten für mentale Telepathie.[66]

Obwohl Adamski seine späteren Erzählungen offensichtlich mit Material, das wahrscheinlich aus *Pioneers* stammte, ausschmückte, gibt es noch eine weitere, wenn auch unwahrscheinlichere Erklärung. Personen gegenüber, die von Außerirdischen entführt worden waren, erklärte Adamski Jahrzehnte später privat, er sei als Kind von Außerirdischen kontaktiert worden und habe von ihnen in Tibet Instruktionen erhalten, die ihn auf seine Mission im späteren Leben vorbereiten sollten. Öffentlich erhob Adamski keine Ansprüche dieser Art, obwohl er andeutete, bereits vor der Begegnung von Desert Center »mentalen« Kontakt erlebt zu haben. »Was die Besucher von anderen Planeten angeht«, schrieb er Anfang 1952 an einen Brieffreund, »so habe ich bis jetzt keinen physischen Kontakt mit ihnen gehabt. Da Sie jedoch *Pioneers of Space* gelesen haben, dürfte Ihnen klar sein, wie ich meine Informationen über diese Leute und ihre Heimat erhalte.«[67]

1958 soll Adamski Ray Stanford gegenüber eine interessante Äußerung vorgebracht haben, die als Eingeständnis für seinen Betrug interpretiert wurde. »Ray, ich mußte nicht ins All reisen, um etwas über die Raumschiffe zu erfahren. Schon vor Jahren wußte ich von den Raumschiffen und kannte ihr Inneres ... Aus *Pioneers of Space* können Sie ebensoviel erfahren wie aus *Im Innern der Raumschiffe*. Ich habe einfach mein eigenes Bewußtsein auf die Wesen dort draußen projiziert, so daß ich sie und das Innere ihrer Schiffe sehen konnte.«[68]

Bedeutet dies notwendigerweise, daß Adamski bezüglich seiner »echten« Reisen ins All gelogen hat? Ich glaube nicht. Wenn man davon ausgeht, daß er tatsächlich diese Worte gewählt hat, bestreitet er nicht, diese Reisen unternommen zu haben, sondern deutet nur an, daß sie für ihn nicht unbedingt notwendig gewesen wären. Zum zweiten ist *Im Innern der Raumschiffe* von den erwähnten Ähnlichkeiten abgesehen ein völlig anderes Buch. Und drittens waren sich alle meine Gesprächspartner, die mit Adamski viele Jahre lang vertraut waren, darin einig, daß er stets darauf bestand, tatsächlich im Inneren der Raumschiffe gewesen zu sein.

Ich fragte Lucy McGinnis, Adamskis langjährige Sekretärin (bevor sie Anfang der sechziger Jahre »desertierte«), wie die beiden Bücher für sie zusammenpaßten. »Das habe ich mich selbst oft gefragt«, erwiderte sie nachdenklich. »Bei dem ersten Buch handelt es sich eindeutig um einen Roman. Vielleicht war es seine Art, sich mit dem Thema vertraut zu machen. Möglicherweise wußte er auch mehr – das ist mir nicht bekannt. Es hat mich nie so beschäftigt, daß ich die Sache thematisiert hätte, was sehr wohl möglich gewesen wäre, hätte ich die Schiffe nicht gesehen.«

Lucy war nicht nur bei der Begegnung von Desert Center zugegen; sie sah einige Jahre später in Palomar Terraces ein weiteres Raumschiff, das sie an das klassische »Pfadfinderschiff« erinnerte. Mir schilderte sie ihr Erlebnis folgendermaßen:

Eines Nachmittags hatte ich mich in meinem Zimmer hingelegt. Ich weiß nicht mehr, welches Datum wir hatten, aber aus irgendeinem Grund stand ich auf und ging nach draußen. Als ich aus der Tür trat, sah ich nach oben und entdeckte ein riesiges, untertassenförmiges Objekt. Ich war völlig verblüfft, weil ich hindurchsehen konnte. Zwischen den beiden Stockwerken waren die Treppen zu erkennen, über die man von einem ins andere gelangte. Ich weiß nicht, wie viele Menschen ich sah, aber sie liefen herum. Mir schien, sie trugen eine Art Skianzug, der am Knöchel gerafft war ... Dann trieb es plötzlich davon.

Ich erkundigte mich bei Lucy auch, warum Adamski ihrer Meinung nach Anfang der sechziger Jahre begonnen hatte, absurde Geschichten zu erzählen. Sie erwiderte, daran sei sein übertriebener Geltungsdrang schuld gewesen, und meinte, genau deswegen habe sich die erste Gruppe Außerirdischer von ihm getrennt. Außerdem war sie davon überzeugt, daß er die Reisen zum Saturn und zur Venus erfunden hatte, um sein angeschlagenes Selbstbewußtsein aufzumöbeln, das schwer gelitten hatte, nachdem die erste Gruppe den Kontakt abgebrochen hatte.[69] So überzeugend diese Erklärung auch klingt, alle Rätsel um diesen seltsamen Mann und seine komplexen Behauptungen sind damit nicht gelöst.

Einen wichtigen Hinweis lieferte mir eine Freundin, die ich 1952 kennenlernte und für deren Integrität ich garantieren kann. Diese Person, die ich Joëlle nennen werde, behauptete, 1963 aufgrund einer Verkettung zufälliger Umstände derselben oder einer ähnlichen Gruppe von Außerirdischen begegnet zu sein wie Adamski. Nach dem, was die Besucher Joëlle mitteilten, war Adamski tatsächlich von einer bestimmten Gruppe Außerirdischer ausgewählt und kontaktiert worden. Nachdem er jedoch in einem frühen Stadium geheime Informationen preisgab, die man ihm anvertraut hatte, waren die Außerirdischen gezwungen, ihm falsche Informationen zu liefern, um ihn zu diskreditieren und so ihre eigenen Interessen zu schützen. Um welche Fehlinformationen es sich konkret handelte, ist mir nicht bekannt, doch ich kann sagen, daß sie erstmalig in *Im Innern der Raumschiffe* auftauchen. Joëlle teilte mir mit, Adamskis Begegnung von Desert Center habe sich im wesentlichen so zugetragen wie in *Flying Saucers Have Landed* beschrieben. Adamski war tatsächlich an Bord eines Raumschiffs gegangen, sie konnte jedoch nicht in Erfahrung bringen, wohin man ihn gebracht hatte. Auch über ihre Herkunft äußerten sich die Außerirdischen nicht weiter, sondern erklärten nur, über Basen in unserem Sonnensystem und auf der Erde zu verfügen. Inwieweit Adamski sich bewußt war, Fehlinformationen verbreitet zu haben, wurde nicht klar.

Carol Honey erzählte mir, Adamski habe tatsächlich einmal ein ihm anvertrautes Geheimnis verraten.[70] Wenn seine frühen Kontakte wirklich echt waren, muß ein starker Druck auf ihm gelastet haben. »In meinem Herzen liegen viele Geheimnisse begraben«, sagte er einmal zu Lou Zinsstag.

Um seinen Freund zu rehabilitieren, griff Desmond Leslie auf eine esoterische Erklärung für die Existenz der Wesen von Venus, Mars, Saturn und anderen Planeten zurück. Die »Brüder« seien in der Lage, sich in unserer Umwelt zu »materialisieren«, ihre eigenen Planeten existierten jedoch auf einer »höheren Vibrationsfrequenz« als die unsrigen, daher sei in unserem Sonnensystem kein Leben, wie wir es kennen, entdeckt worden.[71] Ich will das nicht verwerfen, aber, abgesehen von der Tatsache, daß die »Brüder« nicht unbedingt aus unserem Sonnensystem stammen müssen (was laut Carol Honey Adamski selbst privat eingestand[72] und worauf auch die von Joëlle erhaltene Information hindeutet), existiert noch ein weiterer Punkt, der leicht übersehen wird.

Leslie zitiert Paramahansa Yogananda, den großen Yogi-Lehrer, und erörtert die ungewöhnlichen Taten, die den weit fortgeschrittenen Meistern und der Avatara* zugeschrieben werden. Obwohl diese auf der Erde leben, sollen sie in der Lage sein, sich in die Luft zu erheben, unsichtbar zu werden, ihr Bild über weite Entfernungen zu projizieren, durch Wände zu gehen und ähnliches zu vollbringen.[73] Das ändert jedoch nichts an der Tatsache, daß diese außergewöhnlichen Persönlichkeiten Menschen aus Fleisch und Blut sind, die allerdings auf einer hohen physischen, geistigen und spirituellen Entwicklungsstufe stehen. Meiner Überzeugung nach sind viele Außerirdische ebenfalls zu diesen und anderen fantastischen Leistungen in der Lage, in dieser Hinsicht sehe ich wenig Unterschiede zwischen den Menschen auf diesem Planeten und denen anderer Herkunft. Einmal erklärte Adamski Leslie, »in unserem gegenwärtigen Körperzustand« könnten wir höher entwickelte Zivilisationen auf anderen Planeten nicht besuchen. Mit Sicherheit liegt eine tiefe Wahrheit in dieser Feststellung, aber diese ist nicht unbedingt ausschließlich esoterisch begründet.

* Im Hinduismus eine Inkarnation Vishnus; allg.: Inkarnation des Göttlichen. (Anm. d. Übers.)

Von Leslie über die Physikalität der Weltraumleute befragt, zitierte Adamski seine erste Begegnung mit Orthon: »Diese Burschen waren bestimmt keine Gespenster. Der Pilot kratzte sich an der Kante die Hand auf, als er meinen Arm zurückzog, damit er nicht von dem Kraftfeld abgerissen wurde. Dabei trat rotes Blut aus, wie bei dir und mir.«[74] Bei anderen Gelegenheiten verlieh Adamski dieser Aussage weiter Nachdruck. »Wozu sollte ein Geist ein Raumschiff brauchen?« fragte er gerne.

Auch wenn es keine blühenden Kulturen innerhalb unseres Sonnensystems gibt, sehe ich keinen Grund, warum nicht auf bestimmten Planeten und ihren Satelliten oder auf der Erde selbst von Wesen aus anderen Sonnensystemen temporäre oder permanente Basen unterhalten werden sollten. Adamski war der erste, der behauptete, auf unserem Planeten existierten geheime Basen, die nur wenigen auserwählten Personen innerhalb des Militärs und des Geheimdienstes bekannt seien. Während meiner Untersuchungen bin ich auf zahlreiche Indizien gestoßen, die darauf hinweisen, daß dies tatsächlich der Fall ist.

Persönliche Begegnungen

Im November 1963 hätte ich George Adamski fast persönlich getroffen. Damals war ich auf meiner ersten Tournee mit dem Royal Philharmonic Orchestra in den Vereinigten Staaten unterwegs. Da wir in Los Angeles auftraten, hatte ich fest vor, mit dem Bus zu seinem Haus in Vista zu fahren. Am Ende stellte sich heraus, daß der Busfahrplan nicht mit meinem Zeitplan zu vereinbaren war, und ich mußte das Vorhaben aufgeben. Auf dem Weg nach Los Angeles ereignete sich jedoch ein merkwürdiger Zwischenfall, der einen tiefen, andauernden Eindruck bei mir hinterließ.

Am 13. November verließ unser aus drei Bussen bestehender Konvoi die Stadt Tucson in Arizona. Unser Ziel war das 800 Kilometer entfernte Los Angeles. Etwa auf halbem Weg hielten wir in der Nähe der Grenze zwischen Arizona und Kalifornien an einem an der Straße gelegenen Restaurant an. Während ich mit Kollegen an einem Tisch saß und mir die in der Schlange wartenden Kunden ansah, erregte ein Mädchen von ungewöhnlichem Aussehen meine Aufmerksamkeit. Sie trug das blonde Haar zu einem Bob geschnitten, besaß ein feines, blasses Gesicht und war zierlich. (Später fühlte ich mich an Adamskis Beschreibung von Kalna mit ihrer »fast durchsichtigen Haut« erinnert.)[75]

Adamski hatte als erster behauptet, Menschen von anderen Planeten lebten und arbeiteten unter uns – sozusagen als illegale Außerirdische. Angeblich fanden seine Kontakte häufig in der anonymen Umgebung von Restaurants und Hotelhallen statt. Nachdem mir eine Reihe von Zeugen ähnliche Begegnungen geschildert hatten, beschloß ich zu versuchen, per Telepathie mit dem unbekannten Mädchen zu kommunizieren und ihr die Frage »Stammen Sie von einem anderen Planeten?« zu stellen.

Sie reagierte nicht sofort, aber als sie die Schlange verließ, ging sie absichtlich an meinem Tisch vorbei, schenkte mir ein bezauberndes Lächeln und nickte bestätigend. Dann begab sie sich mit ausdruckslosem Gesicht in einen anderen Teil des Restaurants.

Obwohl ich mich nicht mehr an die genaue Lage des Restaurants erinnere, weiß ich noch, daß auf einem der Wegweiser am Highway der Name Desert Center stand. Zufällig hatte ich mich ganz in der Nähe des Ortes von Adamskis erster Begegnung aufgehalten.

Vier Jahre später machte ich, abermals in den Vereinigten Staaten, eine ähnliche Erfahrung. Im Februar 1967 hielt ich mich mit dem Londoner Symphonieorchester in New York auf, wo wir in der Carnegie Hall mehrere Konzerte gaben. Eines Nachmittags beschloß ich, in der Eingangshalle des Park-Sheraton-Hotels an der Ecke 56ste Straße und Siebte Avenue, dem heutigen Omni Park Central, wo wir abgestiegen waren, erneut zu versuchen, über Telepathie zu kommunizieren. Ich war soeben von meinem ersten Treffen mit Madeleine Rodeffer in Washington zurückgekehrt. Madeleine hatte mir erzählt, sie sei häufig »Weltraummenschen« begegnet. In den meisten Fällen hätten die Kontakte an der Öffentlichkeit zugänglichen Orten stattgefunden. Ich beschloß, die Angelegenheit ein für allemal zu klären. Ich lehnte mich auf einem Sofa zurück und sandte eine telepathische Botschaft aus, die etwa folgendermaßen lautete:»Wenn sich jemand von einem anderen Planeten in der Gegend von New York aufhält, soll er sich bitte neben mich setzen und sich zu erkennen geben.«

Natürlich ist New York eine hektische Stadt, und die Eingangshalle eines Hotels ist für ein solches Experiment sicherlich der ungeeignetste aller Orte. Während der folgenden halben Stunde kamen und gingen viele Leute (von denen einige zwar sehr merkwürdig, aber offensichtlich irdischer Herkunft waren). Plötzlich betrat ein Mann das Foyer, dessen Benehmen mich in Alarmbereitschaft versetzte. In seinem dunkelgrauen Anzug, zu dem er ein weißes Hemd und eine dunkle Krawatte trug, hätte er als Geschäftsmann von der Madison Avenue durchgehen können. Er war etwa einen Meter fünfundsiebzig groß, hatte lockiges blondes Haar, einen sonnengebräunten Teint und gleichmäßige Züge. Ich schätzte ihn auf 35 Jahre. Er ließ sich neben mir nieder, holte die *New York Times* aus seinem Aktenkoffer und begann ziemlich sprunghaft und oberflächlich darin herumzublättern. Nachdem er die Zeitung wieder zusammengefaltet hatte, hielt ich die Zeit für gekommen, ihn auf telepathischem Weg zu fragen, ob er tatsächlich von einem anderen Planeten stamme. Wenn ja, sollte er mir dies zu verstehen geben, indem er den rechten Zeigefinger an den rechten Nasenflügel legte. Die Antwort erfolgte sofort und mit dramatischer Klarheit. Kaum hatte ich den Gedanken ausgesandt, als er genau diese Gestik ausführte!

Wie vom Schlag getroffen, saß ich da und fragte mich, wie es weitergehen würde. Ich versuchte es erneut mit Telepathie, aber ohne Erfolg. Vielleicht hätte ich ein Gespräch beginnen sollen, aber da ich Brite bin (was bei interplanetarer Kommunikation eindeutig ein Nachteil ist), schien mir dies zu direkt. Außerdem fand ich, daß es ihm zukam, diesen Schritt zu tun, wenn meine Annahme berechtigt war.

Ein paar Minuten lang saßen wir schweigend nebeneinander. Dann erhob er sich und ging zu einer Vitrine, die sich in etwa fünf Meter Entfernung rechts hinter mir befand. Ich beobachtete ihn verstohlen, und mir fiel auf, daß er sich nicht besonders für die ausgestellte Ware zu interessieren schien. Nach einigen Minuten warf er mir einen langen, durchdringenden Blick zu, wandte sich ab und trat auf die Straße hinaus. Ich habe ihn nie wiedergesehen.

Natürlich kann man sagen, dieser Vorfall sei wie das Erlebnis von 1963 rein zufälliger Natur. Telepathie ist weit verbreitet, wie allen bekannt ist, die auf die unausgesprochenen Gedanken eines vertrauten Menschen reagieren. So erzählte mir Dr. Denis Ross, Arzt an der Iowa State University, er habe mit seinem Bruder bis zum Alter von zwölf Jahren über Telepathie kommuniziert. Vielleicht war der Mann in New York nur ein besonders sensibler Sterblicher, der meine Gedanken gespürt und entsprechend reagiert hatte. Die Plausibilität dieser Hypothese liegt auch für mich auf der Hand, aber er besaß etwas, was ihn von allen anderen unterschied, und das kann ich nicht vergessen.

Für mich war das Experiment ein Erfolg. Radioastronomen wären wohl nicht überzeugt, aber für mich war es ein persönlicher Beweis, der mich ermutigte, doch für andere wertlos ist. Auf mich hatte er jedenfalls eine klärende Wirkung.

Meiner Meinung nach deuten die Indizien darauf hin, daß viele von George Adamskis Behauptungen vernünftig und nachprüfbar sind, auch wenn andere übertrieben und absurd scheinen oder durch die Desinformationspolitik seiner Kontaktpersonen verfälscht sind. Ich glaube, daß die Begegnungen mit den Raumschiffen und ihrer Besatzung grundsätzlich korrekt wiedergegeben, jedoch später von Adamski und seinen Freunden und Anhängern so stark ausgeschmückt wurden, daß sie mythischen Charakter annahmen. Wir müssen nicht nur seine Behauptungen, sondern auch die anderer, die erklären, Kontakt mit menschenähnlichen Wesen aus anderen Welten gehabt zu haben, neu bewerten, wenn wir nicht das Kind mit dem Bade ausschütten und dabei wichtige Daten für eine weitere Analyse verlieren wollen. Meine eigenen Vorurteile beiseite lassend möchte ich klarstellen, daß vieles von dem, was Adamski über die »Weltraumleute« und ihre Technologie gesagt und geschrieben hat, heute, an der Schwelle zum 21. Jahrhundert, plausibler und wissenschaftlich einleuchtender erscheint als vor vierzig Jahren.

Außerirdische
Fantasievorstellungen?

Auf einem Felsen am Bach saß die schönste Frau, die meine jungen Augen jemals erblickt hatten! Das warme Sonnenlicht spielte auf ihrem glänzenden goldenen Haar, das ihr Gesicht umrahmte und sich wie ein Wasserfall über ihre Schultern ergoß. Die weichen Kurven ihres bezaubernden Körpers zeichneten sich unter dem durchscheinenden Material eines Kleidungsstücks ab, das mich an einen Skianzug erinnerte … Wie sie so auf dem Felsen saß, schien ein strahlendes Licht von ihr auszugehen. Ich fragte mich, ob dies an dem ungewöhnlichen Stoff lag, den sie trug. Dieser glänzte und schimmerte ähnlich wie Nylon, aber viel schöner. An ihrem Anzug konnte ich weder Nähte noch Knöpfe oder andere Verschlüsse entdecken. Sie trug kein Make-up, was bei ihrer zarten, transparenten Haut, die mich an eine Kamelienblüte erinnerte, auch nicht notwendig war …[1]

So weit Howard Menger, der mit diesen Worten seine erste Begegnung mit einer Außerirdischen beschreibt. Zum Zeitpunkt dieses Ereignisses, das 1932 in High Bridge im amerikanischen Bundesstaat New Jersey stattfand, war er erst zehn Jahre alt. Menger, der in den späten Fünfzigern als charismatische Kontaktperson bekannt wurde, wird häufig als Scharlatan abgetan, als Trittbrettfahrer, der die Popularität nutzte, die George Adamski mit seinen Geschichten erlangt hatte. Mir scheint dieses Urteil zu pauschal. Wie bei Adamski weigere ich mich auch in diesem Fall, alle angeblichen Erlebnisse völlig willkürlich zu verwerfen, obwohl es sich bei einigen davon meines Erachtens dennoch um Wahnvorstellungen handelt.

Die liebliche Gestalt, erklärte Menger, sie sei von »weither gekommen«, um ihn zu sehen. Sie und ihr Volk hätten ihn beobachtet, und sie kenne ihn schon »sehr, sehr lange«. »Wir setzen uns mit unseren eigenen Leuten in Verbindung«, fügte sie geheimnisvoll hinzu, was bedeuten könnte, daß Menger in der Vergangenheit mit ihrem Volk in Verbindung gestanden hatte. Mit eindringlichen Worten erklärte sie dem pubertierenden Jungen, daß er zwar im Augenblick nur wenig von dem begreifen werde, was sie ihm sage, wenn er älter sei, aber ein neues Verständnis dafür erlangen werde.

Menger hatte keine Ahnung, wer sie war und wo sie herkam. Obwohl er bereits mehrfach ungewöhnliche fliegende Untertassen gesehen hatte, von denen eine sogar kurz gelandet war, wußte er nichts über Außerirdische. Bei den meisten dieser Beobachtungen war übrigens sein Bruder zugegen. Auf jeden Fall war bei dieser Begegnung kein Raumschiff zu sehen. Nachdem ihn die Frau kurz über seine Rolle, die er in seinem späteren Leben spielen würde, unterrichtet hatte – unter anderem würde er andere Menschen von ihrem Volk treffen –, bat sie den Jungen, den Ort als erster zu verlassen. Langsam ging er davon, wobei er sich immer wieder nach der lächelnden Gestalt auf dem Felsen umsah.[2]

Weitere frühe Begegnungen

Howard Mengers zweite Begegnung mit einem Außerirdischen fand nach seinen eigenen Aussagen 1942 statt, als er in einer Panzerdivision der US Army in der Nähe des texanischen El Paso

Der charismatische Howard Menger, der Ende der fünfziger Jahre durch seine Begegnungen mit Außerirdischen bekannt wurde. Hier bei einem Interview mit dem Autor im Jahre 1978. (© *Timothy Good*)

diente. Eines Nachts schlenderte er durch die nahe gelegene mexikanische Stadt Ciudad Juárez, als ein Taxi neben ihm am Straßenrand hielt. Der Fahrer deutete auf einen Mann auf dem Rücksitz.

Dieser hatte langes blondes Haar, das ihm über die Schultern hing, seine Haut war sonnengebräunt. Er war größer und schwerer als der Durchschnittsmexikaner und sprach englisch mit einem leichten mexikanischen Akzent. Seinen Worten zufolge mußte er mit Menger sprechen und bat diesen daher, ins Taxi zu steigen. Menger lehnte ab, fragte sich aber später, ob er nicht einen Fehler begangen hatte. Sollte es sich um einen der »anderen« gehandelt haben, von denen die Frau auf dem Felsen gesprochen hatte?

Als er etwas später in Camp Cook in Kalifornien stationiert

war, wurde er von einem uniformierten Mann begrüßt, der sich zunächst über Telepathie, später auch mit Worten an ihn wandte. Dieser erklärte, von den beiden vorangegangenen Begegnungen mit seinem Volk zu wissen. Sein Äußeres wirkte auf Menger eher ungewöhnlich.

> Der Mann sah sehr gut aus. Obwohl eindeutig etwas Merkwürdiges an ihm war, hätte er als normaler GI durchgehen können, was er auch tat. Das Einzigartige an ihm waren wohl nicht die fein gemeißelten Gesichtszüge und das Strahlen in seinen glänzenden Augen, sondern seine Art des Umgangs mit mir. Ich fühlte, daß ich es mit einem Wesen zu tun hatte, das nicht nur gütig und weise war, sondern auch emotional und spirituell auf einer höheren Entwicklungsstufe stand als alle anderen, die ich kannte. Zwar wirkte er etwas reserviert, als spüre er den Unterschied zwischen sich selbst und seiner Umgebung, aber ich registrierte ohne Überraschung, daß er einen diskreten, aber völlig ungezwungenen Sinn für Humor besaß …

Zu dem Kontakt von Juárez meinte der Mann aus dem All, er verstehe vollkommen, daß Menger zu diesem Burschen nicht ins Taxi steigen wollte (»Wir haben ihm gesagt, er soll sich die Haare schneiden lassen!«). Ihm war klar, daß die Bestimmungen der Armee in solchen Gebieten zur Vorsicht mahnten und Juárez kaum der geeignete Ort für eine interplanetare Begegnung war.

Weiter erklärte er ihm, seine Leute hätten schon vor vielen Jahrhunderten in Mexiko Kontakt zu Menschen aufgenommen.

> Bereits lange vor der Ankunft der Konquistadoren hatten wir uns mit den Azteken in Verbindung gesetzt. Wir haben ihrem Volk sehr geholfen. Bedauerlicherweise kamen die Konquistadoren nicht in freundlicher Absicht, sondern überzogen das

Land mit Krieg. Hätten sie guten Willen gezeigt, dann hätten die Azteken sie vieles lehren können. So aber behielten sie ihre Geheimnisse für sich, und diese gingen mit ihrer Kultur unter.

Unter anderem handelte es sich angeblich um das Geheimnis, wie man mit Licht und Ton Energie erzeugt und Maschinen antreibt. Eine Reihe von Menschen aus dem All hatten ihren Planeten (den er nicht namentlich erwähnte) verlassen, um »Reste ihres Volkes aufzusuchen, die heute noch auf der Erde leben und Abkömmlinge einer uralten Rasse sind, die ursprünglich von ihrem eigenen Planeten kam«.

Der Weltraummann teilte Menger mit, seine Einheit werde bald nach Hawaii versetzt, wo man ihn für Sonderaufgaben freistellen werde. Dies werde ihm mehr freie Zeit für »bestimmte Aufgaben«, die er erfüllen solle, verschaffen. Außerdem werde es zu einem weiteren Kontakt kommen. Wie sich herausstellen sollte, traf diese Vorhersage ein.[3]

In Hawaii wurde Menger topographischer Zeichner für sein Bataillon. Später, so erzählte er mir, wurde er von der Führung des Regiments für Sonderaufgaben eingeteilt. Zusammen mit dem Geheimdienst der Marine und seinem Armee-Bataillon arbeitete er nun an strenggeheimen Projekten.[4] »Spontan« lieh er sich eines Abends einen Jeep und fuhr in ein höhlenreiches Gebiet, das mehrere Kilometer vom Hauptquartier des Bataillons entfernt lag. Dort begegnete ihm eine weitere Schönheit aus dem All.

Sie war in ein fließendes, in Pastelltönen gehaltenes Gewand gekleidet. Zu einer durchscheinenden Tunika in Rosatönen trug sie eine Art weite Schlafanzughose. Sie war etwa einen Meter fünfundsechzig groß. Dunkles, welliges Haar fiel ihr über die Schultern, und die Tunika umspielte ihren wohlgestalteten Körper … Auch dieses Mädchen verströmte eine Aura spiritueller Liebe und tiefen Verständnisses. Respekt und Demut erfüllten mich, aber gleichzeitig spürte ich eine starke körperliche Anziehung, der man sich in Gegenwart dieser Frauen unmöglich widersetzen kann.

Menger legte Wert auf die Feststellung, daß die Leute aus dem All, denen er begegnet war, zwar den unseren überlegene physische, mentale und spirituelle Fähigkeiten besitzen, uns ansonsten jedoch stark ähneln. Zunächst irritierte es ihn, daß die Besucher jeden seiner Gedanken lesen konnten, doch dann »wird einem plötzlich klar, daß man nichts verbergen kann, und man wird vollkommen ehrlich, sowohl sich selbst als auch den Besuchern gegenüber«. Während ihres langen Gesprächs sagte ihm die Frau vom »Mars« voraus, er werde Anfang April 1945 nach Okinawa versetzt, wo er tatsächlich beim 713. Panzerbataillon diente.[5]

Seine erste direkte Begegnung mit den Schrecken des Krieges erlebte Menger, als ein Schrapnell von einer explodierenden Granate in sein Auge drang, was zu einer Infektion und vorübergehender Blindheit führte. Während seines Krankenhausaufenthalts versicherte ihm eine Armeekrankenschwester, von der er annahm, daß sie nicht von der Erde stammte, er werde sein Augenlicht wiedererlangen. Außerdem sagte sie richtig voraus, um die Zeit seiner Entlassung aus dem Krankenhaus werde es zu einem weiteren Kontakt kommen.

Zwei Wochen nach seiner Entlassung wäre er fast den Bajonetten dreier japanischer Soldaten zum Opfer gefallen. Es gelang ihm jedoch, seine Gegner zu überwinden. Dabei hatte er das starke Gefühl, er dürfe die Soldaten nicht töten, was er dem geistigen Einfluß seiner Kontakte aus dem All zuschrieb.

In der folgenden Nacht, so Menger, sei es zu einer weiteren Begegnung im nördlichen Teil von Okinawa gekommen. Dort habe er einen sehr großen Mann in der Uniform der Armee getroffen, der gegen Ende des Gesprächs behauptete, er stamme von der Venus. Menger zufolge sagte er unter anderem die baldige Kapitulation der Japaner voraus, »die in Kürze durch eine Kraft, die die Welt erschüttern wird, zur Unterwerfung gezwungen werden«. Wenige Wochen später fielen die Atombomben auf Hiroshima und Nagasaki.[6]

Nach dem Krieg sah Menger zum ersten Mal ein Raumschiff am Boden und begegnete dessen Besatzung. Bei einem Besuch bei seinen Eltern in High Bridge in New Jersey im Juni 1946 landete ein Raumschiff, das Adamskis berühmtem Pfadfinderschiff ähnelte. Zwei Männer mit langem blondem Haar in blaugrauen Uniformen, die an Skianzüge erinnerten, traten durch eine Öffnung am Flansch. Ihnen folgte das Mädchen, das Menger bereits 1932 getroffen hatte. »Dieses liebliche Geschöpf hatte sich nicht im geringsten verändert«, so Menger. Obwohl sie höchstens wie 25 aussah, behauptete sie »über fünfhundert Jahre alt zu sein!« (Bei späteren Kontakten waren die Leute aus dem All wesentlich »jünger«, nämlich etwa 79 Erdenjahre alt.) Während der anschließenden Gespräche erfuhr Menger, daß andere Kontakte folgen sollten, die zu seiner »weiteren Unterweisung und Vorbereitung« dienen sollten.[7]

Ende 1947 trafen sich zwei Wesen aus dem All mit Menger und zeigten ihm ein abgeschiedenes, ländliches Gebiet. Unter anderem an diesem Ort sollten in Zukunft Raumschiffe landen und Begegnungen stattfinden, weil hier niemand durch »die elektromagnetische Kraft, die von unserem Raumschiff ausgeht«, Schaden nehmen konnte. Menger sollte telefonisch von den geplanten Treffen unterrichtet werden.[8]

Verbindungsmann der Außerirdischen

Howard Mengers unglaubliche Begegnungen setzten sich bis in die fünfziger Jahre hinein fort, wobei er die Wesen aus dem All immer stärker dabei unterstützte, sich auf unserem Planeten niederzulassen. Dabei kam es immer wieder zu komischen Szenen. Menger erinnerte sich:

Häufig kaufte ich Kleidung, die ich zu den Kontaktorten brachte. Frisch eingetroffene Besucher von anderen Planeten mußten mit irdischer Kleidung versorgt werden, damit sie sich unerkannt unter unseren Leuten bewegen konnten ... Einmal sollte ich mehrere Komplettausstattungen für Frauen besorgen. Da ich nicht recht wußte, wie ich erklären sollte, wozu ich so viele Frauenkleider brauchte, und eine peinliche Situation vermeiden wollte, kaufte ich in verschiedenen Geschäften ein. Nachdem ich alles in der meiner Meinung nach richtigen Größe erstanden hatte, begab ich mich zum Kontaktpunkt. Die Frauen zogen sich in den Raum nebenan zurück, aus dem bald Kichern und Stöhnen drang. Schließlich öffnete sich die Tür und die Büstenhalter flogen heraus. Sie entschuldigten sich, daß sie sie einfach nicht tragen konnten und dies auch nie getan hatten ... Mit hohen Absätzen hatten sie ebenfalls ihre Schwierigkeiten. Mit gequälter Miene schwankten und stolperten sie darauf herum, ohne jedoch ihre gute Laune zu verlieren. Ihnen war klar, daß sie lernen mußten, damit umzugehen, obwohl sie sich häufig beschwerten: »Warum können eure Frauen keine vernünftigen Schuhe tragen!«

Mehrfach fungierte Menger für männliche Neuankömmlinge als Friseur. »Ich weiß nicht, ob sie ihr Haar aufbewahren, aber alle Spuren der Begegnungen wurden von den Weltraumleuten stets sorgfältig eingesammelt, bevor sie aufbrachen.« Einige der Männer besaßen ungewöhnlich helle Haut, ohne sichtbare Körper- oder Gesichtsbehaarung. Offenbar mußten sie sich auch nicht rasieren. »Nach drei Monaten auf der Erde zeigten sich allerdings

Haare am Körper, und bei den Männern setzte der Bartwuchs ein.«

Einige der Besucher verlangten Sonnenbrillen, wobei manche auf rotgetönten Gläsern bestanden; der Grund dafür wurde allerdings nicht klar.

»Mir bot sich also die Gelegenheit, Menschen von anderen Planeten aus allen Schichten und auf den verschiedensten Entwicklungsstufen kennenzulernen. Ich traf auf solche, die kein Wort unserer Sprache kannten, und solche, die sie fließend beherrschten, auf Wissenschaftler und Techniker sowie auf Hilfskräfte und Assistenten. Ich informierte sie über unsere Gewohnheiten, unseren Slang und unsere Traditionen. Zwar lernten sie unsere Sprache mit Hilfe ihrer Geräte schnell, doch diese Maschinen hatten manchmal Probleme mit der Umgangssprache.«

Obwohl er als Verbindungsmann für die Leute aus dem All fungierte, wurde Menger nie gebeten, Ausweisdokumente zu besorgen oder sich um Arbeitsstellen zu kümmern.[9]

Nahrung
Gelegentlich bat man ihn, Nahrungsmittel zu besorgen:

Die Außerirdischen verlangten hauptsächlich nach gefrorenen Fruchtsäften, Obst- und Gemüsekonserven, Weizenvollkornbrot, Weizenkeimen und ähnlichem. Milch dagegen lehnten sie genauso ab wie frische Orangen, Zitronen und Grapefruits. Am Baum gereifte Früchte waren ihnen am liebsten, wenn ich solche auftreiben konnte … Einmal kaufte ich bei einem örtlichen Obstbauern eine große Menge Äpfel. Sie probierten die Früchte und stellten fest, daß der Mineral- und Vitamingehalt weit niedriger lag als bei ähnlichem Obst von ihrem Planeten. Das lag ihrer Meinung nach an unserem schlechten Boden. Allerdings erklärten sie mir, Kunstdünger sei nicht die richtige

Lösung für dieses Problem ... weil dadurch die organischen Materialien, an denen es unseren Böden mangele, nicht zugeführt würden.

Schon seit langem gilt Kunstdünger weithin als ungesund, aber 1959, als diese Aussage in Mengers erstem Buch, *Aus dem Weltraum zu Euch* (Orig. *From Outer Space to You*), veröffentlicht wurde, teilte kaum jemand diese Ansicht. Er führte weiter aus:

Meist brachten sie ihre eigenen Lebensmittel mit, die sie durch Trocknung konserviert hatten. Ich probierte einiges und fand es zwar schmackhaft, aber hart und trocken. Andere Speisen dagegen schienen mir köstlich. Bei diesen waren durch bestimmte Zubereitungsverfahren der ursprüngliche Feuchtigkeitsgehalt sowie die natürliche Größe und Konsistenz wiederhergestellt worden. Ich aß eine ihrer Knollen, die einen wesentlich höheren Anteil an Proteinen und Mineralien enthielt als unsere heutigen Gemüse. Wäre unser Boden gesund, so erklärten sie mir, könnten wir sie auch bei uns anbauen ... [10]

Die Spionageuntertasse

Menger behauptet, bei einer Begegnung auf einem der Landeplätze im April 1956 habe man ihm eine »Spionageuntertasse« gezeigt, die den von George Adamski beschriebenen ähnelte. Anscheinend lag das Objekt auf der Erde. »Es handelte sich um eine durchscheinende, etwa dreißig Zentimeter dicke Scheibe mit einem Durchmesser von neunzig bis hundertzwanzig Zentimetern, die in verschiedenen kräftigen Farben leuchtete. Als wir uns näherten, wechselten die Farben von Weiß zu Blau und wieder zu einem gelbstichigen Weiß zurück.«

Mengers Kontaktperson zufolge wurde die Untertasse von einem nahen Raumschiff per Fernsteuerung kontrolliert und war in

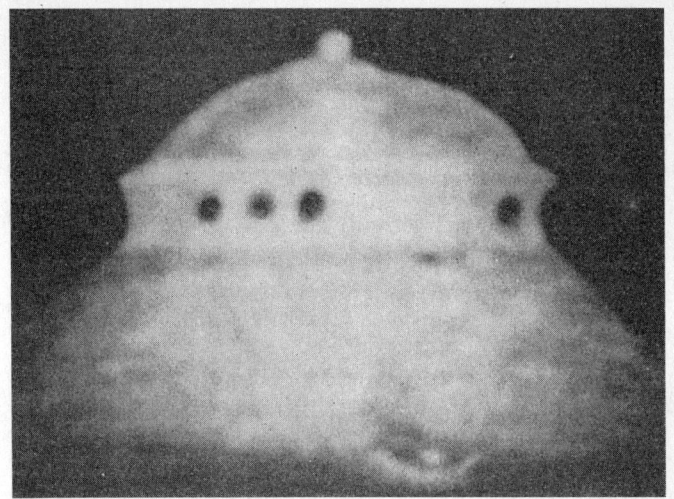

Eines von Mengers Polaroidfotos von einem gelandeten Raumschiff. Die Aufnahme stammt von 1956. (© *Howard Menger*)

der Lage, Gefühle, Gedanken und Absichten aller Art aufzuzeichnen. »Keine Sorge, die Farbe ist weiß«, erklärte der Weltraummensch. »Als sie zu Weiß wechselte, wußte ich, daß mit Ihnen alles in Ordnung ist.« Dann setzte er hinzu, daß diese Farben auch auf einer Instrumententafel im Raumschiff wiedergegeben und dauerhaft registriert würden.[11]

Fotografische Experimente

Bei mehreren Begegnungen gelang es Menger, die Raumschiffe zu filmen und zu fotografieren. Die wenigen Aufnahmen von deren Besatzung zeigen leider aufgrund der Dunkelheit nur Silhouetten. So glückte ihm am 2. August 1956 um 0 Uhr 45 ein Polaroidfoto von einem der Raumschiffe, das gerade im Begriff war zu landen.

Angeblich ein Wesen aus dem All, ebenfalls 1956 von Menger mit seiner Polaroidkamera aufgenommen. Auffällig die »Aura«, die das Raumschiff umgibt. Wie die Weltraumleute erklärten, entsteht sie durch einen »elektromagnetischen Fluß«, der von dem Raumschiff ausgeht und auch für verschiedene optische Verzerrungseffekte verantwortlich ist. *(© Howard Menger)*

Ich knipste wie verrückt und brachte kaum die Geduld auf, die Minute zu warten, bis die Bilder entwickelt waren, aber in der Dunkelheit konnte ich nicht erkennen, wie gut meine Aufnahmen waren.

Mir fiel auf, daß eines der drei kugelähnlichen Objekte unten am Raumschiff seine Form veränderte, sich wie Gummi dehnte und an den Boden heftete. Durch den durchscheinenden Flansch konnte ich die anderen beiden Kugeln erkennen. Ich fragte mich, wie das Metall transparent und plastisch werden konnte. Es widersprach unserer irdischen Physik völlig …

Eine Öffnung tat sich auf, aus der ein hochgewachsener Mann

trat. Stolz stand er in der warmen Sommerbrise, während sein langes blondes Haar im Wind flatterte. Bewundernd betrachtete ich seinen Körperbau, die breiten Schultern, die schmale Taille, die langen, geraden Beine. Er kam auf mich zu, und als er noch etwa sechzehn Meter von mir entfernt war, drückte ich ab. Seine Silhouette zeichnete sich in einer dramatischen Pose vor dem leuchtenden Raumschiff ab, und ich hoffte, dieses Bild würde mir besser gelingen. Doch auf dem Foto wirkt das Raumschiff verzerrt und scheint von einem gasförmigen, nebelhaften Wirbel umgeben.

Der Mann aus dem All erklärte, die Bilder würden »durch den elektromagnetischen Fluß um das Raumschiff« leicht verzerrt.[12] Besonders deutlich wird dieser Effekt auf den Einzelbildern aus George Adamskis 8-mm-Film, den er 1965 in Silver Spring in Maryland aufnahm.

Im Innern des Raumschiffs

Am nächsten Abend wurde Menger zum ersten Mal an Bord eines der Raumschiffe eingeladen. Es handelte sich um einen kurzen Flug von einem Landeplatz zum nächsten. Bevor sie das Raumschiff betraten, deutete einer der Männer aus dem All mit einem Gerät auf Menger. Ein bläulicher Lichtstrahl berührte seinen Kopf, wo er ein eher angenehmes, kribbelndes Gefühl auslöste. »Mit Hilfe dieses Strahls wird Ihr Körper innerhalb kurzer Zeit so konditioniert, daß Sie das Raumschiff betreten können«, erklärte man Menger. »Durch den Strahl wird Ihre Körperfrequenz verändert und an die des Raumschiffs angeglichen. Daher fühlen Sie sich an Bord des Raumschiffs auch so wohl und spüren keinerlei unangenehme Auswirkungen.«[13]

In den frühen Morgenstunden des 5. August 1956 wurde Menger auf eine längere Reise mitgenommen.

Wir betraten einen großen, kreisförmigen Raum, in dessen Mitte ein großer runder Tisch aus transparentem Material stand. Unter der Tischfläche bewegten sich pulsierende Lichter in verschiedenen Farben. Der dübelartige Fuß, der den Tisch trug, schien in einem riesigen Vergrößerungsglas zu stecken, das in den Fußboden eingelassen war. Ein Drittel des runden Raumes wurde von Instrumententafeln eingenommen, auf denen farbige Lichter blinkten. Vor einer der Kontrolltafeln hing ein Rahmen mit etwas, das ich für eine Art Monitor hielt.

Einer der Weltraummänner fuhr mit der Hand über einen Bereich des Tisches, woraufhin zwei Stühle aus dem Boden stiegen. Als Menger und sein Führer Platz genommen hatten, erschien auf dem Bildschirm eine Szene auf der Erde. Nach dem Start stellte sich das Vergrößerungsglas erneut ein und zeigte nun zwei Bekannte von Menger, die einen Highway entlangfuhren. »Das Bild schien so klar wie am hellichten Tag«, sagte Menger. »Ich konnte alles deutlich sehen … und hörte die beiden Stimmen, als befänden sich die Sprechenden mit uns im Raumschiff …«[14]

Menger behauptet, in der zweiten Augustwoche des Jahres 1956 sei er von den Blue Mountains in Pennsylvania aus gemeinsam mit zwei weiteren, ihm bekannten Personen (deren Namen er jedoch nicht nannte) an Bord eines anderen Raumschiffs in den Weltraum gereist. Dort habe man ihm auf einem Monitor den Mond und einige große Meteoriten gezeigt. Wie Adamski spricht auch Menger davon, in einem Mondkrater Farben (Blau- und Grüntöne) entdeckt zu haben. Seine Beschreibung der Erde klingt jedoch insofern interessant, als sie mit dem tatsächlichen Aussehen unseres Planeten übereinstimmt, wie wir es von den Fotos kennen, die Jahre später von Astronauten aufgenommen wurden. »Einmal sahen wir in der Ferne die Erde. Sie schimmerte

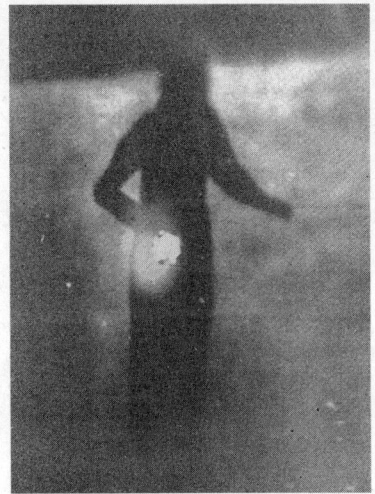 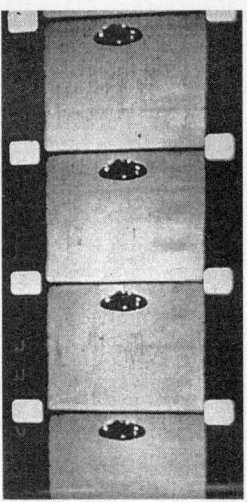

(Links) Angeblich eine Frau aus dem All, die Howard Menger 1956 mit einer Polaroidkamera fotografierte. Bei dem Licht handelte es sich nicht um eine Taschenlampe, sondern um ein am Gürtel der Frau befestigtes Gerät, durch dessen Berührung sie unsichtbar wurde. (©*Howard Menger*)

(Rechts) Einzelbilder aus einem 16-mm-Film, den Howard Menger Ende der Fünfziger in den Blue Mountains in Pennsylvania aufnahm. (©*Howard Menger*)

bläulich-weiß mit einem Hauch von Rot und schwebte wie ein Tennisball in tintenschwarzer Finsternis …«

Durch ein Bullauge fotografierte Menger Erde und Mond fünfmal; drei der Bilder gelangen. Unglücklicherweise sind gerade diese Bilder unscharf und als Beweismaterial unzureichend, wie er selbst zugibt.[15]

Eine Reise zum Mond?

Im September 1956 flog Menger dann mit anderen Passagieren von der Erde (deren Namen er wiederum nicht nennt) zum

Mond. Diese Reise werde länger dauern als die vorhergehenden, erläuterten die außerirdischen Gastgeber, und erfordere eine »Konditionierung« des menschlichen Körpers. »Jedes Atom Ihres physischen Körpers wird so konditioniert, daß seine Polarität, Frequenz und Vibration, die gegenwärtig an die Anziehungskraft der trägen Masse der Erde angepaßt sind, auf die des Mondes eingestellt werden. Das wird nach irdischer Zeitrechnung etwa anderthalb Wochen dauern.«

MODERNER KOMFORT

Menger und die anderen wurden zu ihren Schlafquartieren auf dem Raumschiff geführt, die aus je drei Kojen pro Kabine bestanden. »Das Bett war nicht besonders weich«, berichtete Menger, »gab dem Körper aber genau die richtige Unterstützung. Ich legte meinen Kopf auf ein flaches Kissen aus weichem Material und zog die warme (aber extrem leichte) Decke über mich.«

Am nächsten Morgen duschten die Gäste in einem Abteil mit drei oder vier Kabinen, die durch transparente Wände abgetrennt waren. »Als ich in eine der Kabinen trat, schloß sich die Tür hinter mir automatisch, und die Lichter gingen an«, berichtete Menger. »Drei Duschköpfe, einer über mir und zwei auf Taillenhöhe, konnten nach Belieben getrennt oder gemeinsam bedient werden.«

Auf Knopfdruck ergoß sich Wasser über mich, das offenbar mit warmer Luft gemischt war, weil es stark perlte. Nie hat mich eine Dusche so belebt. Ich sah mich nach Seife um, konnte jedoch keine finden. Dabei entdeckte ich einen weiteren Knopf, den ich noch nicht benutzt hatte. Auf Fingerdruck strömte eine farblose Lösung aus den Duschköpfen, bis ich völlig mit Seifenschaum bedeckt war. Das Wasser blieb dabei abgedreht. Abwechselnd drückte ich den »Seifen-« und den

»Wasserknopf«, glücklich wie ein kleiner Junge mit seinem neuen Spielzeug.

Die Toilettenschüssel »ähnelte stark denen auf der Erde, war aber wesentlich niedriger und bestand nicht aus Keramik, sondern aus einem harten transparenten Material«.

Ein Blick in den Spiegel, der über einer Art Becken angebracht war, verriet Menger, daß er sich nicht rasieren mußte. Das kam ihm sehr entgegen, da er keinen Rasierapparat dabeihatte. Interessanterweise wuchs keinem der Gäste während des schätzungsweise zehn Tage dauernden Fluges ein Bart.

Das Essen wurde in der Hauptkabine des Raumschiffs serviert.

Unser Führer öffnete ein Fach in der Wand und entnahm ihm konservierte Nahrungsmittel. Diese legte er in eine tiefe Mulde oder einen Topf, der in eine Art Spülbecken eingelassen war. Auf Knopfdruck füllte sich der Topf mit Flüssigkeit. Nachdem die Speisen etwa fünf Minuten eingeweicht waren, ließ er die Flüssigkeit ab und drückte einen weiteren Knopf. Schlagartig veränderte sich das Aussehen der Speisen, und Dampf stieg auf. In einer guten Sekunde war das Essen fertig gekocht! … Mit einem großen, tiefen Sieb holte er das Essen aus dem Topf und verteilte es auf plastikartige Teller, von denen er sagte, sie würden nach Gebrauch entsorgt …

Menger zufolge bestand das Essen aus Gemüse, unter anderem aus Kartoffeln »mit fleischigem, nußartigem Geschmack«, Kohl, Karotten, Petersilie (»viel größer als unsere«), »grünem Mineralsalz« als Gewürz, »sehr großen Weizenkörnern«, verschiedenen Nüssen, die in Scheiben geschnitten serviert wurden, und einer orangeroten Frucht, die wie eine Mischung aus Pfirsich und Pflaume schmeckte.

»Ich bin mir nicht sicher, wie lange wir uns dort aufgehalten haben«, so Menger, »aber nach meiner Uhr müssen es etwa zehn Tage gewesen sein. Oft kam es mir vor, als vergehe die Zeit [an Bord] in einem anderen Tempo, wahrscheinlich, weil mein Bart nicht wuchs, aber das kann auch an unserer Konditionierung gelegen haben. Allerdings schienen all unsere anderen Körperfunktionen normal zu sein.«[16]

AUSFLUG AUF DEN MOND

Auf dem Mond angekommen, begann Menger erneut zu fotografieren, wobei er Farbfilter verwendete, die ihm seine Gastgeber zur Verfügung gestellt hatten. Diese Polaroidbilder zeigen ein kuppelförmiges Bauwerk, das sich in hügeligem Gelände erhebt und über dem eine Untertasse schwebt. Die Aufnahmen sind zwar interessant, aber nicht eindeutig, weil es sich durchaus um Fälschungen handeln könnte.

Nachdem das Raumschiff bei einem kuppelförmigen, etwa fünfzig Meter hohen und sechzehn Meter breiten Gebäude gelandet war, wurden die Gäste in Gruppen aufgeteilt. Sie gelangten in den Genuß einer Mondführung, und zwar in einem »langen, zügähnlichen Fahrzeug mit zehn bis fünfzehn Waggons, die durch Kunststoffkuppeln geschützt wurden«. Lautlos glitt das Vehikel in etwa dreißig Zentimeter Höhe über einer »Kupferstraße« dahin. Verständlicherweise erntete Menger mit dieser Beschreibung seines angeblichen Besuches auf dem Mond ebensoviel Hohn und Spott wie Adamski mit seiner Geschichte.

Wir passierten Berge und Täler und besichtigten Anlagen unter der Oberfläche ... Gegen die gewaltigen Steilhänge und Berge wirken unsere eigenen Gebirge wie Ameisenhügel. Ein besonders trostloser Ort erinnerte an das Valley of Fire in Nevada. Hier hielten wir lange genug, daß unser Führer die Tür öffnen konnte, um uns Gelegenheit zu geben, einen Augenblick die Köpfe herauszustrecken. Länger hätte es keiner ausgehalten, denn draußen herrschte eine entsetzliche Hitze – wie an einem Hochofen. Ich bin mir sicher, niemand hätte draußen lange überlebt.

Schließlich erreichten wir ein weiteres großes, kuppelförmiges Bauwerk. Dort hielten wir an. Unser Führer erklärte uns, wir könnten aussteigen, an der Mondoberfläche würden nur wenig oder keine Probleme mit der Atmung auftreten ... Zuerst hatte ich den Eindruck, in der Wüste zu sein. Die Luft war warm und trocken. Auf dem Boden bildete der Wind kleine Trichter, die wie Miniaturwirbelwinde den Staub in die Höhe rissen. Als ich zum Himmel aufblickte, stellte ich fest, daß er von gelblicher Farbe war. Dabei hatte ich das merkwürdige Gefühl, daß ich, machte ich ein paar Schritte zuviel, herunterfallen würde, weil der Horizont so nah schien ... Der Boden unter unseren Füßen erinnerte an weißgelben, pudrigen Sand, der mit Steinen und Felsbrocken übersät war. Als wir uns umsahen, entdeckten wir hie und da sogar Spuren pflanzlichen Lebens.

Außer den »Gelehrten« von der Erde, mit denen er im Raumschiff reiste, will Menger »Hunderte von Russen, Japanern, Deutschen und Angehörigen anderer Nationen« gesehen haben, die ebenfalls über den Mond geführt wurden.[17] Dies scheint absurd, da sich in diesem Fall bis heute mit Sicherheit zumindest ein Tourist gemeldet und von seinen Erfahrungen berichtet hätte.

Zeugenaussagen

Angeblich dauerte Howard Mengers Verbindung zu den Leuten aus dem All – es kam zu zahlreichen weiteren Kontakten – bis Ende der fünfziger Jahre. Einen Monat nach seinem angeblichen Besuch auf dem Mond begegnete Menger Marla (Connie) Baxter, die er 1958 heiratete, nachdem er sich von Rose hatte scheiden lassen, mit der er 17 Jahre lang verheiratet gewesen war. Connie half ihm bei der Führung seines Schildergeschäfts in Sommerville in New Jersey und unterstützte ihn auch tatkräftig bei seinen weniger bodenständigen Aktivitäten. Zusammen mit vielen anderen aus Mengers Arbeitsgruppe machte sie außergewöhnliche Erfahrungen, die einige der Behauptungen ihres Ehemannes stützen. Diese Erlebnisse sind jetzt zusammen mit einer vollkommen überarbeiteten Version des ursprünglichen Buchs unter dem Titel *The High Bridge Incident* erschienen.[18]

Mehrere Personen meldeten sich als Zeugen von Mengers Kontakten bei der »Long John Party Line«, die von »Long« John Nebel bei dem New Yorker Rundfunksender WOR moderiert wurde. Bei einem dieser Zeugen handelte es sich um Mengers Vater. Hier ein Teil des Interviews mit ihm:

NEBEL: Würden Sie sagen, diese Leute waren von normaler Größe?

MENGER SR.: Nein, keineswegs. Einer von ihnen maß fast einen Meter neunzig, der andere war über einen Meter achtzig groß.

Nebel: Waren Sie so nah, daß Sie ihre Gesichtszüge erkennen konnten?

MENGER SR.: Nein.

NEBEL: Können Sie sich an Ihre Kleidung erinnern?

MENGER SR.: Teilweise, ja. Soweit ich sehen konnte, trugen sie eine Art Skianzug, der an den Gelenken eng anlag … Es war finstere Nacht … aber diese Leute schienen zu leuchten. So bemerkten wir überhaupt, daß sie auf uns zukamen, durch das Leuchten. Als sie uns verließen, stand das Gras dort fast einen Meter hoch (das weiß ich sicher, weil ich selbst einen Teil davon gemäht hatte). Aber sie schritten mühelos hindurch, als gingen sie auf einem befestigten Weg …

NEBEL: Dann haben Sie die Schiffe auch gesehen?

MENGER SR.: Aber ja. Am hellichten Tag habe ich sie in der Luft beobachtet. Allerdings war ich zunächst sehr skeptisch.[19]

Doch nicht alle Zeugen gehörten Mengers Familie an. »Ich hatte zahlreiche Zeugen – die alle im vollen Besitz ihrer Geisteskräfte waren«, erklärte Howard, als ich mich 1978 mit ihm unterhielt.

Bei einer der Zeuginnen handelte es sich um die Frau eines promovierten Physikers, der an der Princeton University tätig war. Alle haben es gesehen. Im Radio sagten sie alle dasselbe – was ungewöhnlich ist –, um mich zu unterstützen. Ich besaß Foto- und Filmmaterial. Mit anderen Worten, in meinem Fall ließ sich eindeutig beweisen, daß wir Besuch von Wesen erhalten hatten, die nicht unbedingt von einem anderen Planeten stammen mußten, aber uns in ihrer technologischen, spirituellen und menschlichen Entwicklung voraus waren. Vor Gericht wäre mein Beweismaterial zulässig ...[20]

Mit dem erwähnten Physiker ist »Dr. Tom Richards« gemeint, der damals eine Assistentenstelle an der Princeton University innehatte (wie Menger mir erklärte, lautet sein echter Name Richard Berry). Im September jenes Jahres lud Menger ihn und einige andere ein, bei einem seiner Kontakte zugegen zu sein. »Die Besucher landeten etwa einen halben Kilometer hinter dem Haus in einem einsamen Waldgebiet«, schrieb er. Den Aussagen des Ufologen Peter Jordan zufolge entdeckte Richards als erster die beiden diskusartigen Objekte. Sie maßen knapp zwei Meter, pulsierten unregelmäßig und schwebten lautlos nur sechs Meter von ihm entfernt. Die in bunten Farben strahlenden Untertassen wurden außerdem fast zwanzig Minuten lang von Menger und seiner

Ehefrau Rose sowie einem Gymnasiasten namens Hotchkins beobachtet.

Da Menger keinem der Zeugen gestattet hatte, sich den Objekten weiter als bis auf sechs Meter zu nähern (angeblich wegen der möglicherweise gefährlichen elektromagnetischen Strahlung, von der diese umgeben waren), wurden Richards wissenschaftliche Zweifel nie ganz zerstreut. »Aber«, so Jordan, »Richard gibt zu, daß es für ihn eine außergewöhnliche Erfahrung gewesen war. Angesichts der unglaublich komplizierten Anordnung fällt es ihm schwer, von Betrug zu sprechen, wie dies so viele von Mengers Kritikern leichtfertig tun.«[21]

AUSSERIRDISCHE AKROBATEN

Später in jener Nacht gelangte Richards in den Genuß einer noch eindrucksvolleren Vorstellung. Angeblich marschierten die Besucher auf die Zeugen zu, wobei sie einen Zaun in einem Obstgarten mit Apfelbäumen übersprangen. Menger ging ihnen entgegen und sprach vor den Augen der Zeugen mit ihnen. »Diese Männer von einem anderen Planeten waren sehr groß, fast zwei Meter zehn«, sagte Menger. »Ich kenne keinen irdischen Menschen, der es an physischen Fähigkeiten mit ihnen hätte aufnehmen aufnehmen können.«[22]

Jordan zufolge beobachtete Richards über 15 Minuten lang, wie die drei hochgewachsenen Wesen »über einen Hof rannten, hüpften und sprangen … wobei sie gelegentlich nahezu ›übermenschliche‹ Geschwindigkeiten errreichten«.

Die von einem weißlichen Licht umgebenen Wesen übersprangen Zäune, die über einen Meter fünfzig hoch waren, und zeigten bei ihren Bewegungen eine unglaublich sportliche Geschicklichkeit. Um eine solche Leistung zu erbringen, so Richards, hätte Menger professionelle Turner anheuern müssen ... seine Erfahrungen an jenem Abend überzeugten ihn davon, daß Mengers Behauptungen, so unglaubwürdig sie anderen erscheinen mochten, möglicherweise in höherem Maße den Tatsachen entsprachen als allgemein angenommen.[23]

Zeuge eines Kontakts?

Ein weiterer Zeuge für eines der Phänomene, von denen Menger zu jener Zeit umgeben war, war »Mr. X«, ein Physiker, der später in die Industrie ging. Am 10. Januar 1957 sagte er auf der »Long John Party Line«, einmal mit drei anderen Zeugen gesehen und gehört zu haben, wie Menger offenbar mit Außerirdischen kommunizierte.

Mr. X: ... wir gingen alle fünf los. Menger führte uns durch extrem rauhes Gelände. Das Unterholz war ziemlich hoch ... Rose Menger deutete auf ein Licht, das zwischen den Bäumen leuchtete ... Innerhalb von 15 Sekunden wurde es schwächer und binnen dreißig Sekunden wieder hell. In diesem Rhythmus pulsierte es in ... etwa 65 bis 100 Meter Entfernung. Dabei war es durch Bäume verdeckt. Wir standen auf einer Lichtung mit einem Durchmesser von etwa 16 Metern, an deren Rand die Bäume begannen ... Plötzlich sagte Howard Menger: »Wartet hier« und ging auf das Licht zu, allerdings nicht sehr weit. Es müssen etwa 13 Meter gewesen sein, dann blieb er stehen, und wir hörten, wie zwei männliche Stimmen miteinander sprachen ... [Menger] ging direkt in den Wald, etwa fünf bis sechs Meter weit ...

Nebel: Sie hörten also zwei Stimmen, von denen Sie eine als die von Mr. Menger erkannten. Könnte die andere Stimme ihm ebenfalls gehört haben?

Mr. X: Nein, ihr Charakter war ganz anders, viel singender als seine Stimme ... Ich konnte keine Worte unterscheiden, obwohl ich so aufmerksam lauschte wie möglich … Das Gespräch dauerte mindestens eine halbe Stunde … Währenddessen blickten wir in die Richtung des Ortes, an dem sich Mr. Menger und diese Person, wer auch immer diese war, aufhielten.

NEBEL: Aber sehen konnten sie ihn nicht?

MR. X: Nur eine Silhouette, einen dunklen Schatten.

NEBEL: Sind Sie sicher, noch eine zweite Gestalt beobachtet zu haben?

MR. X: Zumindest wirkte es so. Gesichtszüge konnte ich nicht unterscheiden, aber ich sah zwei Gestalten … die andere Person war etwas größer. Während wir in diese Richtung blickten, hörten wir, wie jemand rechts von uns am Waldrand entlangging und dann stehenblieb … Dann hörten wir die Schritte einer weiteren Person. Es knackte im Unterholz, und die Fremden gingen offenbar unter den Bäumen immer weiter, bis sie fast in unserem Rücken standen. Mit anderen Worten, wir waren umzingelt … Ich bin ziemlich sicher, daß sie zu dritt waren … dann kam Howard Menger zurück und sagte: »Hört mal, es tut mir furchtbar leid. Ich weiß, wie das für euch sein muß, aber ich kann euch nicht mitnehmen« … er wirkte sehr, sehr traurig. Ich bin mir sicher, daß er uns zeigen wollte, was los war.

NEBEL: Behauptete er, diese Leute kämen aus dem Weltraum?

MR. X: Ja. Er sagte, es handle sich um drei Personen: zwei Männer und eine Frau. Ich fragte ihn, was sie gesagt hatten, aber er erwiderte: »Ich kann euch das nicht erzählen … ich würde ja gerne, aber es geht nicht.« Offenbar handelte es sich um eine sehr persönliche Angelegenheit.

NEBEL: Könnte die Sache gestellt gewesen sein?

MR. X: Also, die Stelle war schwer zu finden. Howard Menger war noch nie dort gewesen. Als wir losgingen, verirrten wir uns sofort. Den Platz fanden wir nur unter größten Schwierigkeiten. Wir mußten uns geradezu durchs Unterholz schlagen. Ich bin mir sicher, daß er nie zuvor dort gewesen war.[24]

1997 erzählte mir Menger, dieser Physiker sei inzwischen über achtzig Jahre alt und lebe in Arizona, zöge es jedoch vor, anonym zu bleiben.[25]

Eine »heiße Kartoffel«

Ein weiterer Zeuge bei einer Reihe merkwürdiger Begebenheiten war Richard Thompson (der Name ist ein Pseudonym), der wie Dr. Richards den Verdacht hegte, bei der auffälligen Konzentration ungewöhnlicher Phänomene in der Gegend von High Bridge von der Mitte bis zum Ende der fünfziger Jahre handle es sich nicht um reinen Zufall. Ihm war nicht klar, wie Menger bei seinem beschränkten Einkommen aus seiner Tätigkeit als Schildermaler »in der Lage gewesen sein sollte, eine ganze Serie von Täuschungsmanövern auszuführen, von denen jedes zeitlich perfekt abgestimmt und brillant ausgeführt war«.

1957 wurden in Thompsons Haus in Plukemin in New Jersey sowie auf Feldern bei High Bridge große Mengen von getrocknetem Gemüse, Obst und Nüssen gefunden. Seiner Aussage nach wurde er »durch offenbar telepathische Mittel zu dieser Nahrung geführt«. Anscheinend waren die Speisen einem speziellen Prozeß der Gefriergetrocknung unterzogen worden.[26] Menger, dem er eine Kartoffel gab (von der man glaubte, sie stamme vom Mond!), schlug vor, diese von einem professionellen Labor analysieren zu lassen. Mehrere Proben gingen an LaWall-Harrisson in Philadelphia. Die Analyse ergab folgendes:

Gesamtgewicht der Probe	5,20 Gramm
Feuchtigkeit	7,23 Prozent
Asche	4,49 Prozent

| Fett (ätherischer Auszug) | 0,95 Prozent |
| »N« als Protein (NX 6,25) | 15,12 Prozent |

Wegen des abnorm hohen Eiweißgehalts (irdische Kartoffeln enthalten – zumindest ungetrocknet – nicht über drei Prozent) wollte Menger einen Karbon-14-Test durchführen lassen, um das Alter der Proben festzustellen. Bei LaWall-Harrisson erklärte man ihm jedoch, die Kosten dafür würden sich auf 2000 Dollar belaufen. Angesichts dieser Summe verzichtete Menger auf den Test. Daraufhin empfahl ihm das Labor, die Proben und den Analysebericht einem bestimmten Arzt bei einer Regierungsbehörde (der CIA) auszuhändigen, der die Untersuchung kostenlos weiterführen werde. Beim Labor des Geheimdiensts sprachen Menger und Thompson mit dem Arzt, einem »höflichen, intelligenten Mann, der von den Proben fasziniert zu sein schien«, schrieb Menger. »Wir ließen die Muster bei ihm und waren überzeugt davon, auf der richtigen Fährte zu sein.«

Zwei Wochen später suchten Howard und Connie erneut das Labor auf, um zu sehen, wie weit die Analyse gediehen war. Menger berichtete:

Wir wurden in einen Raum geführt, in dem ein Stück der Probe in einem Behälter mit Wasser lag. Ein weiteres befand sich in einem anderen Gefäß, und ein kleines Fragment lag unter einem riesigen Mikroskop. Wir sahen abwechselnd durch das Mikroskop … die äußere Oberfläche des Musters erinnerte an einen Strand mit feinem Sand, was [moglicherweise] auf die enorme Kontraktion der Struktur zurückzuführen war. Daraufhin erzählte ich Dr. … was man mir bezüglich der Zerstörung der Molekularstruktur erklärt hatte und daß die Probe vermutlich auf diese Weise dehydriert worden war … Man sagte uns, alle nur erdenklichen Tests würden durchgeführt werden, und man werde uns auf dem laufenden halten … Da eigentlich mein Freund die Kartoffeln bekommen hatte, überließen wir die Einzelheiten ihm. Das war ihm Juni 1958. Seitdem haben wir nichts mehr vom Labor gehört. Möglicherweise unterliegt die Information inzwischen der Geheimhaltung …[27]

Thompson glaubt, die Kartoffel sei Radioaktivität gegenüber »undurchlässig« und als Warnung vor der »bevorstehenden nuklearen Katastrophe« gedacht gewesen. Seiner Meinung nach hielt die CIA die Information über die Analyse absichtlich zurück aus Angst, eine Veröffentlichung könne »Panik und wissenschaftlichen Aufruhr« auslösen – wirklich eine »heiße« Sache. Von den verbleibenden Exemplaren bewahrte er einige auf, die sich seiner Aussage nach immer noch im Originalzustand befinden, was Rückschlüsse auf die ungewöhnliche Konservierungsmethode zuläßt.[28]

An zwei Orten gleichzeitig

Eine von Howard Mengers exotischeren Behauptungen ist sogar gerichtlich »bestätigt«. Dabei geht es um einen Vorfall, der sich in einer Frühjahrsnacht des Jahres 1957 ereignete. Die Ereignisse deuten darauf hin, daß er während seiner Kontakte mit den Außerirdischen einige ihrer phänomenalen Fähigkeiten übernahm.

Bei einem Treffen seiner Arbeitsgruppe in Plukemin erinnerte er sich während einer Kaffeepause verträumt an seinen hellgrünen Plymouth-Kombi, den er kürzlich gegen ein neueres Modell eingetauscht hatte. »Vor meinem geistigen Auge sah ich, wie ich mit dem Wagen auf einer Asphaltstraße dahinfuhr, wobei ich mir alle möglichen Details lebhaft vorstellte. Als ich aus meinen sentimentalen Erinnerungen auftauchte und geistig wieder in die

Gruppe zurückgekehrt war, konzentrierte ich mich erneut auf die Diskussion, an der ich mich selbst beteiligte, ohne einen weiteren Gedanken an dieses lebendige mentale Erlebnis zu verschwenden.«

Beim nächsten Treffen rief die Polizeidienststelle aus dem ein paar Kilometer von Plukemin entfernten Bedminster Township an, um Menger darauf hinzuweisen, daß eine Vorladung wegen eines Verkehrsvergehens auf ihn warte. »Sergeant Cramer sagt, Sie hätten am [er nannte das Datum des letzten Treffens] gegen 23 Uhr 40 in seinem Bezirk die Geschwindigkeitsbegrenzung überschritten und eine rote Ampel überfahren.«

»Das kann ich nicht gewesen sein«, gab Menger zurück, »weil ich damals hier war, was mindestens zwanzig Leute bezeugen können. Außerdem besitze ich keinen Kombi aus dem Jahre 1950, sondern einen Plymouth-Kombi von 1957, der das Gelände nicht verlassen haben kann, weil er durch andere Fahrzeug eingeparkt war und sich die Schlüssel in meiner Tasche befanden.«

Der Polizeibeamte war nicht zu überzeugen; schließlich überbrachte Polizeichef Kice Menger persönlich die Vorladung. Menger entschied sich, vor Gericht zu erscheinen. Er präsentierte sieben Zeugen und plädierte auf »nicht schuldig«. Nach Sergeant Cramers Aussage raste ein hellgrüner Plymouth-Kombi (mit der Nummer WR E79) an ihm vorüber. Als er ihn verfolgte, überfuhr der Wagen eine rote Ampel, ohne anzuhalten, und »verschwand«. Nach einem kurzen Kommentar zu dem »Phantomauto« hörte der Richter die Zeugen und gelangte schließlich zu dem Urteil »nicht schuldig«.

Eine Rückfrage bei dem Autohändler in Philadelphia, wo Menger den 1950er Plymouth in Zahlung gegeben hatte, ergab, daß sich der Wagen zu diesem Zeitpunkt noch in der Werkstatt befunden hatte, weil vor dem Wiederverkauf einige Reparaturen vorgenommen werden sollten. Was war geschehen? Da er genau um die Zeit, als der »Raser« gesehen worden war, an seinen alten Kombi gedacht hatte, hält Menger es für möglich, daß sich seine Gedanken in einer »echten Projektion manifestiert haben«.[29]

Widerruf und Neubetrachtung

Nach einer Zeit der Zurückgezogenheit kehrte Howard Menger 1961 in der »Long John Nebel Television Show« ins Licht der Öffentlichkeit zurück. Paris Flammonde, Produzent der Show und späterer Verfasser zweier wissenschaftlicher Bücher über das UFO-Phänomen, schreibt darin, Menger habe »den größten Teil seiner persönlichen Legende widerrufen, indem er andeutete, alle seine Erfahrungen könnten sehr wohl ›übersinnlicher‹ Natur gewesen sein, was Anhänger wie Gegner gleichermaßen überraschte …«[30]

Autor John Keel zitiert Flammonde mit folgenden Worten: »Vage, ziellos, es war ziemlich peinlich, wie ausweichend und zögernd er antwortete …«

Howard Menger, vom Saturn stammend, verheiratet mit einer Frau von der Venus [eine Zeitlang glaubte er, er und seine Frau seien Reinkarnationen von Wesen, die von diesen Planeten stammten], Freund der Außerirdischen, der »authentische Musik von einem anderen Planeten« niedergeschrieben hatte, die Teleportation beherrschte, der große Experte für Untertassen – er widerrief! … Bei seinen Untertassen mochte es sich um übersinnliche Erfahrungen gehandelt haben, seine Leute aus dem All waren Visionen, seine und Marlas Herkunft von anderen Planeten metaphorisch gemeint.

Später beschrieb Menger sein Buch in Briefen an die Ufologen Jim Moseley und Gray Barker (die Verleger der Originalausgabe von *Aus dem Weltraum zu Euch*) als »Mischung aus Tatsachen und Fiktion«. Er deutete an, das Pentagon habe ihm einen Film mit Untertassen übergeben und ihn aufgefordert, an einem Experiment teilzunehmen, mit dem die Reaktion der Öffentlichkeit auf außerirdische Kontakte getestet werden sollte. »Durch seine eigene Aussage wird nicht nur seine gesamte Geschichte als Betrug entlarvt, sondern auch die Beteiligung der US-Regierung enthüllt«, schrieb Keel.[31] Doch so einfach liegen die Dinge nicht. Zunächst einmal hat Menger nicht alles vollständig widerrufen, wie hier unterstellt. So bestätigte er 1967 bei einem seiner seltenen Auftritte auf einer Konferenz in New York, daß zumindest eine seiner Begegnungen mit Außerirdischen tatsächlich stattgefunden hatte. Die Rede ist von einem Kontakt in High Bridge im August 1965:

Das Raumschiff näherte sich von Westen her. Es sah aus wie ein riesiger Feuerball. Ich hatte Angst. Als es näher kam, verringerte es allmählich sein Tempo. Das Pulsieren ließ nach … und es verwandelte sich in ein Raumschiff, das den unseren ähnelte. Im Sonnenlicht funkelnd, näherte es sich dem Boden. Es war ein schöner Anblick … Etwa fünfzig Zentimeter über dem Boden hielt es an, und an einer Seite erschien eine Öffnung mit einer kleinen Rampe oder Plattform. Zwei in prächtige, glänzende Raumanzüge gekleidete Männer kamen heraus … Einer trat nach links, der andere nach rechts zur Seite, und dann erschien ein weiterer Mann, ein Geschöpf, das ich mein Leben lang nicht vergessen werde. Er war etwa einen Meter achtzig groß, vielleicht auch einen Meter fünfundachtzig. Das lange blonde Haar fiel ihm über die Schultern – ganz recht, langes blondes Haar –, als er auf mich zuging. Von Liebe und Verständnis sprach die Botschaft, die er mir übermittelte, von dem, was die meisten Menschen nicht hören wollen. Aus dem Weltraum komme er, sagte er, aber das wollten die meisten Menschen nicht glauben. Eines Tages werden auch sie überzeugt werden.

Menger hob hervor, welchen Widrigkeiten Kontaktpersonen ausgesetzt waren, wenn sie mit ihren Erfahrungen an die Öffentlichkeit traten. »Sie sollten wissen, was Leute durchmachen, die in eine solche Situation geraten und glauben, sie seien stark genug, anderen davon zu erzählen. Heute ist es vielleicht etwas einfacher, aber Anfang der Fünfziger war es sehr, sehr hart, vor allem, wenn man Geschäftsmann war und versuchte, sich wie ein ehrbarer Bürger zu benehmen.«[32]

Was also geschah wirklich mit Howard Menger? 1978 interviewte ich Howard mehrere Tage lang in seinem Haus in Vero Beach in Florida. Anwesend waren seien Frau Connie sowie meine Freundin und Forscherkollegin Lou Zinsstag. Wie immer war Howard ein formvollendeter Gentleman.

»Howard, als ich Sie 1969 kennenlernte«, begann ich, »sagten Sie mir, Sie stünden hinter der Geschichte in Ihrem Buch, aber Sie wüßten inzwischen nicht mehr, woher die Leute aus dem All stammten und was Sie hier wollten. Außerdem erklärten Sie, Sie würden auf die Bibel, bei Gott oder was auch immer schwören, daß das Buch wahr ist – daß Ihnen all dies wirklich zugestoßen ist.«

»Natürlich ist es wahr«, erwiderte er.

Was ich geschrieben und fotografiert habe, ist alles wahr. Allerdings glaube ich, daß ich damals verschiedenen Irrtümern erlegen bin. Einmal sagten sie: »Wir kommen gerade von dem Planeten, den ihr Venus nennt.« Vielleicht habe ich das verfälscht wiedergegeben. Es muß nicht bedeuten, daß sie von der Venus stammen. Möglicherweise besitzen sie dort nur eine Basis. Einiges deutet darauf hin, daß es Basen auf dem Mond gibt, warum also nicht auf anderen Planeten? An Bord eines Raumschiffs sah ich [auf einem Monitor] etwas, das ich für die Oberfläche der Venus hielt – sie ließen mich in dem Glauben ...

Menger hält es durchaus für möglich, daß die Besucher, denen er begegnete, gar nicht von anderen Planeten, sondern von der Erde stammten.

Es existieren so viele Theorien – die Angelegenheit ist ungeheuer komplex. Eine Theorie besagt, die Erde sei der einzige Planet in unserem Sonnensystem, der das Geschenk des Lebens erhielt. Dieses Leben könnte sich vor langer Zeit zu einer Kultur entwickelt haben, die der unseren bereits vor Tausenden, vielleicht Millionen von Jahren technologisch und spirituell weit überlegen war. Möglicherweise führte eine verheerende Katastrophe zum Verschwinden dieser Wesen ... Die Überlebenden dürften sich unter die Erde oder ins Meer geflüchtet haben. Nennen wir sie »Atlanter«. Was, wenn der Mythos von Atlantis einen wahren Kern enthielte? Die Leute könnten sich in die Ozeane geflüchtet und dort Städte errichtet haben. Das ist durchaus möglich. Es sind UFOs beobachtet worden, die in den Ozean eintauchten und wieder herauskamen ... Höchstwahrscheinlich wollen sie nicht, daß wir von ihrer Existenz auf diesem Planeten erfahren, und lenken uns mit ihrem Gerede von »Venus« und »Mars« auf eine falsche Fährte.

»Sind Sie sicher, daß Sie tatsächlich zum Mond geflogen sind?« fragte ich ungläubig.

»Nun, darüber habe ich in den vergangenen Jahren viel nachgedacht. Damals glaubte ich, es sei der Mond. Sie sagten, es handle sich um einen unserer Satelliten. Was Sie damit meinten, weiß ich nicht – wir haben ja nur einen! Ja, ich meine, es war der Mond. Was ich durch ein Bullauge fotografierte, war eindeutig der Mond!«

»Aber wie gelang es Ihnen, in einer Atmosphäre ohne Luft zu überleben, als sich die Tür des ›Zuges‹ öffnete und Ihnen ein Schwall heißer Luft entgegenschlug?«

»Das weiß ich nicht. Damals stand ich unter ihrer Kontrolle, was einen grundlegenden Unterschied bedeutet. Ihre Technologie ist so hoch entwickelt …«[33]

Eine außerirdische Basis?

In ihrem Teil von *The High Bridge Incident* (der überwiegend bereits 1958 in einem mehr oder weniger fiktionalen Buch veröffentlicht wurde)[34] behauptete Connie Menger, Howard habe ihr von einer außerirdischen Basis erzählt, die sich etwa 240 Kilometer von High Bridge entfernt in den Blue Mountains von Pennsylvania befinde. Angeblich unternahm Howard »regelmäßig Reisen« dorthin. Dort habe er Connies »psychologische Karte« gesehen, »ein flaches, etwa sechs Millimeter dickes Viereck aus einem kunststoffähnlichen Material … Wenn diese Karte an die Geräte angeschlossen wird, erscheinen farbige Lichtkugeln auf deren Oberfläche, welche die emotionale und geistige Verfassung des jeweiligen Individuums anzeigen.«[35]

Während unserer Interviews äußerte Howard keine derartige Behauptung, sprach jedoch davon, daß er die angebliche Basis gesehen habe.

Als ich einmal in den Blue Mountains nachts unterwegs war, entdeckte ich einen riesigen Spalt in einem Berg. Während ich ihn beobachtete, wurde das Licht, das nach außen drang, immer stärker, bis es die gesamte Umgebung erhellte … Ein etwa

35 Meter breiter Teil des Berges öffnete sich komplett mit Bäumen und allem nach außen wie ein Garagentor. Da ich eine Stunde lang mit meiner Kamera auf ein landendes UFO gewartet hatte, war ich vollkommen geblendet. Es war so grell, daß ich nicht einmal fotografieren konnte. Als sich meine Augen endlich an das Licht gewöhnt hatten, ließ ich vor Staunen die Kamera fallen. Dabei sah ich in dieser merkwürdigen Garage mindestens drei Raumschiffe! Unterdessen liefen Leute in glänzenden Silberanzügen herum – sie trugen enge Anzüge – und führten Wartungsarbeiten und ähnliches aus. Ein paar von ihnen fuhren mit einer Art von Motorrädern los, und zwar direkt auf mich zu. Diesmal wartete ich nicht, bis sie mich erreicht hatten – ich stieg in meinen Kombi und verschwand.

»Ich glaube, sie unterhalten hier vor allem Minen«, fuhr Howard fort. »Das ist wohl der Hauptgrund für ihre Anwesenheit. Wir wissen nicht, was sie hier abbauen, und wenn, könnten wir es mit unserer Technologie vermutlich nicht nutzen. Auf jeden Fall arbeiten sie damit; vielleicht verwenden sie es zur Energiegewinnung.«[36]

Mengers Hypothese ist nicht völlig aus der Luft gegriffen. In ihrem Buch *Silent Invasion* behauptet die Ufologin Ellen Crystall, zwei Beamte der US-Regierung hätten ihr erzählt, in der Gegend von Pine Bush im amerikanischen Bundesstaat New York, wo sie ihre Forschungen betrieb, würden von Außerirdischen Beryllium, Titan und Zirkonium abgebaut. Nachforschungen von Crystall und unabhängigen Ufologen ergaben, daß diese Erze unter anderem in dieser Gegend vorkommen. Alle drei werden in der Nukleartechnik verwendet.[37] Besonders interessant ist, daß Zirkonium auch in Berks County in Pennsylvania gefunden wurde. Dieses Gebiet liegt nur etwa hundert Kilometer südwestlich von High Bridge in New Jersey und direkt südlich des nordöstlichen

Endes des großen Blue-Mountain-Gebirges im Osten von Zentralpennsylvania.

Tatsachen, Fantasie oder Betrug?

Wenn es um seine ursprünglichen Behauptungen ging, fand ich Howard Menger bei meinen Gesprächen mit ihm überzeugend. Bei anderen Gelegenheiten hingegen konnte ich mich des Eindrucks nicht erwehren, daß er fantasierte. Dieses Gefühl verstärkte sich, als er begann, uns unglaubliche Geschichten aufzutischen, wie er mitgeholfen habe, eine Untertasse zu bauen und zu steuern. Wissenschaftler und Militärs hätten ihn um seine Hilfe gebeten, weil sie das Wissen nutzen wollten, das ihm seine außerirdischen Freunde übermittelt hätten. Angeblich hatte er »Tausende von Dollars« aus seinem Privatvermögen in das Top-Secret-Projekt gesteckt.

»Wir bauten ein riesiges Raumschiff«, erklärte er. »Meine Aufgabe war der Entwurf der Außenhaut, mit deren Hilfe die Energie erzeugt wird. Ich entwarf eine manuelle Steuerung, deren Schema dann von jemand anderem für den Computer adaptiert wurde … Ich und vier andere stiegen mit dem Ding in fünf Minuten bis auf etwa 1600 Kilometer Höhe. Natürlich verließen wir die Atmosphäre dabei nicht …«[38]

Wenn es sich dabei um reine Fantastereien handelt – was meiner Meinung nach der Fall ist –, warum halte ich dann nicht alle von Howard Mengers Behauptungen für unglaubwürdig? Weil es, wie bei George Adamski, Hinweise darauf gibt, daß er tatsächlich Begegnungen mit Wesen scheinbar außerirdischen Ursprungs hatte, die teilweise von glaubwürdigen Zeugen beobachtet wurden. Sein Foto- und Filmmaterial (er verwendete sowohl 16-mm- wie 8-mm-Filme) halte ich zumindest teilweise für echt.

Was die Betrugsvorwürfe angeht, hegt Richard Thompson den Verdacht, Menger könnte »unwahre« Elemente in seine Geschichten eingeflochten haben, um weitere Kreise von der Existenz außerirdischen Lebens zu überzeugen. »Aber aufgrund seiner eigenen Erfahrung glaubt Thompson nicht, Mengers Geschichte sei von Grund auf erlogen, wie seine Kritiker dies später behaupteten«, so Peter Jordan.[39]

Das letzte Wort in diesem Kapitel über Howard Menger sei dem Arzt Berthold E. Schwarz überlassen, einem anerkannten Psychiater und Erforscher des Übersinnlichen, mit dem ich den Fall erörtert habe. Auch er stammt aus Mengers Heimatstadt. In seiner Einleitung zu *The High Bridge Incident* schreibt er über Menger: »Seine einzige Belohnung waren bissiger Hohn, Spott, manchmal Verfolgung und vielleicht sogar ein Mordversuch. Während all dieser Jahre war Howard ein ehrenhafter und engagierter Bürger seiner Stadt ... Aus eigenem Entschluß hat er das Scheinwerferlicht jahrzehntelang gemieden und nie versucht, von seinen ungewöhnlichen Erfahrungen zu profitieren ...

Wie wirkte sich die Tatsache auf seine UFO-Abenteuer aus, daß innerhalb kurzer Zeit [Mitte der Fünfziger] sein Sohn, sein Bruder und seine Mutter den Tod fanden? Inwiefern sind das Entsetzen darüber und das nachfolgende Trauma für seine Erfahrungen relevant? Bereiteten ihn diese Tragödien auf seine Erlebnisse mit den UFOs und ähnliche paranormale, dissoziative Ereignisse vor?«

Wie Howard habe auch im nördlichen New Jersey gelebt ... im Rahmen meiner beruflichen Untersuchungen [über ihn] habe ich Interviews mit dem Physiker von der Princeton University und seinem Freund geführt, die die Untertassen gesehen haben. Außerdem sprach ich mit Beamten der New Jersey State Police, die sich, als ihnen klar wurde, daß ihre Aussagen vertraulich behandelt würden und nur wissenschaftlichen

Zwecken dienen sollten, sehr wohl an den Skandal um die ungelösten Rätsel jener Zeit erinnerten ...

Auch wenn Howard Mengers Geschichte manchmal selbst bei großzügiger Auslegung bizarr erscheint, hat er seine ursprüngliche Behauptung im Grunde nie revidiert, sondern im Gegenteil wie eine Beschwörungsformel ohne Unterlaß wiederholt: *Der Kontakt mit den Außerirdischen hat stattgefunden ...* [40]

Kosmischer Schock

Eines Morgens im April 1957 fuhr gegen 7 Uhr 30 ein Einwohner der argentinischen Stadt Córdoba mit seinem Motorrad in Richtung Rio Ceballos. An einer Stelle, die etwa 15 Kilometer von dem Flughafen von Pajas Blancas entfernt war, ging plötzlich sein Motor aus. Als er abstieg, um nach der Ursache zu suchen, bemerkte er ein riesiges, diskusartiges Objekt, das in etwa 16 Meter Höhe bewegungslos über der Straße schwebte. Entsetzt rannte er davon und versteckte sich in einem Graben.

Das Objekt hatte einen Durchmesser von zwanzig Metern und war etwa fünf Meter hoch. Es ging herunter, bis es nur noch etwa zwei Meter über der Straße schwebte, wobei es ein Geräusch ausstieß, »als ströme Luft aus einem Reifenventil«. Plötzlich wurde aus dem unteren Teil eine Vorrichtung heruntergelassen, die wie ein Aufzug oder eine »transparente Treppe« wirkte. Auf dieser stand eine menschenähnliche Gestalt, die abstieg, als der Lift etwa dreißig Zentimeter über dem Boden anhielt. Sie war etwa einen Meter siebzig groß und trug Kleidung, die an den Neoprenanzug eines Tauchers erinnerte und offenbar aus Kunststoff bestand.

Nachdem sich das Wesen mehrere Pflanzen angesehen hatte, kam es auf den Zeugen zu, der vergeblich versuchte, sich besser zu verstecken. Schweigend reichte der Fremde ihm mit einer anmutigen Bewegung die Hand, um ihm aus dem Graben zu helfen.

Als die beiden nebeneinander auf der Straße standen, deutete der Neuankömmling auf das schwebende Raumschiff, womit er dem Zeugen mitteilen wollte, daß er ihm folgen solle. Um den von Panik erfaßten Argentinier zu beruhigen, strich er ihm mit sanften Bewegungen über die Stirn. Die beiden gingen zum Raumschiff und bestiegen den »Lift«.

An den Kabinenwänden befanden sich fünf oder sechs Instrumententafeln mit unzähligen Geräten und Monitoren, die an Fernsehschirme erinnerten. Vor jeder dieser Tafeln saß ein Individuum, das genau wie das erste gekleidet war. Keines dieser Wesen beachtete den überraschten Besucher. Später erklärte der Cordobese, besonders beeindruckt sei er von den Reihen großer viereckiger Fenster in den Wänden über den Instrumententafeln gewesen, da er von außen keine Spur davon entdeckt hatte. Abgesehen von dem durch die Fenster fallenden Licht, erfüllte ein matter, phosphoreszierender Schimmer die Kabine, obwohl auch diesmal keine Lampe zu entdecken war. Die Farbe des Raumschiffs war nur schwer zu erkennen, teils schimmerte es grün, an anderen Stellen wieder blau, was den Eindruck metallischen Glanzes erweckte.

Dann wurde er erneut in den Lift gebeten, der nach unten fuhr. Dabei stieß er mit den Knöcheln gegen die Wand und verursachte damit ein metallisches Klingen. Auf dem Boden angelangt, erkundigte sich der Cordobese in Zeichensprache bei dem Wesen, wie sich das Raumschiff in der Luft halte. Der andere antwortete, indem er mit der einen Handfläche über die andere fuhr – eine Geste, die dem Zeugen nichts sagte. Dann untersuchte die Kreatur eingehend das Motorrad, wobei sie ihm bedeutete, daß dieses nicht starten würde, solange sich das Raumschiff in der Nähe aufhielt.

Schließlich wandte sich der Besucher dem Cordobesen zu und verabschiedete sich, indem er diesem die Hand auf die Schulter legte. Dann stieg er in den Aufzug und verschwand im Inneren des Raumschiffs, das kurz darauf abhob und in nordwestliche Richtung davonflog. An jenem Morgen wurde mehrfach ein Objekt gesichtet, bei dem es sich offenbar um dieses Raumschiff handelte.[1] Leider erwähnte die Zeitung, in der die Geschichte erschien, den Namen des Zeugen nicht, was aber möglicherweise auf Veranlassung des Motorradfahrers geschah. Der Bericht selbst klingt überzeugend, vor allem, weil die technischen Einzelheiten mit denen ähnlicher Begegnungen übereinstimmen.

Oscar Galindez, der argentinische Ufologe, von dem der Originalbericht stammt, glaubte (wie viele seiner Landsleute) an UFO-Basen in den Anden. Die geeignetsten Orte dafür dürften wohl im Hochgebirge um Salta in Nordwestargentinien und der Puna de Atacama, einem Wüstengebiet westlich von Salta, liegen.[2]

Eine außerirdische Basis in Argentinien?

Im August 1957 veröffentlichte eine argentinische Zeitung die außergewöhnliche Geschichte eines Postens der Luftwaffe, die von einer Begegnung mit Außerirdischen am 20. August erzählte. In einer Übersetzung von Gordon Creighton erschien dieser Artikel unter dem Titel »UFO Base near Salta« (»UFO-Basis bei Salta«):

Vor zwei Tagen mußte bei Quilino (Provinz Córdoba) ein Flugzeug notlanden. Die Luftwaffe entsandte Leute, die die Maschine bewachen sollten. Diese schlugen in der Nähe ein Zelt auf. Einer von ihnen blieb als Wache zurück, während die anderen beiden zu einem einige Kilometer entfernten Geschäft fuhren, um einzukaufen.

Plötzlich bemerkte der Posten – dessen Namen wir aus offensichtlichen Gründen nicht erwähnen – ein merkwürdiges Summen, das so durchdringend klang, daß er das Zelt verließ, um sich umzusehen. Da ihm nichts Ungewöhnliches auffiel, ging er wieder ins Zelt. Dort vernahm er erneut ein hohes, lautes Summen. Wieder trat er vor das Zelt und entdeckte zu seinem Erstaunen ein diskusartiges Fluggerät, das in einer Höhe von etwa neunzig Metern über dem Boden schwebte. Die merkwürdige Maschine sank langsam, bis sie sich nur noch wenige Meter über dem Boden befand, wo Gras und andere Pflanzen wild flatterten. Entsetzt versuchte der Soldat, seinen Revolver zu ziehen, doch dieser schien im Halfter festzustecken, ein Effekt, der möglicherweise durch das Flugobjekt verursacht wurde.

Dann vernahm er eine klare, sanfte Stimme, die aus der Maschine zu ihm sprach. Er solle keine Angst haben, die Besucher seien gekommen, damit die Welt von der Existenz der »interplanetaren Schiffe« erfahre. Weiter teilte ihm die Stimme mit, die Besatzungen der interplanetaren Schiffe hätten in der Provinz Salta eine Sonderbasis oder -station eingerichtet, von der aus friedliche Kontakte zu den Bewohnern der Erde hergestellt werden sollten. Sie wollten uns helfen, denn der Mißbrauch der Atomenergie drohe, uns zu vernichten. Bevor das Schiff abhob, versicherte ihm die Stimme, der Rest der Welt werde sehr bald mehr über sie erfahren. Dann begannen sich die Büsche im Wind zu bewegen. Das Objekt stieg auf eine Höhe von vierzig bis fünfzig Metern und nahm Kurs nach Norden.[3]

Engel in Zivil

Im Juni 1962 veröffentlichte das italienische Magazin *Domenica della Sera* ein Interview mit einem 42jährigen Ingenieur namens Luciano Galli, der behauptete, 1957 (oder 1959, er konnte sich nicht erinnern, in welchem der beiden Jahre) menschenähnlichen Außerirdischen begegnet zu sein. Obwohl Gallis Bericht bemer-

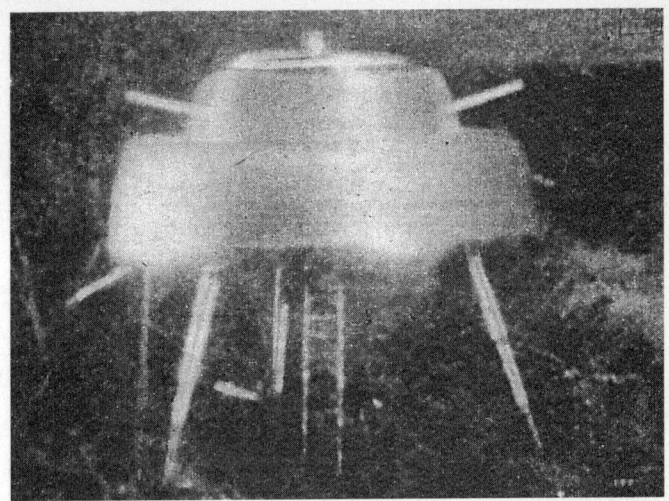

Diese Foto ging am 23. Juni 1963 anonym bei dem italienischen Magazin *Domenica del Corriere* ein. Angeblich war das Raumschiff auf einem Hügel oberhalb von Genua im Wald gelandet. »Ich sah es vor einigen Tagen zusammen mit einem Angestellten einer Autowerkstatt«, behauptete der Fotograf. »Aus Gründen der persönlichen Sicherheit kann ich Ihnen meinen Namen nicht nennen.« *(Domenica del Corriere)*

kenswerte Parallelen zu George Adamskis Erlebnissen aufweist, war er bereit, einen Eid darauf zu schwören, daß er zur Zeit seines Erlebnisses den Namen Adamski nicht einmal gehört hatte. Das folgende Material stammt aus einem Interview, das der Reporter Renato Albanese mit Galli führte.

Am 7. Juli 1957 (bzw. 1959) verließ Galli um 14 Uhr 20 sein Haus in Bologna, um nach dem Mittagessen an seine Arbeitsstelle zurückzukehren. Als er sich seiner Werkstatt in der Nähe der Via Castiglione näherte, hielt plötzlich ein schwarzer Fiat 1100 vor ihm, aus dem ein großer, dunkler Mann mit regelmäßigen Gesichtszügen und auffällig dunklen Augen stieg. »Sein Gesicht war

Eines von mehreren Polaroidfotos, die Filiberto Caponi von einem Wesen aufnahm, das er 1993 mehrfach hinter seinem Haus in Ascoli Piceno in den italienischen Abruzzen antraf. *(© Filiberto Caponi)*

so sympathisch, daß man automatisch freundlich zu ihm sein mußte«, sagte Galli. Der Mann trug einen zweireihigen grauen Anzug, Hemd und Krawatte. Sein Italienisch war fehlerfrei. Am Steuer des Wagens saß ein zweiter Mann, der sich durch sein feingeschnittenes Gesicht auszeichnete und einen hellen Anzug trug. Anders als der mit den dunklen Augen trug er keinen Schnurrbart. Er sprach kein Wort.

»Den Mann mit dem Schnurrbart kannte ich vom Sehen«, erzählte Galli Albanese.

Er war mir mehrfach in der Stadt aufgefallen, ich hatte sogar den Eindruck, daß er mir folgte. Einmal, erinnerte ich mich, ging ich mit einem Freund durch die Arkaden der Via

Castiglione, als ich den Mann erneut bemerkte. Wie immer blickte er mir direkt in die Augen. Diesmal wollte ich ihn ansprechen, aber er war plötzlich verschwunden. Und nun stand genau dieser Fremde vor mir und fragte mich, ob ich mich an ihn erinnerte. Ja, sagte ich. »Wollen Sie mit uns kommen?« – »Wohin?« – »Haben Sie Vertrauen, es wird Ihnen nichts geschehen.«

Galli stieg in den Fiat und fuhr mit den Männern zu den 57 Kilometer von Bologna entfernten Croara-Bergen, wo eine »glänzend graue« Untertasse auf sie wartete, die etwa zwei Meter über dem Boden schwebte. Aus ihrer Unterseite wurde ein Metallzylinder mit einer Öffnung ausgefahren, den Galli und die Männer betraten. Obwohl er ursprünglich verängstigt gewesen war, wurde Galli ruhig, sobald er sich an Bord des Raumschiffs befand. Unmittelbar bevor sie eintraten, blitzte es zweimal. »Keine Angst«, beruhigte ihn der Mann mit dem Schnurrbart, »Sie sind nur fotografiert worden.« Galli fuhr fort:

Die runde Pilotenkabine war geräumig und mit zahlreichen Instrumenten auf Tafeln mit Zeigern und Nadeln ausgestattet. Außerdem sah ich Luken. Die Sitze waren am Boden befestigt. Mitten im Fußboden entdeckte ich eine Art kreisförmiges Fenster mit einem Durchmesser von etwa einem Meter, durch das wir die unter uns entschwindende Erde sehen konnten. Zuerst erschien sie wie von einem unserer Flugzeuge aus, später – als es um uns herum bereits dunkel geworden war – wirkte sie wie der Mond und noch später wie Venus oder Mars.

»Konnten Sie sich mit dem Mann unterhalten, den Sie den Kommandanten nennen?« fragte Albanese.

»Ja, ohne Probleme. Sein Italienisch war perfekt. Ich fragte ihn, wie er unsere Sprache so gut gelernt hatte. Daraufhin entgegnete er, die von ihm verwendete Methode sei besonders effizient.«

Plötzlich entdeckte Galli die Silhouette eines riesigen Fluggeräts.

Seine Länge betrug mindestens 600 Meter. Das eine Ende schien abgeschnitten zu sein wie die Spitze einer Zigarre. Von dem Raumschiff ging ein phosphoreszierendes Licht aus, und zudem schienen starke Lichtstrahlen darauf gerichtet zu sein. Unterhalb des abgeschnittenen Endes wurden sechs Öffnungen sichtbar, durch die kleine fliegende Untertassen ein- und austraten. Jede Öffnung war durch Trennwände in sechs kleinere Luken unterteilt, die alle weit offen standen.

Als sie sich dem riesigen Schiff näherten, wurde klar, daß es sich bei den Öffnungen um große Hangars handelte, in denen mindestens fünfzig Untertassen Platz fanden. Innerhalb des Schiffes waren 400 bis 500 Männer und Frauen zu erkennen, die in den Hangars standen oder herumliefen. »Galli beschrieb Folgendes und schwor sogar einen Eid darauf«, berichtete Albanese. »Diese Leute trugen Overalls aus einem glänzenden Kunst- oder Seidenstoff. Wenn sie aneinander vorbeigingen, lächelten sie sich zu. Die Frauen waren wunderschön und sehr freundlich.«

Der faszinierte Galli erkundigte sich bei seinen Gefährten, woher das Schiff kam. »Von dem Planeten, den ihr Venus nennt«, lautete die Antwort.

Später, so Galli, wurde er in eine weitläufige Halle, eine Art Bibliothek, und in einen anderen großen Raum geführt, den er für den des Kommandanten hielt. Schließlich gelangten sie erneut in einen der Hangars und stiegen in die Untertasse, mit der sie gekommen waren, »stets in Begleitung des Mannes mit dem Schnurrbart, dessen Gesicht an einen Engel in Zivil erinnerte.« Er wurde an seinen Ausgangsort in den Croara-Bergen zurückgebracht. »Die gesamte Reise war nach drei Stunden und zehn Minuten beendet«, behauptete Luciano Galli.

Renato Albanese fragte ihn, ob er sicher sei, daß ihm diese fantastischen Erfahrungen nicht in Trance oder Hypnose zugestoßen seien. »Ich bin noch nie hypnotisiert worden«, lautete Gallis Antwort. »Diese Reise habe ich wirklich am eigenen Leib erlebt ... Niemand soll behaupten, ich hätte die Geschichte erfunden, um Aufmerksamkeit zu erregen oder finanzielle Vorteile für mich herauszuschlagen. Was ich sage, ist die nackte Wahrheit.«[4]

Begegnungen im brasilianischen Luftraum

1957 wurden von Militär- und Zivilpiloten weltweit zahlreiche Begegnungen mit unbekannten Flugobjekten gemeldet. Besonders beunruhigend waren einige Vorfälle über Brasilien.

Am 14. August kurz vor 21 Uhr steuerte Kommandant Jorge Campos Araujo eine C-47, ein Frachtflugzeug der brasilianischen Fluggesellschaft VARIG, von Porto Alegre nach Rio de Janeiro, als der Copilot, Edgar Onofre Soares, links von der Maschine ein leuchtendes Objekt entdeckte. Plötzlich führte es ein Manöver aus, das es vor das Flugzeug brachte. Dann kreuzte es horizontal nach rechts und hielt kurz an, sank schließlich abrupt ab und verschwand in einer Wolkenbank unter ihnen. Übereinstimmend beschrieb die Crew das Objekt als Untertasse, auf der eine Kuppel saß, die intensiv grün leuchtete, während der flache Sockel in einem schwächeren gelblichen Licht erstrahlte. Kommandant Araujo schätzte die Geschwindigkeit der Untertasse auf ein Mehrfaches der Lichtgeschwindigkeit.

Während die Begegnung in Brasilien Schlagzeilen machte, wurde der wichtigste Teil des Vorfalls nicht veröffentlicht. Nach der Landung erzählten Kommandant Araujo und seine Crew einem Kollegen, einem leitenden Angestellten einer anderen Fluggesellschaft, die Triebwerke hätten zu stottern begonnen und ausgesetzt. Außerdem sei die Beleuchtung in der Kabine immer schwächer geworden, bis sie fast erloschen sei. Glücklicherweise normalisierte sich die Situation, als das Objekt verschwand.[5]

Ebenfalls in Brasilien ereignete sich am 4. November 1957 ein weiterer beunruhigender Vorfall. Um 1 Uhr 40 begegnete ein C-46-Frachtflugzeug der VARIG auf dem Weg von Porto Alegre nach São Paulo einem unbekannten Fluggerät. Zuerst wirkte es nur wie ein rotes Licht links von ihnen, und Kommandant Jean Vincent de Beyssac meinte scherzhaft zu seinem Copiloten, endlich bekämen sie eine echte fliegende Untertasse zu Gesicht. Dann jedoch schien das Objekt immer größer zu werden, und de Beyssac entschied sich, die Angelegenheit zu überprüfen. Hier der Bericht von Kommandant Auriphebo Simoes, der de Beyssac interviewte:

> Als er gerade zu einer Linkskurve ansetzten wollte, schoß das Objekt am Horizont in einem Bogen von 45 Grad heran und wurde größer. De Beyssac nahm die Verfolgung auf. Mitten in einer Achtzig-Grad-Wendung nach links wurde das Objekt plötzlich noch heller, und Brandgeruch stieg auf … mit einem Schlag »brannten« ADF [*Automatic Direction Finder*, der Radiokompaß], rechter Generator und Funkgerät durch. Praktisch im selben Augenblick verschwand das »Ding«, während die Crew noch nach dem Feuer suchte. De Beyssac schaltete das Notfunkgerät ein und meldete den Vorfall dem Tower von Porto Alegre. Dann wendete er und nahm erneut Kurs auf Porto Alegre, wo er eine Stunde später landete.

Nachdem er einen schriftlichen Bericht vorgelegt hatte, ging de Beyssac nach Hause und »ließ sich vollaufen«. Noch am selben

Tag gab VARIG eine Anordnung heraus, die es den Piloten der Gesellschaft verbot, mit den Medien über UFO-Sichtungen zu sprechen.[6]

Offene Feindseligkeit

Etwa eine Viertelstunde nach der Begegnung der VARIG C-46 kam es bei Itaipu, einem Fort der brasilianischen Armee in São Vicente bei Santos, zu einem noch bedrohlicheren Zwischenfall. Am 4. November 1957 wurden gegen zwei Uhr morgens zwei Posten von einer Welle unerträglicher Hitze getroffen, die von einem großen, diskusartigen Objekt ausging, das über ihnen schwebte und ein summendes Geräusch von sich gab. Einer der Posten fiel in Ohnmacht, der andere rief um Hilfe. Innerhalb der Garnison fiel die gesamte Elektrik aus, selbst das Notsystem funktionierte nicht mehr. Beide Soldaten erlitten Verbrennungen ersten und zweiten Grades. Die Behörden reagierten panisch, berichtet Ufologe Dr. Olavo Fontes:

Am nächsten Tag untersagte der Kommandant der Festung (ein Colonel der Armee) der gesamten Garnison jede Äußerung über den Vorfall – nicht einmal mit Verwandten durfte darüber gesprochen werden. Geheimdienstoffiziere tauchten auf und übernahmen das Kommando. Hektisch wurden alle, die von dem Ereignis wußten, verhört und zum Schweigen gebracht … Über die Festung wurde das Kriegsrecht verhängt, ein Top-Secret-Bericht ging an das QG [Hauptquartier]. Wenige Tage später trafen gemeinsam mit Offizieren der brasilianischen Luftwaffe Beamte der US Army Military Mission in der Festung ein, um die Posten und andere Zeugen zu befragen. Danach brachte eine Sondermaschine [der Luftwaffe] die beiden verletzten Posten in das zentrale Krankenhaus der Armee (HCE) in Rio de Janeiro, wo sie durch strenge Sicherheitsmaßnahmen vollkommen von der Außenwelt abgeschirmt wurden.[7]

Dr. Olavo Fontes, einer der führenden Ufologen jener Zeit, untersuchte den Fall ausführlich. In einem Aufsatz über die Auswirkungen von UFOs stellte er die Hypothese auf, daß es sich »nicht um reine Nebenwirkungen der starken elektromagnetischen Felder um die UFOs handelte, sondern um den bewußten Einsatz einer Angriffs- oder Verteidigungswaffe«.

Die Indizien deuten darauf hin, daß es sich bei einer solchen Waffe nicht eigentlich um ein veränderliches Magnetfeld handelt, sondern um einen hochfrequenten elektromagnetischen Strahl von großer Reichweite, also eine Art elektrische Funkwelle, die zu einem engen Strahl von großer Durchschlagskraft gebündelt wird. Nach sorgfältiger Analyse der Daten gelangte ich zu dem Schluß, daß es sich bei dieser Waffe möglicherweise um einen Mikrowellen-Ionisierer handelt – einen Generator unregelmäßig geformter Mikrowellen, welche die Luft, auf die sie auftreffen, ionisieren. Damit würde sie zu einem Leiter mit hohem Widerstand.

Bei der »Hitzewelle«, durch die die beiden Posten von Itaipu die Verbrennungen davongetragen hatten, handelte es sich seiner Ansicht nach allerdings um eine andere Waffe, die »ausschließlich mit Ultraschall funktioniert«.

Längsgerichtete Ultraschallwellen werden an Grenzflächen zwischen Medien von unterschiedlicher akustischer Durchlässigkeit, wie zum Beispiel zwischen Kleidung und Haut, in Transversalwellen (Querwellen) umgewandelt. Da die Transversalwellen schneller absorbiert werden als die längsgerichteten Wellen, entwickelt sich an den Grenzflächen Hitze … Nur ein Ultraschallstrahl besitzt die besonderen Eigenschaften der »Hitzewelle«, von der die Posten von Itaipu getroffen wurden.[8]

»Gefahren für die Menschheit«

»Die Aussagen derjenigen, die angeblich mit ›Leuten aus dem All‹ in Kontakt getreten sind, sollten nicht von vornherein als Erfindung abgetan werden«, so Herbert Knowles, Konteradmiral der US-Marine, im Juli 1957. »Vielleicht verbergen sich dahinter echte Informationen …«[9]

Im gleichen Monat berichtete ein sehr glaubwürdiger Zeuge von einem ungewöhnlichen Kontakt. Professor Joo de Freitas Guimrães war Anwalt und Professor für antikes römisches Recht an der katholischen juristischen Fakultät von Santos in Brasilien. Interessanterweise ereignete sich die Begegnung in der Nähe von Fort Itaipu. Die folgende Darstellung basiert auf der Transkription eines Interviews, das der Professor dem brasilianischen Fernsehen (TV-13) am 27. August 1957 gab.

Im Rahmen seiner Tätigkeit als Militäranwalt hielt sich Dr. Guimarães im nordwestlich von Santos im Bundesstaat São Paulo an der Atlantikküste gelegenen São Sebastião auf. Eines Abend entschloß er sich, am Strand spazierenzugehen. Der Himmel war bedeckt, und der Mond nicht zu sehen. Als er gegen 19 Uhr 15 (einem anderen Bericht zufolge gegen 21 Uhr 15) am Strand saß, bemerkte er, daß sich das Meer in Richtung der Insel Ilhabela heller färbte. Dann schoß ein Wasserstrahl in die Höhe, der ihn an die Fontäne eines Wals erinnerte. Ein (wie ein Hut geformtes) »hochbäuchiges Raumschiff« nahm Kurs auf den Strand. Dort wurden Leinen ausgeworfen, die an »Kugeln« befestigt wurden, bei denen es sich nicht um gewöhnliche Bojen handelte. Eine Metalltreppe wurde herabgelassen, über die zwei

Männer herausstiegen und sich dem Professor näherten. Beide wirkten wie normale Menschen.

Inzwischen konnte er erkennen, daß es sich um hochgewachsene, über einen Meter achtzig große Personen mit langem blondem Haar handelte, das ihnen bis auf die Schultern reichte. Sie besaßen Augenbrauen, und ihr Teint war hell. Ihre Erscheinung wirkte jugendlich, die hellen Augen blickten weise und verständnisvoll. Die einteiligen Anzüge, die sie trugen, waren von grünlicher Farbe und lagen an Hals, Handgelenken und Knöcheln eng an.

Trotz seiner Angst erhob sich Dr. Guimarães und trat den Ankömmlingen entgegen. Auf portugiesisch erkundigte er sich, ob mit ihrem Raumschiff etwas nicht in Ordnung sei oder ob sie jemanden suchten. Außerdem fragte er, woher sie kämen. Da er keine Antwort erhielt, wiederholte er seine Frage auf englisch, spanisch und italienisch – ohne Erfolg. Dann hatte er den Eindruck, man lade ihn über Telepathie ein, sich an Bord des Raumschiffs zu begeben. (Später sollte er feststellen, daß die Besucher auch verbal kommunizierten.) Ein unwiderstehliches Verlangen, mehr zu erfahren, hatte ihn gepackt. Also entschied er sich, die unausgesprochene Einladung anzunehmen. Als einer der Fremden zur Untertasse ging, folgte ihm der Professor mit dem anderen. Leichtfüßig sprang der Mann an der Spitze die Treppe hinauf, wobei er sich nur mit einer Hand festhielt, während Guimarães beide benötigte. Im Eingang stand ein dritter Mann, möglicherweise auch noch ein oder zwei andere.

FLUG INS ALL
An Bord fand sich Dr. Guimarães in einer hell erleuchteten Kabine wieder, von denen das Raumschiff mehrere besaß. Wie die

Besatzung ließ er sich auf einer Bank nieder, die den Raum einfaßte. Als sie abhoben, entdeckte er außen an den Bullaugen Wasser. »Regnet es?« erkundigte er sich. Über Telepathie entgegnete die Crew, es handle sich nicht um Regen, sondern um Wasser, das dadurch entstehe, daß verschiedene Teile des Raumschiffs in entgegengesetzter Richtung rotierten. Um das Schiff verlaufe ein Rohr zur »Strahlenfilterung, das ein Halbvakuum an den Teilen erzeuge«.

Durch die Bullaugen blickte der Professor in eine pechschwarze Weite, in der die Sterne erstaunlich hell funkelten. Dann folgten Bereiche, in denen sie sich zu größeren Schwärmen verdichteten und in unvergleichlichem Glanz erstrahlten. Aus dieser Zone gelangten sie in einen dunkleren Gürtel mit weniger Sternen und von dort in einen Streifen violetter Atmosphäre. Grelles Licht blendete sie in der nächsten Zone, die der vorhergehenden zwar ähnlich war, jedoch eine intensivere Lilafärbung aufwies. In dieser Phase fühlte der Professor, wie das Raumschiff erbebte. Da man ihm seine Angst anmerkte, beruhigte ihn einer seiner Reisegefährten auf telepathischem Weg: »Unsere Maschine hat soeben die Atmosphäre Ihres Planeten verlassen.«

In der Kabine befand sich ein rundes Instrument mit drei hochsensiblen Nadeln, die zwar zitterten, solange sie sich innerhalb der Erdatmosphäre aufhielten, jedoch viel stärker bebten, sobald sie diese verlassen hatten. Wie ihm eines der Besatzungsmitglieder erklärte, wurde das Raumschiff durch »die Wirkung der magnetischen Kräfte im Weltraum angetrieben«.

Nach seiner Rückkehr zur Erde stellte Dr. Guimarães fest, daß seine Uhr stehengeblieben war, als er an Bord des Raumschiffs gegangen war. Daher konnte er nicht sagen, wie lange der Flug gedauert hatte. Er schätzte ihn auf dreißig bis vierzig Minuten, wobei er sich an der Zeit orientierte, die die Uhr seines Hotels zeigte, als er dort eintraf.

Dr. Guimarães war davon überzeugt, daß die Besatzungen der außerirdischen Raumschiffe die Erdbewohner vor den Gefahren warnen wollten, die die Menschheit bedrohen. Seiner Meinung nach ging man bei wissenschaftlichen Experimenten gelegentlich extrem leichtfertig vor. Als Beispiel nannte er die unkontrollierte Explosion von Atombomben, die nicht nur zur weiteren Vergiftung der Atmosphäre beitrug, sondern auch Schichten der Atmosphäre zerstörte, die gefährliche Strahlung abhalten. Ginge man weiterhin derart unvorsichtig vor, warnte er, würden wir alle unter den Folgen der Explosionen zu leiden haben.

NACHSPIEL

Obwohl er sich kaum beherrschen konnte, erzählte Dr. Guimarães zuerst niemandem (mit Ausnahme seiner Frau) von seinem fantastischen Erlebnis. Erst Monate später berichtete er drei Freunden und Kollegen davon: Dr. Alberto Franco, einem Richter aus São Paulo, Dr. Nilson, einem Anwalt, und noch später Dr. Lincoln Feliciano, der sich mit den Medien in Verbindung setzte. Von allen Seiten wurde er bestürmt, mehr zu erzählen, aber es fiel ihm schwer zu erklären, was genau vorgefallen war, weil das Erlebnis so weit außerhalb seines eigenen Erfahrungsbereichs lag.

Während seines Fluges hatte die Besatzung des Raumschiffs mit Guimarães ein Treffen für den 12. August 1957 vereinbart. Zur Angabe des Datums hatte man ihm einen Tierkreis mit zwölf Konstellationen gezeigt. Das Jahr wurde durch ein Rad verkörpert, wobei er durch die zwölfmalige Wiederholung der Zahl acht folgerte, daß es sich um den zwölften Tag des Monats August handeln müsse. Er hielt die Verabredung nicht ein, zum Teil, weil ihn eine ganze Gruppe von Leuten zum Strand begleiten wollte. Auch der stellvertretende Polizeichef der Stadt und Major Paulo Salema von der brasilianischen Luftwaffe, die von dem Treffen Wind bekommen hatten, wollten sich anschließen. Außerdem hatte ihn seinen Aussagen zufolge die Luftwaffe angewiesen, die Verabredung platzen zu lassen; sie wollte sogar Militärjets entsenden. Dr. Guimarães hätte sich als Verräter gefühlt, falls diese die Untertasse beschossen hätten. Auf jeden Fall tauchte das Raumschiff nicht wieder auf.

Zwar gestand Professor Guimarães selbst ein, er halte sich für eine »idealistische Persönlichkeit«; er erklärte jedoch nachdrücklich, er besitze durchaus praktischen Verstand. Während seines Erlebnisses sei er stets bei vollem Bewußtsein gewesen, es handle sich also keineswegs um eine Halluzination.[10, 11, 12]

Menschenähnliche Wesen in Kindergröße

Am 10. Oktober 1957 fuhr Miguel Español, ein spanischer Marineoffizier, mit dem Lastwagen nach Ceres in Brasilien. Er war in Begleitung einer weiteren Person. Etwa fünf Kilometer von dem Dorf Quebracôco entfernt bemerkte er über einem Hügel vor ihnen einen Lichtschein. Sobald der Lastwagen die Kuppe des Hügels passiert hatte, entdeckte er in etwa anderthalb Kilometer Entfernung ein riesiges leuchtendes Objekt, das in der Luft schwebte und das die ländliche Umgebung in gleißendes Licht tauchte.

Als es in etwa vierzig Meter Entfernung auf eine Höhe von sechs Metern herunterging, setzte der Motor des Lastwagens aus, was offenbar auf den Einfluß des Raumschiffs zurückzuführen war. Dann erlosch die gesamte Beleuchtung bis auf ein rötliches Licht in einer Antenne auf der Kuppel. Das ovale Schiff besaß einen Durchmesser von etwa 165 und eine Tiefe von gut vierzig Metern. Seine Gestalt erinnerte an zwei aufeinandergesetzte Untertassen, die durch einen kreisförmigen Bereich von etwa fünf Metern getrennt wurden. Eine Tür öffnete sich, und zwei Wesen traten heraus, denen zwei weitere Paare folgten. Sie formierten sich zu zwei Reihen, durch deren Mitte ein siebtes Geschöpf schritt.

Españols Beschreibung zufolge wirkten die Kreaturen wie Menschen mit der Größe von Kindern. Sie trugen langes Haar sowie glänzende Anzüge. Trotz verzweifelter Bemühungen ließ sich sein Motor während der gesamten Zeit nicht starten. Nachdem die Außerirdischen den Lastwagen und seine beiden Insassen etwa drei Minuten lang schweigend betrachtet hatten, stiegen die Besucher aus dem All erneut in ihr Raumschiff. Als sich die Tür geschlossen hatte, hob das riesige Schiff ab und stieg bis auf eine Höhe von über fünfhundert Metern, wo sich eine kleine Untertasse löste. Dann verschwand es in südlicher Richtung.[13]

England erhält Besuch von der Venus

Seit fast vierzig Jahren befasse ich mich nunmehr mit Begegnungen mit Außerirdischen. Dabei bin ich mehrfach auf Berichte über Kontakte zu Besuchern von der Venus gestoßen. Einige davon sind nie veröffentlicht worden. Dies gilt auch für die folgende Geschichte, die aus einem Manuskript stammt, das ich von Tony Wedd, einem Pionier der Ufologie, erhielt. Von Wedd, einem früheren Ausbilder der Royal Air Force, der gleichzeitig Designer und Künstler war, habe ich viel über dieses obskure Thema gelernt.

Früh an einem Sonntagmorgen im November 1957 fuhr der Zeitschriftenhändler Hubert Lewis mit dem Fahrrad nach Church Stretton in Shropshire, um Zeitungen zu holen. Es war eisig kalt, dunkel, naß und windig, und er verfluchte sein Schicksal ausgiebig. »Ich hatte die Nase gestrichen voll«, erzählte er Wedd. Plötzlich erschien im Dämmerlicht auf der Straße vor ihm eine hohe Gestalt, und zu seiner Rechten schwebte ein großes Objekt, das in einem »matten Licht« glänzte. Offenbar rotierte es, obwohl sich ein Teil nicht zu bewegen schien.

Auf Lewis' Frage, wer er sei und wo er herkomme, erwiderte der Fremde, es bestehe kein Grund zur Beunruhigung. »Ich muß zugeben, die ganze Sache jagte mir zunächst gewaltige Angst ein«, berichtete Lewis. »Mir fiel auf, daß der Wind nachgelassen hatte. Ich konnte ihn zwar noch hören, aber er schien aus weiter Ferne rund um uns zu heulen.«

Das Phänomen der örtlichen Stille wird von vielen Begegnungen aus nächster Nähe berichtet. So beobachteten der italienische Ingenieur Gianpietro Monguzzi und seine Frau im Juli 1952 auf dem Cherchen-Gletscher in den italienischen Alpen ein gelandetes Raumschiff und dessen Piloten. Bevor es abhob, gelangen ihm mehrere bemerkenswerte (aber weithin mit Unglauben quittierte) Fotos. Wie bei Lewis' Begegnung ließ während der Landung das Heulen des Sturms plötzlich nach, so daß vollkommene Stille herrschte.[14]

Mein Besucher sprach gut verständliches Englisch, lispelte aber leicht. Zunächst wies er mich wegen der Ausdrücke, die ich vorher gebraucht hatte, zurecht und erklärte mir, jeder Mensch auf der Erde habe mit Problemen und Widrigkeiten zu kämpfen. Dieses Leben stelle nur eine Prüfung für die Zeit danach dar. Von meinen Schwierigkeiten und Problemen wußte er. Er sprach von meiner vorhergehenden Arbeitsstelle und nannte die Namen von Menschen, mit denen ich früher bekannt gewesen war.

Lewis' Schätzung nach dauerte das Gespräch fast dreißig Minuten. Während dieser Zeit schwebte das runde Objekt, für das er einen Durchmesser von zwanzig bis dreißig Metern annahm, in einer Entfernung von gut dreißig Metern rechts von ihnen in der Luft. Dabei war ein leises Pfeifen zu vernehmen. Zu diesem Zeitpunkt äußerte sich der Fremde nicht zu seiner Herkunft; er war »freundlich, verständnisvoll und sanft«. Dann nahm das Gespräch eine didaktische Wendung, und Lewis erhielt die Sonntagmorgenpredigt seines Lebens.

> Er sagte, ich hätte in Zukunft nichts Böses mehr zu fürchten. Ich solle ruhig bleiben und Vertrauen haben, dann werde alles gut. Wenn ich nur den richtigen Glauben aufbrächte, werde man sich um mich kümmern und mich auf den richtigen Pfad führen. Meine [verstorbenen] Söhne und meine Frau seien im Geiste bei mir, genau wie meine Freunde (er erwähnte einen Menschen, mit dem ich vierzig Jahre zuvor befreundet war und den ich völlig vergessen hatte) … Nachdem er mir alles Gute gewünscht hatte, verschwand er plötzlich. Dieses Rätsel beschäftigte mich einige Zeit, bis mir Mr. Cooke [James Cooke, eine englische Kontaktperson jener Zeit] die Lösung verriet. Mein Besucher war vor mich auf die Straße projiziert worden, hielt sich also nicht dort auf, sondern befand sich möglicherweise in dem Raumschiff. Diese Hypothese scheint mir durchaus einleuchtend.[15]

Projizierte Bilder

An dieser Stelle drängt sich der Gedanke an Cynthia Appleton auf, eine Hausfrau aus Birmingham. In dem Monat von Lewis' Begegnung erschien in ihrem etwa achtzig Kilometer von Church Stretton entfernten Heim das Bild eines großen, blonden Mannes. Dieser trug enganliegende, silbrig schimmernde Kleidung mit einem »elisabethanischen« Kragen. Das glatte, fast bis auf die Schultern reichende Haar war zu einem Pagenkopf geschnitten. »Wie das Bild auf einem Fernsehschirm« war die Projektion von einem »Pfeifen« begleitet und zunächst verschwommen, wurde dann aber scharf.

Mrs. Appleton fragte sich, woher der Mann stammte, sprach ihre Frage jedoch nicht aus. »Aus einer anderen Welt«, lautete die Antwort, die sie über Telepathie erreichte. »Wie die Ihre wird auch die unsere von der Sonne beherrscht. Wir müssen Ihre Welt aufsuchen, weil wir hier auf dem Grunde des Meeres einen Stoff finden, der uns auszugehen droht.« Mrs. Appleton glaubte, bei der benötigten Substanz handle es sich um etwas, das wie »Titium« klinge, wobei ihr Ehemann später vermutete, es sei »Titan« gemeint gewesen. (Obwohl ich mich häufig gefragt habe, ob nicht Lithium falsch verstanden oder ausgesprochen wurde, deutet das im vorhergehenden Kapitel erwähnte Buch von Ellen Crystall darauf hin, daß es sich tatsächlich um Titan gehandelt haben könnte.) »Ihr seht den Wald vor lauter Bäumen nicht«, fuhr der Mann fort. »Ihr konzentriert euch auf die falsche Kraft. Ihr wollt euch nach ›oben‹ bewegen [also gegen die Schwerkraft], wir dagegen bewegen uns so«, was er mit einer schwungvollen seitlichen Bewegung beider Hände veranschaulichte. Plötzlich erschien zwischen seinen ausgestreckten Fingern eine Art Fernsehschirm mit einem runden Raumschiff, dessen obere Hälfte durchsichtig war (dort bemerkte sie mehrere Gestalten, die sie ihrerseits anblickten). Außerdem sah sie einige wesentlich größere Schiffe, an deren Unterseite kleinere Untertassen befestigt waren. Bevor das Bild verschwand, kündigte der Besucher an, er werde im Januar zurückkehren.

Bei ihrem zweiten Kontakt wurde Cynthia Appleton von demselben Mann in genau der gleichen Weise aufgesucht, allerdings wurde er diesmal von einem anderen begleitet. Die Kommunikation erfolgte verbal, wobei ihr die sorfältige, aber etwas abgehackte Aussprache der Fremden auffiel. Von »Ghanas Vahn« (zumindest klang es in ihrer gutturalen Sprache so) auf der Venus stammten sie, erklärten die beiden. Angeblich konnte eine Projektion wie diese nicht von den Gehirnen aller Menschen verarbeitet werden, wie es bei ihr der Fall war. Offenbar war das Bild relativ massiv. »Ich konnte nicht durch sie hindurchsehen. Obwohl sie vor dem Fenster standen und das Licht von hinten hereinfiel, konnte ich nicht durch sie hindurchsehen«, so Mrs. Appleton. Als sie fragte, ob sie das Bild anfassen dürfe, teilte man ihr mit, dies könne zu schweren Gesundheitsschäden führen.[16]

Von Joëlle, einer anderen Kontaktperson, erfuhr ich, daß diese Art der Projektion nur eine der zahlreichen mentalen und technischen Leistungen ist, zu denen bestimmte Außerirdische – und gewisse Menschen auf der Erde, wie Yogis der höchsten Stufe – fähig sind.[17] Dieses besondere Phänomen bedeutet übrigens nicht, daß die Quelle der Projektion nicht tatsächlich physisch existiert.

Eine Verbindung zur spirituellen Welt?

Hubert Lewis erklärte, die Begegnung habe seine übersinnlichen Fähigkeiten stimuliert. »Mit Dingen, von denen mein Besucher gesprochen hatte, wie zum Beispiel mit dem Jenseits, hatte ich mich nie zuvor beschäftigt.«

Persönlich glaubte ich an kaum etwas. Meiner Meinung nach war mit dem Tod alles zu Ende. In meinem Leben hatte ich so viel Schlechtigkeit und Ausbeutung unter den Menschen gesehen, daß niemand mich davon hätte überzeugen können, daß es im Leben etwas anderes gibt als Leid für viele und Glück für einige wenige. Zurückblickend weiß ich, daß nur ein solcher Schock meine Einstellung zum Leben verändern konnte. Inzwischen bin ich gläubig. Ich habe meine Frau gesehen, die mir eines Morgens erschien. Mehrfach habe ich mit meinen Söhnen gesprochen, vor allem mit dem jüngsten, der ein Intellektueller war und mir viele Dinge erklärt hat, von deren Existenz ich zuvor keine Ahnung hatte ... Es besteht eine Verbindung zwischen der spirituellen Welt, den Planeten und unserem Leben nach dem Tode – bitte glauben Sie mir das. Den Tod fürchte ich jetzt nicht mehr.

WEITERE BEGEGNUNGEN

Im Mai 1958 suchten »ein hoher Polizeibeamter und ein weiterer Herr« Lewis auf und stellten ihm zahlreiche Fragen, zumindest behauptet er das. »Ich sollte bestimmte Dinge vergessen und normal weiterleben und arbeiten.« Obwohl Lewis beschloß, diesem Rat zu folgen, kam es an einem frühen Sonntagmorgen im Sommer 1958 zu einem weiteren Kontakt, diesmal mit einem anderen Wesen. Das Raumschiff, in dem dieses eingetroffen war, hielt sich in einiger Entfernung auf. Um Lewis zu treffen, hatte der Mann offenbar mehrere Felder überquert. Menschen von der Venus lebten auf der Erde, teilte er Lewis mit. Dazu meint dieser:

Ich kann Ihnen versichern, daß ich unsere Freunde (zu denen ich volles Vertrauen habe) nicht fürchte. So wahr mir und uns allen Gott helfe, sie sind wirklich unsere Freunde. Wenn sich unsere politischen Führer, die Menschen von Bedeutung, diejenigen, die Autorität besitzen, nur bereit erklären würden, sich mit ihnen zu treffen, wenn sie für ihre Sicherheit garantieren und dafür sorgen würden, daß ihr Wissen und ihre uralten Fähigkeiten nicht ausgenutzt und mißbraucht würden, dann wäre das Leben für uns alle auf diesem Planeten vollkommen. Das sage ich als jemand, der ihnen auf dieser Erde begegnet ist und sie kennt, mit aller Aufrichtigkeit und Überzeugung.

Im Juli 1958 fuhr Lewis mit dem Zug zur Paddington Station in London, wo er sich mit seiner Kontaktperson verabredet hatte.

Diese brachte ihn zu einem Auto, wo er einer Frau vorgestellt wurde, deren Äußeres dem des Mannes glich. Da der Abend mild war, fuhren sie zum Hyde Park und gingen dort etwa eine Stunde spazieren. Später fuhr das Trio nach Wanstead Flats und weiter nach Forest Gate, wo Lewis eine Mahlzeit einnahm, während die anderen sich mit Tee und Sandwiches begnügten. Einmal begannen die Außerirdischen, sich in ihrer eigenen Sprache zu unterhalten, die Lewis nicht verstand. Bald jedoch wandten sie sich ihm wieder zu und verstrickten ihn in ein fesselndes Gespräch, das bis Mitternacht dauerte.

Nachdem er die Nacht bei einem Freund in Stratford verbracht hatte, traf sich Lewis am folgenden Tag um 18 Uhr mit demselben Mann, der diesmal ohne seine Gefährtin erschien. Man beschloß, den Verband der britischen Spiritualisten am Belgrave Square im Zentrum von London aufzusuchen. Dort wohnten die beiden einer Demonstration der hellseherischen Fähigkeiten des berühmten Mediums Rebecca Williams bei. Während jener Woche kam es zu weiteren Treffen in London, wobei sie unter anderem die St. Paul's Cathedral besuchten. Schließlich verabschiedeten sich die beiden von Lewis und brachten ihn zur Paddington Station, wo er den Zug nahm.

Lewis beschrieb die »Leute von der Venus« als gut, aber nicht übertrieben elegant gekleidet. Sie wirkten »südländisch dunkel, wie Juden oder vielleicht Griechen. Mein Freund war mindestens so groß wie ich, also über einen Meter achtzig, dabei gutgebaut, athletisch und sehr stark, würde ich sagen. Die Dame war ebenfalls groß und von ähnlichem Typus. Beide schienen sich bester Gesundheit zu erfreuen.«

Ich habe viel gelernt, darf aber noch nicht alles weitergeben. Außerdem hat man mich dringend gebeten, sehr darauf zu achten, mit wem ich über meinen Ausflug spreche, weil es zahlreiche Kräfte gibt, die Dinge in Erfahrung bringen möchten, welche nur einigen wenigen von großem Nutzen wären ... Obwohl ich von dem Thema nichts verstehe, weiß ich, daß die Raumschiffe durch Magnetkraft, durch Nutzung der Magnetpole, angetrieben werden. Was auch immer die Raumschiffe tun, es dient einem bestimmten Zweck. Viele Raumschiffe landen in den verschiedenen Ländern dieser Erde ... Manche Schiffe sind gigantisch groß, landen aber nie ... Die Planeten besitzen zahlreiche Kontakte zur Erde. Viele ihrer Menschen leben unter uns und sind von uns nicht zu unterscheiden. Ein Arzt allerdings würde die Unterschiede wohl bemerken.[18]

Mir sind mehrere Kontaktpersonen persönlich bekannt, deren Erlebnisse Parallelen zu denen von Hubert Lewis aufweisen. Absprachen sind höchst unwahrscheinlich, weil ich darauf geachtet habe, daß sich die Zeugen nicht begegneten, bevor ich meine unabhängigen Ermittlungen abgeschlossen hatte. Zudem war keiner der Berichte veröffentlicht worden.

Lewis' Behauptung, Ärzte könnten zwischen einem Außerirdischen und einem Menschen von der Erde unterscheiden, ist deshalb interessant, weil ein offizieller Bericht über die angebliche Untersuchung eines Außerirdischen durch einen ausgebildeten Arzt existiert. Wie in meinem Buch *Sie sind da* (Orig. *Alien Liaison*) erwähnt, untersuchte 1976 ein mexikanischer Kinderarzt und Anästhesist, der verstorbene Dr. Leopoldo Díaz, einen Mann, der behauptete, von einem anderen (nicht näher beschriebenen) Planeten zu stammen. Der Mann schien in jeder Hinsicht normal, bis auf seine extrem weiße Haut und die außergewöhnlichen Augen mit der abnorm großen Iris. Außerdem behauptete er, 84 Jahre alt zu sein, wirkte aber wie vierzig oder fünfzig. Dr. Díaz war von seiner Begegnung so beeindruckt, daß er sich mit den Vereinten Nationen in New York in Verbindung setzte, wo er mit einer Delegation sprach. Bei einem der Delegierten handelte es sich um Robert Muller, der damals Untersekretär für wirtschaftliche und soziale Entwicklung war. Dieser erzählte mir, leider sei es ihm nicht gelungen, bei irgend jemandem von den Vereinten Nationen Interesse für diesen Fall zu wecken.[19]

Der Beobachter

Air Marshal Sir Peter Horsley, der frühere stellvertretende Oberkommandierende des Strike Command, hat neunzig verschiedene Flugzeugtypen geflogen, von Mosquitos (im Zweiten Weltkrieg) über Spitfires, Meteors und Hunters bis zu Lightnings und Vulcans. Sieben Jahre lang stand er als Stallmeister in den Diensten von Königin Elizabeth II. und Prinz Philip. Während jener Zeit hatte er ein Erlebnis, das ihn tief beeindruckte – eine Begegnung mit einem mysteriösen Wesen von offenbar außerirdischer Herkunft.

In seiner faszinierenden Autobiographie *Sounds From Another Room* hat sich Sir Peter in einem langen Kapitel mit dem Thema UFOs befaßt. Unter anderem sind darin Einzelheiten seiner Untersuchung von UFO-Sichtungen durch Piloten beschrieben, von denen auch Prinz Philip erfuhr, der sein Interesse an diesem Phänomen teilte. Fasziniert davon war auch Air Chief Marshal Sir Arthur Barratt, der nach Ende des Krieges die Luftwaffe verließ und in den Ruhestand ging. Barratt stellte Sir Peter einen seiner Freunde, einen gewissen General Martin, vor, der davon überzeugt war, daß es sich bei den fliegenden Untertassen um Raumschiffe von einem anderen Planeten handelte, dessen Bewohner uns vor den Gefahren eines Atomkrieges warnen wollten. Sir Peter war skeptisch.

1954 rief General Martin Sir Peter eines Tages an und bat ihn, sich mit einer gewissen Mrs. Markham in deren Wohnung in der Smith Street im Londoner Stadtteil Chelsea zu treffen. General

Sir Peter Horsley, früherer stellvertretender Oberbefehlshaber des Strike Command der britischen Luftwaffe und sieben Jahre lang Stallmeister von Königin Elisabeth und Prinz Philip, unterhielt sich 1954 in London zwei Stunden lang mit einem Mann, der offenbar außerirdischer Herkunft war. Das Bild zeigt Sir Peter im Mai 1975 in RAF Valley im Cockpit einer Hawker Hunter T7. Sein Copilot ist sein Neffe, Flugleutnant Gjertsen.

Martin selbst war bei der Begegnung nicht anwesend. In einem dämmrigen Raum wurde Sir Peter einem »Mr. Janus« vorgestellt. »Ohne Umschweife kam Mr. Janus zum Kern seines Anliegens und forderte mich auf, ihm alles zu sagen, was ich über UFOs wußte. Geduldig lauschte er mir … Am Ende fragte ich ihn ebenso direkt nach seinem Anliegen. ›Ich würde gern den Herzog von Edinburgh treffen‹, sagte er schlicht.« Etwas schockiert entgegnete Sir Peter, dies werde nicht einfach sein. »›Vor allem aus Sicherheitsgründen‹, wollte ich eigentlich hinzufügen, unterließ es dann aber«, schreibt er. »Doch genau an diesem Punkt äußerte sich die merkwürdige Fähigkeit des Mannes, meine Gedanken zu lesen.« Auf die Frage, warum er Prinz Philip treffen wolle, erwiderte Janus: »Weil er ein Mann mit großen Visionen ist … der fest an die Bedeutung des richtigen Verhältnisses zwischen Mensch und Natur glaubt. Dieses Thema wird für die Harmonie in der Galaxie in Zukunft sehr wichtig sein … vielleicht können zunächst wir beide über dieses Thema sprechen, damit Sie entscheiden können, ob ich eine Bedrohung darstelle oder nicht.« Sir Peter widmet dem folgenden zweistündigen Gespräch, das hier in Auszügen wiedergegeben ist, 14 Seiten.

PER ARDUA AD ASTRA*

Zunächst wies Janus darauf hin, daß die Menschheit »gegenwärtig danach strebe, die Grenzen der Erde hinter sich zu lassen und zum Mond und zu den Planeten zu reisen«.

Doch die große Vision der Menschheit bleibt die Reise zu den Sternen, auch wenn das Wissen um die riesigen Entfernungen, die bei interstellaren Flügen zurückzulegen sind, diese ins Reich der Träume zu verweisen scheint. Aber vielleicht ist nach hundert Jahren … die Erforschung eures eigenen Sonnensystems abgeschlossen. Es liegt nicht in der Natur des Menschen, sich damit zufriedenzugeben … Wie umherziehende Stämme auf andere Völker stießen und Christoph Kolumbus auf seinen Reisen unbekannte Hochburgen uralter Kulturen entdeckte, so mag der Mensch bei seinen Reisen durch das Universum unzähligen Kulturen begegnen, die viel älter sind als seine eigene … Ein Erfahrungsschatz erwartet ihn, dessen unbeschreibliche Schönheit und Andersartigkeit seine Vorstellungskraft übersteigt. Unzählige ihm heute unbekannte Kräfte und

* »Durch Entbehrung zu den Sternen« – das Motto der Royal Air Force.

Gewalten herrschen dort draußen, große Felder von Schwerkraft und Gegenschwerkraft jagen wie riesige Schleudern Objekte durch den Raum. Vielleicht findet er sogar andere Uni-
versen, in denen die ihm bekannten Gesetze für Zeit und Raum
ihre Gültigkeit verloren haben ...

Warum greift der Mensch nach den Sternen? Seine Energie
war nie ausschließlich auf materielle Ziele gerichtet. Vom Beginn seiner Geschichte an strebte der Mensch ... nach einer
Spiritualität und Würde, deren Existenz ihm bewußt war, die
er jedoch nicht vollständig begreifen konnte. Dieser Drang,
über sich selbst hinauszuwachsen, ist die Triebkraft hinter den
größten Taten der Menschheit ... So wird der Mensch nichts
erreichen, wenn er auf der Suche nach materiellem Gewinn
oder persönlichem Ruhm in das Weltall vordringt. Doch wer
nach einer Bereicherung seiner eigenen Spiritualität und seines
eigenen Wesens strebt, wird ein tieferes Verständnis erlangen
und begreifen, daß Gott universal ist.

EIN FINSTERES ZEITALTER

»Im Augenblick erlebt die Erde eine dunkle Ära«, fuhr Janus fort.
»Materieller Besitz zählt heute bei euch mehr als die Seele eines
Menschen.«

Wie ein Kind spielt der Mensch mit seinem technologischen
Spielzeug, von dem er glaubt, es werde ihm Reichtum und
Glück bringen. Diese Entwicklung spiegelt sich in der Ober-
flächlichkeit seiner Kultur und der Mißachtung der Natur wider. In seiner Gier nach immer komplizierteren Maschinen ist
der Mensch bereit, so gut wie alles zu opfern – seine natürliche
Umgebung, Tiere und sogar seine Mitmenschen. Selbst die
entsetzliche Gefahr, daß er seine eigene Welt in die Luft spren-
gen könnte, läßt ihn nicht in seiner Raserei innehalten.

KOSMOGONIE

Janus äußerte sich dann auch zur Kosmogonie, also zur Lehre von der Entstehung des Kosmos. Offenbar befürwortete er die Vorstellung vom Urknall, die er mehrfach als »die allgemein akzeptierte Theorie« von einem sich ausdehnenden Universum bezeichnete, das »durch die gewaltige Explosion eines großen Gebietes hochverdichteten Gases entstand, welches alle notwendigen Elemente für die Entstehung von Leben und Materie enthielt.«

»Wenn man diese Theorie akzeptiert, heißt dies, daß alle Galaxien die notwendigen Elemente für die Entstehung von Leben und Materie enthalten. Selbst an den äußersten Grenzen des Ausdehnungsgebiets werden diese Elemente immer noch durch die ursprüngliche Explosion verteilt ... Erkennt man die Theorie von einem sich ausdehnenden Universum an, akzeptiert man gleichzeitig die Tatsache, daß eine Unmenge von Galaxien existieren, deren Sonnen- und Planetensysteme dem unseren gleichen. Das Gesetz der Wahrscheinlichkeit spricht dafür, daß sich auf Millionen von Planeten im Universum Leben findet und auf Tausenden von ihnen innerhalb unserer eigenen Galaxie auf einer höheren Entwicklungsstufe als auf der Erde.«

Die Erde ist ein junger Planet, deren Mutter, die Sonne, ebenfalls jung ist. Wir mögen vermuten, daß auf anderen Planeten in diesem Sonnensystem Leben höchstens in Form rudimentärer Zellen existiert und es sich ansonsten um unbewohnte, abweisende Inseln handelt. Aber stellen Sie sich ein galaktisches Sonnensystem irgendwo im All vor, dessen Sonne im Herbst ihres Lebens steht. Vorausgesetzt, seine Bewohner haben Kriege und fremde Invasionen überlebt, könnten sie ein unvorstellbar hohes Niveau technologischer und kultureller Entwicklung erreicht haben ...

Eine Prophezeiung

Vollkommen richtig sagte Janus voraus, daß »vielleicht in zwanzig Jahren bemannte Raketen alltäglich sein werden und die Erde von einem Gürtel von Satelliten der verschiedensten Größen und Typen umgeben sein wird«. Die »Miniaturisierung unserer gegenwärtigen Technologie« werde »ebenso große Fortschritte erleben wie die Entwicklung von Navigations- und Kommunikationssystemen über große Entfernungen«.

Keine Störung

Warum aber besuchen Außerirdische die Erde? »Im Vergleich zu den Strömen auf den riesigen Verkehrsadern des Universums handelt sich nur um ein schwaches Tröpfeln«, erklärte Janus. »Schließlich läßt sich die Erde mit einem galaktischen Tümpel vergleichen, der von halbzivilisierten Menschen bewohnt wird, die selbst für ihre nächsten Nachbarn gefährlich sind ...«

Bei den meisten dieser Raumschiffe handelt es sich um von Robotern gelenkte Sonden, die die Entwicklung kontrollieren sollen. Einige von ihnen sind zur Überwachung des gesamten Programms bemannt und achten darauf, daß die Sonden nicht unabsichtlich landen oder abstürzen. Außerdem muß deren Existenz vor dem Großteil der Erdbevölkerung geheimgehalten werden. Sie wissen selbst, welchen Schaden eure Forscher dadurch angerichtet haben, daß sie bei primitiven Stämmen auftauchten und unter ihnen lebten. Häufig führte dies zu einer völligen Auflösung von deren Gesellschaft und Kultur ... Eine solche Erfahrung hinterläßt Eindrücke, die nur von hochentwickelten Gesellschaften verarbeitet werden können ... Das Grundprinzip einer verantwortungsbewußten Erforschung des Weltraums lautet, daß man sich genausowenig in die natürliche Entwicklung und Ordnung des Lebens im Universum einmischt, wie man einen Ameisenhaufen oder Bienenstock zerstören oder in Aufruhr versetzen sollte … Bevor ihr für Reisen durch die Galaxien bereit seid, müßt ihr noch wesentlich älter werden und lernen, euch auf eurem eigenen Planeten anständig zu benehmen, immer vorausgesetzt, daß ihr euch in der Zwischenzeit nicht selbst in die Luft sprengt.

DIE BEOBACHTER

»Seit undenklichen Zeiten«, fuhr Janus fort, »gibt es Legenden von Schiffen, die fremde Besucher vom Himmel bringen. Beobachter mischen sich unter euch und nehmen Kontakt mit nach strengen Kriterien ausgewählten Personen auf. Es muß gewährleistet sein, daß eine solche Begegnung keiner der beteiligten Parteien schadet.«

Seit langem studieren die Beobachter die Erde. Eine fortschrittliche Medizin ermöglicht es, sie innerlich so vorzubereiten, daß ihre Körper während ihres Aufenthalts normal funktionieren. Die richtige Kleidung und die geeigneten Mittel, um sich relativ frei bewegen zu können, sind ohne große Probleme zu erhalten … Eine Einmischung in eure Angelegenheiten liegt nicht im Interesse der Beobachter. Aber wenn man sein eigenes Sonnensystem verläßt, ist es von größter Wichtigkeit, daß man Verantwortung für die Erhaltung des Lebens an jedem Ort gelernt hat … Solange ihr keine Reisen in die Tiefe des Weltalls unternehmt, werden die Kontakte selten bleiben und müssen sorgfältig geheimgehalten werden …
Die Beobachter verfügen über hochentwickelte geistige und übersinnliche Fähigkeiten, sind in der Lage, Gedanken zu lesen, beherrschen Hypnose und können von einer Dimension in eine andere wechseln … diese besonderen Kräfte sind ihr einziger Schutz. Kontaktiert werden nur ausgewählte Perso-

nen, bei denen die Geheimhaltung gewährleistet ist. In den lockeren Verbänden der westlichen Gesellschaften, vor allem in England und Amerika, stellt das kein Problem dar, da man auf die Unterstützung von Freunden zählen kann. In Polizeistaaten und Diktaturen ist es anders.

Damit endete das Gespräch. Sir Peter verabschiedete sich von Mr. Janus und versprach ihm, die Möglichkeit eines Treffens mit Prinz Philip in Erwägung zu ziehen.

»Wer war Janus?« fragte Sir Peter. »War er Teil eines raffinierten Schwindels oder Komplotts, ein fantasiebegabter Prophet oder, wie er selbst andeutete, ein Beobachter? Wie auch immer, für mich wirkte er wie jemand, mit dem man rechnen muß. Offenbar handelte es sich um eine Autorität auf dem Gebiet der Raumfahrttechnologie, über die er viel zu wissen schien. War er an einer Verschwörung beteiligt, dann war es meine Pflicht, die Sicherheitsbehörden zu verständigen, besonders wenn die königliche Familie involviert war.«

Sofort nach dem Treffen verfaßte Sir Peter einen wörtlichen Bericht, den er Lieutenant-General Sir Frederick »Boy« Browning übergab, dem Schatzmeister von Prinz Philip. Browning war von dem Thema fasziniert und wollte unbedingt ein zweites Treffen mit Janus organisieren. Sir Peter war nicht so begeistert, versuchte jedoch während der nächsten Tage mehrfach, Mrs. Markham telefonisch zu erreichen. Niemand nahm ab. Schließlich setzte er sich mit General Martin in Verbindung, »der sich plötzlich sehr distanziert und ausweichend verhielt«. Am Ende suchte er Mrs. Markhams Wohnung in Chelsea auf, fand sie aber verlassen. Von den Nachbarn erfuhr er, Mrs. Markham sei in aller Eile ausgezogen. »Der Vorhang war gefallen«, schreibt Sir Peter. »Hatte Janus meine Zweifel gespürt, ob ich nicht die Sicherheitsbehörden von meiner Begegnung informieren sollte? General Martin, Mrs. Markham und Janus sah ich nie wieder.«[20]

»Ich dachte, ich würde sie erneut treffen, um das Gespräch fortzusetzen, und fand es sehr merkwürdig, daß die Wohnung leer war«, erzählte mir Sir Peter 1997 im friedlichen Garten seines Hauses am Ufer des Test in Hampshire. Ich bat ihn um weitere Einzelheiten seines Treffens mit Mr. Janus. »Es war an einem Winterabend. Mrs. Markhams Wohnung befand sich im ersten Stock. Janus wurde mir im Wohnzimmer vorgestellt, das von zwei Stehlampen nur unzureichend erhellt wurde. Er saß in einem Sessel am Feuer und erhob sich auch nicht, als wir uns die Hände schüttelten. Ich ließ mich in einem Sessel auf der anderen Seite des Kamins nieder, Mrs. Markham auf einem Sofa zwischen uns.«

Irgendwie war er schwer zu beschreiben. Das Merkwürdige war, daß er keinen bleibenden Eindruck bei mir hinterließ, er schien vollkommen mit seiner Umgebung zu verschmelzen. Einzig seine ruhige, volle Stimme schien mir bemerkenswert. Er sah aus, als wäre er etwa fünfundvierzig bis fünfzig Jahre alt, besaß schütteres, leicht ergrautes Haar und trug Anzug und Krawatte. Bis auf die Tatsache, daß er sich auf meine Denkweise einzustellen schien und allmählich die Führung des Gesprächs übernahm, wirkte er in jeder Hinsicht normal. Mrs. Markham bot mir Kaffee an, griff aber zu keinem Zeitpunkt in die Unterhaltung ein. Anfänglich reagierte ich skeptisch, doch gegen Ende des Gesprächs war ich wirklich beunruhigt.

»Und wie fiel die Reaktion des Buckinghampalastes aus – von General Browning einmal abgesehen?« wollte ich wissen.

»Michael Parker, Prinz Philips Privatsekretär, hielt das Ganze für einen Witz, aber Prinz Philip war für alle Möglichkeiten offen.«[21]

1969 wurde Sir Peter Horsley ins Verteidigungsministerium versetzt, wo er als Assistant Chief of Air Staff (Operations) für die weltweite Koordination von Operationen der Luftwaffe zuständig war und direkt dem Vice Chief of Air Staff berichtete. In seiner bemerkenswerten Autobiographie enthüllt er, daß er im Air Force Operations Room (AFOR) auf »eine wahre Goldmine von UFO-Berichten stieß. Routinemäßig wurde jeder UFO-Bericht, gleich aus welcher Quelle er stammte, registriert, überprüft und abgelegt. Meldungen, die politische Auswirkungen oder Folgen für die Öffentlichkeit haben konnten, landeten auf meinem Schreibtisch.«[22]

»Es gab jede Menge Berichte. Natürlich ließen sich 95 Prozent davon erklären. Unsere Hauptsorge war, daß die Sowjets in unseren Luftraum eindringen könnten. Dennoch kam es zu einer detaillierten Analyse durch die Wissenschaftler und Techniker des Geheimdienstes der Luftwaffe. Außerdem erfuhr ich, daß das Thema bei den Amerikanern strikter Geheimhaltung unterlag.«

»Ich bewundere Ihren Mut, mit solch einer Geschichte an die Öffentlichkeit zu treten«, sagte ich. »Was empfinden Sie angesichts des Spotts, mit dem Sie von der Presse nach dem Erscheinen des Janus-Berichts überhäuft wurden? Insbesondere meine ich damit den Artikel von Dr. Thomas Stuttaford in der *Times*, in dem er behauptete, sie litten entweder unter Halluzinationen oder Wahnvorstellungen?«[23]

»Besonders viel Mut war nicht erforderlich, weil ich ja nur die tatsächlichen Ereignisse wiedergegeben habe. Mir sind eine Reihe hoher Offiziere der Air Force bekannt, die meine Ansicht teilen, daß merkwürdige Dinge im Gange sind. Nur die Zeitungen sprechen von Halluzinationen oder Wahnvorstellungen …«

Was die unglaubliche Geschichte von Mr. Janus angeht, hält sich der höchst glaubwürdige Sir Peter Horsley für alle Eventualitäten offen.[24]

Kosmischer Kulturschock

Im April 1961 fotografierte der renommierte italienische Journalist Bruno Ghibaudi an der Adriaküste bei Pescara mehrfach ungewöhnliche Flugobjekte. Eines von ihnen wirkt so eigenartig, daß jede Fälschung ausgeschlossen scheint. Damals war Ghibaudi dem italienischen Rundfunk- und Fernsehpublikum als wissenschaftlicher Journalist bekannt. Sein Spezialgebiet war die Luft- und Raumfahrt.

Etwa ein Jahr vor seinen Aufnahmen hatten Ghibaudis Vorgesetzte ihn gebeten, eine TV-Sendung über Leute, die angeblich fliegende Untertassen gesehen hatten, vorzubereiten. Bis dahin hatte er sich wenig mit dem Thema befaßt, doch als er begann, in ganz Italien Interviews zu führen, stellte er zu seinem Erstaunen fest, wie häufig solche Erlebnisse waren. Viele Menschen hatten fliegende Untertassen gesehen oder fotografiert, mit den Besatzungen gesprochen oder Metallstücke und andere Materialien von gelandeten Raumschiffen gefunden. Dabei erfuhr er, daß viele Zeugen, die von ihren Erlebnissen berichtet hatten, ihre Arbeit verloren hatten, mit Spott überhäuft oder von den Behörden endlosen Verhören unterzogen worden waren. Verständlicherweise hatten sie genug von der ganzen Sache und keine große Lust, ihre Erfahrungen noch einmal zu erzählen, und schon gar nicht einem Journalisten. Bevor er zu seiner zweiten Reise durch Italien aufbrechen konnte, teilten Ghibaudis Vorgesetzte ihm mit, das geplante Programm sei abgesetzt worden. Inzwischen war Ghibaudi von dem gesammelten Beweismaterial so beeindruckt, daß er die Nachforschungen auf eigene Faust fortsetzte.

Im Sommer 1961, wenige Monate nach den Fotos von Pescara, behauptete Ghibaudi, man habe ihn eingeladen, sich mit »Wesen aus dem All« zu treffen. Wie bei Sir Peter Horsley fand die Begegnung in einem Haus statt, dessen Adresse Ghibaudi allerdings nicht preisgeben wollte. Mehrere Zeugen waren zugegen, unter

Eines von mehreren ungewöhnlichen Flugobjekten, die der italienische Wissenschaftsjournalist Bruno Ghibaudi im April 1961 bei Pescara an der italienischen Adriaküste aufnahm. Einige Monate später behauptete Ghibaudi, Wesen aus dem All begegnet zu sein.

denen sich auch der »Vermittler« befand, der das Treffen arrangiert hatte. In seinem Interview mit *Le Ore* vom Januar 1963 lieferte Ghibaudi keine genaue Beschreibung der Besucher, sondern beschränkte sich vor allem auf die von ihnen erhaltenen Informationen. Allerdings erklärte er, sie ähnelten den Menschen so stark, daß sie sich unerkannt unter uns mischen konnten. Bei ihren zufälligen Begegnungen mit Menschen von der Erde kommunizierten sie manchmal durch Gesten oder über Telepathie, gelegentlich aber auch in der Sprache der kontaktierten Person. Schließlich und endlich dürften Wesen auf einer solch hohen technischen Entwicklungsstufe keine Probleme damit haben, unsere Sprachen zu erlernen, sinnierte er.

Die menschliche Gestalt ist »dem gesamten Kosmos gemeinsam«, so Ghibaudi. »Dennoch halten die Erdbewohner diesen Gedanken weithin für unmöglich, wahrscheinlich, weil die Wahrheit, wie so oft, zu einfach ist, als daß man ihr Glauben schenken wollte.«

Von oberflächlichen Unterschieden abgesehen, ähneln die Geschöpfe im gesamten Universum dem *Homo sapiens.* Allerdings gab Ghibaudi zu, einige der inneren Organe könnten sich von den unseren unterscheiden oder völlig andere Funktionen wahrnehmen.

Die Besucher aus dem All stammten aus vielen verschiedenen Welten, daher die Unterschiede, zum Beispiel bei der Körpergröße. Tatsache ist, so behauptete er, daß sich die »am Anfang ihrer Entwicklung stehende Zivilisation des irdischen Menschen in einer besonders schweren Krise befindet und die Leute aus dem All daher eher bereit sind, ihre Identität zu enthüllen«. Zumindest die Personen, die er kennengelernt hatte, waren guten Willens und wollten uns helfen. Falls notwendig, waren sie auch bereit einzugreifen, um eine nukleare Katastrophe zu verhindern.

Sie sind uns zwar in ihrer technischen, wissenschaftlichen und ethischen Entwicklung um Tausende von Jahren voraus, aber nicht allmächtig. »Das sind Menschen«, betonte Ghibaudi, »also dürfen wir uns nicht darauf verlassen, daß sie uns aus unseren Schwierigkeiten helfen. Da sie nicht unfehlbar sind, könnten ihre Anstrengungen und Bemühungen nicht ausreichen, um eine Katastrophe abzuwenden. Es besteht immer die Möglichkeit, daß etwas schiefgeht oder ein Unfall ihre Anstrengungen zunichte macht.«

Zum Thema Atomwaffen erklärte Ghibaudi, die Außerirdischen seien zwar in der Lage, diese Waffen zu zerstören, »doch das menschliche Herz würde dabei unberührt bleiben. Wir besäßen immer noch die Fähigkeit und vor allem den Willen, neue Atomwaffen zu bauen.« Daher versuchten die Außerirdischen, denen er begegnet war, den Geist der Menschen zu beeinflussen. »Die Gefahren einer verbotsorientierten Politik sind ihnen bewußt, weil sie wissen, daß am Ende die Menschen der Erde ihren eigenen Weg gehen müssen …«

NEGATIVE VERGLEICHE

Obwohl die Atomwaffen einer der Hauptgründe dafür waren, daß die Außerirdischen verstärkt Kontakt mit Erdbewohnern aufnahmen, existierten Ghibaudi zufolge weitere Gründe, die er jedoch nicht preisgeben durfte.

Die Zurückhaltung der wohlmeinenden Besucher lag nicht allein in der immensen Gefahr begründet, daß ihr Auftreten Panik auslösen könnte – »so groß diese Risiken bei primitiven und rückständigen Geschöpfen wie uns auch sein mögen«. Ein offenes Auftreten unter den Erdbewohnern hätte auch unweigerlich zu Vergleichen geführt, die so verheerend ausfallen hätten müssen, daß die Menschheit angesichts ihrer Unterlegenheit endgültig Mut und Hoffnung verloren hätte. Und wie sollten Politiker mit einem solchen Szenario umgehen? »Unsere Massen sind noch nicht für eine Enthüllung dieser Art bereit«, erklärte Ghibaudi.

Vergessen wir nicht, daß zwischen ihrer und unserer Wissenschaft Tausende von Jahren liegen. Aus diesem Grund würde eine »offizielle« Masseneinwanderung aus dem All unweigerlich zu Vergleichen zwischen den Welten dieser Geschöpfe von anderen Planeten und der unseren führen. Wie könnte man eine solche Begegnung zulassen? In unserem tiefsten Inneren würden wir dadurch erschüttert werden, und sie wollen jede Panik vermeiden. Ein Grund dafür ist auch, daß es kosmische

Gesetze gibt, die es den höher entwickelten Rassen verbieten, über ein gewisses Maß hinaus in die Evolution und Entwicklung rückständigerer Rassen einzugreifen. Jede Rasse muß ihren eigenen Weg zum Fortschritt finden und den Preis dafür bezahlen, muß ihre eigenen Opfer bringen, ihre eigenen Siege und Niederlagen erleben ...[25]

Warnung
an die Menschheit

Selbst wenn nicht alle Berichte von Begegnungen mit Außerirdischen glaubwürdig sind, finden sich doch zahlreiche Übereinstimmungen. Häufig sind die Betroffenen auch Jahre später noch davon überzeugt, daß ihnen etwas Außergewöhnliches zugestoßen ist, etwas, das ihr Leben für immer verändert hat. Die folgende Geschichte aus Argentinien ist ein Beispiel dafür. Bei dem Zeugen handelt es sich um eine Person von untadeligem Ruf. Untersucht wurde der Fall von Héctor Antonio Picco und drei seiner Kollegen (H. Cosso, Sotero Caraballo und Eduardo R. Rando), die sich acht Jahre lang mit ihm befaßten.

Das Poseidon-Abenteuer

Eines Nachts im August 1956 fischte Orlando Jorge Ferraudi wie gewöhnlich an der zu jener Zeit verlassenen Küste des Seebads im Norden von Buenos Aires, wo heute das Universitätsviertel liegt.

Es war etwa 23 Uhr, und ich war dabei, meine Ausrüstung vorzubereiten, als ich plötzlich das Gefühl hatte, beobachtet zu werden. Ich dachte, es handle sich um einen Penner, der sich immer dort herumtrieb, aber als ich mich umdrehte, sah ich, wie »er« – ein merkwürdiges Individuum – mich beobachtete.

Da ich selbst einen Meter neunzig groß bin, war mir sofort klar, daß er über zwei Meter messen mußte. Seine Haut war sehr weiß, die Augen extrem hell. Er trug keinerlei Bart und das Haar kurz und sauber geschnitten. Gekleidet war er in eine Art engen Overall.

Die Nacht war sehr dunkel. Ich fühlte, wie er mir eine geistige Botschaft übermittelte: »Bleib ganz ruhig, hab keine Angst. Es gibt keinen Grund, sich zu fürchten.« Dann nahm er mich am Arm und drehte sich so, daß er eine Art »Puderdose« oben auf die Mauer stellen konnte. Als er sie öffnete, gab sie ein phosphoreszierendes Licht ab, in dessen Schein ich ihn genauer betrachten konnte. Sein Anzug war von senfgelber Farbe und zeigte weder Falten noch Reißverschlüsse oder Knöpfe. Hinten am Halsausschnitt war eine Kapuze befestigt. »Hab keine Angst, du wirst jetzt mit mir auf eine lange Reise gehen«, wiederholte er.

Er nahm seine Dose an sich, und wir stiegen beide die Stufen zum Rio de la Plata hinunter. Ich folgte ihm wie ein Roboter. Plötzlich deutete er mit seinem »kleinen Gerät« auf etwas, und ich konnte ein merkwürdiges Flugobjekt erkennen, das die Form einer umgedrehten Untertasse hatte und sich uns vom Wasser her näherte. Es hielt an, und aus einer kleinen Tür wurde eine Rampe ausgefahren, über die ein dem ersten ähnliches Wesen zu uns beiden heruntersteig. Ganz sanft nahm er mich an der Hand und forderte mich auf, in das Raumschiff zu steigen.

AN BORD

Sobald Ferraudi das Raumschiff betreten hatte, fiel ihm ein Mädchen auf, das fünf oder sechs Jahre jünger als er selbst sein mußte (damals war er achtzehn). Aus ihrer Kleidung schloß er, daß sie nicht zu »ihnen« gehörte.

»Hab keine Angst, sie werden uns nichts tun. Ihre Absichten sind gut«, sagte das Mädchen. »Ich bin schon etwas länger hier als du. Mein Name ist Elena, und ich stamme aus Villa Mercedes [Provinz San Luis].« Ferraudi berichtete weiter:

Plötzlich kamen »sie« und sagten über Telepathie: »Keine Angst, aber ihr müßt euch jetzt ausziehen und die Kleidung wechseln, weil an den Dingen, die ihr tragt, Elemente und Keime haften, die uns fremd sind.« Elena wurde von einer Frau, die den anderen, die er später sah, vollkommen glich, in einen anderen Raum gebracht. Der harmonisch proportionierte Körper war in den gleichen Anzug gehüllt wie bei den Männern. Mund, Nase und Ohren waren normal, aber die Augen, die ansonsten nicht weiter ungewöhnlich wirkten, schimmerten fast gelb. Die Haare trug sie zu einer »Prinz-Eisenherz-Frisur« geschnitten.

Ihrem Befehl nicht zu gehorchen wäre mir unmöglich gewesen, ich stand völlig unter ihrer Kontrolle. Die Kleider, die ich abgelegt hatte, wurden in ein Gerät gesteckt, das wie ein Fernseher aussah und von dichtem grünem Rauch erfüllt war. Sie gaben mir einen Overall, wie sie ihn trugen, und befahlen mir, ihn anzulegen. Ich sagte ihnen, das könne ich nicht, weil er zu eng sei, aber sie bestanden darauf. Durch das Halsloch steckte ich erst das eine, dann das andere Bein hinein, und der Overall dehnte sich, bis er meinen Körper vollständig bedeckte! Zudem hatte ich das Gefühl, bequeme Schuhe zu tragen, obwohl ich barfuß war.

Inzwischen war auch Elena zurückgekehrt. Die beiden erfuhren, daß sie unter Wasser zu einer Bucht namens Samborombón reisen würden. »Dort«, so Ferraudi, »würden wir auftauchen und in geringer Höhe bis zur Küste von Uruguay fliegen. Dann würden wir den Atlantik überqueren und über Afrika an Höhe gewinnen.«

»Diese Vorsichtsmaßnahmen sind erforderlich, damit wir nicht entdeckt und für Invasoren gehalten werden«, erklärten die Kosmonauten. »Eure Leute sollen sich langsam daran gewöhnen, daß wir nicht anders als andere sind. Schließlich sind wir in diesem Teil des Universums keine Fremden.«

Während seines Interviews mit Picco bat Ferraudi darum, das Tonbandgerät abzustellen, als es um den Herkunftsort seiner »Entführer« ging. Seine inoffizielle Antwort, zu der er inzwischen allerdings offen steht, war höchst interessant. »Eigentlich sollte ich das noch nicht sagen: *Sie kommen aus dem Inneren der Erde.*« Ferraudi zufolge hatten die Außerirdischen etwa um 1950 zwei Unterwasserbasen errichtet. Die eine lag in der Nähe der Küste Uruguays, 45 Kilometer von Buenos Aires entfernt, die andere in der Bahía Samborombón, etwa 150 Kilometer südwestlich von Montevideo.[1] Anscheinend existierte noch eine weitere Basis im Golf von Mexiko, wohin man Orlando und Elena zu einem kurzen Besuch brachte.

Eine Unterwasserbasis

»Als das Raumschiff an Höhe gewann«, fuhr Ferraudi fort, »fiel mir auf, daß die Innenwände vollkommen glatt waren und nur durch längliche Fenster unterbrochen wurden. Das Mädchen und ich wurden an eines von ihnen geführt.«

> Wir konnten unseren schönen Planeten sehen. Groß und rund, von einigen weißen Flecken und Wolken abgesehen blau, »hing« er im dunklen, schweigenden All. Unser Mond schimmerte in mattem Grau. Sie sagten uns: »Wir werden nun ein Kraftfeld projizieren, das uns wie durch ein Rohr anziehen wird.« Im selben Augenblick wurde die Erde so klein wie eine

Orange. Ich fühlte keine Angst, spürte auch keinen Ruck, wie er bei einer solchen Bewegung zu erwarten gewesen wäre. Sie sagten uns, wir würden mit der gleichen Geschwindigkeit zurückkehren.

Als wir zum Rückflug ansetzten, fing ich an zu schreien: »Vorsicht, wir stürzen ab!« »Keine Sorge«, beruhigten sie mich. »Sobald wir uns der Erde bis auf eine kurze Distanz genähert haben, werden wir ein Kraftfeld erzeugen, das verhindert, daß wir mit ihr zusammenstoßen.« Wir tauchten, wohl im Golf von Mexiko, in den Ozean ein. Nach einigen Minuten Fahrt unter Wasser sahen wir eine riesige Unterwasserkuppel, die an einen gewaltigen Eskimoiglu erinnerte. Darunter bewegten sich Menschen, außerdem waren Gebäude und mehrere Schiffe wie das unsere zu erkennen. Einer von »ihnen« sagte: »Auf dieser Basis werden unsere Schiffe überholt.«

Nachdem sie die fünf oder sechs Gebäudeblocks am Grunde des Ozeans hinter sich gelassen hatten, erfuhren Orlando und Elena, daß sie sich einem »Test« unterziehen sollten. Damit dessen Ergebnisse nicht verfälscht würden, sei es notwendig, daß sie sich entspannen.

Der Test
Eines der weiblichen Besatzungsmitglieder brachte ein Tablett mit zehn kleinen »Eiern«, fuhr Ferraudi fort. »Fünf davon seien für Elena bestimmt, die anderen fünf für mich, sagten sie.«

Sie waren rot, gelb, braun, grün und von einer weiteren Farbe, an die ich mich nicht erinnern kann. Wir mußten sie kauen und essen und außerdem eine klare, dickliche Flüssigkeit trinken. Als wir diese Dinge schluckten, stellten wir fest, daß sie keinerlei Geschmack besaßen.

Wir wurden angewiesen, uns auf gepolsterten Liegen auszustrecken. Diese waren mit U-förmigen Kopfstützen ausgestattet und mit Lichtern besetzt, die die gleiche Farbe besaßen wie die kleinen Eier, die wir gegessen hatten. Wir versanken in tiefen Schlaf. Als wir erwachten, stellten Elena und ich fest, daß wir gegenseitig unsere Gedanken lesen konnten, was uns lustig erschien. Die Testergebnisse waren ausgezeichnet, erfuhren wir. Wir waren beide kerngesund. Unser körperlicher und geistiger Zustand, ja sogar das Datum unseres Todes waren für unsere Gastgeber aus dem Ergebnis der Untersuchung ersichtlich. Außerdem teilten sie uns mit, unsere Epiphyse sei reaktiviert worden, was vielleicht der wichtigste Aspekt unserer Erfahrung sei (das weiß ich jetzt).

»In Zukunft werdet ihr uns dadurch nützlich sein können. Diese Drüse ist alles, was in euch von unserem Erbe erhalten ist. Von den fünf Rassen auf diesem Planeten stammt keine ursprünglich von der Erde. Es handelt sich vielmehr um die Überlebenden von Zivilisationen anderer Planeten. Seit langem ist die Erde als Zoo des Sonnensystems bekannt. Die heute existierenden Rassen haben durch eigene Schuld genetische Mutationen erlitten. Durch ihre Vermischung kam es zu einer Degeneration des Erbguts. Von dem, was sie ursprünglich waren, ist nur noch die Epiphyse übriggeblieben. Daher haben wir diese reaktiviert. Wenn wir an euch denken, werdet ihr sofort ein Summen in euren Köpfen vernehmen.«[2]

Physiologisch ist die Epiphyse oder Zirbeldrüse folgendermaßen definiert:

Eine erbsengroße Masse von Nervengewebe, durch einen Stiel mit der hinteren Wand der dritten Hirnkammer verbunden, tief zwischen den Hirnhälften hinten am Schädel. Nimmt die

Aufgabe einer Drüse wahr und sondert das Hormon Melatonin[3] ab ... Es gibt Hinweise darauf, daß es sich möglicherweise um ein zurückentwickeltes drittes Auge handelt.[4]

ENERGIE, GOTT UND TOD

Dann wurden Orlando und Elena eingeladen, sich den Rest des Raumschiffs anzusehen. Ein bemerkenswertes Detail, das durch andere Berichte bestätigt wird, war die »perfekte Beleuchtung«, deren Quelle sich nicht bestimmen ließ. »Ich hatte das Gefühl, die Luft selbst sei ›eingeschaltet‹«, bemerkte Ferraudi.

Sie zeigten uns den Motor. Er war rund und verlief entlang dem gesamten Schiff, das einen Durchmesser von etwa siebzig Metern hatte. Er bestand aus einer Reihe riesiger, miteinander verbundener Spulen. Dort sahen wir andere Wesen, die blaue Kleidung, Handschuhe und eine Art Visier trugen, das ihr Gesicht bedeckte. Überrascht fragte ich: »Fliegt ihr damit?« Das Wesen, das uns begleitete, antwortete: »Nein, wir fliegen nicht, wir gleiten einfach nur auf einem Kraftfeld dahin. Kosmische, magnetische und solare Energie werden von uns eingesetzt. Wenn wir uns im All bewegen, können wir alle drei davon oder auch nur eine einzige verwenden. Unser Schiff, das ihr eine fliegende Untertasse nennt, besteht aus einem Stück. Es wurde praktisch gegossen, die Fenster sind nur ›angeklebt‹ ...«[5]

Auf eine Frage zu »Gott und Tod« erwiderte der »Herr aus dem Reich des Poseidon« (wie Ferraudi ihn nannte) kurz:

Für uns ist das, was ihr Gott nennt, eine Form der absoluten Energie. Der Tod ist nur eine Veränderung der Molekularstruktur, ein Wechsel des Zustands. Sex dient bei uns ausschließlich der Fortpflanzung, aber auch wir haben Familien und kennen die Liebe. Unsere Lebensspanne ist länger als die eurige. Schon bei der Geburt verfügen unsere Kinder über all unser Wissen, das sie, wenn sie älter werden, vervollkommnen.

Dann konzentrierte sich das Gespräch auf den »unkontrollierten und irrationalen Gebrauch der nuklearen Energie durch die Menschheit«, sagte Ferraudi, »der nicht nur unseren Lebensraum bedroht, den wir mit ›ihnen‹ teilen, sondern auch das Gleichgewicht im Kosmos. Einer von ihnen hielt ein Gerät in den Händen, auf das sie uns jetzt hinwiesen, während sie uns durch ein Fenster blicken ließen, vor dem ein fester Körper schwebte.«

Das Wesen zielte mit dem Gerät darauf. Ein Strahl schoß heraus, der es bei der ersten Berührung in die Luft jagte. Dann sagte es: »Dies ist pure Energie. Sobald sie ihr Ziel erreicht, zerfällt es in seine Bestandteile, sie löst alles, was sie berührt, vollständig auf.« Seine letzten Worte enthielten eine eindringliche Warnung: »Eines solltet ihr wissen: Bedauerlicherweise werden wir diese Kraft einsetzen müssen, solltet ihr die Harmonie zwischen den Gestirnen in Gefahr bringen ...«

RÜCKKEHR ZUR ERDE

Schließlich teilte man Orlando und Elena mit, sie würden an ihren Ausgangsort zurückgebracht werden. Eine Zeitlang würden sie das Gedächtnis verlieren; später würde die Erinnerung an die Vorfälle zurückkehren. Ferraudi zum Beispiel weiß noch, daß ihn bei seiner Ankunft eines der Wesen aufforderte, sich zu bücken. Dann richteten sie ein strahlend helles Licht auf ihn, und er versank in Schlaf. Als er erwachte, war es bereits kurz vor Sonnenaufgang. Sein Körper fühlte sich vollkommen taub an, und er erinnerte sich nicht, ob er Fische gefangen hatte. Nachdem er sein Angelzeug eingesammelt hatte, ging er nach Hause.

Am Samstag abend zwei Wochen später, als er gerade seine Angelausrüstung vorbereitete, weil er erneut eine Nacht an derselben Stelle verbringen wollte, sinnierte er vor sich hin. »Warum gehe ich eigentlich fischen, wenn ich doch nur einschlafe?« Plötzlich »erinnerte« er sich. »Nein, ich bin ja gar nicht eingeschlafen! Ich bin mit einer fliegenden Untertasse gereist!«

»Ich bin mir sicher, daß ich dies alles nicht geträumt habe«, erzählte Ferraudi Héctor Antonio Picco dem hauptsächlich mit diesem Fall befaßten Ufologen. Nachdem er den Zeugen über einen Zeitraum von acht Jahren wiederholt befragt hatte, wobei er eingehend dessen Körpersprache studierte, gelangte Picco zu dem Schluß, daß Ferraudi aufrichtig war. Beeindruckt war Picco auch von den wissenschaftlichen und medizinischen Erkenntnissen, die Ferraudis eigenes Wissen weit überstiegen und ihm offensichtlich von den Fremden übermittelt worden waren. Zum Beispiel wollte Ferraudi eine »Maschine« entwerfen, mit der man Krebs heilen konnte. Am Anfang seines Manuskripts »Krebs: Ursprung und Entwicklung« schreibt er:

Der Ursprung der Krankheit liegt in den endokrinen Drüsen, deren bioelektrisches Gleichgewicht gestört ist. So gelangen unvollständige Körpersäfte in das Blut, die eine unsinnige Zellbildung auslösen. Mit dem Blut zirkulieren sie im gesamten Körper, immer auf der Suche nach dem schwächsten Organ, auf das sie ihren Einfluß am effektivsten ausüben können.

Im Juli 1975, Jahre nachdem Orlando Ferraudi seine Theorie dargelegt hatte, trat Dr. Albert Szent-Györgyi, der Medizin-Nobelpreisträger von 1937, mit seiner »elektromagnetischen Theorie« über Krebs an die Öffentlichkeit. Seine Beschreibung ähnelte stark der von Ferraudi, obwohl dieser nur rudimentäre medizinische Kenntnisse besessen hatte.[6]

Eine unterirdische Raumbasis

Am Nachmittag des 15. August 1960 wurde Olaf Nielsen, ein Landwirtschaftsstudent, angeblich von Außerirdischen entführt, während er in einem abgelegenen Gebiet bei Halmstad in Schweden seine Studien betrieb. Hier seine erstaunliche, faszinierende Geschichte, wie er sie 1962 dem italienischen Geschäftsmann Paulo Bracci schilderte:

> Plötzlich hatte ich das Gefühl, mir sei schwindlig und ich würde in die Luft hinaufgesogen. Trotz meines Entsetzens registrierte ich noch, was mit mir geschah. Etwa zwanzig Meter über dem Boden schwebte eine fliegende Untertasse, von der ich angezogen wurde. Als mir klar wurde, daß ich im leeren Raum schwebte und offenbar entführt werden sollte, verlor ich das Bewußtsein.
>
> Als ich erwachte, fand ich mich auf einer auffällig weichen Couch in einer kleinen Kabine wieder. Sie war von blaßgrüner Farbe und wurde von einem diffusen Licht erhellt, das keine Quelle zu besitzen, sondern von den Wänden selbst auszugehen schien. Plötzlich öffnete sich eine Tür, und ein Wesen trat herein, das uns in jeder Hinsicht glich, aber einen Overall trug. Es näherte sich mir, lächelte und entschuldigte sich in meiner eigenen Sprache für die Art, wie ich entführt worden war.

Weiter berichtete Nielsen, er sei sehr schnell zu einer unterirdischen Weltraumbasis gebracht worden.

> Zuerst hatte ich den Eindruck, mich unter freiem Himmel zu befinden, stellte dann aber fest, daß es sich um eine hellerleuchtete Höhle handelte. Neugierig fragte ich meinen Führer, ob es auf der Erde viele von diesen Basen gebe. Nach einem Augenblick des Zögerns erwiderte dieser, solche Basen existierten

auf der Erde bereits seit langer Zeit. Einige von ihnen befänden sich in Zentralasien, wo es vor Tausenden von Jahren blühende Städte gegeben hatte, andere auf den Hochplateaus des Pamirgebirges, in Zentralafrika und in Südamerika, wo die Besucher aus dem All »geheime Städte aus der Zeit vor den Inkas« ihren eigenen Bedürfnissen angepaßt hätten.

Olaf Nielsen erklärte, man habe ihm mehrere Untertassen gezeigt, und ein Gerät, mit dem ein schützender »magnetischer Vorhang« über den Eingang zur Basis gelegt werden konnte. Sein Führer erläuterte, es handle sich um Vorsichtsmaßnahmen, die sich nicht gegen die Bewohner der Erde, sondern gegen die »Dunklen« richteten, kriegerische Wesen aus dem All, die aus der Gegend des Orion stammten und die Erde erobern wollten.

Gordon Creighton teilt meine Ansicht, daß dieser Fall wichtige Informationen enthält. »Es ist eine Tatsache«, stellt er fest, »daß in Zentralasien, das heute wüstenähnlichen Charakter hat, einst blühende Kulturen existierten. Einer alten Überlieferung [der Eingeborenen] zufolge, für die es jedoch keine hinreichenden Beweise gibt, existieren in den Anden immer noch Städte aus der Zeit der Inkas oder sogar davor, die bis heute nicht entdeckt worden sind.«[7]

Fliegende U-Boote im Mittelmeer

Am 3. Juni 1961 um 6 Uhr 35 saß Giacomo Barra mit drei Freunden in einem Motorboot, das vor Savona im Golf von Genua trieb. Die Männer hatten den Motor abgestellt und genossen die morgendliche Brise, als plötzlich der Wellengang zunahm und das Boot kräftig zu rollen begann. Barra berichtete:

Wir sahen uns um, weil wir dachten, wir wären einem der großen Tanker zu nahe gekommen, die auf den Hafen zuliefen.

Doch das war nicht der Fall. Etwa einen Kilometer von uns entfernt wölbte sich das Meer wie eine riesige Kugel, von der nach allen Seiten lange Wogen ausgingen. Völlig verwirrt fragten wir uns noch, was wir da vor uns hatten, als sich ein merkwürdiges Objekt aus der Wölbung im Wasser erhob. Vielleicht handelte es sich um eine der berühmten »fliegenden Untertassen«, denn der untere Teil sah aus wie ein umgedrehter Teller, wobei der obere in einen Kegel auslief. Während es aus dem Meer aufstieg, wurde das Wasser rundherum wie von einem Luftkissen weggeschleudert. Nachdem es sich vollständig aus dem Wasser erhoben hatte, blieb es einige Sekunden in einer Höhe von etwa zehn Metern stillstehen und schaukelte dann mehrmals kurz. Dann bildete sich ein Lichtkranz um den unteren Teil, und das Ding schoß mit großer Geschwindigkeit über das Meer und verschwand nach Nordwesten.[8]

Ein Bericht von drei Männern in zwei Booten

Bei dem folgenden Bericht handelt es sich um eine von mehreren Meldungen über die Sichtung unbekannter »fliegender U-Boote« durch Fischer aus dem französischen Fischereihafen Le Brusc zwischen Marseille und Nizza. Allerdings war keiner der Fischer bereit, seine Identität preiszugeben. Der Vorfall ereignete sich in der klaren, warmen Nacht des 1. August 1962 zwischen 23 und 23 Uhr 30. Hier die Aussage des ersten Zeugen:

Da entdeckte ich etwa dreihundert Meter vor uns einen großen, länglichen Metallkörper, in dessen Mitte sich ein Kamin oder Turm befand. Offenbar bewegte er sich langsam an der Meeresoberfläche, hielt dann aber an. Ich sagte zu meinen Kameraden in dem anderen Boot: »Ganz in unserer Nähe ist ein U-Boot aufgetaucht. Das scheint die aber nicht stören!« Einer der anderen entgegnete: »Es muß sich um ein ausländisches U-Boot handeln. Das Modell kenne ich nicht.« Dann bewegte sich das Wasser, und Wellen schlugen gegen das U-Boot. Ich entdeckte Froschmänner, die aus dem Meer stiegen und auf das Schiff kletterten. Wir riefen ihnen zu, aber zuerst drehten sie sich nicht einmal nach uns um. Meine beiden Kameraden, die sie ebenfalls gesehen und mich gehört hatten, riefen über ihren Lautsprecher ...

Von ihrer Seite erfolgte keine Antwort. Ich konnte sie gut sehen, etwa ein Dutzend von ihnen kletterte auf das U-Boot. Dann sahen sich drei oder vier von ihnen um. Sie zögerten kurz, verschwanden dann aber im Inneren des Schiffes. Bevor er den anderen folgte, drehte sich der letzte Mann nach uns um, hob den rechten Arm über den Kopf und winkte ein paar Sekunden grüßend, wie um mitzuteilen, daß er uns gesehen hatte. Dann war auch er im Schiff verschwunden.

Bis zu diesem Augenblick waren die drei Männer davon überzeugt gewesen, daß es sich bei dem Schiff um ein ausländisches U-Boot handelte, das an einem Manöver beteiligt war. Doch dann erhob es sich in die Luft.

Wir sahen, wie die Maschine direkt aus dem Wasser stieg und kurz über den Wellen anhielt. Dann leuchteten rote und grüne Lichter auf, und ein weißer Strahl flammte auf, der bis zu unseren Booten reichte. Der Lichtkegel gehörte zu einem Suchscheinwerfer, gab aber keine Hitze ab und wirkte auch sonst nicht unangenehm. Dann erlosch er ... das Raumschiff erstrahlte orange, und die roten und grünen Lichter gingen aus. Langsam begann die Maschine von links nach rechts zu rotieren und erhob sich etwa zwanzig Meter über das Meer.

Wie wir jetzt erkennen konnten, hatte es die Form eines ovalen oder fast runden Tellers, aber die Größe eines mittleren

U-Boots. Einige Minuten schwebte es auf der Stelle, begann dann aber schneller zu rotieren. Das Licht wurde heller, bis das Schiff plötzlich mit großer Geschwindigkeit, aber völlig lautlos horizontal über das Meer schoß. Das Licht nahm die Farbe einer roten Flamme an, während die Untertasse flacher wurde. In einer eleganten Kurve kehrte es zu uns zurück, wobei Höhe und Geschwindigkeit ständig zunahmen, und verschwand dann als winziger Punkt zwischen den Sternen ... Abgesehen vom Plätschern der Wellen hatten wir kein Geräusch vernommen, das von dem Schiff ausgegangen wäre. Sie können sich vorstellen, daß wir uns fragten, was wir da gesehen hatten.[9]

Rätselhafte Begegnung bei Florenz

Mario Zuccalà war soeben mit dem Bus aus dem zwanzig Kilometer entfernten Florenz, wo er als Schneider arbeitete, nach San Casciano im italienischen Val de Pesa zurückgekehrt. Es war in der sternklaren Nacht des 10. April 1962. Kurz vor 21 Uhr 30 überquerte er offenes Gelände im Bezirk Cidinella, wo er wohnte. Plötzlich fühlte der 26jährige, wie ihn »eine kräftige Böe erfaßte und etwas anhob«.

Etwa sechs Meter über dem Boden schwebte ein Objekt mit einem Durchmesser von zirka achteinhalb Metern, das an zwei aufeinandergesetzte Teller erinnerte. Aus der unteren Seite der Maschine wurde ein Zylinder mit einem Durchmesser von etwa anderthalb Metern ausgefahren, bis er den Boden berührte. Später vermutete Zuccalà, der Zylinder sei erneut eingezogen worden, sobald er den Boden erreicht hatte, so daß eine Fläche sichtbar wurde, in der sich langsam eine Tür öffnete. Gleichzeitig glitten zwei kleine Türen nach außen. Das bedeutet, daß es sich möglicherweise um zwei bewegliche Zylinder handelte, von denen der eine im anderen steckte. Auf jeden Fall wurde hinter der geöffneten Tür ein leerer Raum sichtbar, der von einem diffusen,

2,50
Meter

(FSR Publications)

strahlendweißen Licht erhellt wurde. Außerdem wurden drei zirka vierzig Zentimeter hohe Stufen sichtbar. Dann erschienen zwei etwa einen Meter fünfzig große Wesen in der Öffnung, berichtet der Ufologe Ceccarelli Silvano.

Soweit ihre Körper sichtbar waren, ähnelte ihre äußere Gestalt der unseren, allerdings waren sie vollständig von einer »Rüstung« aus glänzendem Metall bedeckt. Aus den Köpfen sprossen zwei Antennen ... Die beiden kleinen Männer faßten ihn sanft unter den Achseln und brachten ihn in das Objekt. Signor Zuccalà stieg die drei Stufen hinauf und trat ein. Das Innere war leer, erstrahlte aber überall in dem Licht, das er schon von außen gesehen hatte. Einzelheiten im Inneren des Schiffes bemerkte er nicht. Die beiden Wesen lösten ihren Griff. Signor Zuccalà erinnert sich, daß er fragte, woher das Licht komme, erhielt aber keine Antwort. Dann hörte er eine Stimme, die nicht von den beiden Wesen stammte, in deren Gesellschaft er sich aufhielt, sondern aus dem inneren Teil des Objekts kam. Nach Signor Zuccalàs Angaben klang sie, als werde sie von einem Mikrofon verstärkt und halle in einem weiten Raum wider.

Die Stimme sprach Italienisch und übermittelte Zuccalà folgende rätselhafte und ziemlich unsinnige Botschaft:

Im vierten Mond werden wir um ein Uhr morgens kommen, um Ihnen eine Botschaft an die Menschheit zu überbringen. Wir werden noch eine weitere Person informieren, damit sie bestätigt, daß das, was Sie gesehen haben, Wirklichkeit ist.

Ob mit dem »vierten Mond« der vierte Mond vom Jahresanfang gerechnet gemeint war, also der Vollmond vom 20. April 1962, oder vier Monde vom Tag der Sichtung an, blieb unklar. Auf jeden Fall kam es nicht zu einem erneuten Besuch.

Die beiden Wesen geleiteten Zuccalà aus dem Schiff. Um 21 Uhr 45 fand er sich plötzlich zu Hause wieder, ohne zu wissen, wie er dort hingelangt war. Seine Frau hörte ein viermaliges kräftiges Pochen an der Tür und öffnete, ziemlich verstört, weil ihr Mann normalerweise nur einmal kräftig und dann leise klopfte. Zuccalà selbst konnte sich nicht erinnern, viermal geklopft zu haben. Er wirkte verstört und verängstigt. Zunächst schien er sich nicht entscheiden zu können, ob er eintreten oder lieber draußen bleiben wollte. Er erzählte seiner Frau sein Erlebnis und ging zu Bett, wo er in einen unruhigen Schlaf sank.

Am nächsten Morgen sprach Zuccalà mit einem Arbeitskollegen, der die Presse verständigte. Am Abend und an den folgenden Tagen erschien die Geschichte in allen Zeitungen. Die Journalisten wiesen darauf hin, daß der Boden, auf dem das merkwürdige Objekt gestanden hatte, nicht die geringsten Spuren aufwies, erklärten aber, Zuccalà, Vater von vier Kindern, sei ein ehrlicher Mann. »Er spricht mit ruhiger Sicherheit von dem, was er gesehen hat«, berichtete Silvano. »Ich fragte ihn, ob er jemals unter Halluzinationen gelitten habe, was er verneinte.«[10]

Raumerweiterung

Von Raumschiffen, deren Eingang sich in einer zentralen zylinderförmigen Säule befindet, ist häufig berichtet worden. Auch im folgenden Fall findet sich diese, sie führt aber in einen eigenartigen Innenraum. An einem Sonntagabend im November 1961 oder 1962 soll sich diese hauptsächlich von Joël Mesnard untersuchte Begegnung ereignet haben.

Um 17 Uhr 30 verließ der Zeuge, der damals 19jährige Michel, das örtliche Kino. Da sein Adoptivvater in einem nahe gelegenen Café Karten spielte, beschloß Michel, alleine mit dem Rad zu ihrem abgelegenen Bauernhof bei Bray-sur-Seine, achtzig Kilometer südöstlich von Paris, zurückzufahren. Er hatte noch etwa einen Kilometer vor sich, als er bemerkte wie links vom Hof ein konstant bleibender Lichtstrahl senkrecht in den Himmel stieg. »Das Licht war orangerot«, berichtete Mesnard, »und reichte in einem deutlich begrenzten Zylinder bis weit in den Himmel hinauf. Je näher Michel dem Bauernhof kam, desto merkwürdiger erschien ihm das Ganze … er stellte sein Fahrrad ab und ging außen an der Mauer um die Gebäude entlang.« Und da sah er es.

Er stieß auf ein riesiges Objekt, das etwa fünfzig Meter von ihm entfernt auf dem Boden ruhte. Die obere, mit Bullaugen versehene Kuppel drehte sich, während der untere, zylinderförmige Teil eine große vertikale Öffnung aufwies, durch die er in das hellerleuchtete Innere blickte. Offenbar ruhte der untere Teil des Zylinders nicht direkt auf der Erde, die Maschine hing vielmehr in der Luft. Michel näherte sich weiter. Er schlüpfte unter den flachen Mittelteil des Objekts, so daß er durch die Öffnung in das Innere blicken konnte.

Erstaunlicherweise besaß dieses riesige Ausmaße und war »unvergleichlich viel größer, als der Zylinder von außen« wirkte. Meines Erachtens ist dieser Effekt möglicherweise auf eine Verzerrung des »Raum-Zeit-Kontinuums« zurückzuführen, ein

Phänomen, das auf eine hochentwickelte Technologie schließen läßt. Auch andere Zeugen, die ein Raumschiff aus der Nähe geschen oder gar betreten haben, berichten davon. Michel blieb kurz vor der Öffnung stehen, trat aber nicht ein. Das Innere des Zylinders beschreibt er folgendermaßen:

Es war riesig und besaß einen Durchmesser von mindestens sechs Metern, was etwa viermal soviel war wie von außen. Als er aufsah, stellte er fest, daß der Zylinder offenbar keine Decke besaß. Überall in dem riesigen zylindrischen Raum entdeckte er die verschiedensten Apparate, an denen Lichter flackerten, »Leuchtanzeigen in vielen Farben, auf denen sich Zeichen bewegten«. Vorherrschend waren die Farben »Hellviolett und Dunkellachs«. Knapp neben der Mitte befand sich eine vertikale Säule mit einem Durchmesser von siebzig bis hundert Zentimetern, die sich um ihre eigene Achse drehte. Sichtbar wurde diese Bewegung durch ein Kabel, das sich »wie eine Schlange« spiralförmig um die Säule wand.

Michel erinnert sich, daß er in diesen unglaublichen Anblick versunken war, als über ihm ein Ventilator einsetzte. Das Geräusch wurde lauter, gleichzeitig rotierte die Säule schneller, und die Lichter auf den Anzeigen wurden heller. In diesem Moment wurde er vier bis fünf Meter nach hinten geschleudert. Die Bullaugen in der Kuppel drehten sich sehr schnell. Die Öffnung schloß sich, und der Zylinder verschwand im Inneren des Objekts, das in hellem Orange zu leuchten begann. Es wippte auf und ab, stieg in die Höhe und verschwand in Richtung Süden. Nach fünf Sekunden sah es aus wie ein gewöhnlicher Stern.

Erst 1978 erzählte Michel von seiner Begegnung. Zehn Jahre später sprach er mit Joël Mesnard, der trotz des bizarren Berichts

Wert auf die Feststellung legt, daß »Michel absolut glaubwürdig wirkt. Seine Geschichte klingt klar und schlüssig.«[11]

Geschichten aus dem Wienerwald

Bobby ist ein philippinischer Pianist, der mir 1962 von meinem heute berühmten Freund, dem Pianisten John Bingham, vorgestellt wurde. Damals studierten wir beide an der Royal Academy of Music in London. Bobby wußte, daß ich mich für UFOs interessierte, was sich auf die Gültigkeit seiner Geschichte auswirken könnte. Dennoch gebe ich sie hier wieder, weil er ehrlich verstört zu sein schien. Außerdem bestehen Parallelen zu anderen Begegnungen, von denen er zu jener Zeit nichts wissen konnte. Er hielt seine Erfahrung in einem handgeschriebenen Manuskript fest, das er mir überließ. Unter der Bedingung, daß ich niemals seinen vollen Namen veröffentliche, sollte ich nach Belieben darüber verfügen.

»Es ist nicht so, daß ich es nicht ertragen könnte, unter den geschulten Augen von Psychologen, Psychiatern, Ärzten, Priestern, Wissenschaftlern und Raumfahrtexperten mit Fragen bombardiert und eingehend verhört zu werden«, schrieb er, »aber ich weiß, daß meine Eltern darunter leiden würden. Ich will sie nicht verletzen, denn sie wollen einfach nur in Frieden leben.«

Von 1961 bis 1963 studiert Bobby an der Wiener Akademie Klavier. Ab Anfang Oktober 1962 hörte er gelegentlich einen eigenartigen, hohen Ton. »Er besaß eine eigene Frequenz und wirkte sehr beruhigend«, schreibt er. Zu anderen Zeiten fühlte er sich unruhig und hatte das Gefühl, es werde etwas geschehen. Am eigenartigsten waren die »telepathischen Nachrichten und mentalen Bilder«, die er immer häufiger empfing.

Deren Quelle konnte ich nicht bestimmen, aber ich hatte das starke Gefühl, auf geheimnisvolle Weise über mein Herz und

Gehirn kontaktiert zu werden. Wie ich dieses Wissen erlangte, kann ich nicht sagen. Ich weiß nur, daß ich unter der Kontrolle einer fremden, geheimnisvollen Macht stand. Ob diese gut oder schlecht war, kann ich nicht sagen … Manchmal übte ich tagsüber und mußte aufhören, weil auf den Noten vor mir das Bild eines Ortes erschien, das eines schönen grünen Waldes. Der Sinn dieses Bildes blieb mir verborgen, aber tief in mir fühlte ich, welch starken Einfluß es auf mich ausübte. Mich ärgerte nur, daß ich nicht wußte, wo sich dieser Wald befand.

Die Bilder und Vorahnungen führten schließlich am 8. Oktober zu einer Begegnung mit einem gelandeten Raumschiff und dessen Besatzung. Gegen 16 Uhr fühlte Bobby den »Drang«, seine Wohnung zu verlassen. »Als eine Straßenbahn vorbeikam, stieg ich ein«, schrieb er. »Die Leute starrten mich an, weil ich ganz ruhig dasaß, aber sehr nervös wirkte. Meine Gedanken waren in Aufruhr, mein Herz raste. Am Schottentor stieg ich aus und nahm eine andere Tram nach Grinzing. Das Gefühl verstärkte sich, daß noch vor dem Abend etwas geschehen würde, ohne daß ich meine starke Überzeugung hätte erklären können. Von Grinzing aus nahm ich einen Bus zum Wienerwald. Wurde ich an einen bestimmten Ort geführt?«

Nach einigen Minuten erreichte ich mein friedliches ländliches Ziel, das in einer schönen, ruhigen Umgebung lag. Da es sich um einen Wochentag handelte, waren nur wenige Spaziergänger unterwegs. Ohne bestimmtes Ziel ging ich weiter, konnte mich aber des Eindrucks nicht erwehren, daß ich in eine bestimmte Richtung geleitet wurde. Plötzlich waren die quälenden Gedanken verschwunden, mein Herz schlug wieder normal. Ich fühlte mich ruhig und gefaßt. Nach einer halben Stunde ziellosen Umherwanderns fand ich mich in einem Wald wie-

der. Mein Orientierungssinn sagte mir, daß ich den Wienerwald verlassen hatte. Wo also war ich? Den genauen Ort konnte
ich nicht bestimmen, aber es muß sich um einen der Wälder
jenseits des Wienerwalds gehandelt haben.

Merkwürdigerweise beunruhigte es mich damals nicht, daß ich
mich verirrt hatte. Statt zurückzugehen, marschierte ich immer
tiefer in den Wald hinein. Über den hohen, düsteren Bäumen
hing ein bedeckter Himmel. Der Wind fegte in Böen durch die
Kronen. Plötzlich fühlte ich mich von einer merkwürdigen
Stille umgeben. Kein einziges Vogelzwitschern durchbrach das
unheimliche, tödliche Schweigen. Die Luft war beißend kalt,
Nebel stieg auf …

Nachdem er einige Minuten durch die hereinbrechende Dämmerung gewandert war, gelangte Bobby zu einer kleinen Lichtung im Wald, wo er ein eigenartig zischendes Geräusch vernahm, dessen Quelle sich hinter einer Baumgruppe befand.

Als ich aufblickte, stellte ich fest, daß die Zweige und Blätter in
einem Luftstrom bebten, der von einem fremdartigen Objekt
ausging. Von einem pfeifenden Ton begleitet, glitt es elegant
auf mich zu. Gebannt beobachtete ich die Szene. Obwohl ich
große Angst hatte, ergriff mich gleichzeitig tiefe Neugier …
Ich wollte weglaufen, konnte aber meine Füße nicht vom Boden lösen. Vor Entsetzen wollte ich schreien, aber meine Stimme versagte. Ich versuchte sogar, meine Augen vor diesem fantastischen Bild zu schließen, aber sie starrten unverwandt weiter auf das Objekt. Wurde ich von einer Macht kontrolliert, die
von diesem ausging? Hatte ich Visionen, die nur in meiner
Einbildung existierten? Oder handelte es sich um Realität?
Gott sei Dank! Es war real.

Das Objekt, eine fliegende Untertasse, landete knapp 35 Meter von mir entfernt. Eine Schiebetür öffnete sich, aus der eine Stahltreppe ausgefahren und zum Boden herabgelassen wurde. Eine Gestalt, begleitet von zwei weiteren, erschien. Alle drei trugen einen engen, schwarzbraunen Anzug, der von ihren schweren, schwarzen Schuhen bis zum Kopf reichte. Einzig Gesicht und Hände waren nicht von diesem Kleidungsstück bedeckt. Die Hände waren in ein dünnes, durchsichtiges, schwarzes Material eingehüllt. Über dem Gesicht trugen sie ein Glasvisier mit zwei schlauchähnlichen Vorrichtungen, die vom Kinn über die Schulterblätter bis zu einer Art Sauerstoffflasche auf ihrem Rücken führten, die sie mit Atemluft versorgte. Vom Gesicht her wirkten sie wie Menschen, die Körper waren schlank, aber kräftig. Da sie unterschiedlich – zwischen einem Meter fünfundsiebzig und einem Meter achtzig – groß waren, konnte ich ihre Körpergröße nicht exakt einschätzen. Jemand sagte etwas, das wie eine Frage klang, aber ich verstand kein Wort. Daher verhielt ich mich ruhig und wartete die weitere Entwicklung ab. Als er von mir keine Antwort erhielt, drückte der Anführer einen Knopf an einem kleinen Kasten, den er bei sich trug. Dieser strahlte sofort ein rotes Licht aus, das sich direkt auf meine Augen richtete. Bis auf die Tatsache, daß es auf diese beruhigend wirkte, bemerkte ich keinerlei Effekt ... Doch vielleicht täuschte ich mich. Nach wenigen Sekunden schaltete der Anführer das rote Licht aus und stellte mir auf englisch eine Frage. Allerdings fiel mir ein leichter Akzent auf, der mich an den der Deutschen erinnerte.

»Wären Sie gerne einer von uns?« fragte er.

»Nein«, erwiderte ich unbewegt. Meine Stimme klang trocken und desinteressiert.

»Würden Sie gern unsere Heimat besuchen?« Sein Tonfall war sanft und gütig, nichts ließ darauf schließen, daß er Böses im Schilde führte oder mich bedrohen wollte.

Meine Antwort lautete immer noch nein. Vielleicht antwortete ich automatisch, ohne nachzudenken, vielleicht war ich auch nur völlig verstört. Was genau ich damals empfand, kann ich nicht beschreiben. Alles, was ich weiß, ist, daß sich das Ganze irgendwo zwischen Realität und Unwirklichkeit abspielte.

Als der Führer beobachtete, wie ich in meine Manteltasche griff, schrie er »stop!«. Verängstigt kam ich seinem Befehl sofort nach. Ein roter Lichtstrahl fiel auf meine Tasche. Kurz darauf sagte er: »Sie können Ihre Brille herausholen.« Woher wußte er, daß sich in dieser Tasche meine Brille befand? Hatte ihm das rote Licht diese Information übermittelt? Ich setzte meine Brille auf und studierte ihren Gesichtsausdruck. Die Begleiter des Anführers verhielten sich völlig ruhig. Vermutlich waren sie in Gedanken versunken und versuchten mich und die unmittelbare Umgebung einzuschätzen.

»Schließlich übermittelte mir der Anführer eine Botschaft, die ich, so gut ich mich erinnern konnte, schriftlich festgehalten habe«, fuhr Bobby fort. »Je nach Denkweise und Vorlieben wird jeder sie anders interpretieren, aber ich halte sie dennoch für sehr wichtig.«

Wir sind nicht gekommen, um euren Planeten zu besuchen, sondern um eine warnende Botschaft an die Menschheit zu überbringen. Von welchem Planeten, Mond oder Stern wir stammen, dürfen wir nicht enthüllen, weil die unmittelbare Gefahr besteht, daß eure Leute, die mit allen Mitteln versuchen, das All zu erobern, versuchen werden, uns aufzuspüren und zu unterwerfen. Würden wir uns allerdings wehren, könnten wir eure kleinliche, selbstsüchtige Menschheit auslöschen.

Auf eurem Planeten kämpfen die Nationen ständig um Macht

und die Herrschaft übereinander, innerhalb der Völker dieser Nationen bestimmen Zwietracht und Unzufriedenheit das Bild. Selbst innerhalb der Familien herrscht Feindschaft, werden Intrigen und Verschwörungen geschmiedet. Im Herzen jedes Individuums ringen ständig Gut und Böse, Reinheit und Verderbtheit, Großzügigkeit und Selbstsucht miteinander. Warum ist das so? Weil es auf eurem Planeten soviel Egoismus gibt, soviel Gemeinheit, Grausamkeit, Bosheit und Verderbtheit, viel mehr als Güte, Reinheit und Großzügigkeit.

Jahrhundertelang haben sich die Menschen in Kämpfen und Kriegen gegenseitig getötet. Und warum? Macht und Herrschaft, der brennende Wunsch, zu unterwerfen und zu dominieren, waren das Motiv … Auf eurem Planeten gibt es Tausende guter Menschen, aber die Zahl der gemeinen, selbstsüchtigen Menschen übertrifft die der Guten um Millionen und Abermillionen.

Wenn sich nicht sofort in den Herzen der Menschen, innerhalb der Familien, unter Verwandten, innerhalb der Nationen und zwischen den Nationen untereinander radikal etwas ändert, wird euer Volk sich durch seine Selbstsucht und Machtgier selbst zerstören. Erst wenn die Menschheit völlig vernichtet ist, wird auf der Erde Frieden einkehren. Ein Atomkrieg zwischen den Nationen steht unmittelbar bevor … Selbst wenn er nicht jetzt stattfindet, sondern erst in einigen Jahrhunderten: Das Ende ist unausweichlich. Für euch führt kein Weg zurück. Eines Tages werdet ihr durch eure Gier alle ausgelöscht werden. Wenn dann ein paar gute Menschen überleben und sich vermehren, wird eine selbstlose Menschheit heranwachsen. Erst dann wird der beständige Kampf zwischen Nationen, innerhalb der Familien, unter Verwandten und in den Herzen der Menschen ein Ende finden, erst dann kann endlich Friede auf Erden einkehren.

Es besteht die große Gefahr, daß der starke Eroberungsdrang eurer Menschheit diese verleiten wird, nach Macht und Herrschaft über andere Planeten zu streben. Dies würde die Auslöschung der irdischen Menschen bedeuten, denn aus Angst davor, daß eure Selbstsucht andere Planeten erfaßt und sich dort Gier und Verderbtheit ausbreiten, werden diese mit entsetzlicher Gewalt zurückschlagen. So lautet unsere Botschaft. Geben Sie sie weiter, damit die Menschheit gewarnt ist!

»Nachdem er geendet hatte, blickte mich der Anführer an und lächelte. Aus Mitleid, Freundlichkeit oder um mich zu verspotten? Ich bin mir sicher, daß es sich um Mitleid handelte, weil das Ende der Erde unausweichlich ist.«

Bevor er das Raumschiff betrat, wandte sich der Anführer um und verabschiedete sich mit folgenden aufrüttelnden Worten von Bobby:

Ihre Begegnung mit uns wird ihren Körper und ihr ganzes Leben in hohem Maße beeinträchtigen. Für Sie kann dies drei mögliche Folgen haben: Sie könnten im April 1963 unter Schockeinwirkung sterben, wir könnten Sie mit an unseren Heimatort nehmen, oder aber Sie sterben nicht im April 1963. In diesem Fall werden Sie erneut ein normales Leben führen. Allerdings werden wir gelegentlich geistigen und visuellen Kontakt mit Ihnen aufnehmen, bis wir entscheiden, daß die Zeit gekommen ist, diese Verbindung zu beenden.

»Mit einem letzten Abschiedslächeln verschwand der Anführer im Inneren des Raumschiffs. Die Stahltreppe wurde hochgefahren und die Untertasse bereitete sich zum Abflug vor«, beschreibt Bobby. »In der Dämmerung beobachtete ich, wie sie davonschoß. Dabei packte mich das Gefühl, etwas Unwiederbringliches verloren zu haben. Ich kann gar nicht sagen, wie einsam und hilflos ich mich fühlte …«

Da Bobby nicht technisch versiert ist, konnte er nur wenig zum Aufbau des Raumschiffs sagen. Allerdings berichtete er, um den mittleren Bereich, in dem sich die Tür öffnete, verlaufe eine Reihe rechteckiger Fenster. 1964 erstellte ich unter seiner Anleitung eine Skizze, die interessanterweise mit der Beschreibung eines britischen Ingenieurs übereinstimmt, der 1951 in Südafrika Außerirdischen begegnete. Veröffentlicht wurde dessen Bericht allerdings erst 1977. Von dem Kasten, den der Anführer Bobbys Aussage nach in seinen Händen hielt, ist auch in anderen Berichten die Rede, zum Beispiel in dem, der von einer Begegnung in Leeds im Jahre 1976 handelt.

Wenn man davon ausgeht, daß an der Geschichte etwas Wahres ist, kann man sich nur über den Mangel an Umsicht bei diesen Außerirdischen wundern. Warum wählten sie ausgerechnet ein Individuum mit schwachen Nerven, das es noch nicht einmal wagte, seiner eigenen Familie von seiner Erfahrung zu erzählen, ganz zu schweigen von der Menschheit im allgemeinen? Selbst wenn er die Nachricht in die Welt hinausgeschrien hätte, hätte das auch nur den geringsten Unterschied gemacht? Natürlich nicht. Nun, hier wird sie zum ersten Mal veröffentlicht, vier Jahrzehnte später.

»Ich mußte meine merkwürdigen Erlebnisse niederschreiben, um meinen Seelenfrieden wiederzufinden«, so Bobby. »Bekannt werden will ich damit nicht, weil mich dies in meinem Heimatland ruinieren würde.«

Seine Erfahrungen haben Bobby stark geprägt. Irgendwann im Frühjahr 1963 erlitt er in Wien tatsächlich einen leichten Herzanfall, wie man ihm dies vorausgesagt hatte. Glücklicherweise erholte er sich vollständig davon. Zu physischen Kontakten kam es nicht mehr, aber er berichtete mir, vom Ende des Jahres 1962 bis zum Juli 1964 hätten die Außerirdischen mit ihm über Bilder kommuniziert, die sie auf den Spiegel in seinem Zimmer in einem Haus in London projizierten. Dort lebte er zu jener Zeit mit einer Reihe anderer Studenten, zu denen auch John Bingham gehörte. Die Bilder schienen durch einen roten Strahl am Himmel erzeugt beziehungsweise projiziert zu werden. Von einem kleinen Punkt auf der Fensterscheibe fächerte ein roter Lichtstrahl aus, bis er auf den Spiegel des Kleiderschranks gegenüber traf. Innerhalb eines runden Bildes mit einem Durchmesser von etwa dreißig Zentimetern erschien ein Gesicht, das mit ihm sprach. Dabei handelte es sich hauptsächlich um philosophische Diskussionen. Was deren Inhalt anging, zeigte sich Bobby allerdings sehr zurückhaltend.

Während meiner persönlichen Bekanntschaft mit Bobby erschien er mir stets sanft und ehrlich. Er besitzt einen ausgeprägten Sinn für Humor. Zufällig ist er auch ein guter Pianist, der jahrelang an einer Universität an der Ostküste der Vereinigten Staaten im Fach Klavier unterrichtete. Es fällt mir schwer zu glauben, daß er die Geschichte erfunden hat, und sei es nur, weil er so ungern darüber redete – auch mit mir.

Ich fragte John Bingham, der Bobby länger kannte als ich, ob er die Geschichte glaube. »Ich würde sagen, ich weiß, daß er die Wahrheit sagt«, lautete die Antwort, »weil ich selbst ein außerordentliches Erlebnis im Rahmen seiner Kommunikation mit den Außerirdischen hatte. Eine Projektion wie die von ihm beschriebene habe ich damals selbst gesehen. Das ist für mich der Beweis, daß er nicht lügt.«[12]

Bobby glaubte, die meisten Menschen, die in den »seltenen Vorzug« gekommen waren, »merkwürdige Wesen oder Visionen von anderen Planeten« zu sehen, litten unter Depressionen und anderen Folgewirkungen, weil es ihnen nicht gelang, andere zu überzeugen. Einige würden sogar in den Wahnsinn oder in den

Selbstmord getrieben. »Manche versuchen, ihre merkwürdigen Erfahrungen mit einem Lachen abzutun, womit sie letztlich scheitern«, schrieb er. »Menschen mit einem besonders starken Willen und außergewöhnlicher Energie kann es gelingen, ihre Erlebnisse zu vergessen, indem sie sie aus ihrem Gedächtnis löschen und zu einem normalen Leben zurückkehren …«

8

Die Belege häufen sich

Wir haben uns so sehr an die Vorstellung gewöhnt, Außerirdische seien allmächtig und besäßen eine perfekte Technologie, daß wir sofort zu zweifeln beginnen oder einen raffinierten Betrug vermuten, wenn etwas schiefgeht wie bei einigen früher beschriebenen Fällen. Wie kommen wir zu dieser Haltung? Im nachfolgenden Fall beobachteten zwei Zeugen, wie eine menschenähnliche Besatzung über vier Stunden lang an einer gelandeten Untertasse Reparaturen ausführte. Dabei erhielt sie Unterstützung von einem zweiten Raumschiff, das später eintraf. Der eingehend von Ted Bloecher und Dr. Berthold Schwarz untersuchte Fall ereignete sich anderthalb Kilometer nördlich von New Berlin im amerikanischen Bundesstaat New York.

Am 25. November 1964, dem Tag des Vorfalls, hielt sich Mary Merryweather (Name geändert), die am Ithaca College Musik im Hauptfach studierte, im Haus ihrer Schwiegermutter auf. Um 0 Uhr 30 trat Mary auf die Veranda. Eine Sternschnuppe – besser gesagt das, was sie dafür hielt – fiel vom Himmel. Ihr folgte ein weiteres merkwürdiges Licht, das sich dem Boden näherte und sich »am Bach entlangbewegte«, der in einer Entfernung von wenigen hundert Metern am Haus vorbeifloß. »Mir fiel auf, daß das Licht ungewöhnlich hell war. Solch eine Helligkeit und Intensität hatte ich nie zuvor gesehen«, erzählte Mary Ted Bloecher. »Aber nicht nur der visuelle Teil meiner Beobachtung war ungewöhnlich, zudem hörte ich ein leises, dröhnendes Summen in konstanter Höhe.« Sie rief ihre Schwiegermutter auf die Veranda.

Während der nächsten halben Stunde kamen drei Autos vorbei. Zwei davon verlangsamten ihr Tempo, eines hielt an, während das Licht über ihnen schwebte oder ihnen folgte. Dann rasten die Fahrzeuge weiter, wobei die verschreckten Insassen offenbar kräftig Gas gaben. Bevor der dritte Wagen eintraf, hatte das leuchtende Objekt mehrere hundert Meter vom Haus entfernt direkt auf der anderen Straßenseite angehalten. »Dann bewegte es sich in nordwestlicher Richtung weiter und flog den Abhang eines etwa 1300 Meter entfernten Berges hinauf, wo es direkt unterhalb des Kammes landete.« Mary und ihre Schwiegermutter beschlossen, das leuchtende Objekt vom Haus aus zu beobachten. Ihr Spaniel lag zitternd zu ihren Füßen.

Menschenähnliche Wesen

Abwechselnd beobachteten die beiden Frauen das Objekt durch ein Fernglas mit fünffacher Vergrößerung. Rings um das gelandete Objekt war einiges in Bewegung. Mary berichtete:

> Das Licht schien darunter zu gleiten. Offenbar stand das Objekt auf Beinen, weil sich seine Unterseite so weit oberhalb des Bodens befand, daß sie – nachdem ich nicht weiß, wer oder was sie waren, werde ich sie »Männer« nennen, weil sie so aussahen – darunter kriechen oder sitzen konnten. Wie jemand, der einen Lastwagen oder ein Auto repariert, legten sie sich darunter …
>
> Ich konnte sehen, wie sie mit ihren Werkzeugkisten, oder was auch immer das war, hinter dem Objekt hervorkamen. Um eine Kiste zu tragen, benötigten sie zwei Männer … Sie bewegten sich in einem Halbkreis, als gingen sie um ein rundes Gefährt

herum ... das Licht an der Unterseite des Objekts war so grell, daß ich dessen Form nicht erkennen konnte ...

Sie waren zu fünft oder zu sechst. Offenbar trugen sie eine Art dunkle Taucheranzüge. Von den Handgelenken abwärts waren ihre Hände sichtbar, deren Farbe heller als die der Anzüge war ... Ich konnte Muskeln und die Wirbelsäule erkennen. Sie standen wie wir auf zwei Beinen und arbeiteten mit Armen und Händen, die den unseren glichen. Der einzige Unterschied war, daß sie größer waren als die meisten unserer Menschen [bei ihrer Schätzung orientierte sie sich an der Größe der Büsche auf einem Feld unten am Hang].

Die einzigen, die ich richtig sehen konnte, waren die, die sich so dicht an dem Objekt aufhielten, daß das Licht auf sie fiel. Die meisten drehten mir den Rücken oder die Seite zu ... Offenbar besaßen sie Haar wie wir, das gut, aber ziemlich kurz geschnitten war. Im Profil wirkten ihre Gesichter ... männlich.

DIE REPARATUR BEGINNT

Die verwendeten Werkzeuge »glichen denen, mit denen man eine kaputte Maschine oder einen Motor repariert«, fuhr Mary fort. »Aus der Mitte der Unterseite ihres Schiffes holten sie etwas heraus, das sie langsam herunterließen, wobei sie es mit den Händen abstützten.« Irgendwann vorher war ein weiteres Raumschiff direkt oberhalb des anderen auf dem Hügelkamm gelandet.

Direkt nachdem [das erste Team] das Teil aus der Mitte des Schiffes geholt hatte – offenbar handelte es sich um einen Motor oder Generator –, schlossen sich vier bis fünf der »Männer« denjenigen an, die am Boden beschäftigt waren ... Die vier oder fünf anderen stießen zu ihnen und begannen ebenfalls zu arbeiten. Etwas weiter unten am Hang konnte ich im Vordergrund »Männer« erkennen, die etwas schnitten, das wie ein langes, schweres Drahtseil oder Kabel aussah. Während sie es hielten, legte es sich in Bogen oder Schlaufen. Die einzelnen Stücke besaßen genau die gleiche Länge, aber das Seil war offenbar nicht einfach zu schneiden … das Kabel wirkte dunkel und wurde bei der Reparatur der Maschine eingesetzt.

Inzwischen war es 1 Uhr 15. Die Männer ließen den Motor oder Generator an der Stelle, wo sie ihn hingelegt hatten, und begannen mit der Reparatur. »Während sie arbeiteten und mühsam [Stücke] abschnitten, gingen sie herum, setzten sich hin oder legten und knieten sich halb auf den Boden, wobei sie sich auf die Ellbogen stützten. Insgesamt hatte ich etwa zehn bis zwölf Männer vor mir. Ganz sicher war ich nicht, weil ein ständiges Kommen und Gehen herrschte und dauernd Dinge aus den Raumschiffen geholt und wieder weggebracht wurden. Ohne Fernglas konnte ich die Gestalten nicht erkennen …«

Marys Schwiegermutter war völlig verschreckt und überlegte, ob sie die Polizei oder eine andere Behörde verständigen sollte. »Nein«, gab Mary zurück. »Wenn du jemanden anrufst, tauchen die hier bewaffnet auf und belästigen die Leute. Dabei wollen die nur ihre Maschine reparieren und verschwinden.«

Ich bin sicher, daß sie mich sahen, als der Fahrer des einen Wagens beschloß weiterzufahren … Meine Schwiegermutter hatte [auch] das Gefühl, daß wir beobachtet wurden. Sie sagte: »Ich könnte schwören, daß ihnen klar war, daß wir die Behörden nicht benachrichtigt hatten und dies auch nicht beabsichtigten.«

Nach unserer Küchenuhr formierten sich genau um 4 Uhr 30 neun der »Männer« zu einem Team – einige, eine Dreiergruppe, verteilten sich gleichmäßig um das Maschinenteil, dahinter stellten sich sechs weitere »Männer« auf. Sie schienen etwas zu halten oder vorzubereiten … Dann hoben sie alle gleichzeitig das Ding an und bewegten es direkt nach oben, wobei sie versuchten, es in die Unterseite ihres Fluggeräts einzupassen. Zuerst bewegte es sich schnurstracks etwa zwanzig Zentimeter nach oben, aber dann schien es sich zu verkanten. Man konnte die Unterseite sehen, die wie eine Platte oder die Unterseite eines Motors schräg stand. Als sie versuchten, es einzusetzen, drehten sie es wie eine Schraube. Es rutschte ein Stück hinein, wollte aber offenbar nicht richtig passen.

Es gelang ihnen, es bis auf die letzten sieben bis zehn Zentimeter in ihr Fluggerät einzuschrauben, aber dann ging es nicht weiter, es paßte nicht, es war einfach blockiert … also führten sie alle Schritte sorgfältig in umgekehrter Reihenfolge aus und legten das Ding wieder auf den Boden. Dort arbeiteten sie zehn Minuten und versuchten es dann erneut mit der gleichen Methode, aber vergeblich … Wieder führten sie alle Schritte in umgekehrter Reihenfolge aus, legten es wieder auf den Boden und arbeiteten noch einmal zehn Minuten daran. Die »Männer«, die das Kabel geschnitten hatten, schnitten jetzt etwas Ähnliches, das aber von hellerer Farbe war. Offenbar beeilten sie sich mit ihrer Arbeit …

Auch dieser Versuch schlug fehl. Schließlich nahmen die Männer das Teil erneut heraus, setzten es auf dem Boden ab und arbeiteten noch einmal etwa drei Minuten daran. »Ganz vorsichtig hoben sie das Ding an, und diesmal paßte es.«

DER START

Es war gerade hell genug, daß Mary erkennen konnte, daß der den Zeuginnen zugekehrte Teil des Fluggeräts rund war und der untere Teil sich nach oben verengte. Sie schätzte seinen Durchmesser auf acht bis zehn Meter und die Länge der Landebeine, die ebenfalls spitz zuliefen, auf zwei bis zweieinhalb Meter. »Ob es in einen Kegel auslief oder oben rund war, kann ich nicht sagen«, fügte Mary hinzu. »Direkt bevor sie das Ding in der Mitte einsetzten – es schien sich um einen Zylinder zu handeln, wobei ich nicht weiß, welche Form die Oberseite hatte –, strahlte die Unterseite des Schiffes ein intensives Licht ab …«

Sechs Minuten vor fünf sah ich, wie sie hastig alles einsammelten, was herumlag. Die »Männer« von dem oberen Raumschiff rannten mit ihrem Werkzeug zurück. Zwei von ihnen liefen wie jemand, der etwas sehr Schweres trägt: Sie schleppten die Werkzeugkisten, die sie zuvor zu zweit transportiert hatten. Da waren noch zwei weitere Werkzeugkisten … weil mindestens zwei andere »Männer« nur mit Mühe laufen konnten. Sie verschwanden hinter dem Kamm, danach sah ich sie nicht mehr. Ich hatte den Eindruck, daß sie die Kabelstücke einsammelten, die die anderen Männer zurückgelassen hatten. Damit liefen sie den Hügel hinauf und verschwanden ebenfalls.
Fünf Minuten vor fünf hob das Objekt oben auf dem Hügel ab. Es stieg direkt nach oben – wie hoch, weiß ich nicht – und schoß dann so schnell nach Westsüdwest, also in die Richtung, aus der es gekommen war, davon, daß es fast im selben Augenblick verschwunden war. Eine Minute später erhob sich das andere Raumschiff senkrecht in die Luft, bewegte sich bis zum Kamm des Hügels, stieg noch ein wenig höher und raste dann in die Richtung davon, in die das andere verschwunden war, wobei es die gleiche Geschwindigkeit erreichte. Damit war alles vorbei. Es war eine lange Nacht gewesen …

SPUREN

Am nächsten Nachmittag bestiegen Mary und ihre Schwiegermutter den Hügel, auf dem sich der Vorfall ereignet hatte. Mary fand drei Stellen, an denen »sich sehr schwere Kegel mit abgerundeter Spitze in einem Dreieck mit einer Seitenlänge von fünf bis sechs Metern in den Boden gedrückt hatten«.

Dem Winkel nach waren sie wie die Beine eines Stativs angeordnet. Offenbar hatten sie ein extrem schweres Gewicht zu tragen, denn eines von ihnen hatte einen Felsen gespalten und sich in den Boden gebohrt, bis es auf Grundgestein oder Schiefer gestoßen war. Wo es keinen Felsen gab, waren die Abdrücke im Erdboden etwa dreißig Zentimeter breit und bis zu 45 Zentimeter tief. Das flachste Loch besaß eine Tiefe von zehn Zentimetern. Diese Spuren fanden sich zweimal, einmal oben auf dem Hügel und einmal am Abhang. Sie waren wie ein gleichschenkliges Dreieck angeordnet – das heißt, der Abstand zwischen den Löchern war immer gleich lang.

Am Montag nach der Sichtung begab sich Mary zusammen mit ihrem Ehemann auf die Suche nach Spuren des Kabels. Etwa 16 bis 20 Meter unterhalb der unteren Abdrücke fand er ein sieben Zentimeter großes Stück einer merkwürdigen Verpackung.

Es sah aus, als hätten sie den Streifen vergessen. Der äußere Teil wirkte wie eine Verpackung, die an braunes Küchenpapier erinnerte, aber nicht wie eines, das wir kennen … In der Mitte konnte man den etwa zweieinhalb Zentimeter langen Streifen sehen, der buchstäblich herausgeschnitten worden war. Er sah aus wie ein sehr feiner [etwa 15 mm dicker] Aluminiumstreifen, war so lang wie das Papierstück und abgeschnitten worden. Er fühlte sich wie Aluminium an und besaß auch dessen Farbe, aber es war keines, weil sich das Material völlig anders verhielt. Aluminium knittert, aber dieser Stoff nicht. Es war unmöglich, ihn zu zerknittern.

Obwohl Marys Ehemann Chemiker war, bemühte er sich nicht um eine Analyse der Substanz. Als Bloecher Mary 1973 interviewte, suchte die Familie nach dem Muster, fand es jedoch leider nicht. Interessanterweise wurden in den sechziger Jahren an mehreren UFO-Landeplätzen in den Vereinigten Staaten Reste aluminiumähnlicher Streifen gefunden. Häufig handelte es sich um ganze Bündel, was den Schluß nahelegt, diese Aluminiumspäne seien von Flugzeugen der Air Force abgeworfen worden, um den Radar irrezuführen. Durch einen merkwürdigen Zufall wurden jedoch einige davon in der Nähe von UFO-Landeplätzen entdeckt, einmal sogar im Maul einer Kuh, von der behauptet wurde, sie sei von Außerirdischen verstümmelt worden. Der Ufologe Don Worley schickte mir Proben von einem Ort in Indiana, den er untersuchte, weil dort 1968 eine Landung erfolgt sein soll. Diese ließ ich im Oak Ridge National Laboratory in Tennessee analysieren. Unglücklicherweise gingen sie verloren. Daher schickte ich zwei weitere Muster an ein privates Labor in der englischen Grafschaft Kent. Dr. Anthony Fisher zufolge bestanden sie aus Aluminium, das mit Spuren von Eisen und Silizium verunreinigt war. Die Zusammensetzung entsprach zu 99,5 Prozent der Konsistenz von Küchenfolie, bei der die wichtigsten Verunreinigungen Silizium und Eisen sind.

»Mary Merryweather hat nie versucht, durch ihr Erlebnis die Aufmerksamkeit der Öffentlichkeit zu erlangen«, lautete Ted Bloechers Kommentar. »Ganz im Gegenteil, sie hat alles getan, um Aufsehen zu vermeiden. Über den Vorfall hat sie mit höchstens einem Dutzend Menschen gesprochen, von denen die meisten zu ihrer Familie gehörten oder enge Freunde waren.«[1, 2, 3]

(Rechts) Der Roboter und der Mann aus dem All, denen Donald Smythe bei seinem entsetzlichen Erlebnis im September 1964 im nordkalifornischen Cisco Grove in der Nähe der Loch-Laven-Seen begegnete.

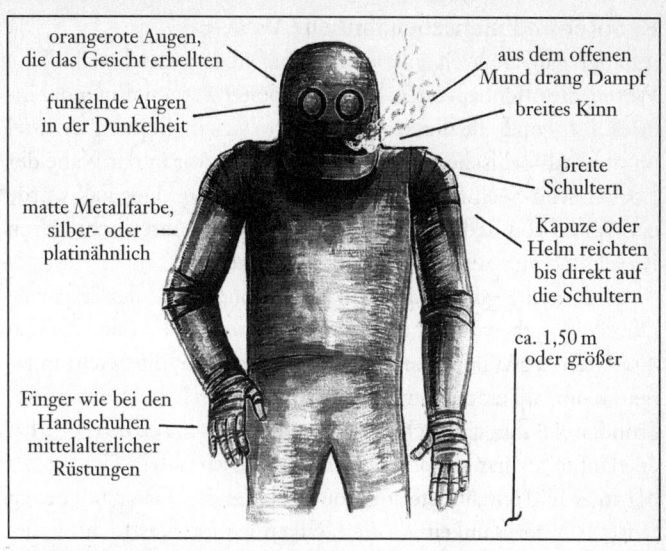

orangerote Augen,
die das Gesicht erhellten

funkelnde Augen
in der Dunkelheit

aus dem offenen
Mund drang Dampf

breites Kinn

breite
Schultern

matte Metallfarbe,
silber- oder
platinähnlich

Kapuze oder
Helm reichen
bis direkt auf
die Schultern

ca. 1,50 m
oder größer

Finger wie bei den
Handschuhen
mittelalterlicher
Rüstungen

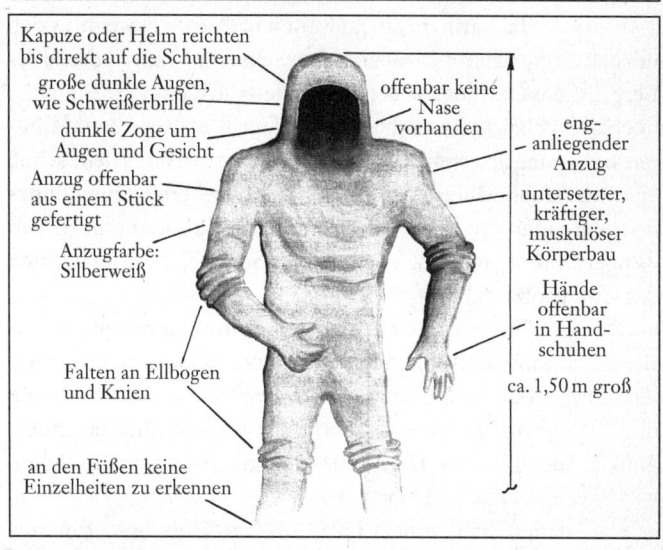

Kapuze oder Helm reichen
bis direkt auf die Schultern

große dunkle Augen,
wie Schweißerbrille

dunkle Zone um
Augen und Gesicht

Anzug offenbar
aus einem Stück
gefertigt

Anzugfarbe:
Silberweiß

offenbar keine
Nase
vorhanden

eng-
anliegender
Anzug

untersetzter,
kräftiger,
muskulöser
Körperbau

Hände
offenbar
in Hand-
schuhen

ca. 1,50 m groß

Falten an Ellbogen
und Knien

an den Füßen keine
Einzelheiten zu erkennen

Roboter und menschenähnliche Wesen

Aus der ganzen Welt gibt es Berichte über menschenähnliche Wesen, die offenbar von Robotern begleitet werden. Einer der interessantesten Fälle dieser Art ereignete sich im September 1964 im nordkalifornischen Placer County, und zwar in der Nähe der Loch-Laven-Seen im Gebiet von Cisco Grove. Der Fall wurde eingehend von Ted Bloecher und Paul Cerny untersucht, deren Bericht ich hier zusammengefaßt wiedergebe.

Bei einem Jagdausflug am 4. September wurde der 28jährige Donald Smythe von seinen Gefährten getrennt. Um sich vor den Gefahren der Wildnis zu schützen, beschloß er, die Nacht in einem Baum auf einem Bergrücken zu verbringen. Nach etwa zwei Stunden fiel ihm ein Licht auf, das sich im Zickzack bewegte. Da er glaubte, es handle sich um einen Hubschrauber, kletterte er herunter und entzündete auf großen Felsen drei Feuer, mit denen er die Aufmerksamkeit auf sich lenken wollte. Das Licht verursachte keinerlei Lärm. In einem weiten Halbkreis bewegte es sich um den Zeugen herum, wobei es eine Schlucht an der Südseite des Bergrückens überflog. Außer dem hellen Licht entdeckte Smythe noch drei beleuchtete, rechteckige Tafeln, die vier bis fünf Minuten bewegungslos stehenblieben. Aus einer dieser Tafeln schoß ein Blitz. Dann näherte sich ein dunkles Objekt mit einem Blinklicht auf einer Art Kuppel dem Boden, umkreiste offenbar den Zeugen und landete. Kurz darauf hörte Smythe, wie etwas »durch das Unterholz« am Berghang »brach«.

Wenige Minuten später erschienen dicht hintereinander zwei »menschenähnliche« Gestalten, die »eine Art Uniform von heller, silbriger oder weißlicher Farbe trugen, die sich an den Ärmeln und Gelenken bauschte«. Unter einer Kapuze blickten große, dunkle Augen hervor. Die Wesen näherten sich Smythes Baum und blieben unten am Stamm stehen.

Kurz darauf drang erneut Lärm aus dem Unterholz. Ein »roboterähnliches« Wesen mit glühenden, orangeroten Augen näherte sich dem Baum. Es war etwa einen Meter fünfzig groß und trug eine metallisch glänzende Uniform. Seine Bewegungen waren weniger geschickt als die der anderen. Mit den Armen zerstreute er die Glut des Feuers und kehrte dann erneut zum Fuß des Baumes zurück. Unter den Blicken der menschenähnlichen Wesen öffnete der Roboter seinen mechanisch wirkenden Mund und stieß eine Wolke geruchlosen weißen Dampfes aus, worauf der Zeuge für mehrere Minuten in Ohnmacht fiel.

Als er daraus erwachte, begann der verstörte Smythe ganze Streichholzheftchen und schließlich sogar seinen Hut anzuzünden und nach dem Roboter zu werfen. Gemeinsam mit den menschenähnlichen Fremden wich dieser zurück, doch sobald das Feuer erloschen war, kehrten sie alle wieder. Dies wiederholte sich mehrere Stunden lang. Verzweifelt schoß der Zeuge drei Pfeile nach dem Roboter, was jedesmal einen Lichtblitz auslöste, aber keinen erkennbaren Schaden anrichtete. Um sich zu sichern, band sich Smythe mit seinem Gürtel in der Baumkrone fest. Im Laufe der Nacht gesellte sich ein zweites Wesen zu dem Roboter, das diesem stark ähnelte. Erneut richtete sich eine Gaswolke auf Smythe, der wiederum kurz in Ohnmacht fiel. Die beiden menschenähnlichen Gestalten versuchten, den Baum zu erklettern, doch es gelang Smythe sie davon abzuhalten, indem er diesen heftig schüttelte. Immer wieder stieß der erste Roboter Dampfwolken aus, was auf den Zeugen stets die gleiche Wirkung hatte.

»Ich probierte die verrücktesten Dinge aus, nur um sie abzulenken«, erinnert sich Smythe. »Ich brüllte und machte alle möglichen Geräusche … Sie schienen mich nicht zu hören, obwohl die beiden mit der menschlichen Gestalt aufblickten, wenn ich schrie … Bis auf einen schwarzen Fleck und die Augen konnte ich nichts von ihrem Gesicht erkennen, also keinerlei einzelne Züge.«

Nach weiteren gruseligen Erlebnissen und dem lärmenden Auftreten eines weiteren weißgekleideten menschenähnlichen Wesens, das sich jedoch nur vorübergehend am Ort des Geschehens aufhielt, verschwanden die Gestalten in einer »Nebelwolke«.

SCHOCK

Als Smythe nach Hause kam, war seine Frau schockiert über sein Aussehen und Verhalten:

> Sobald ich ihn sah, wußte ich, daß etwas nicht stimmte. Er war weiß wie ein Leintuch und blickte völlig verwirrt drein. Seine Stimme klang zittrig, unter seinen Augen waren schwarze Ringe. Er sah entsetzlich aus. Arme, Hosen und T-Shirt waren mit Pech verschmiert. Überall auf seinen Armen hatte er kleine Kratzer. Als er hereinkam, sagte er nicht einmal hi oder hallo, gar nichts … Dann erzählte er mir von seinem Erlebnis bei Cisco Grove. Seine Hände zitterten, seine Stimme klang gebrochen … er war den Tränen nahe und so mitgenommen, daß er sich eine Woche frei nahm.

Da er unter Brustschmerzen und Atembeschwerden litt, ging Smythe zu seinem Arzt, um sich untersuchen zu lassen. Dieser konnte jedoch nichts Ungewöhnliches feststellen. Noch anderthalb Jahre nach dem Vorfall litt Smythe unter entsetzlichen Alpträumen, in denen die Roboter auftauchten. Von 1969 an hörte er gelegentlich ein lautes Summen in den Ohren, das er mit den Wesen in Verbindung brachte, denen er begegnet war. Einmal, während er mit seiner Frau zeltete, folgte dem Summen ein »großes Licht«, das sich mit hoher Geschwindigkeit über einen Hügelkamm bewegte und dem wenige Sekunden später ein weiteres, kleineres Licht folgte.

Donald Smythe hielt den Vorfall in einem Bericht fest, der zunächst an Victor Killick ging, einen Astronomieprofessor im Ruhestand. Dieser leitete ihn an Offiziere der Mather Air Force Base weiter. Am 25. September 1964 wurde Smythe in seinem Haus von Captain McCloud und Sergeant R. Barnes von der McClellan Air Force Base verhört. Smythe erklärte sich zur Zusammenarbeit bereit und händigte ihnen eine seiner Pfeilspitzen zur Analyse aus, die aber nichts Ungewöhnliches ergab. Außerdem stellte er den Offizieren eine Karte des Gebiets zur Verfügung. Bevor sie gingen, erklärten die Offiziere, welche Personengruppen ihrer Ansicht nach für den Vorfall verantwortlich sein konnten: a) Japaner, b) Teenager, die sich einen Scherz erlaubt hatten, und c) Auszubildende der Air Force. McCloud äußerte den Verdacht, Trunkenheit oder Halluzinationen seien im Spiel gewesen.

Zwei oder drei Wochenenden später kehrte Smythe mit seinem Bruder, einem Freund und einem der Jäger an den Ort des Geschehens zurück. Abgesehen von ein paar Zigarettenstummeln war nichts von dem Material zu entdecken, das er zurückgelassen hatte.

Zivile Ufologen zeigten sich von Smythe beeindruckt. »Nachdem ich soeben die Akten über diese faszinierende, ungewöhnliche Begegnung überprüft habe«, schrieb Paul Cerny 1995, »besteht für mich kein Zweifel daran, daß dieser Vorfall tatsächlich stattgefunden hat. Ich habe den Hauptzeugen häufig besucht und viel Zeit mit ihm verbracht. Unter Berücksichtigung der Aussagen der anderen Zeugen kann ich die Möglichkeit eines Betrugs ausschließen.«[4]

Begegnung im japanischen Luftraum

Am 18. März 1965 flog Kapitän Yoshibaru Inaba eine Convair 240 der TOA Airlines von Osaka nach Hiroshima, als um

19 Uhr 06, kurz nachdem das Flugzeug Himeji passiert hatte, ein »mysteriöses, ellipsenförmiges Leuchtobjekt« erschien.

»Ich befand mich zu diesem Zeitpunkt auf einer Höhe von etwa zweitausend Metern«, berichtete Captain Inaba. »Das Objekt folgte mir eine Weile, hielt dann etwa drei Minuten an und folgte mir in Höhe meiner linken Tragfläche erneut über das Binnenmeer. Nach etwa neunzig Kilometern, bei Matsuyama auf der Insel Shikoku, verschwand es.«

Da er zunächst einen Zusammenstoß fürchtete, flog Inaba eine Sechzig-Grad-Kurve nach rechts, doch das Objekt, von dem ein grünliches Licht ausging, wendete abrupt und nahm eine Position an der Backbordtragfläche ein. Sowohl Radiokompaß (ADF – *automatic direction finder*) als auch Funk wurden gestört. Als der Copilot Tetsu Majima vergeblich versuchte, den Tower von Matsuyama zu erreichen, um ihre Beobachtung zu melden, hörte er die verzweifelten Hilferufe des Piloten einer Piper Apache der Tokio-Airlines, Joji Negishi, der erklärte, er werde bei seinem Flug am Nordrand von Matsuyama von einem geheimnisvollen Leuchtobjekt verfolgt.

Kapitän Inaba, ein erfahrener Pilot mit über 8600 Flugstunden, sagte, es sei seine erste Begegnung mit einem solchen Objekt gewesen. Die Wetterbedingungen an jenem Abend waren gut, es war Vollmond. Ein zwei Nächte später von der TOA Airlines ausgeführter Test ergab, daß die Piloten unmöglich eine Spiegelung ihrer eigenen Positionslichter gesehen haben konnten.

Gegen 19 Uhr desselben Abends meldeten drei Arbeiter der Chokuku-Stromwerke in Fuchu bei Hiroshima die Sichtung eines merkwürdigen Objekts über der Stadt Yuki. »Es hatte die Form eines Dreiecks, und von seiner Spitze ging ein strahlendes Licht aus«, berichtete einer der Zeugen.

Nach einer Mitteilung des Tokioter Büros der *New York Times* an die TOA Airlines sollte eine Gruppe von »Experten für fliegende Untertassen« nach Japan entsandt werden, um Inaba und Negishi zu befragen. Diese setzte sich angeblich aus Spezialisten des amerikanischen Verteidigungsministeriums, der amerikanischen Luftfahrtbehörde und des Observatoriums von Palomar zusammen. »Offenbar interessiert sich die amerikanische Mission für den Fall, weil es mehrfach zu mysteriösen Flugzeugunglücken gekommen ist, an denen fliegende Untertassen beteiligt sein könnten.«[5, 6, 7]

Gerüchte über außerirdische Basen in Argentinien

1965 blühten die Gerüchte über eine außerirdische Basis in Argentinien, nachdem im Loretanital, sechzig Kilometer südwestlich von Córdoba, sowie in einer nahe gelegenen Schlucht immer wieder merkwürdige Objekte gesichtet worden waren.

Der erste Zwischenfall ereignete sich am 15. Juli um zwanzig Uhr, als Rubén Busquets, der Besitzer einer Baumplantage, mit seiner Frau Diana Loretani und seiner Tochter Marcela nach Hause zurückkehrte und ein ungewöhnliches Objekt bemerkte. Señor Busquets beschreibt es folgendermaßen:

Das Objekt war groß und leuchtete sehr stark. Seine Farbe war bläulich, wechselte jedoch ständig, so daß es manchmal auch orangerot schimmerte. Von der Form her handelte es sich um einen stumpfen Kegel. Allerdings konnten wir nicht genau sehen, wo der obere Teil endete, weil sich ein Lichtkegel aus dem Objekt nach oben richtete. Der untere Teil war rund und konvex. Wenn ich die nahe gelegenen Hügel als Maßstab nehme, würde ich sagen, es besaß einen Durchmesser von zehn bis 15 Metern. Es bewegte sich nicht und gab keinerlei Geräusche von sich. Einmal richtete es einen Lichtkegel auf uns …
Nach einer langen Pause ließ es sich senkrecht nach unten fallen, bis das Gelände es vor unseren Augen verbarg. Den Licht-

schein konnten wir allerdings immer noch sehen. Schließlich erlosch auch dieser. Wir gingen zum Haus hinauf, trafen aber unterwegs auf einen unserer *peones*, der auf dem Boden lag, weil ihn sein Pferd abgeworfen hatte … dieser Bauer hatte den Vorfall ebenfalls beobachtet. Sein Pferd hatte sich so erschreckt, daß es ihn runtergeworfen hatte.

Danach sichtete die Familie Busquets regelmäßig UFOs, die über das Tal flogen und in der Schlucht verschwanden. An einer Stelle, wo offenbar ein Raumschiff gelandet war, wurde eine runde Spur von etwa sieben Meter Durchmesser entdeckt. Bei einer anderen Gelegenheit konnte Señora Busquets eindeutig Fenster an einem der Fluggeräte erkennen. Die Familie war nicht allein: Zu jener Zeit hatten sich die Arbeiter der Plantage geradezu an das Phänomen gewöhnt.

Eines Tages, als Señor Busquets in seinem Auto unter einer Stromleitung saß und ein UFO beobachtete, erhielt er einen kräftigen elektrischen Schlag. Aus Sorge, das UFO könne die Leitungen durchtrennen, entfernte er sein Auto aus dem Gelände. Daraufhin schaltete das UFO sofort das Licht aus, bis nur ein rötliches Glimmen zurückblieb, das langsam erlosch. Am 24. Juli 1965 luden die Busquets eine Gruppe von Leuten ein, die merkwürdigen Raumschiffe zu beobachten. Alle sahen eine »glänzende Zigarre, um die ein schwarzer Streifen verlief«, die etwa zehn Sekunden ruhig stehenblieb, bevor sie in der Schlucht verschwand. Zu den Zeugen gehörten auch zwei Rechtsanwälte, Dr. Felix Cochero und Dr. Fortunato Columba. Am 5. September 1965 beobachtete Capitán Omar Pagani, der damals die UFO-Untersuchungen der argentinischen Marine leitete, durch sein Teleskop ein UFO, das die Zeugen (zu denen auch zwei Meteorologen zählten) dadurch verblüffte, daß es sich so weit näherte, daß das gesamte Sichtfeld des Teleskops ausgefüllt war.[8]

Fehlende Zeit in Madagaskar

Im folgenden Fall stammt der Zeuge, ein gewisser Monsieur Wolf, aus Deutschland, er nahm jedoch nach seinem Dienst in der französischen Fremdenlegion die französische Staatsbürgerschaft an. Die hier wiedergegebene bemerkenswerte Geschichte stammt aus einem Interview von Wolf mit H. Julien, einem Ufologen, der für das französische Magazin *Lumières dans la nuit* tätig war.

»Es war im Mai 1967«, begann Wolf. »Ich hielt mich in Madagaskar auf und leistete meinen Dienst in der Fremdenlegion ab. Wir befanden uns auf einer Aufklärungsübung im Busch, bei der wir stündlich über Funk mit dem Hauptquartier Verbindung aufnahmen. Gegen Mittag hielten wir auf einer etwa einhundert Meter breiten Lichtung an, um zu essen. Das Wetter war schön.« Dann geschah es.

Plötzlich sahen wir, wie eine Maschine von undefinierbarer Farbe auftauchte und in den Sinkflug ging. Ich selbst bin farbenblind, aber ich kann mit Bestimmtheit sagen, daß das Ding sehr hell leuchtete und wie eine frisch geprägte Münze im Sonnenlicht schimmerte. Dabei war es von einem intensiven, blendenden Licht umgeben. Es fiel wie ein Blatt vom Baum. Man hatte den Eindruck, daß es sich um einen Unfall handelte, es sah aus wie ein glänzendes Ei, das an einer Schnur befestigt ist. Es verlor sehr schnell an Höhe. Als es auftraf, fühlten wir, wie der Boden erbebte. Dann hörten wir ein durchdringendes Pfeifen. Zu diesem Zeitpunkt leuchtete das Raumschiff nicht mehr. Dann geschah Unglaubliches. Wir waren 23 Legionäre, ein Offizier und vier Unteroffiziere. Alle waren wie gelähmt. Wir sahen, wie die Maschine landete und wieder abhob, *aber niemand von uns bemerkte, wie die Zeit verstrich*. Lassen Sie mich das erklären: Als die Maschine abgehoben hatte, erlangten wir die

Gewalt über unsere Gliedmaßen zurück. Wir befanden uns exakt in der gleichen Position und am selben Ort wie zu dem Zeitpunkt, als sie gelandet war. Doch als wir die Zeit überprüften, stellten wir fest, daß es inzwischen 15 Uhr 15 war. *Zweidreiviertel Stunden waren vergangen, ohne daß wir es bemerkt hatten.* Wir hatten uns dreimal nicht zur vereinbarten Zeit beim Hauptquartier gemeldet. Unser Offizier wurde dafür entsetzlich heruntergeputzt, weil er keine glaubwürdige Erklärung liefern konnte.

DIE MASCHINE

Die Maschine war glatt, weder Türen noch Fenster waren zu sehen. Nahtstellen schien sie ebenfalls nicht aufzuweisen, genausowenig wie Antennen. Sie wirkte wie ein glattes Ei und war zweimal so hoch wie breit. Wegen der üppigen Vegetation auf der Lichtung kann ich nicht genau sagen, wie hoch sie wirklich war. Wenn man sich an den Bäumen orientiert, vor denen sie beim Start zu erkennen war, würde ich ihre Höhe auf sieben bis acht Meter schätzen. An der Basis befanden sich mehrere Öffnungen, die wir deutlich erkennen konnten, als sie abhob. Aus ihnen schlugen Flammen, keine normalen Flammen … Man hätte sie dafür halten können, aber es muß sich um etwas anderes gehandelt haben. Vielleicht etwas wie Funken, die entstehen, wenn man mit einem Schweißgerät Metall schneidet. Aus allen Öffnungen schlug eine »Flamme«; das ganze Ding produzierte eine dicke kurze Flamme, die etwa ein Zwanzigstel so lang war wie die Maschine selbst.

Sie besaß Beine, die ich aufgrund der Vegetation allerdings nicht sehen konnte. Aber auf dem Boden blieben dort, wo die Maschine gestanden hatte, drei in der Form eines Dreiecks angeordnete Abdrücke zurück. In der Mitte des Dreiecks befand sich ein drei Meter tiefer verkohlter Krater, der sich nach unten verbreiterte. Auf seinem Grund lagen Kristalle in allen Farben, die wie Glasscherben wirkten. Der gesamte Kratergrund war voll davon, besonders in den Ecken. Es sah aus wie ein gläserner Ring.

Als die Maschine startete, stieg sie langsam auf, bis sie sich über den Bäumen befand. Dann verschwand sie mit einer fantastischen Geschwindigkeit, als sei sie in den Himmel hinaufgesogen worden. Dabei zog sie eine Spur.

Zur Geheimhaltung verpflichtet

Das Hauptquartier befahl uns, uns von dem Ort der Landung fernzuhalten und die Angelegenheit nicht untereinander zu diskutieren. Spezialisten aus Paris wurden eingeflogen, die uns verhörten. Wir mußten einen Eid darauf schwören, daß wir die Angelegenheit geheimhalten würden. Ärzte untersuchten uns und unterzogen uns verschiedenen Tests. Noch zwei Tage nach dem Zwischenfall litten wir alle unter heftigen Kopfschmerzen, Ohrensausen und einem heftigen Pochen im Schläfenbereich. Die Ergebnisse der an uns durchgeführten Tests erfuhren wir nie.[9]

Ein besonders erstaunlicher Aspekt dieses wichtigen Falles ist das Phänomen der fehlenden Zeit, das den Legionären erst im nachhinein bewußt wurde, eine klassische Nebenwirkung von Entführungen durch Außerirdische. Aber wurden tatsächlich Männer in das Raumschiff verschleppt? Kam es überhaupt zu einem Kontakt? Das werden wir vielleicht nie erfahren. Das »Summen in den Ohren« erinnert an den zuvor beschriebenen Fall von Donald Smythe, der nach seinem entsetzlichen Erlebnis im Jahre 1964 unter ähnlichen Folgen litt.

Der Fall ist auch deshalb interessant, weil er in vielerlei Hinsicht die Theorie des britischen Luftfahrtingenieurs Leonard

Cramp unterstützt. Seine Hypothese zur Antriebsart der UFOs hatte er in seinem ein Jahr zuvor veröffentlichten, bemerkenswerten Buch *Piece for a Jig-Saw* (inzwischen in den Vereinigten Staaten neu erschienen) erläutert.[10]

Weitere geheimnisvolle U-Boote

Am 30. Juli 1967 hielt sich der argentinische Dampfer *Naviero* gegen 18 Uhr 15 etwa 120 Meilen vor der brasilianischen Küste auf, gegenüber des Kaps Santa Marta Grande (Breite 28° 48' S, Länge 46° 43' W) im Staate Santa Catarina. Während Offiziere und Besatzung ihr Abendessen einnahmen, meldete einer der Offiziere Capitán Julián Lucas Ardanza über die Sprechanlage, etwas Seltsames bewege sich in der Nähe des Schiffes.

Als er auf Deck eintraf, entdeckte Capitán Ardanza, nicht mehr als 16 Meter entfernt, auf der Steuerbordseite ein glänzendes Objekt im Meer. Das zigarrenförmige Schiff, das er auf eine Länge von 35 bis 36 Metern schätzte, strahlte ein intensives blaues und weißes Licht ab. Es war kein Geräusch zu hören und kein Kielwasser zu entdecken. Keiner der Aufbauten wie Periskop, Geländer oder Kommandoturm, die man bei einem herkömmlichen U-Boot erwarten würde, war zu entdecken.

15 Minuten lang begleitete das geheimnisvolle Schiff die *Naviero* mit einer Geschwindigkeit, die Capitán Ardanza auf 25 Knoten schätzte. Sein eigenes Schiff fuhr mit 17 Knoten. Plötzlich tauchte das nichtidentifizierte U-Boot direkt unter der *Naviero* hindurch und verschwand mit einem hellen Leuchten in den Tiefen des Ozeans.

Da die *Naviero* Sprengstoff an Bord hatte, wollte Capitán Ardanza vermeiden, daß die Besatzung wegen des Verfolgers in Panik geriet. Daher riefen er und die Offiziere die Mannschaft zusammen, um zu berichten, was vorgefallen war. In einem späteren Interview mit der argentinischen Presse erklärte Ardanza, er habe in seinen zwanzig Jahren auf See nichts Vergleichbares gesehen. Sein Erster Offizier, Carlos Lasca, beschrieb das Objekt als »ein tauchfähiges UFO mit eigener Beleuchtung«. Die argentinische Marinebehörde stufte es offiziell als »unbekanntes Unterwasserobjekt« ein.[11]

Angeblich bombardierte die argentinische Marine im Februar 1960 mit Unterstützung amerikanischer Experten drei Wochen lang zwei geheimnisvolle U-Boote am Meeresgrund und forderte diese auf, sich zu ergeben. Die Schiffe lagen am Grunde des Golfo Nuevo, einer Bucht nördlich von Rawson, die vom offenen Ozean aus nur durch eine enge Einfahrt zu erreichen ist. Obwohl sie von den Argentiniern durch die ganze Bucht gehetzt wurden, gelang es ihnen immer wieder auf unerklärliche Weise zu verschwinden, wenn sie in die Enge getrieben wurden. Schließlich erklärte der argentinische Marinesekretär Gastón Clemente der Presse, die Patrouillen würden eingestellt. Von diesen Vorfällen fasziniert, bat George Adamski seine Freunde aus dem All später um eine Erklärung. »Die Antwort lautet, daß es sich um Raumschiffe handelt«, erwiderten diese.

> Sie untersuchen den Grund des Ozeans, um etwas über die Umweltbedingungen auf unserem Planeten erfahren, was auf dem Festland gegenwärtig noch nicht möglich ist. Eine Reihe solcher Schiffe studieren eingehend das Land unter Wasser und sind auch schon zahlreichen Schiffen verschiedener Nationen begegnet. Die zumeist vertraulich behandelten offiziellen Berichte über diese Kontakte werden zum größten Teil als Fantastereien abgetan. Auch in diesem Fall würden unsere Freunde gern ans Licht der Öffentlichkeit treten und ihre Absichten erklären, aber unsere Feindseligkeit hindert sie daran. Also leiten sie ihre Ergebnisse an diejenigen ihrer Leute weiter, die unter unseren Wissenschaftlern und in anderen wichtigen

Positionen auf der ganzen Welt arbeiten. Wenn die Zeit gekommen ist, werden diese Informationen als Forschungsergebnisse des IGY [*International Geophysical Year*] der Öffentlichkeit zugänglich gemacht werden.[12]

Eine tragische Begegnung

Es war am 13. August 1967 um 16 Uhr. Inácio de Souza, der Verwalter einer großen *fazenda* (Plantage) zwischen Crixas und Pilar de Goias, etwa 160 Kilometer nordwestlich von Brasilia, war mit seiner Frau Luiza auf dem Heimweg. Plötzlich entdeckten sie drei merkwürdig aussehende Gestalten, die wie Kinder auf der Landebahn der *fazenda* spielten. Zuerst dachte Inácio, sie seien nackt, aber seine Frau hatte den Eindruck, daß sie hauteng, blaßgelbe Anzüge trugen. Offenbar hatten sie keine Haare.

Als die Fremden Inácio und seine Frau entdeckten, begannen sie auf sie zuzulaufen. In diesem Moment sah Inácio am Ende der Landebahn ein merkwürdiges Flugzeug, das wie ein umgekehrtes Waschbecken geformt war. Es schien fast 35 Meter breit zu sein und berührte den Boden oder schwebte darüber. Verängstigt schickte Inácio seine Frau ins Haus, griff nach seinem 44er Karabiner, zielte auf die ihm nächste Gestalt und feuerte. Fast im selben Augenblick sandte das »Flugzeug« einen grünen Lichtstrahl aus, der Inácio an Kopf und Schultern traf. Bewußtlos stürzte er zu Boden. Als seine Frau aus dem Haus eilte, um ihm zu Hilfe zu kommen, rannten die drei Fremden zu ihrem »Flugzeug« zurück, das senkrecht in die Höhe stieg, wobei es summte wie ein Bienenschwarm.

Drei Tage später flog der Besitzer der *fazenda*, ein bekannter, wohlhabender Mann (der darum bat, seinen Namen nicht zu veröffentlichen), auf sein Landgut, nachdem man ihn an seinem Wohnort São Paulo von dem Vorfall unterrichtet hatte. Er erfuhr, daß Inácio seit zwei Tagen über Taubheit und Kribbeln im Körper sowie Kopfschmerzen und Übelkeit klagte. Am dritten Tag gesellte sich zu diesen Symptomen ein permanentes Zittern von Kopf und Händen. Der Gutsbesitzer brachte den Kranken zu einem Arzt im 190 Kilometer südlich gelegenen Goiâna. An Souzas Rumpf und Kopf wurden kreisrunde Brandstellen mit einem Durchmesser von 15 Zentimetern gefunden. Bluttests ergaben, daß er an »bösartigen Veränderungen des Blutes« litt, also Leukämie. Der Doktor teilte seinem Arbeitgeber mit, der Patient habe noch etwa sechzig Tage zu leben.

Inácio begann an Gewicht zu verlieren. Er litt große Schmerzen. Überall an seinem Körper erschienen direkt unter der Haut fingernagelgroße gelblich-weiße Flecken. Am 11. Oktober 1967 starb er im Alter von 41 Jahren. Nach dem Willen ihres Mannes verbrannte Luiza sein Bett, seine Matratze, sein Bettzeug und seine Kleidung, weil er gefürchtet hatte, der Erreger seiner tödlichen Krankheit könne sich auf seine Familie übertragen.

»Für mich handelte es sich einfach um eine Krebserkrankung«, erklärte der skeptische Arzt in Goiâna auf die Fragen der Ufologen. »Ich riet dem *fazendeiro* zu ›vergessen‹, was sein Angestellter gesagt hatte, weil er (der *fazendeiro*) nicht selbst Augenzeuge gewesen war.« Da er nicht glauben wollte, daß Inácios Zustand auf eine Begegnung mit Wesen aus dem All zurückzuführen war, hielt der Arzt die Geschichte für eine durch die Leukämie verursachte Halluzination.[13, 14]

Es scheint wenig wahrscheinlich, daß es sich bei dieser beunruhigenden Begegnung tatsächlich um das Produkt einer Halluzination handelte. Betrug scheint ebenso ausgeschlossen. Inácio de Souza wurde als einfacher, ehrlicher und vertrauenswürdiger Mann beschrieben. Warum hätten er und seine Frau sein Leben und ihren Broterwerb mit der Erfindung einer solchen Geschichte aufs Spiel setzen sollen?

Die anfänglich beschriebenen Gestalten, die »wie Kinder

spielten«, erinnern an andere, ähnliche Fälle. Hätte Inácio nicht zu der drastischen Maßnahme gegriffen, auf eines der Wesen zu schießen, wäre der Zwischenfall vielleicht weniger tragisch ausgegangen.

Ein Polizist wird entführt

Einer der faszinierendsten und für mich schlüssigsten Berichte über eine Begegnung mit Außerirdischen stammt von dem Streifenpolizisten Herbert Schirmer, der in den frühen Morgenstunden des 3. Dezember 1967 in Ashland im amerikanischen Bundesstaat Nebraska auf ein gelandetes Raumschiff und dessen Besatzung stieß. Ursprünglich erinnerte sich Schirmer nur, um 2 Uhr 30 am Straßenrand eine »fliegende Untertasse« gesehen zu haben, was im Polizeibericht vermerkt wurde. Sechs Monate später enthüllte er während einer Zeitregressionshypnose bei Loring Williams, einem professionellen Hypnotiseur, weitere Details.

Als Schirmer aus dem Streifenwagen stieg, um sich die Sache genauer zu betrachten, näherten sich ihm menschenähnliche Wesen, die ihn mit einem »grünlichen« Gas vorübergehend lähmten. Dann brachten sie ihn an Bord ihres fußballförmigen Raumschiffs, das auf drei Landungsbeinen ruhte und in der Mitte von einem schmalen Steg umgeben war. Er fand sich in einem acht mal sechs Meter großen Raum wieder, der etwa zwei Meter hoch und mit Bullaugen, computerähnlichen »Bildschirmen« und zwei Stühlen mit dreieckigen Lehnen ausgestattet war. Die vier Besatzungsmitglieder maßen knapp einen Meter fünfzig und trugen Handschuhe und Stiefel sowie enge silbergraue Uniformen, die ihre langen, dünnen Köpfe umschlossen, aus denen auf der einen Seite eine kurze Antenne ragte. In Holstern an ihren Gürteln steckten »Gaspistolen«, deren Form an Taschenlampen erinnerten. Auf ihren breiten Brustkörben prangte ein Emblem, das dem

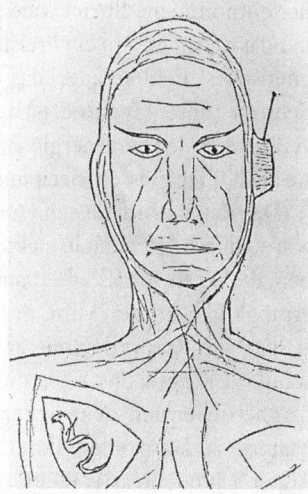

Herbert Schirmer, Streifenbeamter, behauptet, er sei im Dezember 1967 in Ashland in Nebraska von einem außerirdischen Raumschiff an Bord genommen worden. Rechts seine Zeichnung vom Anführer der Besatzung. (*© Warren Smith & Herbert Schirmer*)

uralten Symbol der geflügelten Schlange ähnelte (die mit dem von Daniel Fry beobachteten Caduceus verwandt ist; siehe Kapitel 2). »Ihr Teint war von grauweißer, teigiger Farbe«, berichtete Schirmer dem Journalisten Warren Smith. Sie hatten dünne, schrägstehende Augenbrauen und asiatische Augen. »Eigentlich wirkten ihre Augen weniger asiatisch als vielmehr katzenartig«, erläuterte er. Die Nase war länger, flacher und weniger hervorstehend als bei Menschen. »Ihre Lippen war nicht besonders voll, sondern wirkten eher wie ein Schlitz im Gesicht …«[15]

Einer von ihnen, offenbar der Anführer, teilte Schirmer mit, sie seien dabei, aus einer nahe gelegenen Stromleitung Elektrizität zu entnehmen, was er durch ein Bullauge beobachtete. Später wurde der entnommene Strom wieder ersetzt. »Wenn sie landen, wird um das Schiff herum ein kreisförmiges, unsichtbares [elektromagnetisches] Feld erzeugt, das der Verteidigung dient«, erzählte Schirmer unter Hypnose. »Mit Hilfe einer Methode, die ich nicht verstand, holen sie Energie aus dem Wasser. Deshalb sieht man sie auch über Flüssen, Seen und großen Gewässern.«[16]

Das Raumschiff, dessen Durchmesser knapp 35 Meter betrug, wurde durch »reversible elektromagnetische Energie« angetrieben, die einen von Trägheit und Schwerkraft unabhängigen Flug ermöglichte. In der Mitte des Raumschiffs befand sich ein kristallartiger Rotor, der mit zwei großen Säulen in Verbindung stand. »Er sagte, dies seien die Reaktoren. Die Umkehrung von magnetischer und elektrischer Energie ermöglicht es ihnen, die Materie zu kontrollieren und die Schwerkraft zu überwinden.« Angeblich bestand das Raumschiff aus reinem Magnesium.

Ein kleines, untertassenförmiges Gerät wurde ihm gezeigt, das von dem größeren Raumschiff ausgesandt werden konnte. Wie von George Adamski beschrieben, konnte es audiovisuelle Echtzeitdaten übermitteln. »Sie schicken die kleine Untertasse los, um ein Gebiet zu erforschen, bevor sie sich mit dem großen Schiff dorthin wagen«, berichtete Schirmer Smith. »Die Bilder von der Babyuntertasse erscheinen auf einem Bildschirm innerhalb des Schiffes. Am ehesten läßt es sich mit einer Radkappe vergleichen, wie sie die jungen Leute verwenden, um ihr Auto zu verschönern.«

Angeblich stammten die Außerirdischen aus einer nahe gelegenen Galaxie, besaßen jedoch Basen in unserem Sonnensystem und auf der Erde selbst. »Ich bin mir nicht sicher, daß ihre Angaben über ihren Herkunftsort korrekt waren«, meinte Schirmer. »Vielleicht wollten sie uns damit nur verwirren.« Der Anführer sagte, die Außerirdischen führten uns zu ihrem eigenen Schutz bewußt in die Irre. Aus diesem Grund fänden auch die Kontakte vollkommen willkürlich statt. »Er sagte, sie überließen dies ganz dem Zufall. Wenn dahinter keinerlei Sinn zu entdecken ist, kann dies die Regierungen und Ufologen dieser Welt nur verwirren … Von ihren Sicherheitsmaßnahmen war ich tief beeindruckt.«

Nach etwa zwanzig Minuten führte man Schirmer aus dem Raumschiff hinaus. Er beobachtete, wie es abhob. Von einem hohen Pfeifen begleitet erschien ein orangerotes Licht unten am Schiff, die drei Landungsbeine wurden eingezogen, und das Raumschiff schoß in den Himmel davon.

»An jenem Morgen litt ich unter schweren Kopfschmerzen«, teilte Schirmer Warren Smith mit. »Ein merkwürdiges Summen dröhnte in meinem Kopf, das lauter wurde, wenn ich versuchte einzuschlafen. Direkt unter meinem rechten Ohr verlief ein roter Striemen über dem Nervenstrang an meinem Hals entlang.« Noch lange nach der Begegnung litt Schirmer unter schweren Kopfschmerzen.

Schirmers Fall wurde von der UFO-Studiengruppe der Universität von Colorado untersucht. Er wurde nach Colorado geflogen, wo man ihn routinemäßig psychologischen Tests unterzog. Dazu gehörte auch eine Hypnosesitzung, die von Dr. Edward Condon, dem Leiter der Studiengruppe, selbst durchgeführt wurde. Von Mitarbeitern der Universität erfuhr Schirmer, daß man seine Erfahrung negativ beurteilen werde. »Sie sagten, vor der Veröffentlichung werde ihre Arbeit von der Air Force und anderen Regierungsbehörden überprüft. Ich erfuhr, daß man durch den Condon-Ausschuß nur die Air Force aus der Schußlinie nehmen wollte, nachdem es 1966 so viele Sichtungen gegeben hatte.« Schirmer fährt fort:

Manche der Leute glaubten, die CIA sei im Spiel. So hatte ein Mitglied der Gruppe ausführliche Feldforschung betrieben, bevor er wegen Drogenmißbrauchs verhaftet wurde. Die Polizei durchsuchte sein Haus und ging schnurstracks auf ein Marihuanaversteck zu. Ich kenne die Polizeiarbeit. Um so etwas zu finden, muß man einen Tip bekommen haben. Manche glaubten, man habe dem Mann eine Falle gestellt, weil er während seiner Arbeit im Feld auf etwas gestoßen war.[17]

Langhaarige Eindringlinge

Anfang Januar 1968 landeten erneut menschenähnliche Wesen auf einer brasilianischen *fazenda* in der Nähe der Lagôa dos Patos im brasilianischen Bundesstaat Rio Grande do Sul. Auf der Lagôa Negra Fazenda beobachteten fünf Zeugen den Vorfall: der Besitzer der *fazenda*, seine Frau, sein Sohn und seine Tochter sowie der Verwalter der *fazenda*.

Der Vorfall ereignete sich irgendwann zwischen 20 und 22 Uhr in einer klaren Nacht. Zunächst tauchte neben einem Eukalyptuswäldchen ein diskusartiges Objekt von etwa zehn Meter Durchmesser und drei Meter Höhe auf, das zwei Meter über dem Boden schwebte. Die Entfernung zum Haus, von dem aus die Zeugen den Vorfall beobachteten, betrug weniger als vierhundert Meter. Das metallisch glänzende Raumschiff wurde von einer Kuppel gekrönt, während an der Unterseite ein Vorsprung zu erkennen war. Es strahlte ein kaltes, rötliches Licht aus, das durch die Spalten der Fenster und Türen ins Haus drang und so stark war, daß den Zeugen die Augen brannten.

Die ersten beiden Gestalten, die neben der Untertasse auftauchten, waren etwa zwei Meter groß und trugen weiße Overalls mit einer breiten weißen Schärpe um die Taille und einem hohen, dunklen Kragen. Ihre Gesichter wurden als weiß und voll beschrieben, das lange Haar hing ihnen bis auf die Schultern. Die großen Füße waren nackt, die Hände lang. Auffallend waren ihre steifen Bewegungen beim Gehen, weil sie die Beine nicht beugten.

Die langhaarigen Eindringlinge, die im Januar 1968 vor den Augen von fünf Zeugen auf einer *fazenda* in der Nähe von Lagôa dos Patos im brasilianischen Bundesstaat Rio Grande do Sul landeten. *(Terence Collins/FSR Publication)*

Danach erschienen drei weitere Wesen. Diese waren nicht größer als einen Meter vierzig und trugen kastanienbraune Overalls, die an der Taille von einer Schärpe in einer ähnlichen Farbe zusammengehalten wurden. Ihr Haar war ebenso lang wie das der beiden anderen, aber im Unterschied zu diesen trugen sie kleine Stiefel. Sie bewegten sich schnell, verließen aber das Gebiet um die Untertasse nicht. Dafür entfernten sich die beiden Größeren und gingen auf einen Drahtzaun zu, wurden aber durch den davor verlaufenden Graben aufgehalten. Sie folgten dem Lauf des Grabens, bis sie auf halber Strecke zwischen Untertasse und Tor angelangt waren, dann kehrten sie um. Dann entfernten sie sich ein zweites Mal von der Untertasse, erreichten das Tor über eine andere Route, blieben vor einer kleinen Holzbrücke stehen, die über den Graben führte, und kehrten erneut zur Untertasse zurück. Nachdem sie das Gebiet um das UFO ein drittes Mal verlassen hatten, folgten sie ihrer ersten Route. Diesmal überquerten sie die Brücke, gelangten ans Tor und öffneten es. Als sie dieses passiert hatten, schlossen sie es hinter sich und marschierten auf das Haus zu.

Inzwischen hatten Besitzer und Verwalter der *fazenda* das Haus verlassen und waren zwischen zwei Palmen in Stellung gegangen. Auf dem Boden liegend konnten sie alles beobachten, ohne selbst gesehen zu werden. Die Frau und die Kinder waren im Haus geblieben. Aus Angst vor dem roten Licht, das das Haus erfüllte, hatte sich der Sohn im Bett versteckt und die Decke über den Kopf gezogen. Die fünf Hunde des Hauses, die sich Fremden gegenüber normalerweise aggressiv zeigten, schienen zu keiner Zeit beunruhigt, nicht einmal, als sich die Eindringlinge dem Haus näherten. Der Verwalter, der bewaffnet war, wollte die Fremden anrufen, aber der Besitzer befahl ihm, sich ruhig zu verhalten.

»Als sich die Wesen bis auf sechzig Meter dem Haus genähert hatten«, berichtete der Ufologe Jader Pereira, »konnte die Tochter ihre Gesichtszüge deutlich erkennen, weil die gesamte Umgebung durch das Licht von der Untertasse erhellt war. ›Mutter, sie sehen aus wie Heilige!‹ rief sie aus. Die Mutter erschrak und beschloß, ihren Ehemann ins Haus zurückzuholen. Als sie die Tür öffnete und nach ihm rief, blieben die beiden Wesen stehen. »Das taten sie mehrmals«, so Pereira, »bis sie schließlich umdrehten und auf dem Weg, auf dem sie gekommen waren, zu der Untertasse zurückkehrten. Dann betraten alle fünf das Objekt, das senkrecht in die Höhe stieg, wobei es offenbar leicht rotierte.« Der gesamte Zwischenfall dauerte etwa zwanzig Minuten.

Am nächsten Tag entdeckten die Zeugen zwei Arten von

Fußspuren. Die einen waren groß und stammten offenbar von nackten Füßen, die sich durch auffallend lange Zehen und spitze Fersen auszeichneten, die anderen hingegen waren klein. Bei diesen war der Absatz glatt, und in der Mitte des vorderen Teils der Sohle war »eine Art fünfzackiger Stern« zu erkennen. Leider wurden keine Gipsabdrücke davon angefertigt.[18]

Die in diesem Fall beschriebenen menschenähnlichen Wesen gleichen denen aus früheren Berichten erstaunlich, wie zum Beispiel George Adamskis »Orthon« mit seinem langen Haar und dem schokoladenbraunen Overall. »Die Familie ist am Ort und im Bezirk Viamão hoch angesehen«, berichteten die Ufologen. »Keiner von ihnen hatte sich bis dahin jemals für fliegende Untertassen interessiert.«[19]

Gerüchte über außerirdische Basen in Peru

Im Sommer des Jahres 1968 zeigte sich die ländliche Bevölkerung in den peruanischen Anden so beunruhigt von den zahlreichen »Erscheinungen fliegender Untertassen« in ihrer Gegend, daß die Bezirksbehörden von Huaraz eine Kommission dorthin entsandten. Diese sollte, von bewaffneten Polizisten begleitet, Berichten nachgehen, die »Untertassen« nutzten ein bestimmtes Gebiet in der Nähe des Yanacocha-Sees in Zentralperu als Basis. Zahlreiche Bauern behaupteten, sie hätten leuchtende Objekte gesehen, die mit »großer Geschwindigkeit nach unten schossen«, als wollten sie auf der weiten Ebene zwischen den Seen Yanacocha und Pumacocha landen. Zweimal wöchentlich, so hieß es, tauchten die »Untertassen« am hellichten Tag auf und verschwanden dann schnell wieder, wobei am Boden Spuren zurückblieben.[20]

Nach Aussagen des Ufologen und Ingenieurs Antonio Ponce de León war bei Chumo, im Gebiet von Sicuani im südlichen Peru, ein »Untertassenflugplatz« *(platillodromo)* entdeckt worden. De León behauptete, von den einheimischen Indios davon erfahren zu haben.[21] 1968 ging das Gerücht, in den Tiefen des Titicaca-sees befinde sich eine außerirdische Basis. Viele der Zeugen vor Ort berichteten von »Untertassen«, die auf den See zuflogen und darin verschwanden.[22]

1993 behaupteten zahlreiche Einwohner von Huaraz, der Hauptstadt des Bezirks Ancash nördlich von Lima, die fliegenden Untertassen besäßen Basen auf den höchsten Gipfeln der zu den Anden gehörenden Cordillera Blanca. Der höchste Berg dort, El Huascarán, mißt 7000 Meter, andere Gipfel erreichen zwischen 5000 und 6000 Metern. Will man den Meldungen glauben, wurden regelmäßig fliegende Untertassen gesehen, die aus den Seen in jener Gegend auftauchten. So berichteten am 28. Oktober 1993 zahlreiche Bauern, sie hätten ein UFO aus dem See auf dem Carhuac auftauchen sehen. Osterling Obregón, ein Lehrer, erklärte, der Carhuac habe in verschiedenen Farben geleuchtet, als das UFO von dem Fünftausender startete.

»Vier Minuten lang beobachtete ich, wie sich das UFO langsam über die Cordillera Blanca erhob«, erzählte Obregón. Bis der Lehrer mit seiner Kamera zurückgekehrt war, war das Objekt verschwunden. Zehn Minuten später sah ein weiterer Lehrer, Juan Gómez, offenbar dasselbe Objekt, das in grellen Lichtern erstrahlte und eine Reihe akrobatischer Manöver ausführte.[23]

Redeverbot

Es war Sonntag, der 9. September 1968. Professor Wilton Ribeiro ging am Strand von Itaipu bei Niterói östlich von Rio de Janeiro spazieren, als plötzlich etwa zweihundert Meter von ihm entfernt ein merkwürdiges Objekt niederging, das orangefarbene Lichtstrahlen aussandte. Es näherte sich weiter und blieb ungefähr zehn Meter über dem Meer stehen, wobei es sich um seine vertikale Achse drehte und ein summendes Geräusch von sich gab. Unter den übrigen Zeugen waren João Abud, juristischer

Gutachter im Rechtsministerium des Staates von Rio de Janeiro, und Professor Sohail Saud, ein Dozent für Betriebswirtschaft. Professor Saud sagte aus, das Objekt, das er als »große Scheibe« beschrieb, sei mehrfach in geringer Höhe über den Strand geflogen, bevor es kurz landete. Angeblich konnte er die Besatzung im Inneren des Raumschiffs erkennen, obwohl das einzige Detail, an das er sich erinnerte, war, daß die Leute Helme trugen. Mehrere Zeugen erlitten einen Schock.[24]

Am 21. November 1968 behauptete eine junge Brasilianerin, sie habe an einer Bushaltestelle in der Nähe von Macédo im Bundesstaat São Paulo ein gelandetes Raumschiff mit Besatzung gesehen. Der Bus hatte angehalten, damit der Fahrer seine übliche Pause einlegen konnte. Dabei bemerkte die Zeugin auf einem etwa vierzig Meter entfernten verlassenen Grundstück ein glänzendes, metallisches Objekt, das auf dem Boden stand beziehungsweise knapp darüber schwebte. Von der Form her ähnelte es denen, die George Adamski und andere beschrieben hatten. Allerdings gab es einige Abweichungen: Die Kuppel war in vier Segmente unterteilt und an der Spitze mit einer Antenne versehen, eine Reihe kreisförmiger, ständig wechselnder Lichter lief um den unteren Rand oder »Rock« herum, und unter einem großen (feststehenden) Eingang im Rand befand sich eine Treppe mit drei Stufen (siehe nächste Seite). Vor dem Raumschiff standen drei etwa zwei Meter große »Männer« in hautengen, glänzenden, schwarzen Anzügen, die nur das Gesicht freiließen. Eines der Wesen hielt unter dem einen Arm ein etwa sechzig Zentimeter langes »Rohr«, das einen Durchmesser von sieben Zentimetern hatte und von einer spiralförmigen Spule umgeben war. Aus den Enden des Rohrs ragten zwei schmale Vorsprünge.

Zwischen der Zeugin und den Wesen stand etwa zwanzig Meter vom Bus entfernt mit dem Rücken zu ihr eine Gruppe von zwanzig Leuten, die sich hinter drei bewaffneten Polizisten for-

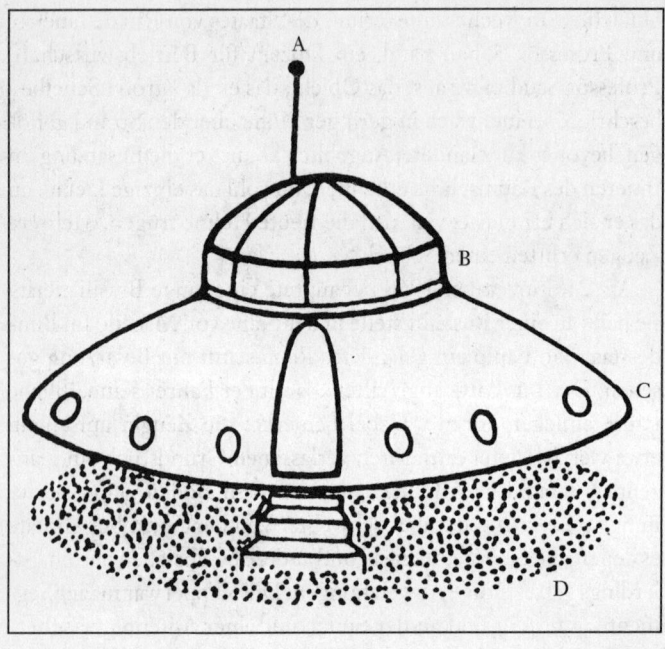

Das in der Nähe von Macédo im Staat São Paulo in Brasilien gelandete Raumschiff. **A.** Antenne mit rotem Licht. **B.** In Segmente unterteilte Kuppel. **C.** Ausgestellter Rock, der sich offenbar im Uhrzeigersinn drehte. **D.** Violetter Lichtfleck unter dem Schiff. *(Terence Collins/FSR Publications)*

miert hatte und sich den Wesen in den Weg stellte. An der dem Bus gegenüberliegenden Straßenseite parkten zwei Streifenwagen. Während sich die beiden Parteien gegenüberstanden, schoß plötzlich ein greller, silbriger Strahl aus dem Rohr. Der Ufologe Nigel Rimes berichtet:

> Der Strahl richtete sich auf die brasilianischen Polizisten und Zuschauer. Die ersten Reihen (einschließlich der Polizisten)

waren sofort »gelähmt«, so daß sich niemand mehr bewegte. Der Zeugin fiel aber auf, daß auch andere, die nicht ganz vorne standen, betroffen waren. Mehrere Personen sackten ein, als seien sie in Ohnmacht gefallen. Außerdem bemerkte sie, daß das Wesen nicht das Rohr drehte, sondern mit dem gesamten Körper herumschwang, ohne die Position des Rohrs unter seinem Arm zu verändern.

Die Wesen gingen in aller Ruhe langsam zu ihrem Raumschiff zurück, das abhob und rasch an Höhe gewann.

Obwohl dieser ungewöhnliche Bericht meines Wissens von niemandem bestätigt wurde, zeigten sich die beiden Ufologen – einer von ihnen war Willi Wirz, der Geschäftsführer des *Brazil Herald* – von der Zeugin beeindruckt. »Bei der jungen Dame schien es sich um eine sehr ehrliche und aufrichtige Person zu handeln«, berichtete Nigel Rimes. »Sie stellte klar, daß sie keinesfalls die Aufmerksamkeit der Öffentlichkeit erregen wollte und sich mit ihren Informationen nur gemeldet hatte, weil sie dies als ihre Pflicht ansah.

Wir sind zu dem Schluß gekommen, daß sich dieses Ereignis mit großer Wahrscheinlichkeit wirklich so zugetragen hat und die Militärbehörden den übrigen Zeugen Redeverbot erteilt haben ...«[25]

Die Plantage

Die beiden Passagiere ließen sich in ihrem Abteil im Nachtexpreß von Bombay nach Madras nieder. Es war im Oktober des Jahres 1964. Ludwig F. Pallmann, ein deutscher Geschäftsmann, der schwere Maschinen für die Massenproduktion von Nahrungsmitteln verkaufte und installierte, beäugte seinen Reisegefährten. Offenkundig ein übriggebliebener Sahib aus der Zeit der britischen Besatzung, dachte Pallmann. »Er war ausgezeichnet gekleidet, und sein Verhalten zeugte unmißverständlich von Autorität.« Der etwa einen Meter fünfundsiebzig große Fremde war schmal gebaut und besaß auffallend lange Beine.

Pallmann begann auf englisch ein Gespräch und bot ihm ein Glas Whiskey an. »Mein Reisegefährte und ich waren die einzigen Passagiere in unserem Abteil. Nach dem Begrüßungsdrink ließen wir uns in entgegengesetzten Ecken nieder und betrachteten die Landschaft, durch die der Zug fuhr.«

Schon bald fielen Pallmann einige ungewöhnliche Eigenschaften an seinem Reisegefährten auf, unter anderem die ungewöhnlich ausdrucksvollen Augen. Zudem besaß der Mann außerordentlich lange, schlanke Finger, deren Spitzen von einem Schutz bedeckt waren, wie ihn Pallmann noch nie gesehen hatte. »Ansonsten war er nicht ganz weiß ... sondern von einem sehr hellen Braun, selbst sein Haar war hellbraun. Ich bezweifle, daß er in vol-

Ludwig F. Pallmann (Mitte), deutscher Geschäftsmann, behauptet, 1964 in Indien einem außerirdischen Anthropologen begegnet zu sein und sich 1967 auf einer Plantage der Außerirdischen, die im peruanischen Urwald am Amazonas lag, aufgehalten zu haben. Das Foto zeigt Pallmann im indischen Benares.

ler Kleidung fünfzig Kilogramm wog, aber trotz seines schlanken Körperbaus erweckte er keineswegs den Eindruck physischer Schwäche. Ganz im Gegenteil.« Noch etwas anderes erregte Pallmanns Aufmerksamkeit.

Ich konnte nicht umhin zu bemerken, daß er beim Einatmen jedesmal die Hände zusammenpreßte. Er schien bei jedem Atemzug besonders tief Luft holen zu müssen, als litte er unter Atemproblemen. Nicht, daß man ihm etwas dergleichen angesehen hätte, wie gesagt, er wirkte sogar ausgesprochen gesund.

Als der Fremde sprach, bemerkte Pallmann zu seiner Überraschung, daß dessen Stimme offenbar nicht aus seinem Mund kam, sondern aus einem kleinen »Sprechgerät«, das an seiner Brust befestigt war. Auch seine Sprechweise wirkte ungewöhnlich. Obwohl sein Englisch fehlerlos war, ging seinen Worten stets ein kurzer Augenblick des Zögerns voraus. »Das erste Wort schien ihn große geistige Anstrengung zu kosten, während die anderen dann spontan folgten«, erklärte Pallmann. »Aber das erste Wort kam nur mühsam. Diese kleine Marotte hatte durchaus ihren Charme …«

Der Fremde stellte sich als »Satu Ra« vor.

Als die Nacht hereinbrach, fuhr der Zug in einen großen Bahnhof ein. Auf dem Bahnsteig drängten sich Massen armer, hungrig wirkender Menschen, unter ihnen eine ausgemergelte, zerlumpte Frau, deren quengelndes Baby chronisch unterernährt schien. Wortlos stieg Satu aus dem Abteil, bahnte sich einen Weg zu den beiden, drückte der Frau eine Münze in die Hand und steckte dem Baby eine Tablette in den Mund. Dann kehrte er ins Abteil zurück. »Kommen Sie mit«, sagte er ruhig zu Pallmann. »Es gibt viel zu tun.«

Satu führte ihn zu den hintersten Waggons des Zuges (denen der dritten Klasse), die völlig überfüllt waren. In einem indischen Dialekt, den er perfekt beherrschte, sprach er mit einer Gruppe kleiner Kinder und verteilte seine Tabletten an sie. Dann entdeckte er einen alten Mann, der auf dem Boden kauerte, und gab ihm ebenfalls eine Tablette. Dies wiederholte er immer wieder. Woraus auch immer die Tabletten bestanden, ihre Wirkung auf die Empfänger schien auf wunderbare Weise wohltuend.[1]

Bei der Ankunft in Madras fragte Pallmann Satu nach seiner Herkunft, weil er ihn nicht einordnen konnte. »Das ist eigentlich kein Geheimnis, mein Freund«, lautete die Antwort. »Ich stamme aus Cotosoti.«

»Davon habe ich noch nie gehört. Wo ist das? In Mittelamerika?«

»Nein, nein, mein Freund, auf Itibi Ra II.«

»Jetzt erlauben Sie sich einen Scherz.«

»Keineswegs.«

»Ich bin viel in der Welt herumgekommen, aber von diesem Ort habe ich noch nie gehört. Wo soll das sein?«

Als Antwort deutete Satu Ra schlicht zum östlichen Himmel.[2]

»Ein Diener Gottes«

»Damit wollte er sagen, daß er aus einer anderen Welt, von einem anderen Planeten weit draußen im All stamme. Mein ganzes Leben lang hatte ich mit konkreten Dingen und Fakten zu tun gehabt … Mit allem, was darüber hinausging, kannte ich mich nicht aus, das hätte ich selbst als erster zugegeben. Dennoch hatte ich zweifellos die vergangenen 24 Stunden in Gesellschaft eines realen Wesens aus Fleisch und Blut verbracht, das außergewöhnliche Eigenschaften hatte.«

Später erhielt Pallmann in seinem Hotel eine Einladung, eine bestimmte Adresse in Madras aufzusuchen, die ihm von einem distinguiert wirkenden Inder übergeben wurde. Dabei erwähnte dieser den Namen »Mr. Satu Ra«. Also nahm Pallmann am nächsten Morgen ein Taxi, das ihn an einer palastartigen Villa absetzte. Wie sich herausstellte, handelte es sich um ein Museum mit angeschlossener Kunstgalerie. Hier hielt sich Satu auf.

Nachdem er Pallmann begrüßt hatte, deutete Satu auf ein Bild von Vishnu, einem der wichtigsten Götter der Hindus. Auf das geweihte Tuch waren Darstellungen merkwürdiger Luftschiffe gemalt.[3] »Dies ist der Beweis dafür, daß frühere Generationen unsere Raumschiffe beobachtet haben, die einst hier gelandet sind«, erklärte er dem verwirrten Pallmann, der von Satus angeblicher Herkunft immer noch nicht überzeugt war. Vielleicht stand »Itibi Ra« für das mythische Shangri-La? Litt Satu unter Wahnvorstellungen, oder versuchte er, ihm etwas zu verkaufen?

»In meinem Gehirn spukte der Gedanke herum, daß diese Einladung einen kommerziellen Hintergrund hatte. Ständig erwartete ich von meinem Gastgeber ein Verkaufsgespräch, aber nichts dergleichen trat ein.« Die beiden verbrachten einen angenehmen Nachmittag miteinander, wobei Pallmann seinen Gastgeber nun bei besseren Lichtverhältnissen studieren konnte.

Seine Haut war vom hellen Braun der Eurasier, seine riesigen Augen dunkel, der Mund ziemlich klein. Auffällig war die Kinnlinie, denn der untere Teil seines Kiefers wirkte leicht deformiert. Dann waren da die Schutzkappen über seinen Fingerspitzen, die er trotz der extremen Hitze ständig zu tragen schien. Vor allen Dingen aber registrierte ich seine merkwürdige Sprechweise und die Tatsache, daß er sich absolut auf ein elektronisches Gerät zu verlassen schien, das seine Stimme wiedergab.

Bevor das Treffen zu Ende ging, informierte Pallmann Satu über seine Reisepläne, die Aufenthalte in Kaschmir, Kalkutta und Benares vorsahen. In Benares würden sie sich erneut begegnen, so Satu. Aber wie? Satu reichte Pallmann einen merkwürdigen Ring, der offenbar aus massivem Gold bestand. In seiner Mitte war ein kleines Stück Metall eingelassen, das wie ein Diamant funkelte. »Vielleicht wird dieser unsere Anwesenheit in Benares ankündigen«, verkündete Satu geheimnisvoll, wobei er hinzufügte, bei dem uralten Ring handle es sich um »das Symbol einer menschlichen Religion, die der unseren sehr nahe steht«.

Nachdem er Satu überschwenglich für das unerwartete Geschenk gedankt hatte, erkundigte sich Pallmann nach dem Beruf seines Gastgebers, eine Frage, die ihn seit ihrer ersten Begegnung beschäftigt hatte.

»Ich bin ein Diener«, erwiderte Satu lächelnd. »Ein Diener Gottes wie mein gesamtes Volk ...«[4]

Xiti

Am Abend seines zweiten Tages in Benares genoß Pallmann im Garten seines Hotels die Nachtluft, als das Metallstück in der Mitte des Ringes zu glühen begann. Überzeugt davon, daß das Licht ihm einen Streich spielte, bewegte er ihn hin und her, ohne daß sich etwas änderte. Das Glühen schien höchstens noch intensiver zu werden. Plötzlich stand das Bild Satu Ras vor seinem geistigen Auge. »Die ganze Sache war lächerlich«, so Pallmann. »Es war einfach nicht möglich. Aber trotzdem geschah es ...«

Kurz nach 21 Uhr 30 tauchte Satus unverwechselbare Gestalt vor Pallmann auf. Er begrüßte ihn herzlich. Die beiden unterhielten sich lange über die verschiedensten Themen. Satu besaß einen ausgeprägten Sinn für Humor. Es stellte sich heraus, daß er hervorragend Spanisch verstand, denn Pallmann verfiel von Zeit zu Zeit in diese Sprache. Obwohl Satus Stimme nichts Ungewöhnliches an sich hatte, bemerkte Pallmann, daß sie »den Hörer auch die innere Bedeutung der Worte spüren ließ«.

Wenn er von Schmerz sprach, zuckte man bei dem Wort buchstäblich zusammen. Sprach er dagegen von Liebe, fühlte man sich darin eingehüllt wie in einen warmen Mantel. Es läßt sich schwer erklären. Das Gerät verlieh der Stimme eine neue Dimension, eine Subtilität, wie ich sie bei keiner menschlichen Stimme gehört hatte. Auch dies stimmte mich nachdenklich ...

Pallmann zeigte Satu Fotos von verschiedenen Tempeln, die er in Kaschmir besucht hatte, Bilder der zahlreichen Götter, Aufnahmen von Priestern und Gläubigen und viele weitere Bilder. »Sind Sie dort gewesen?« fragte er dann.

»Ja.»Aber wissen Sie, mein Freund«, setzte Satu traurig hinzu, »wie die Liebe ist auch die Religion blind.«

Die beiden Männer ließen sich auf einer Bank in der Nähe des Haupteingangs des Hotels nieder, von dem aus sie die herumstehenden Menschen beobachten konnten. Am Eingang lungerte eine Gruppe uniformierter Hotelangestellter herum, die den Mädchen nachsah. Als eine besonders attraktive Stewardeß die Treppe hinunterging, mußte Satu angesichts der Reaktion der Männer lächeln. »Was Männer nicht alles für ein hübsches Gesicht und einen schönen Körper tun würden«, bemerkte er. »Das ist im ganzen Universum gleich ...«

Als Satu fragte, ob er seine Schwester Xiti einladen dürfe, stimmte Pallmann erfreut zu. »Dann werde ich sie rufen.« Pallmann, der natürlich angenommen hatte, Satu werde von der Hotelhalle aus telefonieren, beobachtete schockiert, wie Satu in eine Art Trance versank. »Sein Gesichtsausdruck veränderte sich. Sein eigenartiges Kinn schien plötzlich von einem Kieferkrampf erfaßt ... Die Augen waren stark erweitert. Merkwürdigerweise war alles Licht aus ihnen verschwunden, als habe jemand einen Schalter auf der Netzhaut umgelegt.« Genauso plötzlich, als sei nichts geschehen, kehrte Satu in die Realität zurück.

»Ich für mein Teil brauchte einen Drink«, lautete Pallmanns Kommentar. »Also rief ich einen Kellner und bestellte Scotch mit Soda für uns beide.« Als der Hotelbedienstete verschwunden war, näherte sich den beiden Männern eine attraktive Dame, in der

Pallmann Xiti vermutete. Eigenartig, dachte er, daß er sie nicht eher bemerkt hatte, fast, als hätte sie sich aus dem Nichts vor den Männern »materialisiert«. »Meine unbewußte Wortwahl irritierte mich«, fuhr er fort. »Ich hatte tatsächlich an Materialisierung gedacht, weil sie aus einem hellerleuchteten Bereich kam. In der Nähe des Hoteleingangs konnte ich alles und jeden sehen, aber sie hatte ich erst bemerkt, als sie die Bank, auf der Satu Ra und ich saßen, fast erreicht hatte.«

Es stellte sich jedoch heraus, daß Xiti eine außergewöhnliche physische Präsenz besaß. Von Anfang an fühlte sich Pallmann unwiderstehlich zu ihr hingezogen. Sie ging mit »geschmeidigen, wiegenden Bewegungen. Körper und Arme bewegten sich rhythmisch in einer Weise, wie ich es zuvor nur bei ihrem Bruder gesehen hatte«.

Kein Zweifel, daß dies Satu Ras Schwester war. Das eigenartige Kinn, die sprechenden Augen, die Aura charmanter Autorität, die sie umgab, alles war wie bei ihm. Als wir einander vorgestellt wurden, blickte sie mir direkt in die Augen, wie es nur wenige Frauen tun. Dennoch lag keine Spur von Frechheit in diesem Blick, nur Furchtlosigkeit und äußerste Offenheit.

(Rechts) Porträt von »Xiti«, der außerirdischen Dame, die Ludwig Pallmann 1964 in Indien kennenlernte. Das Gemälde wurde von Ludwig Pallmann bei der polnischen Malerin Vera Waleska in Auftrag gegeben. Xiti zeichnete sich durch ungewöhnlich große Augen und fremdartig geformte Fingerspitzen aus. Gelegentlich trug sie einen zarten blauen Schleier, mit dem sie hier dargestellt ist. Sie ist von einigen der Pflanzen umgeben, die von den Außerirdischen angeblich zur Züchtung von Kreuzungen verwendet wurden. Rechts oben schweben die drei scheibenförmigen Raumschiffe, die auf der Plantage stationiert waren. Da die Künstlerin nicht in der Lage war, die von Pallmann beschriebenen, extrem ungewöhnlichen Kleider Xitis auf der Leinwand wiederzugeben, malte Waleska sie im französischen Stil des 17. Jahrhunderts. *(Vera Waleska/Ludwig Pallmann)*

Jede ihrer Bewegungen war von Anmut erfüllt. Als käme sie direkt von einem offiziellen Empfang, trug sie ein glitzerndes Abendkleid. Doch obwohl ihr Kleid höchst exotisch wirkte, war nichts Orientalisches, bis auf die goldenen Sandalen, die ihre winzigen Füße betonten, an ihr. Ein orangefarbener Halbschleier betonte ihre unvergleichliche Schönheit mehr, als daß er sie verhüllte.

Obwohl Xiti normal sprach, war offensichtlich, daß sie sich derselben Kommunikationstechnik bediente wie ihr Bruder. Vermutlich war an einer kleinen, juwelenbesetzten Brosche an ihrem Hals ein elektronisches Gerät angebracht. »Ihre Stimme drang aus dieser schönen, schmalen Brosche«, erläuterte Pallmann, »aber der Ton war auf ihre Lippenbewegungen abgestimmt. Dies war eine der Leistungen des Geräts. Die Lippenbewegungen erfolgten stets synchron mit dem Ton.«

Während des anschließenden Gesprächs, das größtenteils auf englisch geführt wurde, beschloß Pallmann, ein Experiment zu wagen. Satu und Xiti verstanden und sprachen hervorragendes Spanisch, aber konnten sie mit Dialektausdrücken umgehen? »Ich unterhielt mich weiter mit ihnen auf spanisch, redete jedoch einmal wie ein Spanier, dann wieder wie ein Peruaner.«

Ihr Gesichtsausdruck veränderte sich, sobald ich anfing, Dialekt zu sprechen. In ihren Augen las ich, wie verwirrt sie waren. Sie blickten einander aufmerksam an, als lauschten sie fremden, unbekannten Lauten ... Ihr Verstand schien mit Sinneseindrücken beschäftigt zu sein, die ihnen Unbehagen und Anspannung verursachten. Sofort verfielen sie wieder ins Englische. Daher wußte ich, daß sie nicht wirklich mehrere Sprachen beherrschten, sondern sich auf mechanische Geräte verließen ... auf Satu Ras Apparat und Xitis Brosche.[5]

Die Unberührbaren

Am nächsten Morgen wanderte Pallmann am Ufer des Ganges entlang, der durch Benares fließt, als sich ihm plötzlich Satu Ra anschloß. Wie er wußte, wo er Pallmann finden konnte, blieb sein Geheimnis. Satu führte ihn zum Kloster von Ramakrishna. »Wegen des Kastendenkens innerhalb der indischen Gesellschaft war ich erstaunt, meinen Freund unter den ärmsten und elendesten Geschöpfen des Landes anzutreffen: den Unberührbaren.« Schon bald fanden sie sich auf dem *mahabbhinishkamana* (dem »Weg zum endgültigen Verzicht«) unter allen möglichen Kasten wieder. »Auf dieser riesigen Abfallhalde werden die Sterbenden zurückgelassen. Junge und Alte, Männer und Frauen erwarten hier ihr Ende.« Satu begann, seinen Dienst zu verrichten.

»Niemals habe ich einen Menschen gesehen, keinen Mann, keine Frau, keinen Sozialarbeiter, keinen freiwilligen Helfer, der sein Werk der Gnade mit soviel Verständnis und Mitgefühl verrichtet hätte wie Satu Ra.« Satu ging direkt auf ein schmutziges Kind zu, das sich weinend über den Körper seiner soeben verstorbenen Mutter beugte. Mit größter Sorgfalt wusch Satu das Mädchen, so gut es nur möglich war, und sprach ihr Trost zu.

Kurz darauf erschien Xiti, in einen grünen Sari gekleidet, am Ort des Geschehens. Auch sie wandte sich den Kindern in Not zu. Als sie ein kleines Mädchen entdeckte, das am ganzen Körper offene Wunden hatte, holte sie eine gelbe Paste hervor, die sie auf die Wunden auftrug. »Die Wirkung war ein kleines Wunder«, sagte Pallmann. Das Mädchen hörte auf zu weinen und brachte sogar ein schwaches Lächeln zustande. »Die Salbe schien ebenso heilsam wie die Tabletten, die Satu Ra im Zug verteilt hatte.«

Der Augenblick der Wahrheit

Als Xiti sie an jenem Abend verlassen hatte, rief Satu Ra eine Rikscha und teilte Pallmann mit, sie würden die »Kinder Gottes«

aufsuchen, ein armseliges, primitives Krematorium am Ufer des Ganges. »Ich zählte fast vierzig Bestattungsfeuer, die teilweise so dicht nebeneinander brannten, daß sie ineinander übergingen. Aus den Flammen hingen kleine, gequälte Gliedmaßen, die sich im verzehrenden Feuer schließlich lösten. Das Personal packte die vereinzelten Arme und Beine und warf sie ins Feuer zurück, als handle es sich um Äste, die man im Garten verbrennt. Es war ein Erlebnis, das mich sehr mitnahm …

Diese Kinder hatten in ihrem Leben nur Leid und Verzweiflung gekannt. Was konnte man in einem von Armut und Hunger heimgesuchten Land in einer Welt voller Angst, Haß und Krieg auch anderes erwarten? Das ist der Grund dafür, daß des Nachts namenlose Kinder am Ufer eines majestätischen indischen Flusses verbrannt werden.«

Traurig und nachdenklich kehrten die beiden ins Hotel zurück. Hier akzeptierte Pallmann endgültig, daß Satu wirklich der war, für den er sich ausgab.

Bis zu jenem Augenblick der Wahrheit hatte ich viele Dinge, die er sagte, kritisch gesehen. Danach hatten seine Worte für mich die Gültigkeit des Evangeliums. Von nun an galten er und Xiti für mich als Hort der Wahrheit. Ich weiß nicht, welche Alchimie den Augenblick der Wahrheit herbeiführte … Was auch immer die Ursache dafür war, in jener Nacht akzeptierte ich, daß Satu Ra von einem anderen Planeten namens Itibi Ra II stammte. Sein Volk hatte unseren Planeten auf eine ähnliche Art entdeckt wie Kolumbus die neue Welt; auf einer geplanten Entdeckungsreise.[7]

Weitere Unterschiede

Pallmann war aufgefallen, daß Satu Ra niemals die Zähne entblößte, wenn er lächelte. Vielleicht hatte dies mit der eigenartigen

Kinnform zu tun und damit, daß seine langen, dünnen, sensiblen Lippen die Zähne stets vollständig bedeckten. Pallmanns Neugier war nicht unbemerkt geblieben. Satu erklärte ihm, daß Männer und Frauen auf seinem Planeten seit Tausenden von Jahren ohne Zähne lebten, weil diese im Laufe der Zeit überflüssig geworden waren. Auf der Erde verwendeten sie jedoch eine künstliche Stütze, die ihrem Mund eine Form verlieh, die der der Menschen ähnelte. Eine nähere Überprüfung ergab, daß Satu und Xiti relativ kleine Zungen besaßen.

Auch auf Pallmanns Wunsch, die Finger seiner Freunde zu untersuchen, gingen diese bereitwillig ein. Als die Schutzkappen entfernt waren, stachen Pallmann sogleich die Unterschiede ins Auge.

Im Unterschied zur weiblichen Hand sind die Fingerspitzen des Mannes rund und flach, wie kleine Scheiben. Da sie keine Nägel besitzen, sondern das rosige, zarte, weiche Fleisch bis an das Ende jedes Fingers reicht, müssen sie extrem empfindlich sein. Bei Xitis Händen handelte es sich um ein wahres Meisterwerk der Natur. Sie waren spitz, extrem dünn und sehr lang, ganz anders als die ihres Bruders.

Satu und Xiti amüsierten sich köstlich über Pallmanns Faszination. »Aber da sie so offen und freundlich waren, wuchsen sie mir immer mehr ans Herz«, ergänzte er. »Sie sprachen mit mir wie wahre Freunde und erklärten mir auch den Grund für diese Unterschiede.

Offenbar können sie mit den sensiblen Nerven der Fingerspitzen Töne analysieren und vielleicht sogar ›hören‹. Später wurde mir klar, daß sie mit ihren Fingern tasten und Dinge erforschen können wie wir mit unserer Zunge. Vor allem bei der biologischen Forschung setzten sie diese Fähigkeit ein …«[8]

Die Geschichte vom Fluß Yavari

Ludwig Pallman sah Satu und Xiti in Indien nicht wieder.

In Zürich brachte er den eigenartigen Ring zu einem Juwelier, der erklärte, solch ein präkolumbianisches Exemplar noch nie gesehen zu haben. Auch der in Gold gearbeitete »Gott« auf der Oberfläche war ihm völlig unbekannt. Er empfahl Pallmann, sich an einen Spezialisten zu wenden. »Dieser kam zu dem Schluß, daß es sich um ein wertvolles Meisterwerk handelte, das aus einer der frühesten präkolumbianischen Dynastien stammte. Besonders interessant schien ihm die Einlage aus Metall, von der ich glaube, daß sie außerirdischen Ursprungs ist.«[9]

Der umgearbeitete präkolumbianische Ring, den Pallmann von seinem außerirdischen Freund Satu Ra erhielt. Direkt unterhalb der Mitte die Metalleinlage, durch deren Leuchten Pallmann erfuhr, wann seine ungewöhnlichen Freunde in der Nähe waren.

Ein paar Jahre gingen ins Land, in denen Pallmann damit beschäftigt war, Mühlen in Argentinien, Mexiko, Kolumbien und Peru einzurichten. Bei einem Aufenthalt im peruanischen Iquitos hörte er von einem österreichischen Fremdenführer – einem wettergegerbten Mann, der viel Zeit in den abgelegenen Dschungelgebieten jener Gegend verbracht hatte, eine interessante Geschichte. »Jenseits des Yavari-Flusses habe ich weiße Forscher kennengelernt, die wie Eingeborene lebten«, erzählte der Führer, wobei er sich auf einen Vorfall bezog, der sich ereignet hatte, als er an Fieber erkrankt war. »Die merkwürdigsten Leute, denen ich je begegnet bin. Ihre Hände sind so eigenartig, daß ich dachte, sie kämen aus einer anderen Welt.« Pallmann spitzte die Ohren.

»Obwohl sie einen Haufen Unsinn redeten«, fuhr der Führer fort, »waren sie ausgezeichnete Ingenieure. Sie reparierten sogar ein Propellerblatt meines kaputten Außenbordmotors für mich, so daß ich zum Yavari zurückkehren konnte. So verrückt sie auch waren, von Medizin verstanden sie jedenfalls etwas.« Pallmann lud den Mann zu einem Drink ein und fragte ihn weiter aus. Der Österreicher erwärmte sich ein wenig für das Thema.

»Der Kerl mit dem komischen Mund gab mir eine Tablette zu schlucken. Sofort fühlte ich mich besser. Dann verabreichte er mir Fruchtsaft, den besten, den ich je getrunken habe. Ja, es waren bestimmt Weiße, die wie Eingeborene lebten … Ich sagte ihnen, sie sollten es aufgeben und in die Zivilisation zurückkehren, aber sie wollten nicht … Ich erzählte den Missionaren auf der brasilianischen Seite der Grenze, was ich am Yavari erlebt hatte, aber sie glaubten mir kein Wort. Dachten, es handle sich um Fieberträume. Kein weißer Mann würde sich ins Land der Kannibalen wagen, sagten sie …«[10]

Der Besuch im Krankenhaus

Anfang 1967 wurde Pallmann ins Maison-Français-Krankenhaus in Lima eingewiesen, wo er an der rechten Niere operiert werden sollte. Glücklicherweise erhielt er ein komfortables Zimmer mit Bad im Erdgeschoß des Krankenhauses. Eine Innentür führte in einen Vorraum und von dort zu einem Innenhof mit Garten. Resigniert bereitete er sich auf eine dreitägige Wartezeit vor, was ihm besonders schwerfiel, weil gerade eine Hitzewelle herrschte.

Von Schmerzen gepeinigt, tastete Pallmann in der zweiten

Nacht nach dem Klingelknopf. Es war fast drei Uhr morgens. »Meine Finger konnten den Klingelknopf, der mir Hilfe und Erleichterung bringen sollte, nicht finden. Aber ich stieß auf etwas anders: eine Hand, die sich der meinen aus der schmerzerfüllten Dunkelheit entgegenstreckte. Trotz meiner Qualen erschrak ich furchtbar, als eine schmale, warme Hand nach der meinen griff.« Es war Xiti.

Wortlos lächelte sie ihn an, nahm den Ring von seinem Finger und verabreichte ihm eine der heilenden Tabletten. Wegen seiner Schmerzen hatte er nicht bemerkt, daß die Metalleinlage glühte. Von Xitis Sprechgerät ging ein schwaches Licht aus. Immer noch ohne zu sprechen, fuhr sie mit ihren Fingern über seine fieberglühende Stirn. Sofort ließen Schmerz und Fieber nach. Dankbar umarmte er sie. Sie blieb die ganze Nacht.

In ihren Gesprächen erzählte ihm Xiti von einer am Krankenhaus tätigen Schwester namens María Navidad, die sie eigentlich hatte treffen wollen. Aus verschiedenen Gründen war sie jedoch davor zurückgeschreckt. Die junge Frau war als Baby von Mestizen und dem österreichischen Führer in der Nähe der Stadt Pucallpa am Ucayali-Fluß gerettet und von den katholischen Schwestern, die das Krankenhaus leiteten, großgezogen worden. Satu und Xiti kannten Marías Mutter, die in der Nähe des Ortes ihrer ersten Landung fürchterlich zusammengeschlagen und von den beiden gerettet worden war. Nachdem ihre Retter sie geheilt hatten, hatten sie die Frau mit auf ihren Heimatplaneten genommen. Wenig später war sie gestorben, möglicherweise, weil es ihr nicht gelungen war, sich an die Bedingungen auf dem fremden Planeten anzupassen.

Xiti sagte Pallmann voraus, er werde sechs Monate lang schmerzfrei sein. Genau so war es. »Im berühmten Maison-Français-Krankenhaus galt ich als Wunder. Als die Ärzte kamen, um mich zu operieren, hatte ich schon ein kräftiges Frühstück zu mir genommen, wozu ich fast drei Wochen lang nicht mehr in der Lage gewesen war. Als neuer Mensch, den zunächst nach einem heißkalten Bad verlangte, war ich aufgestanden. Nachdem ich mich ausgezeichnet fühlte, verließ ich das Krankenhaus und aß in einem kleinen chinesischen Café, einem *chifa*, wie sie dort sagen ...«

Sie hätten die hochgezogenen Augenbrauen und die zweifelnden Blicke der Ärzte sehen sollen, als ich mich nicht in den OP rollen ließ, sondern statt dessen erklärte, ich entließe mich selbst als geheilt. Sie sahen auf den ersten Blick, daß es mir unendlich viel besser ging. Obwohl sie sich bereit erklärten, die Operation zu verschieben, bestanden sie darauf, daß ich zumindest bis zum nächsten Tag im Krankenhaus blieb, damit erneut ausführliche Tests durchgeführt werden konnten und sichergestellt war, daß ich keinen Rückfall erlitt.

Auf diesen Vorschlag ging Pallmann bereitwillig ein. Den Rest des Tages unterzog er sich allen nur erdenklichen Tests, die sämtlich negativ ausfielen.

Später an jenem Tag fragte Pallmann Schwester Marta vom Krankenhaus, ob er María Navidad sprechen könne. Die Begegnung war kurz und ziemlich schmerzlich. Als Pallmann erwähnte, was er über ihre Rettung als Baby und ihre Mutter gehört hatte, blickte sie ihn verwirrt an und brach dann in Tränen aus. Sie sagte kein einziges Wort, und Pallmann schämte sich, daß er sie um weitere Informationen gebeten hatte.[11]

Eine Affäre mit einer Außerirdischen?

Am nächsten Morgen verließ Pallmann das Hotel und quartierte sich im Savoy von Lima ein, nachdem es ihm nicht gelungen war, im Hotel Crillon unterzukommen, wo er sich für den Abend mit

Xiti verabredet hatte. Ihr Erscheinen erregte einiges Aufsehen. »Wegen des winzigen blauen Schleiers, den sie trug, fiel den Leuten sofort der feine Unterschied zwischen ihr und »uns« auf – also den Menschen von unserem Planeten. Damit meine ich nicht nur die Peruaner der Oberschicht oder die vielen Europäer und Nordamerikaner, die sich in dem berühmten Luxushotel aufhielten, sondern auch die weniger gebildeten Pagen und Liftboys. Alle starrten Xiti an. Sie reagierte darauf ohne die geringste Verlegenheit oder Schüchternheit, sondern erwiderte die Blicke mit größter Gelassenheit.« Pallmann bestellte die Drinks für sie, und das Paar verbrachte den Rest der Nacht zusammen.

Während der nächsten Tage erfuhr Pallmann mehr über seine Freunde von »Itibi Ra II«. Zum Beispiel rührte Xitis Selbstsicherheit daher, daß sie auf einer höheren Stufe spiritueller und mentaler Wahrnehmung stand. In ihrer Sprache nannte Xiti dies »amat mayna«, »Wissenschaft der Seele«. »Sie sind in der Lage, unsere Gedanken zu lesen«, beteuerte Pallmann, »und wenn es aus Sicherheitsgründen notwendig werden sollte, können sie sie auch beeinflussen.«

Xitis Interesse an Musik kannte keine Grenzen, sie genoß sie aus vollem Herzen. Wenn sie zum Beispiel an einem Plattengeschäft in Lima vorbeikamen, zeigte sie sich begeistert vom Rhythmus der kolumbianischen Cumbia. »Selten habe ich jemanden glücklicher gesehen als diese merkwürdige Frau, wenn sie ein Plattengeschäft entdeckte«, so Pallmann.

Um sich mit der Landeswährung zu versorgen, gab Xiti Pallmann mehrere Goldbarren, die er in einem Handelshaus an der Calle de la Unión eintauschte. Obwohl damals in Bolivien, Ekuador und Peru noch vereinzelt Abenteurer und einheimische Indios mit Gold handelten, »zeigten sich die Experten von der Qualität der schön geformten und geprägten Barren überrascht«.[12]

Im Inneren der fliegenden Untertasse

Mit Vergnügen nahm Pallmann eine Einladung Xitis an, ihren Bruder in Huancayo zu treffen, einer etwa zweihundert Kilometer östlich von Lima hoch oben in den Anden gelegenen Stadt. Als sie am 17. Februar 1967 am Bahnhof eintrafen, erkannte Pallmann Satu Ra zunächst gar nicht. »Er war fast wie die Einheimischen gekleidet und trug schwere Wollsachen. Zwischen ihm und dem Taxifahrer, den er damit beauftragt hatte, uns beim Entladen des Gepäcks zu helfen, war kaum ein Unterschied zu erkennen.« (Xiti hatte »Koffer voller Bücher, Platten, Saatgut und weiß der Himmel was noch« mitgebracht.)

Etwas außerhalb von Huancayo wurde der Taxifahrer bezahlt. Die drei blieben sich selbst überlassen. Während sie vom Ufer eines friedlichen Sees aus beobachteten, wie die Sonne unterging, sah Pallmann angeblich seine erste »fliegende Untertasse«. Es war ein beeindruckendes Erlebnis.

»So viel ist über nichtidentifizierte fliegende Objekte geschrieben und geredet worden, so viel Geld ist in militärische und private Untersuchungen investiert worden – aber das fantastische Gefühl, wenn man zum ersten Mal eine fliegende Untertasse sieht, könnte wohl nicht einer von einer Million Wissenschaftlern beschreiben.«

Pallmanns nachfolgende Beschreibung des Raumschiffs liest sich wie ein Science-fiction-Roman. Auch wenn sie fantastischer klingt als die anderer Kontaktpersonen, nimmt ihr dies nichts von ihrer Faszination. Kritiker, die solchen Beschreibungen mißtrauisch gegenüberstehen, sollten sich überlegen, wie sie auf diese Herausforderung reagieren wollen.

Als die Untertasse genau auf die Stelle am Ufer zuglitt, an der wir warteten, war ein leises, aber unangenehmes Geräusch, eine Art Widerhall, zu vernehmen … Während sich der Lärm

um ein paar Dezibel von unangenehm auf »erträglich« verringerte und die Untertasse auf der Stelle schwebte, öffnete sich die runde Unterseite. Wie ein Riese, der den kleinen Finger krümmt, griff ein Gerät sanft, aber bestimmt nach uns und setzte uns in einer Art »antiseptischem Empfangsraum« ab.
Sofort fiel mir die biologische, pflanzenähnliche Zellstruktur auf, die an weiches Polyäthylen erinnerte und durch exquisite Zeichnungen und Symbole verschönt war. Nur der Fußboden war etwas härter. Vermutlich lag das an der spiegelähnlichen Oberfläche, unter der wir [etwas erkennen konnten, das wie] Milliarden von Nervenfasern und Blutgefäßen wirkte ...[13]
Im Inneren des Raumschiffs war nur ein sanftes Summen zu vernehmen, wie das Knistern niedriger Stromspannung oder das Geräusch von Turbinen, dachte ich damals. Offenbar entstand der Widerhall, den ich zuerst beim Anblick der fliegenden Untertasse gehört und gefühlt hatte, nur bei bestimmten Manövern oder nur außerhalb der Untertasse.

Pallmann sagt, er sei »bis auf die Haut ausgezogen« worden, um ein Bad zu nehmen. Während des Bads schlief er ein und erwachte in einer Art Hängematte, die sich als sehr weich und bequem erwies, aber »mit Hunderten von feinen bunten ›Adern‹ und ›Blutgefäßen‹ verbunden war. Später erfuhr ich, daß diese Teil eines ›medizinischen Computersystems‹ war und die Analyse des Gesundheitszustands während des Schlafs nur einen kleinen Teil der lebenserhaltenden Maßnahmen darstellte.«
Xiti, die entweder früher aufgestanden war oder gar nicht geschlafen hatte, brachte Pallmann ein kimonoartiges Kleidungsstück. Das »Frühstück« war nicht nach seinem Geschmack.

Es war mir unmöglich, die gelatineartigen Pflanzen von ihrem Planeten zu essen, also hielt ich mich an das komplizierte Arrangement kleiner Behälter, aus denen ich trinken sollte. Da ich neugierig auf deren Inhalt war, probierte ich überall, wobei sich die anderen königlich über mein schlechtes Benehmen amüsierten. Die Frau eines der Astronauten zeigte mir, wie ich essen sollte. Trotzdem stand ich mit fast leerem Magen vom Frühstück auf.

DAS AUGE

Am merkwürdigsten fand Pallmann, daß es keine Türen, Schlösser, Schlüssel und Räume gab, wie wir sie kennen (obwohl später von Privatquartieren die Rede ist). Sanitäre Einrichtungen werden nicht erwähnt. Alles, selbst die »Kommandozelle«, »yano« oder »das Auge« genannt, war in die biologische Struktur des Raumschiffs integriert.

Im gesamten Raumschiff gab es nicht eine einzige gerade Linie. Nicht einmal die runden Formen waren »wirklich« rund. Das »Auge« des Raumschiffs ist Teil dieses Flugkörpers. Diese Zentraleinheit des Raumschiffs ist über Instrumente an jedem einzelnen Vorgang beteiligt. Mit anderen Worten, bei der »Zentraleinheit Auge« handelt es sich um eine Art aktiven Speicher, ein Empfangs- und Sendezentrum, das unserem Gehirn ähnelt … Später erlebte ich, wie das individuelle Gehirn der »Untertasse« Teil des riesigen Systems elektronischer Gehirne im Kosmos wurde, und erfuhr, daß diese riesige Einzeleinheit nur einen winzigen Teil des großen Rechenspeichers auf dem Heimatplaneten darstellte.

DER HEIMATPLANET

Seine Gastgeber ermutigten Pallmann immer wieder, Fragen zu stellen und seine Eindrücke zu äußern. Von einem »Beobachtungsposten« aus zeigte man ihm Bilder ihres Heimatplaneten (wie er später erfuhr, befand sich dieser in einem Sonnensystem in der Nähe des Zentrums unserer Galaxie). Er lernte Transportmittel, Lebensmittelfabriken, »biologische Maschinen« und verschiedene andere Geräte kennen. »Ich besuchte sogar ein Konzert und drang in einige ihrer Häuser ein«, behauptete er. »Ich verwende absichtlich das Wort ›eindringen‹, weil das ›Auge‹ einem das Gefühl vermittelt, man wäre tatsächlich vor Ort, gehe zum Beispiel zu einem Konzert oder besuche Freunde in ihrem Haus.«

In dieser utopischen Gesellschaft schienen alle glücklich zu sein. »Alle lächelten, ob alt oder jung. Viele Kranke schien es nicht zu geben, aber als der ›Generator‹ auf ein ›Gesundheitszentrum‹ eingestellt wurde, wie sie es nannten, stellte ich fest, daß sogar die Patienten lächelten.

Zu dieser allgegenwärtigen Atmosphäre des Glücks auf Itibi Ra II gehörte auch, daß Ruhe und Gelassenheit vorherrschten. Niemand wirkte ungeduldig, hektisch oder schien es eilig zu haben …«

Die Architektur der Außerirdischen sagte Pallmann zu. »Die meisten Häuser waren an Fluß- oder Seeufern und anderen Gewässern errichtet. Eine derartige Architektur hatte ich auf der Erde höchstens in futuristischen Ausstellungen gesehen. Sie hatten eine Vorliebe für kräftige Farben …«

Der Fabrikplanet

Am meisten faszinierte Pallmann an Itibi Ra II, daß dieser mit zwei winzigen Satellitenplaneten verschmolzen war. Einer der kleinen Planeten funktionierte wie ein riesiges, künstliches biologisches »Herz«, das »Energie« in die angeschlossenen Planeten pumpte, während das andere als »Fabrik« fungierte. Auf Itibi Ra werden künstliche und mechanische Geräte nicht in der häuslichen Umgebung geduldet.

Durch den Augengenerator konnte ich direkt ins Innere des Fabrikplaneten blicken. Für mich sah er aus wie ein aufgeschnittener Tintenfisch. Vermutlich waren die Unmengen von Tentakeln in Wirklichkeit Kanäle und Kabel, über die die Energiequellen angezapft wurden ... Aus der Fabrik konnten meine Freunde unbegrenzt Energie für jeden gewünschten Zweck entnehmen: Transporte im Kosmos, Produktion, Forschung und Gestaltung der klimatischen Bedingungen. Nachdem sie über diese gewaltige, unerschöpfliche und natürliche Energiequelle verfügen, sind sie nicht länger Erdbeben, Überschwemmungen, Hurrikans ... und ähnlichen Katastrophen ausgesetzt.[14]

Die Plantage am Amazonas

Nach Aussage von Satu hatten Außerirdische die Erde bereits vor Tausenden von Jahren entdeckt. Von »Itibi Ra« allerdings kamen erst 1946 Besucher, die in Südamerika zu Forschungszwecken Plantagen einrichteten, auf denen Versuche mit Kreuzungen durchgeführt werden sollten. Die Plantage, zu der man Pallmann brachte, soll südwestlich von Iquitos in der Nähe der brasilianisch-peruanischen Grenze zwischen dem Mirim-Fluß und dem größeren Yavari liegen, in den der Mirim mündet.

»Am Tag nach meiner Ankunft bot sich mir zum ersten Mal die Gelegenheit, von meiner Position in der Nähe des riesigen ›Augen-Generators‹ aus meine Umgebung zu studieren. Aufgrund bestimmter Quarantänebestimmungen war es mir an jenem Morgen nicht erlaubt, das Raumschiff zu verlassen und mich den anderen Besatzungsmitgliedern draußen anzuschließen.

Ich fragte mich, warum sich die Itibi-Raer von allen Orten auf der Erde ausgerechnet diese gottverlassene grüne Hölle, vielleicht den übelsten Fleck auf der ganzen Welt, ausgesucht hatten, um ihre Forschung zu betreiben. ›Ihr habt doch wohl nicht solche

Angst vor der menschlichen Rasse‹, sagte ich zu Satu Ra, ›daß ihr den schlimmsten nur denkbaren Ort auf unserem Planeten ausgewählt habt?‹«

»Das Klima hier ist perfekt«, erwiderte Satu lachend.

Im Rahmen des Forschungsprogramms der Itibi-Raer wurden für ihre Ernährung wichtige Pflanzen und Früchte gesammelt, untersucht und miteinander gekreuzt. »Bald stellte ich fest, daß Itibi-Raer unter körperlichen Beschwerden leiden, wenn sie nicht mit genügend neuen Geschmacksrichtungen konfrontiert werden«, erklärte Pallmann.

Natürlich gibt es andere Gründe, warum diese Leute aus einer anderen Welt solch endlose Entdeckungsreisen unternehmen. Sie wollen fit, beweglich, überlegen bleiben ... Was hat die Menschen dazu getrieben, auf dem Mond zu landen, was wird sie dazu bringen, den Mars und sogar die Venus zu betreten? Um Pflanzen in aufregenden neuen Geschmacksrichtungen und bisher unbekannte Obstsorten zu züchten, haben unsere Freunde hochinteressante Arten mitgebracht, wahre biologische Wunder der Vegetation. Einige davon werden mit Pflanzen, die völlig anders sind als die ihren, gekreuzt oder auf diese aufgepfropft. Mit Pflanzen von unserem und anderen Planeten werden neue Geschmackserlebnisse erreicht ...

Im Laufe von Hunderttausenden von Jahren hat sich das Volk meiner Freunde von Fleischessern zu Vegetariern entwickelt. Ich erfuhr, daß sich im Rahmen dieser Entwicklung ein Persönlichkeitsproblem herauskristallisiert hatte ... »überzogene Geschmackslust«.

Als die Itibi-Raer zum Beispiel die tropische Chirimoya-Frucht entdeckten, stürzten sie sich voller Gier darauf, berichtete Pallmann.

Diese Erfahrung werden wir nie nachvollziehen können, weil unsere Gaumen nicht so sensibel sind wie die ihrigen. Nachdem sie keine feste Nahrung zu sich nehmen und vergessen haben, wie es ist, ein Tier zu töten und zu essen, haben sich ihre Nerven völlig anders entwickelt. Krieg gegen Menschen und Tiere ist nur in Notwehr erlaubt. Sie sind zu Pflanzern, Wissenschaftlern, Forschern, Lehrern, religiösen Philosophen (Kosmophilosophen), Biologen usw. geworden.

Televisuelle Kommunikation und Sport

Am dritten Tag von Pallmanns Aufenthalt in dem Raumschiff auf der Plantage beobachtete er, wie Xiti über ein fernsehähnliches Sende- und Empfangssystem mit ihren Eltern sprach. Als er es berührte, stellte er jedoch fest, daß es offenbar wie das Raumschiff selbst biophysischer Natur war. Das Gespräch wurde in der Sprache der Itibi-Raer geführt, die Pallmann als »ein ziemlich hohes, melodisches Flüstern« beschrieb, das »sehr charmant wirkte und ... humorvolle Untertöne aufwies«. Zudem konnte er das Haus von Xitis Eltern und die verschiedener Nachbarn sehen. »Einmal sprach Xiti mit einer Nachbarin ihrer Eltern. Der ›Augen-Generator‹ war direkt in das Haus ›eingedrungen‹, das sehr schön mit Symbolen dekoriert war, wie ich sie an Bord des Raumschiffs sah.«

Zu Pallmanns Überraschung »schaltete« Xiti dann um, wie sich herausstellte, auf ein Sportereignis. »Ich muß sagen, es war das härteste Spiel, das ich je in meinem Leben gesehen hatte.«

Offenbar nahm eine riesige Anzahl von Spielern, vielleicht 7000 junge Männer, an einem überdimensionalen Ballspiel teil, bei dem am Ende die fähigsten und stärksten gewinnen würden, was auch den Sieg des intelligentesten Teams bedeutete. Bei diesem Pseudokrieg verwendeten die jungen Itibi-Raer

Hunderte von computerisierten, elektronisch gesteuerten Geräten, die stark an bunte Fußbälle erinnerten. Anscheinend entschied nicht der Schiedsrichter über den Ausgang des Spiels, sondern die verschiedenen Bälle (die möglicherweise miteinander in Verbindung standen). Für mich sah das Ganze aus wie Fußball auf einem riesigen Schachbrett, wobei sehr schnell auf einem Spielfeld mit einer Fläche von etwa acht Quadratkilometern gespielt wurde. Die Entscheidungen wurden von Spielern getroffen, die aufgrund ihrer Tapferkeit und ihres intelligenten Verhaltens einen höheren Kommandostatus erreicht hatten.

Die Härte und das oft brutale Verhalten vieler Spieler der unteren Ränge überraschten mich. Es schien das Bild, das ich bis dahin von den Itibi-Raern gehabt hatte, vollständig zu widerlegen. Ich fragte Xiti danach ... sie erklärte mir, diese Veranstaltungen verhinderten seit Tausenden von Jahren Krieg und Blutvergießen. Dennoch, sagte sie, ermöglichten es diese Spiele, den angeborenen, instinktiven Kampfgeist des Menschen wachzuhalten. Auch aus genetischen Gründen sei es wichtig, fit zu bleiben und sich durch Härte und sportlichen Mut gesund zu halten.[15]

Die Technologie des Raumzeitalters

Auf der Basis von Mirim befanden sich drei Raumschiffe, von denen nur eines eine Besatzung an Bord hatte. Bei den anderen beiden handelte es sich um unbemannte Versorgungsschiffe. »Ich muß darauf hinweisen«, so Pallmann, »daß Raumschiffe nur in Science-fiction-Büchern als ›fliegende Untertassen‹ bezeichnet werden. Dabei handelt es sich um eine Entgleisung der Fantasie. Ich bezweifle, ob Raumschiffe überhaupt im eigentlichen Sinne fliegen. Sie werden durch kosmische Wellen angetrieben.«

Um innerhalb unseres Sonnensystems operieren zu können, ist eine Flotte von mindestens siebenundzwanzig bis dreißig Schiffen erforderlich. Dabei bewegen sich die Energieeinheiten oder Trägerschiffe stets oberhalb der Kontroll- und Versorgungsschiffe. Die Trägerschiffe entscheiden über die Energiezufuhr beziehungsweise deren Unterbrechung. Die dreidimensionale Verschmelzung der Trägerschiffe entspricht der kosmischen Struktur der dritten Dimension. Dadurch wird es möglich, Ziele mit extrem hohen Geschwindigkeiten zu erreichen, die bei weitem über der des Lichts liegen.

Vor mehreren tausend Jahren, erfuhr Pallmann, sahen sich die Itibi-Raer gezwungen, ihren von der Austrocknung bedrohten Heimatplaneten Itibi Ra zu verlassen. Um Menschen, Tiere, Insekten, Pflanzen, biologische Maschinen, Aufzeichnungsgeräte, Musikinstrumente und anderes zu transportieren, waren mehrere Reisen zum alten Planeten notwendig. »Tatsächlich«, schreibt Pallmann, »hatte nur der Zwang zu überleben die Wissenschaftler von Itibi Ra dazu gebracht, an Reisen zu anderen Planeten überhaupt zu denken und die dafür notwendigen Transportmittel zu entwickeln.« Pallmanns Erläuterung dieser »notwendigen Mittel« ist nur schwer zu verstehen und noch schwerer zu glauben.

Nur ihr hochentwickeltes Verständnis der lebenspendenden Kräfte der Natur ermöglichte es ihnen, eine Reihe überdimensionaler prismatischer »lebenempfangender« Weltraumbatterien mit Filterfunktion zu entwickeln. Sie reagierten auf interkosmische Farb-, Licht-, Temperatur- und Zeitkräfte sowie auf andere kosmische Wellen. Die Itibi-Raer ... schufen eine neue, faszinierende »Interkonnektion« kosmischer Batterien und schafften damit den wissenschaftlichen Quantensprung vom

»Empfang« der kosmischen Kräfte zur »Aussendung«. Mit anderen Worten, die Wellen werden nicht mehr empfangen, aktiviert und zurückgesandt. Statt dessen sind sie in der Lage, sich selbst mit den aktivierten »zurückgesandten« Wellen zu bewegen.

Wenn man davon ausgeht, daß Pallmanns Geschichte weder auf Wahnvorstellungen beruht noch frei erfunden ist, könnte diese vage Ausführung bedeuten, daß er selbst nicht recht verstehen konnte, was man ihm sagte. »Die biologische Struktur des Raumschiffs macht es selbst für einen technisch geschulten Menschen unmöglich, eine Blaupause anzufertigen«, notierte er damals in seinem Tagebuch. »Wie übermittelt denn unser Gehirn über die Nerven den Befehl an unseren Körper, schwere Lasten zu bewegen … Natürlich versuchten sie, es mir zu erklären! Aber ich begreife nicht einmal, wie der Stromkreis eines Fernsehers funktioniert, wie soll ich dann das hier kapieren …«[16]

Ein Paradox

Offenbar waren »gewöhnliche« Menschen noch nicht dazu bereit, die Itibi-Raer zu akzeptieren und mit ihnen zu verkehren. Paradoxerweise mischten sich jedoch die einheimischen indianischen Bauern nicht nur unter sie, sondern arbeiteten sogar auf den Plantagen der Außerirdischen. Pallmann beschrieb die Situation folgendermaßen:

Diese Indios wurden für höchst stumpfsinnige Arbeiten eingesetzt. Zum Beispiel säuberten sie das Gebiet von Insekten, denen es trotz der Schutzabdeckungen immer wieder gelang, zu den Sämlingen und jungen Bäumen vorzudringen. Für die Indios waren ihre Arbeitgeber Ausländer aus einem anderen Teil der Welt. Ich bezweifle, daß sie einen Gedanken an die ungewöhnliche Kinnform der Itibi-Raer verschwendeten. Die einfachen Amazonas-Indios hätten ohnehin nicht geglaubt, daß Wesen von anderen Planeten stammen könnten. Für sie wäre diese Geschichte genauso unglaubwürdig gewesen wie für uns die Vorstellung, daß Menschen auf dem Mond landen, wenn nicht das Fernsehen den Beweis dafür geliefert hätte.

»Zunächst«, erzählte Satu Ra Pallmann, »betrachteten uns die einheimischen Indios mit Mißtrauen. Aber dann begannen Xiti und ich, ihre Wunden zu versorgen und ihre Kranken zu heilen. Bald waren wir akzeptiert.«[17] Einmal sah Pallmann angeblich, wie eine Gruppe Indios ein Raumschiff verließ.

Eine furchteinflößend wirkende Bande grimmiger Wilder, auf deren Gesichtern jedoch ein breites Lächeln lag, verließ das Schiff, gefolgt von seriösen Forschern von Itibi Ra. Es herrschte große Aufregung, aber am merkwürdigsten schien mir, daß die gefürchteten Menschenfresser der endlosen Wälder … wie kleine Mädchen lachten und kicherten. Was für einen Ausflug müssen sie hinter sich gehabt haben …
Die Itibi-Raer kannten diese Leute bereits seit ihrer ersten Landung in der Nähe von Pucallpa. Erstaunlich war, daß sie alle über fünfzig waren, aber so jung und gesund wirkten wie zwanzig oder fünfundzwanzig. Noch ein Widerspruch! Waren sie von Itibi-Raern als Versuchskaninchen verwendet worden?

Linislan

Zu eventuell an den Indios durchgeführten Experimenten wollte sich Xiti nicht äußern. Sie sprach aber offen darüber, was ihr Volk über alte südamerikanische Kulturen in Erfahrung gebracht hatte. Angeblich waren in bestimmten Gebieten mit hochmodernen Methoden Ausgrabungen durchgeführt worden, während die In-

dios an den strategischen Wasserstraßen und Passagen durch die Sümpfe Wache gestanden hatten. Unter einer zwei Meter dicken Schicht tropischer Vegetation hatten die Itibi-Raer die Überreste einer riesigen untergegangenen Stadt entdeckt, der sie den Namen »Linislan« gaben. Dort entdeckten sie in einem Tempel ein gewaltiges präkolumbianisches Symbol, das sie für den Beweis hielten, daß bereits vor Tausenden von Jahren Außerirdische auf der Erde gelandet waren. Xiti zeigte Pallmann ein ähnliches Symbol auf einer der Instrumententafeln des Raumschiffs.[18]

Einer der Eingeborenen (ein Stammeshäuptling), deren Gebräuche die Außerirdischen studierten. Unter anderem fungierten die indianischen Kopfjäger auf der Plantage als sehr effiziente Sicherheitsposten. Ihre meher als außerirdischen Herren betrachteten sie als exzentrische Ausländer. *(Ludwig Pallmann)*

Eine erfolgreiche Reise

Inzwischen sorgte sich Ludwig Pallmann immer mehr um seine Geschäfte. In Lima wartete ein Berg von Arbeit auf ihn. Doch die Zeit bei den Itibi-Raern war so faszinierend, daß er ohne Zögern annahm, als sie ihn am 20. Februar 1967 auf eine Reise nach Kolumbien einluden.

Ihn beschäftigte die Frage, wie Satu, Xiti und die anderen Angehörigen ihrer Rasse ohne Papiere in verschiedenen Ländern umherreisen konnten. Was, wenn jemand von ihnen verhaftet wurde? »Was wußte ich schon? Ich wußte nur, daß Xiti einen ausgezeichnet gefälschten argentinischen Paß verwendete und alle Itibi-Raer genau wissen, wie sie sich zu verhalten haben. In manchen Ländern ist es zum Beispiel sinnlos, einen Paß zu zeigen, der nicht den Einreisestempel der Flughafenpolizei trägt.

Für die Reise nach Kolumbien beschloß Satu Ra, überhaupt keine Pässe zu verwenden, sondern nachts zu reisen und nur für kurze Zeit im Land zu bleiben. Außerdem wählte er einen Ort, an dem jede Entdeckung ausgeschlossen war.« Kurz nach 22 Uhr startete das Raumschiff in Richtung Kolumbien. Pallmann beschreibt die Reise folgendermaßen:

Der kurze Zickzackflug in großer Höhe, bei dem eine enorme Entfernung zurückgelegt wurde, war enttäuschend. Wie auf meinem ersten Flug zur Basis am Mirim-Fluß bei Huancayo hörte, sah und fühlte ich gar nichts. Mit Interesse beobachtete ich jedoch, wie sich das Kontrollschiff mit einem raffinierten Schutzmantel umgab, nachdem wir in einem großen Sumpf im Delta des Río Magdalena südlich von Barranquilla [an der kolumbianischen Karibikküste] gelandet waren.

Binnen weniger Sekunden war das Raumschiff von einer besonderen Flüssigkeit bedeckt, die aus Millionen Poren drang und nicht nur für eine natürliche Färbung und perfekte Tarnung sorgte, sondern auch Bakterien und Insekten fernhielt. Der gesamte Vorgang dauerte nur fünf bis zehn Minuten.

Danach stiegen wir in zwei höchst komfortable, extrem flache Schnellboote, die lautlos von kleinen Generatoren angetrieben wurden, die auf beiden Seiten und am Boden angebracht waren. Statt eines Motors erfolgte der Antrieb über zahlreiche Luftdüsen, die ohne jedes Geräusch arbeiteten. Meiner Schätzung nach betrug die Geschwindigkeit fünfzig bis sechzig

Stundenkilometer. Die Fahrt dauerte über eine Stunde … Ich konnte nur mit Satu Ra sprechen, da Xiti keine Erlaubnis erhalten hatte, sich uns anzuschließen, und die anderen keine Sprachcomputer trugen.

Die Gruppe erreichte Barranquilla und fand einen einsamen Fleck am Ufer. Die meisten Itibi-Raer wollten sich ausruhen und die Gegend ansehen, aber Satu lud Pallmann ein, das Nachtleben von Barranquilla, der größten Küstenstadt Kolumbiens, kennenzulernen. Natürlich interessierte sich Satu vor allem für das Obst. »Für eine Person mit seiner Intelligenz benahm sich Satu Ra unglaublich naiv«, schrieb Pallmann, der seinem Freund peruanisches Geld gegeben hatte, damit der einige Proben erstehen konnte. »Er untersuchte die Früchte, drehte und betastete sie, kaufte jedoch nichts. Statt dessen bot er dem Standbesitzer Geld dafür an, daß er seine Ware untersuchen durfte, lächelte höflich und ging zum nächsten Stand. Die Verkäufer nahmen die Bezahlung hocherfreut an … Vermutlich sahen sie es als Trinkgeld, das ihnen ein exzentrischer Ausländer zukommen ließ.«

Pallmann, der seit mehreren Tage keine »echte« Nahrung mehr zu sich genommen hatte, verschlang unterdessen ein halbes gegrilltes Hähnchen, was Satu sehr mißfiel. »Ich weiß, daß er dachte, es ist ein Verbrechen, einen Vogel zu töten, nur damit man ihn essen kann. Aber ich muß gestehen, in diesem Augenblick empfand ich keinerlei Sympathie für die Philosophie der Itibi-Raer …« Unterdessen war ein weiteres Mitglied der Crew, »Mr. Hua«, der zweite Kommandant von Satus Raumschiff, aufgetaucht, und das Trio begab sich zu einem anderen Markt.

Satu untersuchte eingehend eine Guajave und bat Pallmann um eine genaue Beschreibung dieser ihm unbekannten Frucht. Nachdem er sich davon überzeugt hatte, daß diese für den Anbau geeignet war, erstand er einige Exemplare. Eine Stunde lang suchten sie nach einer Guajavepflanze, aber vergeblich. Daher kehrte Pallmann am nächsten Morgen nach Barranquilla zurück, wo man ihn nach Santa Marta, einer Stadt auf der anderen Seite des Flusses, schickte. Hier entdeckte er endlich einige Ableger, die er in der folgenden Nacht an ihrem Treffpunkt Satu übergab.

Während seines Ausflugs hatte Pallmann einen Fotoapparat erstanden, mit dem er die Itibi-Raer, ihre Plantage und das Raumschiff fotografieren wollte. Leider wurde ihm dies nicht gestattet. »Wie ich gefürchtet hatte, zeigte Satu Ra ein besonderes Interesse an der Kamera«, schrieb Pallmann.

> Er erzählte mir von »Amat Mayna«, der auf uralten Religionen beruhenden Wissenschaft von der Seele. Nicht, daß meine Freunde an Reinkarnation geglaubt hätten, aber sie wollten keine Fotos oder Bilder von sich, weil sie bestimmte Folgen fürchteten. Meines Wissens hatte dies teilweise mit ihren Sicherheitsbestimmungen zu tun, aber auch damit, daß sie sich nicht für ihr Aussehen interessieren. Eitelkeit, Stolz oder Überlegenheitsgefühle kennen sie nicht ... Während der gesamten Zeit sah ich nie einen Spiegel, auch nicht bei Xiti.

Vor Pallmanns Rückkehr nach Lima eine Woche später »beschlagnahmte« Satu den Fotoapparat.[19]

Zurück auf der Plantage

Auf der Plantage am Mirim-Fluß erfuhr Pallmann, wie die Botaniker von Itibi Ra bei ihrer Forschung und der Kultivierung des Landes vorgingen. Die Plantage selbst war von riesigen grünen Schutzplanen bedeckt.

> An strategischen Punkten waren Luftfilter und -befeuchter installiert, so daß die Biologen unabhängig vom Wetter die kli-

matischen Bedingungen innerhalb der »Geschmacksstation«
kontrollieren konnten. Der Hauptweg durch die Plantage teilte die Anlage in zwei Teile, die durch baumhohe, farbige Planen
voneinander getrennt waren.

Vor dem eigentlichen biologischen Forschungslabor befand
sich ein Flügel mit mehreren großen Zelten, in denen zahlreiche pflanzliche »Versuchskaninchen« untergebracht waren,
die man von Itibi Ra II hierher verpflanzt hatte. Je nach Bedarf
wurden diese auf irdische Pflanzen aufgepfropft, weil man
durch die Kreuzung der besten irdischen Arten mit den besten
von Itibi Ra absolute Spitzenqualität erreichen wollte.

Das biologische Forschungslabor ... bestand aus einer Reihe
miteinander verbundener Zelte, die zusammen etwa 320 Meter
lang und zwanzig Meter breit waren. Die Experimente wurden
in einzelnen Abteilen durchgeführt, die an Operationssäle erinnerten. In diesen Abteilen ... wurden mit feinsten Instrumenten Pflanzenzellen seziert, wobei besonders die Adern und
Stengel eingehend untersucht wurden. Röntgenbilder wurden
erstellt, allerdings nicht mit den bei uns üblichen Platten, sondern fortlaufend wie bei einer Filmrolle. Die Pflanzen-»Chir-
urgen« ... konnten ihre Arbeit auf getrennten Monitoren, die
in die Wand eingelassen waren, für die rechte und linke Hand
verfolgen. Auf diesen Schirmen registrierte der Augencompu-
ter alle Vorgänge während der Sektion. Spezielle »Beobach-
tungsoffiziere« verfolgten ständig alle Abläufe und teilten ihre
Meinung dem leitenden wissenschaftlichen Offizier mit, der
die Arbeit selbst kontrollierte ... Bei ihrer Tätigkeit saßen die
Biologen nach asiatischer Art auf dem Boden.

ENTSPANNUNG

Pallmann wurde in die Badezelte auf der Plantage eingeladen. Wie er erfuhr, badeten die Itibi-Raer mindestens zweimal

pro Tag: vor der Arbeit und nach Feierabend am späten Nachmittag. »Ihre Badegewohnheiten sind eine Mischung aus finnischen und japanischen Traditionen. Das normale Bad entspricht einer finnischen Sauna, aber sie kennen sowohl Trocken- als auch Naßbäder. Da sie sich ihrer Nacktheit nicht schämen, baden Männer und Frauen zusammen.

Mir fiel auf, daß Xiti, die großen Wert auf persönliche Sauberkeit legte, wie wild schrubbte, als hätte sie in den Labors besondere Schmutzarbeit erledigt. Als ich mich dazu äußerte, runzelte sie ein wenig die Stirn. ›Riechst du das nicht?‹ fragte sie … und sagte mir dann ins Gesicht, ich hätte Fleisch zu mir genommen. Ich bekam einen Lachkrampf. Tatsächlich hatte ich in Barranquilla zweimal Hähnchen gegessen. Xiti grinste und schnitt mir eine Grimasse …«

Das häusliche Leben an Bord des Raumschiffs erregte ebenfalls Pallmanns Bewunderung.

Die Speisesäle und »Gesundheitsräume« waren hell eingerichtet. Schöne, weiche Sofas mit dicken Kissen und freundlichen Bezügen mit Blumenmuster luden dazu ein, sich nach der Arbeit des Tages zu entspannen. Ich bewunderte die Frauen, von denen einige mit Astronauten verheiratet waren, dafür, wie sie in ihrer Freizeit ihre Rolle als Technikerinnen hinter sich ließen, obwohl sie tagsüber wie Männer arbeiteten.[20]

Religion und gesellschaftliche Entwicklung

Nach ihrer Religion oder »Kosmophilosophie«, wie Pallmann es nannte, befragt, erklärten Xiti und Satu, ihr Volk unterscheide nicht zwischen »Gott« und »Natur«, sondern spreche vom »Gott Natur«. »Die Gesetze der Natur zu mißachten«, so Satu, »bedeutet, die Gesetze Gottes zu mißachten, denn Gott ist Natur, und Natur ist Gott.«[21] Der Wert der Religion, erfuhr Pallmann, sei daran zu messen, welche »aktive Rolle sie beim Fortschritt und der Zukunftsgestaltung einer Zivilisation spielen« könne.

Was die Zukunft unserer Gesellschaft betraf, sagte Satu voraus, innerhalb der nächsten hundert Jahre werde eine neue gesellschaftliche und politische Struktur entstehen.

Pallmann beschreibt seine Gefühle folgendermaßen:

> Ich war sehr überrascht, als Satu Ra mir mitteilte, zwischen vielen Nationen auf unserem Planeten werde eine tiefe Freundschaft wachsen. Dies sei auf eine einzigartige politische Situation zurückzuführen, die ich nie für möglich halten würde. In hundert Jahren werde der gesamte Planet Erde von der Freundschaft zwischen den Vereinigten Staaten und Rußland profitieren, prophezeite er.[22]

Satu Ras Prophezeiung über die Supermächte ist eingetreten. Hoffen wir, daß nun auch weltweit eine Ära der Freundschaft beginnt.

Gesundheit und Langlebigkeit

Den Itibi-Raern zufolge gehört die Erde zu den sogenannten Krebsplaneten, die für diese Krankheit besonders anfällig sind. Dies sei nicht nur auf die bekannten und vermuteten Ursachen zurückzuführen, sondern liege auch an unserer modernen Lebensweise, die sie als künstlich und materialistisch bezeichneten. Dabei wiesen sie darauf hin, daß Krebs unter den Indios am Amazonas unbekannt war. Andere, teilweise vererbte Faktoren wie Angst, Streß und Unterdrückung der Sexualität täten ein übriges. Pallmann ergänzte:

> Sie wissen auch, daß wir unter zahlreichen psychischen und physischen Störungen leiden, wie Kreislaufbeschwerden und

Erkrankungen des Atemsystems. Ihre Untersuchungen haben ergeben, daß bei uns Magen, Herz und Drüsen nicht so funktionieren wie bei ihnen. Achtzig Prozent von uns stehen permanent unter Druck und leiden unter ... unnatürlichen Unregelmäßigkeiten, wie sie es nennen, die zu Krebs führen.[23]

Satu Ra behauptete, er sei nach unserer Rechnung 250 Jahre alt. Ein bescheidenes Alter, wenn man es mit anderen Außerirdischen vergleicht, die angeblich hundertmal so lange leben wie irdische Menschen. Im Vergleich zu gewöhnlichen Menschen wäre Satu Ra Anfang vierzig gewesen. Seinen Tod erwartete er irgendwann zwischen dem Jahr 2210 und 2220.[24]

Für eine der wichtigsten Ursachen für das Elend auf der Erde hielten sie die Überbevölkerung. Satu und Xiti betonten energisch, wie wichtig es sei, daß politische und religiöse Führer für eine strenge Kontrolle des Bevölkerungswachstums sorgten.[25]

Liebe und Ehe

Auch auf Itibi Ra II verlieben sich Paare, heiraten und haben Kinder, aber normalerweise trennen sich die Eheleute, bald nachdem die Kinder im Alter von etwa sechs Jahren in ein sogenanntes Erziehungszentrum eintreten. (Offenbar ist das verflixte siebte Jahr nicht nur für Erdlinge kritisch.) Pallmann war zunächst schockiert, sah dann aber ein, daß diese Sitte durchaus sinnvoll war. Würden die Itibi-Raer monogam leben, müßten manche Ehen vierhundert Jahre und länger halten! Satu wies darauf hin, daß sich die Ehepartner zwar häufig nach sieben Jahren trennten, es aber auch zu längeren Beziehungen kam. Diese mußten nicht durch eine Zeremonie im Standesamt oder den offiziellen Austausch von Gelübden sanktioniert werden. Satus gegenwärtige Verbindung mit einer Frau von einem anderen Planeten bestand bereits seit neunzig Jahren.[26]

Nachdem er von Satu einiges über die erotischen Gewohnheiten auf Itibi Ra erfahren hatte, wollte Pallmann ursprünglich in seinem Buch auf Einzelheiten eingehen, aber sein Verleger sprach sich dagegen aus. »Eigentlich wollte ich nur das sehr gesunde, unverdorbene Verhalten einer anderen Zivilisation schildern«, erklärte er.[27] Aber auch Pallmann selbst legte Wert auf Diskretion. »Es gibt Angelegenheiten, die für mich Teil der Privatsphäre sind«, schrieb er einmal, wobei er sich später offenbar selbst widersprach. »Was mich und besonders die sexuellen Gewohnheiten der Itibi-Raer angeht, habe ich versucht, nichts zu enthüllen. Ich denke, das ist mein gutes Recht, wenn man bedenkt, wie unfrei unsere eigenen sexuellen Gewohnheiten sind.«[28]

Am 26. Februar 1967 teilte Satu Pallmann traurig mit, sie hätten Befehl erhalten, ihre Plantagen in Südamerika zu räumen. Am nächsten Tag brachte ihn ein Raumschiff zu dem See im peruanischen Hochland zurück, an dem er abgeholt worden war.[29]

Neuigkeiten

Fast zwei Jahre gingen ins Land. Pallmann erwarb einen Besitz im mittelamerikanischen El Salvador, ein Häuschen an einem See, wo er fischen und jagen konnte und einen großartigen Blick auf die Umgebung und den Vulkan San Vicente genoß. Er begann mit der Arbeit an einem Buch, in dem er seine Erlebnisse mit den Itibi-Raern festhielt. »Einige meiner Tagebücher waren verlorengegangen, und es fiel mir schwer, mich an Namen und Daten zu erinnern. Manche Namen und Wörter hatte ich lautschriftlich festgehalten, konnte sie aber nicht in ›menschlicher‹ Sprache wiedergeben. Also mußte ich mich bei der Niederschrift der Gespräche mit diesen Leuten an ähnliche Wörter und Sätze halten.«[30] Weiter erklärte er, daß die Itibi-Raer weder Buchstaben noch das gedruckte Wort kannten.[31] Zu seiner Überraschung stellte Pallmann fest, daß die alten Ägypter das Wort »Ra« verwendeten, was er als weiteren Beweis dafür ansah, daß schon vor Tausenden von Jahren außerirdische Zivilisationen auf der Erde präsent gewesen sein mußten.[32]

Etwa zwei Wochen nachdem er den Besitz übernommen hatte, am 15. Januar 1969, spürte er, wie der Ring, den ihm Satu gegeben hatte, an seinem Finger brannte. Die Einlage glühte und funkelte. Später fuhr er mit seinem kleinen Motorboot zu einem Sandstrand in der Nähe der Isla del Altar. Dabei fiel ihm auf, daß das sonst so friedliche Seewasser von riesigen konzentrischen Kreisen aufgewühlt wurde. »Dafür konnte es nur eine Erklärung geben. Irgendwo in der Nähe waren meine Freunde von Itibi Ra II gelandet.« Kurz darauf entdeckte er Satu Ra, der bewegungslos auf einem Felsen saß. »Er wirkte unendlich traurig. Mir fiel auf, daß er dunkelgrüne Kleidung trug und einen breiten Instrumentengürtel, der viel größer war als das Sprechgerät, das ich während meines Aufenthalts bei ihm gesehen hatte.«

»Wo ist Xiti? Ist sie bei Ihnen?« fragte Pallmann.

»Xiti ist tot«, lautete die schockierende Antwort in Satus Sprache (»Ximsi Xiti Tasat«), die durch die französische und spanische Übersetzung bestätigt wurde. In diesen beiden Sprachen kommunizierten er und Pallmann gewöhnlich miteinander. Offenbar hatte sich bei einer Expedition zu einem anderen Planeten eine Katastrophe ereignet, die Xiti, Mr. Hua und viele andere Besatzungsmitglieder ihres Raumschiffs das Leben gekostet hatte. Über eine Stunde saßen sie in ihr trauriges Gespräch vertieft beieinander.[33]

Da er keine Lust hatte, mit seiner Haushälterin oder dem Gärtner zu reden, fuhr der benommene Pallmann zu einem befreundeten Arzt in San Pedro Nonualco, wo er die Nacht verbrachte. Am nächsten Morgen weckten ihn die Rufe der Zeitungsjungen, die lautstark verkündeten, über der Hauptstadt San Salvador und den San-Jacinto-Hügeln um den See, an dem er lebte, sei eine fliegende Untertasse gesichtet worden. Als er die Zeitung erstand, stach ihm sofort die Schlagzeile ins Auge: »*OVNI Vuela Sobre San Salvador*«.[34] Pallmann berichtete:

> Der Zeitung zufolge war das Raumschiff kurz vor [Satu Ras] Besuch über dem Cerro de San Jacinto gesichtet worden und hatte seinen Flug dann hoch über San Marcos fortgesetzt. Eigenartig ist, daß es ziemlich lange lautlos in einer Beobachtungsposition über der weitläufigen Hauptstadt San Salvador verharrt hatte, wo es von Hunderttausenden von Menschen gesehen werden konnte.

Pallmann erzählt, einer seiner Nachbarn habe beobachtet, wie das Raumschiff mit enormer Geschwindigkeit nach unten ging und sich wie auf einem Luftkissen zwischen den Inseln Los Quemados und Los Patos niederließ, also genau zwischen seinem Haus und dem Jiboa, einem Abfluß des gewaltigen tropischen Sees.

> Ich weiß von niemandem, der gesehen hätte, daß das Raumschiff zurückgekehrt wäre, und habe keine Ahnung, an welcher Stelle am See Satu Ra sein Schnellboot bestiegen hat, um sich abholen zu lassen. Im Gegensatz zu dem, was von anderen Raumschiffen berichtet wird, war das Kontrollschiff von Itibi Ra in der Dunkelheit nicht beleuchtet.[35]

Eine unvollendete Geschichte

Ludwig Pallmanns Buch *Cancer Planet Mission* erschien 1970 in London. Offenbar wurde dafür geworben, weil ich mich daran erinnere, daß ein Freund ein von der BBC ausgestrahltes Interview mit ihm im Radio hörte, und im *Guardian* erschien ein Artikel über ihn. Das Buch geriet schnell in Vergessenheit und ist heute nur einigen wenigen Ufologen bekannt. Ein geplanter zweiter Band, in dem einige seiner Erlebnisse genauer beschrieben werden sollten, erschien nicht mehr.

Einige Zeit danach fuhr ich auf der Suche nach Pallmann zu seinem Londoner Verleger, fand aber niemanden mehr vor und konnte auch keine neue Adresse in Erfahrung bringen. Später erfuhr ich, daß die Firma pleite gegangen war. Selbst dem erfahrenen Ufologen Wendelle Stevens, einem früheren Piloten der US Air Force, gelang es nicht, Pallmann aufzuspüren. Allerdings stieß er auf Belege für einige von Pallmanns Behauptungen.

1967 überführte Stevens mehrere Beechcraft T-34 für die peruanische Marine, die als Schulungsflugzeuge dienen sollten. Zum Auftanken landete er in der letzten Stadt auf kolumbianischer Seite, dem Amazonashafen Leticia. Spontan heuerte er ein paar eingeborene Bootsleute an, die ihn flußaufwärts in den Dschungel bringen sollten. Er interessierte sich für seltene Orchideen. Weil ihm die üppige, dichte Vegetation am Ufer auffiel, fragte er die Indios, warum die Eingeborenen keine Plantagen anlegten und die exotischen tropischen Früchte anbauten, die dort im Überfluß gediehen. »Ich war mir sicher, daß dafür ein Markt vorhanden war«, so Stevens. »Es war nur ein wenig Organisation erforderlich.« Die Eingeborenen erwiderten, ein solches Großprojekt übersteige ihre Möglichkeiten. Dann bemerkte einer von ihnen, er wisse von »Amerikanern«, die drei bis vier Tage flußaufwärts solch eine Plantage betrieben. Außerdem erklärte er, vor einigen Monaten habe sich ein Weißer, ein Deutscher, auf die Suche nach ihnen gemacht, sei jedoch nicht zurückgekehrt. Obwohl die Indios die Amerikaner nie gesehen hatten, hatten sie von den wilderen Stämmen weiter flußaufwärts gehört. Der Eingeborene setzte hinzu, die Amerikaner hätten in ihrem Lager Flugzeuge.

Weitere Nachforschungen in Lima führten Stevens zu einem

etwas ungenauen Zeitungsbericht, in dem von einem »Ludwig F. Pallmann« die Rede war, einem deutschen Geschäftsmann, der eine Ladenkette in Lima mit Vollwertkost und Maschinen für die Lebensmittelverarbeitung belieferte. Dieser Mann, so die Zeitung, sei von Iquitos im peruanisch-brasilianischen Grenzgebiet aus flußaufwärts gereist, um nach einer riesigen Pfeilwurzelpflanze zu suchen. Durch Kreuzung mit dieser Pflanze wollte er Sorten züchten, die höhere Erträge lieferten. (Soweit stimmt die Information. Pallmann suchte damals für die landwirtschaftliche Universität von Lima nach einem billigen Nahrungsmittel mit hohem Proteingehalt.) Die Indios, die Pallmann den Fluß hinaufbrachten, fragten ihn, warum er nicht weiter flußaufwärts reise, wo drei Tagesreisen entfernt eine Gruppe von »Amerikanern« genau mit diesem Projekt beschäftigt war. Fasziniert folgte Pallmann diesem Vorschlag, mußte jedoch akzeptieren, daß ihn die Indios nach einer Tagesreise einem anderen Stamm überließen, der den restlichen Transport übernehmen sollte.

Als sie sich dem »amerikanischen« Lager näherten, so die Zeitung, weigerten sich die abergläubischen Indios, Pallmann weiter zu begleiten. Sie setzten ihn an Land ab und wiesen ihm den Weg. Pallmann ging auf das Lager zu, das aus plastikähnlichen Zelten bestand. Die »Amerikaner« waren hellhäutig, trugen togaartige Gewänder und sprachen eine fremde Sprache. Pallmann begrüßte sie zunächst auf englisch, dann auf spanisch und deutsch, ohne Erfolg. Mit Französisch hatte er etwas mehr Glück. Man hieß ihn willkommen und bot ihm eine Unterkunft an.

Von seinen Gastgebern, die erklärten, sie stammten von einem anderen Planeten außerhalb unseres Sonnensystems namens »Itipura«, erfuhr Pallmann, daß sie an der Kreuzung von Pflanzen arbeiteten, die sie mit nach Hause nehmen wollten. Die Außerirdischen verfügten über drei stromlinienförmige Fluggeräte, die wie Scheiben aussahen. Nach einer Weile, so der Zeitungsbericht, wurde Pallmann unruhig, weil er fürchtete, seine Geschäftspartner würden sich fragen, was aus ihm geworden war. Die »Itipuraner« boten ihm an, ihn mit einer ihrer Flugmaschinen an seinen Bestimmungsort zu bringen. Wegen seiner langen Abwesenheit bat er seine Gastgeber, ihn nicht nach Lima zurückzubringen, sondern auf seine Ranch in der Dominikanischen Republik. Innerhalb von 15 Minuten war er dort angelangt.[36]

Stevens glaubt, daß Pallmann das Interview mit dem Reporter in Lima dazu nutzte, seine Spuren zu verwischen.

> Er brachte den Ort mit der peruanischen Stadt Iquitos in Verbindung, weil man die Plantage von Iquitos aus unmöglich über den Fluß erreichen kann. Zudem ist der Dschungel dort so gut wie unpassierbar. Seine früheren Kontakte mit den Leuten von Itibi Ra erwähnte er genausowenig wie die Vorfälle in Lima und an anderen Orten der Welt. Offenbar wollte er vermeiden, daß ihre Operation vorzeitig gestört wurde ...[37] Als Pallmann die Plantage verließ, wurde er nicht in die Dominikanische Republik gebracht ... und sein erster Kontakt mit den Außerirdischen fand nicht nach einer Flußreise von Iquitos aus statt.[38]

»1968 und 1969 sowie 1971 und 1972 habe ich ganz Südamerika nach Ludwig Pallmann abgesucht«, schrieb Stevens in seiner Einleitung zu einer von ihm 1986 herausgegebenen Neuauflage von Pallmanns Buch. »1968 war er in Peru unterwegs, aber dann verschwand er. 1977 und 1978 forschte ich auch in Westdeutschland nach ihm, fand aber keine brauchbare Spur.«[39] Obwohl gebürtiger Deutscher, ist Pallmann vermutlich britischer Staatsbürger. Man nimmt man, daß er während des Zweiten Weltkriegs als junger Mann vor der Gestapo nach England floh.[40] Meine Nachforschungen beim Passport Records Office in London erwiesen sich als Fehlschlag. Es gibt keinen Hinweis darauf, daß ein britischer Paß auf den Namen Ludwig F. Pallmann ausgestellt wurde.[41] Die Suche nach ihm geht weiter.

Pallmann war sehr wohl bewußt, wie unglaubwürdig seine Geschichte klang. »Als ich las, was ich da niedergeschrieben hatte«, kommentierte er resigniert, »gelangte ich zu dem Schluß, daß meine ganze Arbeit vergeblich gewesen war. Wer würde solch eine Geschichte schon glauben? Es handelt sich um eine Verkettung unwahrscheinlicher Umstände, die ich nur unzureichend erklären kann.

Ich habe nur versucht, die Ereignisse zu schildern. Selbst wenn sich dies als Zeitverschwendung herausstellen sollte, hielt ich es für notwendig, weil religiöse Aspekte angesprochen werden. Vielleicht ist es dumm von mir zu glauben, daß andere darüber genauso denken wie ich. Die Überzeugungen der Menschheit passen sich stets ihrer aktuellen Umgebung an ...[42]

Man kann *Cancer Planet Mission* für ein Produkt meiner Fantasie halten, das ich als wahre Geschichte ausgebe. Viele der Ereignisse lassen sich jedoch überprüfen. Datum und Zeit mögen nicht immer korrekt wiedergegeben sein, einfach deshalb, weil ich in meinem Tagebuch nicht jeden Tag das Datum notierte und außerdem von den Ereignissen überwältigt war. Ich konnte selbst lange Zeit nicht glauben, was mir widerfahren war.[43]

Allein die Bekanntschaft mit Satu Ra und seiner Schwester ließ mich erkennen, daß niemand von den heutigen Menschen auch nur die geringste Vorstellung davon hat, was Friede, wahrer Friede bedeutet. Sie waren auf eine bescheidene, ungekünstelte Art durch und durch menschlich, befanden sich vollkommen im Einklang mit der Zeit«, schrieb Pallmann nach den ersten Treffen in Indien. »Sie schienen jeden Tag, jede Minute, jede Stunde zu leben, ohne sich von der Zeit hetzen zu lassen ...«[44]

10
Verblüffende Trends

Wie ich bereits in meinen früheren Büchern erwähnt habe, wird das UFO-Phänomen seit langem mit der unerklärlichen Verstümmelung von Tieren und dabei besonders Rindern in Verbindung gebracht. Zwar stammen die ersten Berichte aus dem Jahre 1967, aber die Verstümmelungen begannen bereits Mitte der fünfziger Jahre, zumindest behauptet dies Lieutenant Colonel Philip J. Corso.[1]

Von 1954 bis 1957 gehörte Corso dem Koordinationsausschuß des Nationalen Sicherheitsrats an, der als sensibelste Abteilung der amerikanischen Regierung gilt. »Die Tierquäler«, erklärte er, »schienen sich vor allem für die Milchdrüsen, die Verdauungs- und die Fortpflanzungsorgane zu interessieren. Besonders beliebt waren die Gebärmütter von Kühen.« Er fährt fort:

> Häufig waren Augen oder Kehlen operativ mit mikroskopisch feinen Einschnitten entfernt worden. Das umliegende Gewebe hatte sich um den Schnitt herum stark erhitzt und nach dem Abkühlen schwarz verfärbt ... die Entfernung des Tierbluts – an den Stellen, wo dieses komplett abgesaugt worden war – war mit solch raffinierten Methoden erfolgt, daß das umliegende Gewebe peripher nicht beschädigt worden war ... Wir verfüg-

ten über keinerlei medizinische Instrumente, die auch nur im entferntesten so leistungsfähig waren wie die der Außerirdischen.[2]

Konkrete Beweise für eine Verbindung zwischen beiden Phänomenen sind selten, obwohl in einer Reihe von Fällen Indizien gefunden worden sind. Der nachfolgend geschilderte Bericht ist einer davon:

1969 überführte Wendelle Stevens eine C-54, ein Transportflugzeug, für einen seiner Kunden. Es handelte sich um Oscar Bowles, einen wohlhabenden bolivianischen Geschäftsmann, dem Stevens in der Vergangenheit bereits mehr als ein Dutzend Frachtflugzeuge geliefert hatte. Bowles' Hazienda befand sich in der Nähe von Santa Rosa, wo er eine Fabrik zur Fleischverarbeitung besaß. Westlich seines Besitztums ließ ein Schafhirte, den Bowles gut kannte, seine Tiere weiden. Nach Bowles' Aussagen hielten sich dieser Mann und seine indianischen Helfer bei ihrer Herde auf, als sich am hellichten Tage lautlos ein diskusartiges Fluggerät näherte. In einer sanften Kurve glitt es heran, bis es sich etwa 16 Meter über ihnen befand.

Die Untertasse hielt an, schwebte kurz auf der Stelle und sandte dann von ihrer Unterseite weiße Lichtblitze aus. Es sah aus wie Strom, der eine Lücke überspringt. Dies geschah etwa dreißigmal kurz hintereinander, bis die Schafe zu Boden fielen. Stevens berichtet:

Als klar wurde, daß es das Raumschiff auf die Herde abgesehen hatte, griff sich der Schafhirte einen Stock und fuchtelte damit herum, während er auf die immer langsamer werdende metallisch glänzende Scheibe zulief. Bei seiner ersten drohenden Geste mit dem Knüppel blitzte ein violettes Licht auf. Plötzlich konnte er sich nicht mehr bewegen. Er hatte das Gefühl, in

Sirup festzustecken. Jede Bewegung fiel ihm schwer. Offenbar waren seine Helfer auf die gleiche Art gelähmt worden ... Die getroffenen Schafe rührten sich nicht.

Vor seinen Augen verlor die silberne Untertasse, die von einer glänzenden Kuppel gekrönt wurde, weiter an Höhe, bis sie sich nur noch anderthalb bis zwei Meter über dem Boden befand. An der Unterseite öffnete sich in der Mitte eine Falltür mit einer eingebauten Treppe, auf der zwei menschenähnliche Füße erschienen. Dem ersten Besucher folgte ein zweiter. Als die beiden das untere Ende der Treppe erreicht hatten und die Erde betraten, war er sicher, normale Menschen vor sich zu haben. Allerdings trugen sie eigenartige Anzüge.

Die offenbar in einem Stück gefertigten hautengen Overalls waren von grellweißer, reflektierender Farbe und mit durchsichtigen, dunklen Helmen ausgestattet. Dazu trugen die Wesen passende weiße Handschuhe und Stiefel. Jeder hielt in der einen Hand eine Art silbrig schimmernden Feuerlöscher. Von diesem ging ein weißer Schlauch aus, der in einer schwarzen Düse endete und in der anderen Hand gehalten wurde.

Die beiden Männer gingen durch die Herde und richteten den »Feuerlöscher« nacheinander auf alle am Boden liegenden Schafe. Für die Schafhirten interessierten sie sich offenbar nicht. Nach nur drei oder vier Minuten hatten sie ihre Aufgabe erledigt, gingen zurück und bestiegen über die Treppe ihr Schiff. Die Rampe wurde eingezogen, während das kreisrunde Schiff, dessen Durchmesser die Männer auf über zehn Meter schätzten, an Höhe gewann. Als es etwa drei- bis vierhundert Meter erreicht hatte, war ein gewaltiges Zischen zu vernehmen. In einem steilen Winkel schoß das Schiff in den blauen Himmel hinauf und verschwand.

Kaum war es außer Sicht, erwachten die Schafhirten aus ihrer Lähmung und liefen zu ihrer Herde. Alle 34 Schafe waren tot. Die Hirten zogen die Tiere zur Seite, um sie ausbluten zu lassen – aber in ihren Körpern fand sich kein Blut mehr. »Die drei Männer schleiften die Kadaver zu ihrer Hütte und begannen sie abzuziehen«, fuhr Stevens fort. »Dabei stellten sie fest, daß sie nicht nur ausgeblutet waren, sondern bestimmte Organe wie Gehirn, Milz und Augäpfel wie vertrocknete Schwämme aussahen.«

Obwohl sich die Zeugen darüber einig waren, daß die Wesen äußerlich wie Menschen wirkten, waren sie sicher, daß sie nicht von der Erde stammten.[3]

Ein unbekanntes Flugboot

Am Morgen des 27. Juni 1970 erholten sich Aristeu Machado, seine Frau Maria Nazaré, ihre älteste Tocher Creuza, 23, ihre vier jüngeren Töchter und João Aguiar, ein Beamter der brasilianischen Bundespolizei, auf der Veranda des Heims der Familie in der Avenida Niemeyer. Von hier aus genoß man eine herrliche Aussicht auf die Atlantikküste im Südwesten des Stadtzentrums von Rio de Janeiro. Aguiar fiel ein Motorboot auf – zumindest hielt er es dafür –, das so heftig auf dem Wasser aufschlug, daß die Gischt spritzte. Er lenkte die Aufmerksamkeit der anderen auf das etwa 700 Meter vom Ufer entfernt treibende »Boot«. An Bord waren zwei »Schwimmer« zu erkennen, die offenbar mit den Armen winkten. Ihre Kleidung glänzte stark. Außerdem trugen sie »etwas auf dem Kopf« und wirkten »dicklich und ziemlich klein«.

Anscheinend arbeiteten die beiden Personen an Deck des metallgrauen Schiffes, das etwa vier bis sechs Meter lang und von einer durchsichtigen Kuppel bedeckt war. Während die anderen es weiter beobachteten, lief Aguiar ins nahe gelegene Mar Hotel, um die Hafenpolizei zu Hilfe zu rufen. Von dem Schiff ging keinerlei

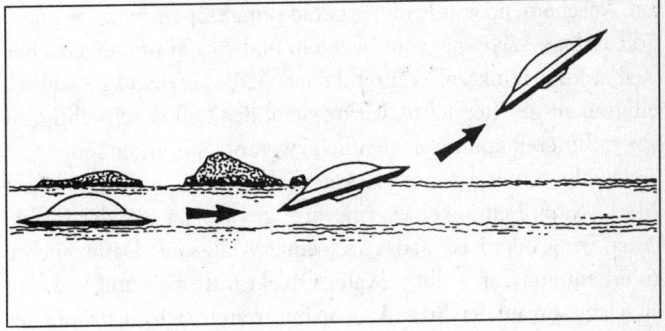

(Terence Collins/FSR Publications)

Geräusch aus, es schaukelte auch nicht auf den Wellen wie ein normales Boot.

Als Aguiar etwa eine halbe Stunde später zurückkehrte, trieb das »Boot« immer noch auf dem Meer. Kurz darauf erhob es sich in die Luft. Dr. Walter Bühler, einer der angesehensten Ufologen Brasiliens, befragte die Zeugen noch am Tag des Vorfalls, nachdem ihn ein Reporter der Zeitung *Diario de Noticias* informiert hatte, in der am Tag darauf ein Bericht über das Ereignis erschien. Hier Dr. Bühlers Aussage:

Senhor Aguiar erzählte uns, die Untertasse habe nicht senkrecht abgehoben. Zunächst glitt sie etwa 300 Meter über das Meer, wobei sie eine Bugwelle erzeugte, wie wir sie von unseren eigenen Schnellbooten kennen. Erst nachdem sich die Maschine in die Luft erhoben hatte und sich in einem niedrigen Bogen über dem Meer nach Südosten entfernte, wurde den Zeugen klar, daß es sich nicht um ein gewöhnliches Boot, sondern um eine fliegende Untertasse handelte.

Als die Untertasse etwa 600 Meter vom Ufer entfernt abhob, fiel Dona Maria Nazaré ein sechseckiges Objekt an der Unterseite auf. Anscheinend wurde dieses gerade eingezogen, wobei wiederholt farbige Lichter (grün, blaßgelb und rot) in immer gleicher Reihenfolge blinkten. Während die Scheibe auf dem Wasser metallgrau ausgesehen hatte, wirkte sie in der Luft durchsichtig. In ihrem Inneren konnte sie deutlich zwei Insassen erkennen.

Wo die Untertasse im Meer getrieben hatte, entdeckte Dona Maria Nazaré ein »weißes, ringförmiges Objekt von der Größe einer Truhe oder Kiste«, das nach einer Weile sank. Dann tauchte es erneut auf. Ein gelbes, ovales Objekt löste sich und bewegte sich langsam auf den Strand zu. Später trennte sich ein grünlicher »Flansch« von dem gelben Hauptteil, schwamm aber hinter diesem her. Eine Viertelstunde später näherte sich das gelbe Objekt bis auf etwa 120 Meter dem Ufer, drehte dann in einem Neunziggradwinkel ab und hielt gegen die vorherrschende Strömung auf den Strand bei Gávea zu. Dona Maria entschloß sich, zum Strand hinunterzugehen, wo sie eine Gruppe von Jungen auf das Objekt hinwies. Einer von ihnen begann mit Steinen danach zu werfen, ohne daß dies irgendeine Wirkung gezeigt hätte. Zehn Minuten später verschwand das Objekt hinter einem felsigen Vorgebirge. Zwanzig Minuten später nahm auch der weiße »Ring« Kurs auf den Strand von Gávea.

Kurz nachdem die Untertasse abgehoben hatte, erschien ein Motorboot der Polizei von der Copacabana am Ort des Geschehens, das vermutlich durch Aguiars Anruf alarmiert worden war. »Wir wissen nicht, ob sie sahen, wie das UFO startete«, so Bühler, »aber man kann davon ausgehen, weil sie zu dem Gebiet fuhren, wo es abgehoben hatte. Dort trieb immer noch der »weiße Ring« auf dem Wasser.

Als sie dort angelangt waren, hielt das Motorboot etwa einen Kilometer vom Ufer entfernt an. Dann sahen die Zeugen, wie die Besatzung mühsam ein zylindrisches rotes Objekt an Bord holte ... Danach kehrte das Motorboot mit hoher Geschwindigkeit an seinen Ausgangsort zurück.«[4]

Über das geborgene Objekt sind keine weiteren Informationen erhältlich.

Ein Kalb wird entführt

Gelegentlich sind Tiere – vor allem Rinder – gesehen worden, wie sie auf ein in der Luft stehendes UFO zuschwebten, wo sie verstümmelt wurden. Zur Zeit des folgenden Zwischenfalls wurden keine UFOs gesichtet, und das Schicksal des Tieres ist unbekannt, aber es erhob sich aus unerklärlichen Gründen in die Lüfte. Vermutlich ereignete sich der Vorfall Ende Oktober 1970 auf der Ranch von Palma Velha, 18 Kilometer von der Stadt Alegrete im ersten Bezirk des brasilianischen Bundesstaats Rio Grande do Sul entfernt.

Gegen 16 Uhr waren Pedro Trajano Machado und sein 23jähriger Sohn Euripides mit der medizinischen Versorgung einiger Rinder beschäftigt. Sie hatten sich gerade eine Jerseykuh vorgenommen, die ihr einen Monat altes Kalb bei sich hatte, das etwa zwanzig Kilogramm wog. Die Kuh war festgebunden, aber das Kalb konnte sich frei bewegen und hielt sich ungefähr fünf Meter von seiner Mutter entfernt auf. Plötzlich wurden die Rinder unruhig. Die angebundene Kuh begann zu muhen, wobei sie sich ständig nach ihrem Kalb umsah. Als Pedro sich ebenfalls nach dem brüllenden Kalb umdrehte, wollte er seinen Augen nicht trauen.

… das Tier hing etwa einen Meter über dem Boden in der Luft. Ansonsten war seine Haltung normal (d. h., die Füße zeigten nach unten). [Pedro] rief nach seinem Sohn, damit er sich die Sache ansah. Beide beobachteten, wie … sich das Kalb parallel zur Erde bewegte. Immer noch in einer Höhe von etwa einem Meter schwebte es in der gleichen Stellung wie vorher brüllend auf die offenen Felder zu …

Während die anderen Rinder verstört umherliefen und muhten, glitt das Kalb auf das offene Weidegatter im Zaun zu. Dann schwebte es etwa zwanzig Meter von seiner Mutter entfernt unter den Ästen der Bäume im Nordosten durch … nach wie vor hielt es sich in einer Höhe von einem Meter. Aber nun begann es sich langsam nach oben zu bewegen, wobei die Füße immer noch nach unten deuteten. Inzwischen hatte das Brüllen aufgehört.

Nach den Aussagen der beiden Zeugen dauerte dieser langsame vertikale Aufstieg etwa drei bis vier Minuten. Danach wurde das Kalb unsichtbar, obwohl es sich noch weit unterhalb der Wolkendecke befand.

Das Kalb wurde nie gefunden. Untersucht wurde der Vorfall von der unabhängigen GIPOVNI-Gruppe unter Leitung von Victor Soares. Diese fand die Zeugen absolut glaubwürdig und hielt es für unwahrscheinlich, daß sie diese fantastische Geschichte erfunden hatten. Obwohl damals keine UFOs gesichtet worden waren, erklärten die Machados, sie hätten mehrere Nächte lang – unter anderem am Tag des Zwischenfalls – »rote Lichter« gesehen, die sich näherten und dann erloschen, »Sterne« am Himmel, die sich bewegten und anhielten, und »einzeln oder in Dreiergruppen am Himmel Purzelbäume schlugen«.[5]

Außerhalb der Zeit

Untrennbar mit dem Geheimnis der UFOs verwoben ist das verwirrende Phänomen der Zeitverzerrung, nicht zu verwechseln mit dem Phänomen der fehlenden Zeit, das für mich damit zwar verwandt, aber nicht identisch ist. Viele Ufologen vermuten hinter der Zeitverzerrung esoterische Gründe, aber ich glaube eher, daß manche Außerirdische mit Hilfe ihrer hochentwickelten Technologie Raum und Zeit manipulieren können. Betrachten wir den folgenden Fall, den Gordon Creighton in einer wichtigen brasilianischen Illustrierten entdeckte.

Nélson Vieira Leite, ein bekannter Geschäftsmann und Grundbesitzer aus Itaperuna im Bundesstaat Rio de Janeiro, hatte den Tag auf seinem Landgut, der Fazenda Toyota, verbracht, die von der Stadt aus in vierzig Minuten mit dem Auto zu erreichen war. Das Datum: der 27. Mai 1971. Gegen Sonnenuntergang, während Leite auf seinen Cousin Manoel Carlos wartete, der ihn abholen sollte, fiel ihm ein Licht auf. Zunächst schwach, wurde es immer stärker, bis es so nah war, daß es ihn blendete. Es landete auf einer Wiese, berührte jedoch den Boden nicht. Leite ging darauf zu, um es sich genauer anzusehen.

Knapp einen Meter über dem Boden schwebte ein grünliches Objekt, das »einem umgekehrten Suppenteller ähnelte«. Als er sich nervös näherte, stellte er in etwa zehn Meter Entfernung von dem Raumschiff plötzlich fest, daß er nicht mehr vorwärts kam. Offenbar war dies schon seit einigen Minuten der Fall, weil er mittlerweile jedes Zeitgefühl verloren hatte. So sehr er sich auch bemühte, er konnte sich nicht von der Stelle rühren. Er war nicht vollständig gelähmt, weil er noch mit den Armen winken konnte, doch außerstande, sich vorwärts zu bewegen. Er hatte das Gefühl, von einer unsichtbaren Schranke aufgehalten werden, was möglicherweise tatsächlich der Fall war. Von dem Raumschiff ging unterdessen ein summendes Geräusch aus. Das Licht war schwächer geworden, aber immer noch stark genug, die Umgebung zu erhellen.

Hinter sich hörte Leite seinen Cousin rufen. Als Carlos auf ihn zulaufen wollte, wurde er niedergestreckt. »Er wurde richtiggehend k. o. geschlagen«, so der Journalist, »als wäre er überfahren worden oder gegen eine Glastür gerannt.« Zwei Stunden lang war Carlos bewußtlos.

Zu diesem Zeitpunkt war Leite angesichts seiner aussichtslosen Lage völlig verzweifelt und verängstigt. Während er das Raumschiff betrachtete, das immer noch etwa einen Meter über dem Boden schwebte, fiel ihm ein hellerer Lichtstreifen auf, der um das Objekt herumlief und möglicherweise aus Bullaugen oder Fenstern drang. Leite selbst fühlte sich, als stünde er außerhalb der Zeit. Der Journalist beschrieb seine Situation folgendermaßen: »Alles ging weiter, als wäre es schon immer so gewesen. Nachträglich konnte er die vergangene Zeit schätzen: Für die äußere Welt waren es zwanzig Minuten gewesen, aber für Nélson Leite waren es damals zwanzig Jahre.«

Das von der Untertasse ausgehende Licht wurde stärker, das Summen lauter, bis Leite gezwungen war, seine Ohren mit den Händen zu bedecken. Die Untertasse hob ab, wobei sie zunächst langsam senkrecht in die Höhe stieg, dann aber so schnell davonraste, daß sie binnen Sekunden nicht größer als ein Stern am Himmel war.

Endlich konnte sich Leite von der Stelle rühren. Später, als Carlos das Bewußtsein wiedererlangt hatte, untersuchten die beiden das Gebiet, über dem das Raumschiff geschwebt hatte. Das lange Gras wirkte versengt.

»Es muß etwas mit Außerirdischen zu tun gehabt haben, Wesen, die wie wir sind oder sich nur wenig von uns unterscheiden«, sagte Nélson Leite dem Journalisten. »Auf jeden Fall nichts Irrationales.«[6]

Finstere Gestalten aus dem All

Im Verlauf des Jahres 1971 kam es in Itaperuna zu noch unheimlicheren Begegnungen.

Am Abend des 22. September fuhr Paulo Caetano Silveira, ein 27jähriger Mechaniker, von Carangola zurück nach Itaperuna, wo er wohnte. Dabei bemerkte er ein niedrig fliegendes Objekt, das sich als leuchtende Scheibe erwies. Offenbar folgte sie ihm. Verängstigt hielt er in Tombos an und meldete den Vorfall der Polizei, die ihn jedoch nicht ernst nahm. Als Paulo seine Fahrt fortsetzte, mußte er feststellen, daß ihm das Objekt immer noch folgte. Inzwischen war es 19 Uhr geworden.

Kurz hinter der Stadt Natividade entdeckte Paulo mitten auf der Straße einen »schwarzen Ochsen«, der sich jedoch als die fliegende Untertasse entpuppte, die plötzlich grellrot aufleuchtete und dann zu hellem Weiß wechselte.

Dann schoß ein Lichtstrahl auf ihn zu. Sein Motor setzte aus und starb schließlich ab. Vor ihm stand ein Raumschiff, das kaum größer war als der bekannte Käfer der Firma Volkswagen ... Seine kleinen Fenster glichen denen eines Flugzeugs. Die Tür stand offen, daneben hielten sich zwei rundliche Wesen auf, die nicht größer als vierzig bis fünfzig Zentimeter waren ... Er fühlte, wie sein gesamter Körper und vor allem seine Beine auf mysteriöse Weise auf die offene Tür zu gezogen wurden.

Die hellhäutigen Wesen erinnerten Paulo an Zwerge. Ihre Augen waren schlitzförmig, die Köpfe abgeflacht. Sie trugen einteilige Overalls von hell leuchtender himmelblauer Farbe. Die langen Ärmel reichten bis zu den Handgelenken, die Kragen waren hoch geschnitten. Auf ihren Köpfen saßen mit Stacheln besetzte »Römerhelme«. Wie Roboter bewegten sie sich, ohne Arme und Beine zu beugen. In den Händen hielten sie Objekte, von denen intensive rote und blaue Lichtstrahlen ausgingen.

Paulo fühlte sich überwältigt, seine gesamte Energie und Willenskraft verließen ihn, und er war unwiderstehlich von den Lichtern »angezogen«. Er versuchte, seine geistigen Kräfte zu mobilisieren, aber vergeblich. Die Wesen näherten sich ihm und schleppten ihn schweigend zum Raumschiff. Für ihre Größe wirkten sie sehr stark. Als sie die Tür erreichten, wehrte er sich, wobei er sich an den Armen verletzte. Im Inneren der Maschine konnte er kaum etwas sehen, weil die Kabine von einem grellen weißen Licht erfüllt war. Er schätzte sie auf einen Durchmesser von drei und eine Höhe von zweieinhalb Metern.

Inzwischen hatte er sieben dieser Wesen vor sich, die ihn schweigend untersuchten, als wäre er ein seltenes Tier. Nie hörte er, daß sie sich mit Lauten verständigt hätten, obwohl sie eindeutig miteinander kommunizierten.

Dann begann ein »höllischer Lärm«. Paulo nahm an, die Untertasse habe sich in Bewegung gesetzt oder sei losgeflogen. Zu diesem Zeitpunkt verlor er das Bewußtsein.

Später – wieviel Zeit verstrichen war, wußte er nicht – hörte er ein merkwürdiges Summen und registrierte, daß ihn die Wesen nach draußen trugen und am Straßenrand neben sein Auto legten. Offenbar war er so weit bei Bewußtsein, daß er sehen konnte, was danach geschah, denn er behauptet, die Maschine habe sich lautlos in die Luft erhoben. Nachdem sie einen Augenblick auf der Stelle verharrt hatte, schoß sie davon … wie ein Blitz und verschwand.

NACHSPIEL

Benommen lag Paulo neben der Straße und hoffte, einer der vorbeifahrenden Wagen werde anhalten. Glücklicherweise war die erste Person, die am Ort des Geschehens eintraf, ein Arzt, Dr. Cirley Crespo, der die Polizei im neun Kilometer entfernten Itaperuna informierte. Bis Hilfe eintraf, hatte Paulo bereits ein weiteres Auto angehalten. Dessen Fahrer, Mário Alves de Brio, berichtete: »Ich war sehr aufgeregt. Es war eindeutig etwas geschehen … Der Mann war völlig verwirrt und brauchte dringend ärztliche Hilfe.«

Bei seiner Ankunft im Krankenhaus von Itaperuna wurde Paulo von Dr. Munir Bussad untersucht, der einen schweren nervösen Schock feststellte. Der Puls war abnorm hoch, die Arme zeigten üble Kratzer und Quetschungen. Seine Augen waren stark blutunterlaufen, und er konnte nicht richtig sehen. Der Arzt, der Paulo persönlich kannte, erklärte, dieser habe nie unter Geisteskrankheiten gelitten. »Ich weiß, daß viele Menschen, die solche Erlebnisse gehabt haben, keineswegs unter psychischen Störungen oder Zwangsvorstellungen leiden.«

Dann wurde Paulo ins Polizeihauptquartier von Itaperuna gebracht, wo er seine Erfahrung dem Polizeichef, José Luís Maron, und einem Inspektor namens Gilberto Gomes schilderte.

Als er fünf Tage später von Reportern interviewt wurde, konnte Paulo Caetano Silveira immer noch nicht richtig sehen und wurde wiederholt von Weinkrämpfen geschüttelt. Er erzählte den Reportern, er habe keine Ahnung, wie lange die Entführung gedauert habe. Seiner Uhr zufolge waren 15 Minuten vergangen.[7]

Drei Tage später meldete Benedito Miranda, ähnliche Wesen hätten ihn auf dem Weg von Itaperuna nach Catagueses in einer Höhe von fünfzig Metern in der Luft schweben lassen. Zwar konnte er sich nicht bewegen, doch nach einer Weile erlangte er die Herrschaft über seine Stimme zurück und rief, man solle ihn freilassen. Als die Lichter eines sich nähernden Wagens in Sicht kamen, wurde er sanft zur Erde heruntergelassen.[8]

Wie folgende Nachrichtenmeldung vom 1. Oktober zeigt, war der Präfekt von Itaperuna, ein Bruder von Nélson Vieira Leite, angesichts der Situation einigermaßen beunruhigt:

> Nächsten Dienstag wird der Präfekt von Itaperuna, Senhor Rubém Vieira Leite, einen eingehenden Bericht über die Sichtung fliegender Untertassen an die Abteilung für UFO-Studien der brasilianischen Luftwaffe sowie an die NASA schicken. Diese Vorfälle werden seit nunmehr zwei Jahren gemeldet und ereignen sich mit immer größerer Häufigkeit. Zwei Personen, Paulo Caetano Silveira und Benedito Miranda, sind von »kleinen Wesen« gefangengenommen und einige Zeit festgehalten worden. Der Präfekt wird nicht nur detailliert Bericht über diese Vorfälle erstatten, sondern auch dringend um Gegenmaßnahmen bitten.[9]

DAS DILEMMA DER OFFIZIELLEN STELLEN

Bereits 1954 äußerte sich ein hoher Offizier der brasilianischen Luftwaffe zu der realen Bedrohung durch UFOs. »Seit der Explosion der Atombomben haben die UFO-Sichtungen alarmierend zugenommen«, sagte Colonel Adil Oliveira, der Leiter der Informationsstelle im Hauptquartier. »Die brasilianische Luftwaffe ist sich der Bedeutung dieses ungelösten Problems vollauf bewußt.«[10]

Aber was konnten Militär und Politiker gegen die Situation in

Itaperuna unternehmen? War es angesichts der bizarren Ereignisse und deren Bedrohlichkeit nicht sinnvoller, die Gefahr herunterzuspielen oder ganz zu ignorieren? »Das Ausmaß der Panik, die diese Ereignisse auslösten«, schrieb Gordon Creighton, »wird Wasser auf die Mühlen derer sein, die die Regierungen gern dafür kritisieren, daß sie Berichte über UFOs zensieren oder unterdrücken.«[11]

Verjüngung

Vor seiner kleinen Holzhütte in Tres Arroyos in der Provinz Buenos Aires schlürfte Ventura Maceiras, ein 73jähriger Hausmeister, seinen Matetee, das Nationalgetränk der Argentinier, und hörte Radio. Sein Hund, seine Katze und deren Junges leisteten ihm Gesellschaft. Es war der 30. Dezember 1972, 22 Uhr 20. Plötzlich setzte das Radio aus, und ein lautes Summen war zu vernehmen, »wie der Lärm wütender Bienen, aber viel lauter«.

Als der Lärm immer stärker wurde, sah Maceiras nach oben und entdeckte ein starkes Licht, das immer intensiver wurde, bis es schließlich die gesamte Umgebung erhellte. In dessen Mitte konnte er ein riesiges Objekt mit einem Durchmesser von zwanzig bis 25 Metern erkennen, dessen Farbe von »Orangerot zu Lila« wechselte. Es schwebte direkt über ihm. Aus dem unteren Mittelteil ragten Schläuche, aus denen Funken sprühten, während ständig ein riesiges Rad um das gesamte Raumschiff rotierte. Im hellerleuchteten oberen Mittelteil war eine runde Kabine mit zwei kleinen Fenstern zu erkennen. An einem dieser Fenster erschien ein Wesen, das ein dunkelgraues Kleidungsstück trug, das »aus Rollen oder Zylindern zusammengesetzt war«. Von dem Helm auf dem Kopf der Kreatur führte ein Schlauch zu einem Kasten auf ihrem Rücken.

Aus der Unterseite des Raumschiffs regneten direkt vor Maceiras Funken herab, wobei sich das Objekt nach unten zu ihm neigte, so daß er das Innere der Kabine besser erkennen konnte. Inzwischen war ein zweites Wesen aufgetaucht, das dem ersten aufs Haar glich und diesem über die Schulter blickte. »Seiner Beschreibung nach standen die Augen der beiden schräg und starrten ihn unverwandt an, wobei ihr Blick eine besondere Tiefe zu besitzen schien«, berichtete der hauptsächlich mit der Untersuchung befaßte Ufologe Pedro Romaniuk, ein früherer Zivilpilot, der an der technischen Untersuchung von Flugzeugunglücken im Auftrag der argentinischen Luftwaffe mitgewirkt hatte. »Der Mund bestand nur aus einer dünnen Linie. Was Nase und Ohren anging, erinnerte er sich nicht an Einzelheiten.«

Zusätzlich zu den beiden kleinen Fenstern gab es auf der anderen Seite noch zwei weitere, zwischen denen Maceiras ein Emblem entdeckte, das aus einem »Seepferdchen« sowie Zeichen oder Symbolen bestand, die rechts von diesem angebracht waren. Innerhalb der Kabine befand sich eine lange Tafel mit »einem Haufen Instrumente und Uhren«, wie der Zeuge sich ausdrückte.

> Während das Objekt nach unten kippte, ging von seinem Unterteil ein starker Lichtblitz aus, der den Zeugen vorübergehend blendete … Dieser Blitz hüllte die Katze vollkommen ein und verschwand augenblicklich wieder. Unterdessen wurde das Summen immer lauter, die Farbe des Objekts wechselte zu Blaugrün. Es begann sich vorwärts zu bewegen … und verlor noch weiter an Höhe, bis es sich nur noch vier bis sechs Meter über dem Boden befand. Zu diesem Zeitpunkt konnte [Maceiras] erkennen, daß sich im oberen Teil der Kabine ein Rad oder Ring befand, der sich sehr schnell drehte.

> Dann verschwand das Objekt in Richtung Nordosten. Einige Sekunden lang blieb ein Geruch nach Schwefel oder Arnika zurück, während das Objekt in geringer Höhe davonflog. Dabei

wechselte seine Farbe von einem rötlichen Ton zu Grünblau. Der gesamte Vorfall dauerte nicht länger als eine halbe Minute.

NACHWIRKUNGEN

Pedro Romaniuk legte Wert auf die Feststellung, daß es sich bei Ventura Maceiras um einen einfachen, armen Mann handelte, der kaum lesen und schreiben konnte. Er hatte weder die Möglichkeit fernzusehen noch die Filmvorführungen zu besuchen. Seine Nachbarn verbürgten sich sämtlich für seine Ehrlichkeit. In den mehr als sechzig Verhören durch Ärzte, einen Psychiater, Ingenieure, Polizeibeamte, den Sekretär des örtlichen Regierungsbüros und andere, die seinem Erlebnis folgten, blieb er stets bei seiner Geschichte. Zudem bat er darum, diese nicht in der Öffentlichkeit bekanntzumachen.

Während des Vorfalls fühlte Maceiras ein Kribbeln oder Vibrieren in den Beinen, das mehrere Tage anhielt. Über eine Woche lang litt er unter Kopfschmerzen, die sich verschlimmerten und schließlich unerträglich wurden. Ab dem achten Tag spürte er Schmerzen im Nacken. Doch dies waren nicht die bedrohlichsten Symptome, unter denen er litt, so Romaniuk.

Acht bis neun Stunden nach dem Ereignis entwickelte er einen heftigen Durchfall mit etwa acht Anfällen pro Tag. Leider überprüfte er nicht, ob dabei Blut ausgeschieden wurde. Bis zum achten Tag hielt dieser Durchfall an ... der während der ersten vier Tage von Übelkeit und Erbrechen begleitet wurde. Um die Zeit meines ersten Besuches, der am 16. Januar 1973 erfolgte, stellte [Maceiras] fest, daß er unter abnormem Haarausfall litt. Bei einem einzigen Griff lösten sich 170 bis 200 Haare. Er führte dies mehrfach in Gegenwart von Ufologen vor. Jeder konnte sehen, daß er trotz seiner 73 Jahre üppiges Haar besaß.

Vom 14. Tag an erschienen in seinem Nacken kleine rote Eiterpusteln, an denen er ständig kratzte … Bei einer Untersuchung fand ich etwa zehn dieser geschwollenen Pusteln. Nach dem Zwischenfall litt er unter Sprachstörungen, weil er seine Zunge nicht richtig bewegen konnte … seine Augen tränten ständig, wobei sehr feine, etwa drei Zentimeter lange Fasern ausgeschieden wurden, die fast wie feine Blutgefäße wirkten. Am fünften Tag verschwand dieses Symptom vollständig.

Die Kronen vieler Eukalyptusbäume am Ort des Geschehens waren versengt oder komplett verbrannt. Die nationale Kommission für Atomkraft fand keine Spuren von Radioaktivität, verzichtete jedoch auf einen schriftlichen Bericht.

Der Hund und die junge Katze kamen ungeschoren davon, doch die Mutterkatze, die der Lichtstrahl voll getroffen hatte, war nach dem Vorfall verschwunden. Sie tauchte erst 48 Tage später mit Brandspuren auf dem Rücken wieder auf.

Trotz Maceiras' alarmierender Symptome erholte er sich vollständig. Bemerkenswert ist, daß er sich so stark fühlte, daß er Gewichte heben konnte, die er zuvor nicht hätte bewegen können.[12] Das war nicht alles. Eines Nachts im Februar 1973 erhielt er angeblich erneut Besuch. Diesmal erschien kein Raumschiff, statt dessen tauchten zwei Wesen vor ihm auf. Das eine davon näherte sich ihm lächelnd und begrüßte ihn. Es war zwischen einem Meter fünfundsiebzig und einem Meter achtzig groß und besaß kleine, runde Ohren, »Schlitzaugen«, eine kleine, flache Nase und sehr kurzes, extrem feines, schütteres Haar. Die Kommunikation erfolgte über Telepathie.

Der Zeuge erhielt zahlreiche Informationen und erfuhr einiges über die Metaphorik der Fremden. Vieles davon scheint unverständlich und grotesk, aber manches ist interessant. Die Außerirdischen teilten ihm mit, sie stammten aus unserer Galaxie, wobei sie ziemlich unsinnige Namen für Stadt, Planet und »Reich« nannten. Hier einige Auszüge aus ihren Aussagen zu dem Antrieb des Raumschiffs und dem Zweck ihrer Besuche.

Ihre Funktionsweise ist ... den Menschen der Erde noch unbekannt. Sie würden ohnehin nur Krieg damit führen. Die Geschwindigkeit schwankt stark, kann aber für euch unvorstellbare Werte erreichen. Bei dem Metall, aus dem sie bestehen, handelt es sich um ... ein euch unbekanntes Mineral, das, wenn es einmal in die Form des Raumschiffs gegossen ist, nicht mehr zerstört oder eingeschmolzen werden kann. In Form von »Energie« läßt es sich durch den Raum projizieren. Die Energien dieser Raumschiffe sind elektromagnetisch und werden aus der (unteren und oberen) Atmosphäre der Planeten gewonnen.
Wir suchen euch auf, weil ihr nukleare Explosionen auslöst, die die Sonne stark beeinträchtigen und diese beschädigen könnten ... Auf eurem Planeten wird es in Kürze zu gewaltigen Verschiebungen der Erdkruste und Erdbeben kommen, die euren Planeten teilweise zerstören werden.

Ungeachtet des möglichen Wertes dieser Mitteilungen bleibt die Tatsache, daß Maceiras mit seiner dürftigen Bildung mit den Ufologen philosophische, theologische und astronomische Konzepte diskutierte, die seinen Horizont weit überstiegen. Dabei verfiel er gelegentlich sogar in eine unbekannte Sprache. »Er gibt große Zahlen in Meilen an und rechnet sie binnen Sekunden in Kilometer um«, kommentierte Romaniuk, der hinzufügte, er werde nicht alle vom Zeugen erhaltenen Informationen sofort enthüllen, weil er sich erst bei anderen Quellen rückversichern wolle.[13]
Die Ufologin Jane Thomas Guma, die Pedro Romaniuks Be-

richte ins Englische übersetzte, glaubt, durch den Vergleich von Einzelheiten der Geschichte mit denen anderer »unglaublicher« oder »verrückter« Kontakte ließen sich Fortschritte erzielen. »Vielleicht würden wir auf eine Bestätigung von Details stoßen«, erklärt sie, »die uns dabei helfen, ein paar neue Teile des riesigen Puzzles zusammenzusetzen.«[14]

Unterwasserbasen vor Venezuela und Argentinien?

In der zweiten Märzhälfte des Jahres 1973 berichteten Tausende von Zeugen von ungewöhnlichen Objekten, die in der Karibik vor der Nordküste von Venezuela im Meer verschwanden oder daraus auftauchten. Die einheimische Bevölkerung war davon überzeugt, daß sich dort eine außerirdische Basis befand.

Am 22. März um 16 Uhr näherten sich zwei fliegende Objekte mit hoher Geschwindigkeit vom Meer, bogen scharf ab und passierten das Gebiet zwischen Naiguata und Carenero. In einer Höhe von zweihundert Metern blieben sie über der Stadt La Sabanamore stehen, wo sie von mehr als 3000 Menschen beobachtet wurden. Die durch Telefonanrufe alarmierte Polizei behielt die Objekte ebenfalls im Auge. Nachdem sie fünf bis zehn Minuten über der Stadt geschwebt waren, trennten sich die Raumschiffe und verschwanden in unterschiedliche Richtungen.

Einige Tage später erzählte ein Nachtwächter der Presse, er habe mehrere orange Lichter von zylinderförmiger Gestalt, »wie unsere Raketen«, gesehen, die sich aus dem Meer erhoben und am Himmel verschwanden. Andere Berichte dieser Art folgten. Viele davon kamen aus der Nähe des internationalen Flughafens Maiquetía in Caracas. In der Nacht des 28. März sahen Armando Silva und seine Frau zwei bläuliche Objekte, die hoch über ihrem Landhaus flogen, von dem aus man die Küste bei Caracaya überblickt. In der folgenden Nacht erwachte Señora Silva, weil ihr die Hitze unerträglich schien, und ging auf den Balkon. Dort sah sie zwei lange blaue Fluggeräte, die wie Kapseln aussahen. Besonders groß waren sie nicht. Es handelte sich um dieselben Objekte, die wir am Abend zuvor gesehen hatten. Als sie sich dem Ufer näherten, glänzten sie hell wie die Sonne. Eines von ihnen ließ sich ins Meer fallen, tauchte und erschien dann wieder an der Oberfläche. Das zweite landete ebenfalls auf dem Wasser, ließ sich eine Weile treiben und näherte sich dann dem ersten.

Der Vorfall dauerte etwa 15 Minuten und endete damit, daß beide Objekte vom Wasser aus starteten und mit fantastischer Geschwindigkeit verschwanden. Danach normalisierte sich die Temperatur im Haus. Señor Silva behauptete, er sei nach draußen gegangen, während seine Frau die Szene vom Balkon aus beobachtete. Zu seiner Überraschung bemerkte er an einem der kleinen Fenster des einen Objekts eine Gestalt, die nicht größer war als ein fünfjähriges Kind, aber einen Kopf hatte wie ein Flaschenkürbis. Erschrocken lief er ins Haus zurück.[15]

Nach jahrelanger Forschung verkündete die argentinische Gesellschaft für die Untersuchung ungewöhnlicher Phänomene 1973, im Golf von San Matías und im Golf von San Jorge an der südargentinischen Küste befänden sich Unterwasserbasen für Raumschiffe aus einer anderen Welt. Anfang der sechziger Jahre waren fliegende Untertassen an der patagonischen Küste so häufig zu sehen, daß ihr Anblick keinerlei Überraschung mehr auslöste, so die Gesellschaft. Am eindrucksvollsten belegt wohl ein Vorfall vom 14. August 1968 diese Hypothese. Damals verfolgten hundert Zeugen die 700 Kilometer lange Flugbahn von fünf stark leuchtenden Objekten, die aus dem Golf von San Matías aufstiegen, um im Golf von San Jorge erneut im Wasser zu verschwinden.[16]

Mitten in Peru

»Ich hätte nie gedacht, daß ich einmal eine fliegende Untertasse zu Gesicht bekommen würde, und erst recht nicht, daß ich sie fotografieren würde«, sagte Architekt Hugo Luyo Vega aus Lima. Genau dies geschah aber am 19. Oktober 1973, als er ein unbekanntes Flugobjekt fotografierte, das George Adamskis »Pfadfinderschiff« aufs Haar glich.

An dem betreffenden Tag war Vega mit einem Kunden, der ein Grundstück suchte, in der Nähe von Lima aufs Land gefahren. Nachdem sie etwa 85 Kilometer entlang des Flusses Rimac landeinwärts gefahren waren, legten sie in einem von hohen Bergen eingefaßten Tal eine Pause ein. Plötzlich, so erzählte Vega Reportern, »teilte mir mein Kunde aufgeregt mit, er sehe am Grunde des Tals ein glänzendes Objekt, das sich uns sehr langsam nähere«.

Das Auto stand ganz in der Nähe. Ich lief los, um meinen Fotoapparat zu holen, weil ich ebenfalls den Eindruck hatte, etwas Interessantes gesehen zu haben. Als ich meine [Polaroid-]Kamera auf das Objekt richtete und abdrückte, befand sich das in einer Höhe von zwanzig Metern fliegende Objekt keine fünfzig Meter von uns entfernt. Plötzlich änderte es seine Richtung, wandte sich nach Osten und beschleunigte. Es gewann an Höhe, als wolle es den Hochspannungsleitungen ausweichen, die von einer der Bergkuppen durch das Tal führten. Dann war es außer Sicht.

Es hatte die Farbe polierten Silbers und war geformt wie ein umgedrehter Suppenteller, auf dem eine Kuppel saß. Ganz oben auf der Kuppel war ein rundes Objekt angebracht, das ein konstantes himmelblaues Licht abgab. Weiter unter sahen wir eine Reihe kleiner Fenster, die an die Bullaugen eines Schiffes erinnerten.

(Oben) Vergrößerung eines Polaroidfotos, das ein Raumschiff vom Adamski-Typ zeigt. Das Bild wurde im Oktober 1973 von dem Architekten Hugo Vega 85 Kilometer vom peruanischen Lima entfernt aufgenommen.
(Rechts) Die Zeichnung stammt ebenfalls von Vega. *(Hugo Luyo Vega/UPI)*

An der Unterseite des Raumschiffs befand sich offenbar die »Antriebskraft des Objekts … von einer Turbine in der Mitte des umgedrehten Tellers ging ein dunkelrotes, pulsierendes Licht aus, das auf den Boden gerichtet war. Neben dem turbinenähnlichen Teil sahen wir Erhebungen, die wie halbierte Eier aussahen.«

Der Architekt schätzte, daß von dem Augenblick, als sie das Objekt entdeckten, bis zu seinem Verschwinden nur etwa dreißig Sekunden vergangen seien.[17]

»Zuerst dachte ich, das Bild würde nichts werden, weil ich kein besonders guter Fotograf bin. Als ich das Ergebnis sah, war ich sehr überrascht«, fuhr Vega fort. »Auf der Aufnahme sieht man nur die Form des Objekts, aber zumindest läßt sich damit beweisen, daß es sich um ein echtes UFO handelte und nicht um ein Hirngespinst von mir.«

Es dauerte etwa zwanzig Minuten, bis sich die Zeugen von ihrer Überraschung erholt hatten. Was die Identität seines Kunden anging, zeigte sich Vega sehr zurückhaltend. »Es handelt sich um einen wohlhabenden Mann, der keinen Rummel möchte.«[18]

Eindringlinge über dem Labor von Manzano

In *Jenseits von Top Secret* habe ich davon berichtet, daß 1980 mehrfach unbekannte Flugobjekte in der Nähe des Waffendepots von Manzano auf der Air Force Base Kirtland in Albuquerque im amerikanischen Bundesstaat New Mexico gesichtet wurden. Eines davon soll sogar gelandet sein. In Dokumenten der Air Force, deren Geheimhaltung inzwischen aufgehoben wurde, werden diese Vorfälle offiziell bestätigt. Major a. D. Ernest Edwards von der US Air Force war zu jener Zeit in Manzano für die Sicherheit zuständig. Er bestätigte den Inhalt der Berichte und zeigte mir persönlich, wo sich die Zwischenfälle ereignet hatten.[19] 1973 hatte sich dort ebenfalls ein interessanter Vorfall ereignet, dessen Untersuchung R. C. Hecker von der Aerial Phenomena Research Organization (APRO) übernahm.

Am 6. November entdeckte ein Polizist der Luftwaffe um 21 Uhr 45 ein großes, leuchtendes Objekt, das über Gebäude Nummer drei (Atomwaffeninspektion) der Laboranlagen von Manzano im Osten der Kirtland Air Force Base schwebte. Beschrieben wurde es als abgeflachtes, goldfarbenes Rotationsellipsoid mit einem Durchmesser von fünfzig Metern, das völlig lautlos in einer Höhe von knapp 35 Metern schwebte. »Die anderen neun Militärpolizisten, die in diesem Bereich Dienst hatten, wurden vom Auftauchen des Eindringlings unterrichtet«, so Hecker.

Während die anderen Militärpolizisten Stellungen bezogen, von denen aus sie das Objekt im Auge behalten konnten, wurde aus Kirtland East Hilfe angefordert. Nach Aussage meines Informanten (eines der Polizisten, die das UFO sahen) wurden eiligst vier Abfangjäger (F-101 Voodoos) losgeschickt, die zur 150th Fighter Group der New Mexico Air National Guard gehörten. Während sich die Maschinen am Himmel über Kirtland West formierten, begann sich das Objekt in östlicher Richtung zu bewegen und verschwand über den Manzano-Bergen in Baumhöhe, also so niedrig, daß es vom Radar nicht erfaßt werden konnte. Als die Jets eintrafen, war das Objekt bereits außer Sichtweite.

»Als ich [meinen Informanten] etwa eine Woche nach dem Zwischenfall interviewte«, fuhr Hecker fort, »sagte er, die Militärbehörden seien wegen des Zwischenfalls sehr beunruhigt. Er bat mich, meine Quelle nicht preiszugeben, da der Bericht sonst sofort zensiert werden würde. Er sagte, offiziell habe sich der Vorfall nicht ereignet. In den Geheimdienstinstruktionen der nächsten Tage, zu denen er Zugang hatte, wurde er nicht erwähnt.«[20]

Über Bolivien abgefangen

Am Nachmittag des 8. November 1973, zwei Tage nach diesem Zwischenfall, sah die Crew einer Maschine der Fluggesellschaft Lloyd Bolivian, die sich im Anflug auf den internationalen Flughafen von El Alto in La Paz befand, ein merkwürdiges, zylinderförmiges Flugobjekt. Als es entdeckt wurde, schwebte das leuchtende Objekt in etwa 12 000 Meter Höhe über dem schneebedeckten Illimani, der die bolivianische Hauptstadt überragt. Es gab Hunderte von Zeugen.

Da es den Fluglotsen nicht gelang, mit dem eigenartigen Raumschiff Verbindung aufzunehmen und es zu identifizieren, informierten sie den Kommandanten des in El Alto stationierten Jagdgeschwaders der Luftwaffe, Major Norberto Salomon. Dieser befand sich gerade auf einem Trainingsflug mit seiner F-100 Super Sabre. Mit Überschallgeschwindigkeit näherte er sich dem auf der Stelle schwebenden Objekt. Salomon berichtete, es sei zylinderförmig gewesen, und an den Seiten seien offenbar kleine Fenster angebracht worden. Als der Jet bis auf 2000 Meter herangekommen war, setzte sich das Objekt ab. »Als es mir gelungen war, mich bis auf diese Entfernung zu nähern«, sagte Major Salomon, »glitt es mit ungeheurer Geschwindigkeit davon.« Er folgte ihm, aber das Objekt kehrte mit einem plötzlichen Manöver in seine Ausgangsposition zurück, bevor es mit fantastischer Geschwindigkeit plötzlich senkrecht nach oben davonschoß.[21]

Der gerettete Erdling

Im Jahre 1972 wurde aus Puerto Rico und der Dominikanischen Republik eine Vielzahl von Zwischenfällen gemeldet. Eine der merkwürdigsten Geschichten will ich hier so wiedergeben, wie sie damals in einer puertoricanischen Zeitung erschien.

Es ist neun Uhr morgens. Auf einer verlassenen Straße in der Nähe von San Cristóbal [Dominikanische Republik] versucht ein Mann, ein Auto anzuhalten. Dessen Fahrer, leitender Angestellter einer Versicherungsgesellschaft, den wir hier X.X. nennen wollen, reduziert die Geschwindigkeit und bleibt stehen. Der Mann nähert sich. Er trägt einen hellgrünen Overall, der glänzt und funkelt. Das Kleidungsstück bedeckt sogar seine Füße. Er trägt weder Schuhe noch Handschuhe und besitzt weder Taschen noch Waffen oder irgendwelche Insignien. An seinem linken Handgelenk befindet sich eine Art Uhr. Diese geheimnisvolle Person fragt X.X.: »Kennen Sie mich?«

»Nein«, erwidert X.X.

»Mein Name ist F ... M ...«, sagt der Mann. (Dies ist der Name einer in Santo Domingo [der Hauptstadt] wohlbekannten Person, die vor 15 Jahren auf geheimnisvolle Weise auf dem Meer verschwand.) »Man dachte, ich wäre mit zwei anderen Personen ertrunken, aber ich wurde von einer modernen Maschine gerettet.«

X.X.: »Von einem Hubschrauber?«

F.M.: »Nein. Wahrscheinlich von einem Modul, also etwas, was ihr UFO nennen würdet. Diese zwei haben mich gerettet (er deutet auf zwei Personen, die sich in einer gewissen Entfernung halten), weil ich intelligent bin und viel von Rundfunk verstehe.«

Die beiden erwähnten Wesen sind über einen Meter achtzig groß, schlank und genau wie F.M. gekleidet. Ihr kurzgeschnittenes Haar ist braun, die Haut hell wie bei Chinesen. Schweigend beobachten sie mit verschränkten Armen die Szene.

F.M. macht X.X. auf die Maschine aufmerksam, mit der sie gekommen sind. Sie ist etwa so groß wie ein Auto, besitzt die Form eines amerikanischen Fußballs und eine silbrige Oberfläche.

X.X.: »Was tun sie hier?«

F.M.: »Soviel ich weiß, stellen sie Nachforschungen an.«

X.X.: »Was für Nachforschungen?«

F.M.: »Nachforschungen.«

X.X.: »Woher kommen sie?«

F.M.: »Soweit ich weiß von der Venus.«

Der Fremde setzte hinzu, sie würden sich sehr für die Milwaukee-Senke interessierten.

Dann sagte F.M.: »Treten Sie zurück, wir starten.«
Das Gespräch hat etwa fünf Minuten gedauert. Bevor die drei
Wesen aufbrechen, wendet sich F.M. um und teilt X.X. mit, er
solle sich keine Sorgen machen, wenn sein Auto nicht sofort
starte. Alles werde sich bald wieder normalisieren.[22]

Ich beschloß, diesen Fall genauer zu untersuchen. Von Jorge
Martín, dem führenden Ufologen Puerto Ricos, erfuhr ich, daß
die Begegnung angeblich am 22. September 1972 stattgefunden
hatte. Bei »X.X.« handelt es sich um Virgilio Gómez Contreras,
den Verkaufsleiter einer Versicherungsgesellschaft, »F.M.« ist
Freddie Miller, einer der Pioniere des Fernsehens in der Dominikanischen Republik.[23]
Der Hinweis auf die Milwaukee-Senke ist aus verschiedenen
Gründen interessant. Zunächst einmal, weil es sich um die tiefste
Stelle (9200 Meter) des Puerto-Rico-Grabens handelt, der direkt
nördlich der Insel verläuft. Zweitens glauben viele Einwohner
Puerto Ricos, daß es auf der Insel und in den Tiefen des Grabens
zumindest eine außerirdische Basis gibt, weil so häufig Objekte
gesehen wurden, die aus dem Meer kamen oder in das Wasser eintauchten. Drittens weiß ich aus gutinformierter Quelle, daß
Außerirdische unterirdische und Unterwasserbasen auf unserem
Planeten unterhalten, von denen sich eine in der Karibik befindet.
Zudem meinte meine Quelle, für die Außerirdischen sei die Plat-
tentektonik (die Lehre von der Bewegung der »Platten«, die die
geologische Gestalt der Erdoberfläche bestimmen) für die Außerirdischen von besonderer Bedeutung, vor allem die tektoni-
schen Platten am Grunde der Ozeane interessierten sie. Nun, dies
ist nicht die einzige Geschichte, bei der von einer Verbindung
zwischen Außerirdischen und Menschen von der Erde die Rede
ist.

Eine beunruhigende
Entwicklung

Anfang Januar 1974 fand angeblich in der lebensfeindlichen Wüste des abgelegenen Sturt Stony Desert an der Grenze zwischen South Australia, New South Wales und Queensland eine bizarre, beunruhigende Begegnung statt. Bei »Ben«, dem Zeugen, handelte es sich um einen Ornithologen aus Adelaide, der bereits mehrere Bücher verfaßt hatte. Mit seiner Begleiterin suchte er in der Wüste nach Fossilien. Ihr Aufenthaltsort nannte sich Clifton Bore und liegt in South Australia, etwa vierhundert Kilometer nordnordwestlich von Broken Hill in New South Wales.

Gegen 13 Uhr 30 hatte sich Ben mehr als anderthalb Kilometer von seinem Kombi entfernt. Seiner Begleiterin, der das Gelände nicht vertraut war, hatte er ans Herz gelegt, sich nur in Sichtweite des Autos zu bewegen. In diesem Augenblick hatte er das Gefühl, beobachtet zu werden. Plötzlich näherten sich ihm zwei kleine Wesen, die etwa einen Meter groß waren. Kevin McNeil, Verfasser eines Artikels über den Fall, schrieb:

> Die Wesen waren menschenähnlich, in vielerlei Hinsicht sahen
> sie tatsächlich aus wie Menschen. Offenbar waren sie männli-
> chen Geschlechts. Das Haar trugen sie ganz normal kurz ge-
> schnitten ... ihre Kleidung bestand aus einem hautengen, silb-

rigen Material und erinnerte an einen Taucheranzug. Ihre Gesichter waren normal und wirkten leicht sonnengebräunt, wobei die Köpfe hinten langgezogen waren ... Ihre Arme waren wesentlich kürzer als bei Menschen vergleichbarer Statur.

Die Wesen redeten schnell in einer unverständlichen Sprache. Ben war zwar überrascht, fühlte sich aber nicht bedroht. Als sie ihm bedeuteten, ihnen zu folgen, tat er dies. In einer Entfernung von etwa 16 Metern erschien ein silberfarbenes Objekt, das er zuvor nicht bemerkt hatte. Es war wie ein »Hot-dog-Brötchen« geformt. Nähte, Türen, Fenster oder Vorsprünge waren nicht zu sehen. Ben schätzte es auf eine Länge von vier und eine Höhe von ein Meter zwanzig. In der Mitte öffnete sich eine Tür, und die Wesen gaben ihm zu verstehen, er solle eintreten. Was er im Inneren vorfand, verwirrte ihn total. Nachdem er gebückt eingetreten war, fand er sich zu seinem Erstaunen in einem riesigen Innenraum wieder. »Ein komplettes Schlachtschiff hätte man darin unterbringen können«, teilte er dem Ufologen mit. »Wie ist so etwas möglich? Ich weiß, daß es vier Meter lang und ein Meter zwanzig hoch war, da bin ich mir sicher, weil ich darüber hinwegsehen konnte, aber innen war es riesig ... das Wort Raum hatte seine Bedeutung verloren.«

Im Raumschiff hielten sich ungefähr zwanzig Wesen auf, die den ersten beiden ähnelten. Mindestens vier von ihnen waren weiblichen Geschlechts und trugen das Haar länger. Alle schienen etwa im selben Alter zu stehen, ihre Gesichter waren faltenlos. Offenbar wurden sie zirka einen Meter groß und 25 Jahre alt und hörten dann auf zu wachsen und zu altern.

ZURÜCKWEISUNG

Die Außerirdischen ließen Ben aus einem silbrigen Metallbecher trinken. Obwohl er Angst hatte, fürchtete er sich davor abzulehnen, weil er nicht wußte, welche Folgen dies für ihn haben würde. Nachdem er getrunken hatte, wurde er ohnmächtig. Als er später den Geschmack beschreiben sollte, fiel ihm nichts ein, womit er ihn hätte vergleichen können.

Nachdem er das Bewußtsein wiedererlangt hatte, lag er auf dem Boden des Raumschiffs. Die beiden Außerirdischen hielten sich immer noch in seiner Nähe auf, aber irgendwie hatte er das Gefühl, daß sie ihn »abgeschrieben« hatten. Er überlegte, ob das an seinem Alter (damals 38) lag oder an der Krankheit, an der er zu jener Zeit litt. (Wenn dies der Fall war, kann man interessante Parallelen zu der Entführung von Alfred Burtoo aus dem englischen Aldershot im Jahre 1983 ziehen. Wie in *Jenseits von Top Secret* berichtet, erfuhr Burtoo von den kleinwüchsigen Außerirdischen, die ihn untersucht hatten, er sei für ihre Zwecke »zu alt und gebrechlich«.[1] Burtoo war damals vierzig Jahre älter als Ben.)

DAS INNERE DES RAUMSCHIFFS

Obwohl die Außerirdischen sich nur untereinander unterhielten, fühlte Ben über Telepathie, wie ihre Stimmung war. »Er spürte keinerlei Feindseligkeit, und von seinen beiden ›Wächtern‹ abgesehen kümmerte sich die Besatzung nicht um ihn«, berichtete McNeil.

Sie gingen umher, sprachen miteinander, betätigten Schalter. Auf sieben bis acht Fernsehschirmen erschienen Szenen aus dem Raumschiff und der Welt draußen. Einer davon zeigte offenbar Motoren, die er aber im UFO nicht sehen konnte. An der Wand befand sich ein großer, spiegelähnlicher Bildschirm mit Punkten und Feuerrädern (vielleicht spiralförmigen Galaxien?) sowie anderen merkwürdigen Bildern und Symbolen, die er nicht verstand.

Von seinen »Wachen« begleitet erkundete Ben die Kabine. Der Fußboden bestand aus einem glänzenden, metallischen Material, das weder hart noch rutschig war. Die Atmosphäre in ihrem

Inneren schien ihm völlig normal, weder er noch die Außerirdischen benötigten Atemgeräte. Ben war sicher, daß sich die Außerirdischen allein durch die Kraft der Gedanken von einem Ort zum anderen bewegen konnten. Wie er zu dieser Überzeugung gelangt war, hätte er allerdings nicht sagen können.

SCHOCK

Was er dann sah, schockierte Ben sehr. Zwei Menschenmädchen waren in einen Käfig eingesperrt. Das eine schien zwölf oder dreizehn, das andere acht bis neun Jahre alt zu sein.

> Während der Tonbandaufnahme wurde Ben, Vater von fünf Kindern, an dieser Stelle von seinen Gefühlen übermannt und war nicht in der Lage, den »Käfig« exakt zu beschreiben … Er erklärte, dieser sei »sauber« gewesen, und die Mädchen hätten sich offenbar in einem tranceähnlichen Zustand befunden. Anscheinend nahmen sie gar nicht wahr, was um sie herum vorging. Innerhalb des »Käfigs« war ausreichend Raum, aber sie standen einfach nur da, ohne sich zu bewegen. Ben wußte nicht, ob sie ihn sehen konnten, jedenfalls reagierten sie nicht. Sie waren europäischer Herkunft (also weiß) und normal gekleidet. Die Außerirdischen, die im Raumschiff umhergingen und ihre Aufgaben erledigten, kümmerten sich nicht im geringsten um die Mädchen.

Ben war davon überzeugt, daß die Außerirdischen die Mädchen mit an ihren Heimatort nehmen wollten, ihn aber ausgesondert hatten, weil er ihnen nicht von Nutzen sein konnte.

EINE WAHRE BEGEBENHEIT?

Ben fiel ein Summen auf, das ihn an Motorengeräusch erinnerte, konnte aber die Quelle des Lärms nicht ausmachen. Da die Tür vor ihm offenstand, nutzte er die Gelegenheit. Er trat aus dem Raumschiff und fand sich in der Wüste wieder. Ohne daß ihn jemand zurückgerufen hätte, ging er davon.

Als er am Auto seine Begleiterin traf, erfuhr Ben, daß anderthalb Stunden vergangen waren, seit er sich auf die Suche nach Fossilien begeben hatte. »Binnen einer Stunde nach seiner Rückkehr schrieb er seine Erlebnisse nieder«, sagte McNeil. »Während unseres Interviews nahm er ständig auf diese Notizen Bezug. Am meisten beschäftigte ihn das Schicksal der Kinder.

Hat sich dieser Vorfall wirklich ereignet? Ich halte dies für möglich, weil Ben emotional so aufgewühlt war und mir so viele Einzelheiten schilderte«, lautete McNeils Kommentar. »Leider muß man damit rechnen, daß sich Skeptiker und ›professionelle‹ UFO-Enttarner auf diesen Zeugen einer Begegnung der vierten Art stürzen und ihn mit Hohn und Spott überschütten.«

Die UFOs kümmern sich nicht darum, daß sie nach Ansicht der Wissenschaft gar nicht existieren, und kehren aus ihrer Heimat, wo immer das sein mag, beständig zur Erde zurück, zu dem Planeten, den wir kennen und verstehen, zumindest glauben wir das ... eine objektive wissenschaftliche Untersuchung könnte dem Menschen zu neuem Wissen über sich selbst, seine Welt und das Universum, in dem er lebt, verhelfen.[2]

Mayday!

»X-Ray Alpha Uniform an Mexiko-Zentrum. Mayday! Mayday!«

Die Stimme des jungen Piloten, der den Kontrollturm des internationalen Flughafens Benito Juarez in Mexiko-Stadt rief, klang verzweifelt. Es war der 3. Mai 1975, 12 Uhr 15.

»Wir hören Sie, X-Ray Alpha Uniform.«

»Mein Flugzeug ist außer Kontrolle ... Drei unbekannte Ob-

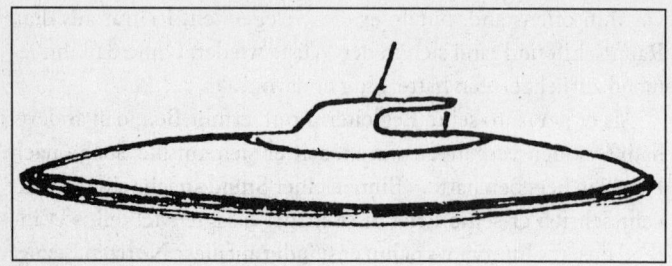

Zeichnung von einem der drei Objekte.

jekte fliegen um mich herum. Eines davon hat mein Flugzeug von unten beschädigt. Das Fahrwerk blockiert und läßt sich nicht über die Schalter betätigen. Meine Position – ich befinde mich auf Radial 004 des VOR [*VHF Omnidirectional Range*] Tequesquitengo – ich kann das Flugzeug nicht mehr kontrollieren – Mexiko-Zentrum, können Sie mich hören?«

»Ihre Meldung wurde registriert, X-Ray Alpha Uniform … Wir kontaktieren die [zuständigen] Behörden.«

Carlos de los Santos Montiel, der 23jährige Pilot, flog seine Piper PA-24 Comanche (Kennung XB-XAU) von Zihuatanejo im Bundesstaat Guerrero nach Mexiko-Stadt. Die Entfernung zwischen beiden Orten beträgt etwa 290 Kilometer. Unterwegs tauchte plötzlich direkt an seiner Steuerbordtragfläche ein Objekt mit einem Durchmesser von gut drei Metern auf, das wie zwei aufeinandergelegte Teller geformt war und von einer kleinen Kuppel gekrönt wurde (siehe oben). Ein Blick nach links zeigte ihm, daß ein zweites Objekt direkt über seiner Backbordtragfläche in Position gegangen war.

»Wie versteinert sah ich ein drittes Objekt auf mich zukommen, das die Windschutzscheibe anscheinend rammen wollte«, berichtete Carlos den Flughafenbeamten. »Aber dann tauchte es unter das Flugzeug, und ich hörte einen merkwürdigen Lärm von unten, als wäre es gegen die Unterseite des Flugzeugs gestoßen.«

Die Fluggeschwindigkeit der Piper verringerte sich von 250 auf 220 Stundenkilometer. Carlos versuchte eine Linkskurve, um das Objekt »abzuschütteln«, aber die Hebel blockierten. Dann wollte er das Fahrwerk ausfahren – vergeblich. Der Kontrollturm von Mexiko-Stadt setzte sich mit dem Flugzeugexperten Ignacio Silva la Mora, Carlos' Onkel, in Verbindung. Über Funk sprach er mit Carlos, um das Problem zu analysieren und ihn bei der Vorbereitung der Landung zu unterstützen.

Als Carlos das Funkfeuer von Ajusco erreichte, stellte er fest, daß sein Flugzeug von 5000 auf 5650 Meter gestiegen war. Dort verließen ihn die Objekte und flogen nacheinander in Richtung der Vulkane Popocatepetl und Ixtaccihuatl davon. Nun erlangte er endlich die Kontrolle über das Flugzeug zurück. Unterdessen wurden am internationalen Flughafen von Mexiko-Stadt Landebahnen geschlossen und alle Vorbereitungen für eine Notlandung getroffen. Nachdem er vierzig Minuten lang in der Luft gekreist hatte, gelang es Carlos, das Fahrwerk auszufahren. Allerdings hatte er zuvor den Steuerungshebel mit Hilfe eines Schraubenziehers richtig einstellen müssen. Das Flugzeug landete sicher auf einem Grasstreifen zwischen zwei Landebahnen.

Carlos wurde sofort ins Krankenhaus des Flughafens gebracht. Die Untersuchung ergab, daß er sich bei guter Gesundheit befand. Drei Tage später deutete der Leiter der Abteilung für Flugmedizin des Flughafens, Dr. Luis Amezcua, nach neurologischen, allgemeinmedizinischen und psychologischen Untersuchungen an, Carlos habe möglicherweise an durch Unterzucker (Hypoglykämie) hervorgerufenen Halluzinationen gelitten, weil er vor dem Zwischenfall seit 20 Uhr des vorigen Abends nichts mehr gegessen hatte. Ein Chefinspekteur der zivilen Luftfahrtbehörde vermutete, bei Carlos seien Halluzinationen aufgetreten, weil er ohne Sauerstoff in zu großer Höhe geflogen war. Diese Hypothese erklärt jedoch nicht, was auf dem Radar zu sehen war.

BESTÄTIGUNG DURCH DEN RADAR

Dem Fluglotsen Julio Interian Díaz zufolge erschien Carlos' Flugzeug als leuchtender Punkt auf dem Radar, als er noch etwa siebzig Kilometer vom Flughafen von Mexiko-Stadt entfernt war. Außer ihm hielt sich keine andere Maschine in diesem Gebiet auf. Dann registrierte der Radar ein weiteres Flugzeug, das sich von Carlos' Maschine löste und in eine andere Richtung flog. Dabei flog es bei einer Geschwindigkeit von 830 bis 925 Stundenkilometern eine Kurve von 270 Grad mit einem Wendekreis von viereinhalb bis sechs Kilometern.[3] »Normalerweise benötigt ein Flugzeug bei dieser Geschwindigkeit für eine solche Kurve einen Wendekreis von 13 bis 16 Kilometern«, erklärte der Fluglotse Emilio Estanol den Reportern. »In meinen 17 Jahren als Fluglotse habe ich so etwas noch nie gesehen.«[4]

MÄNNER IN SCHWARZ

Carlos de los Santos Montiels Geschichte wurde in den mexikanischen Medien eingehend behandelt. Als ihn der bekannte Fernsehmoderator und Ufologe Pedro Ferriz in seine Sendung einlud, sagte der eher zurückhaltende junge Pilot nach einigem Zögern zu. Während er auf der Autobahn zum Fernsehstudio fuhr, scherte vor ihm ein schwarzer Ford Galaxy ein. »Im Rückspiegel sah er direkt hinter sich ein mit dem ersten identisches Auto«, berichtete Jerome Clark, ein führender amerikanischer Ufologe.

> Beide Fahrzeuge wirkten brandneu, als seien sie noch nie gefahren worden. Sie bedrängten ihn so, daß er nach kurzer Zeit an den Straßenrand fahren mußte. Verängstigt hielt er an und wollte gerade aussteigen, als die beiden Galaxys ebenfalls

anhielten und vier große, breitschultrige Männer herausspran-
gen.

Einer der Männer legte die Hand auf die Tür, als wolle er Carlos daran hindern auszusteigen. »Hör mal zu, Junge«, sagte er in
schnellem, ziemlich mechanisch klingendem Spanisch. »Wenn
dir dein Leben und das deiner Familie etwas bedeutet, dann sprich
nicht mehr über dein Erlebnis.« Carlos war zu schockiert, um zu
antworten.

Die Männer trugen schwarze Anzüge – seit den fünfziger Jahren die typische Kleidung der sogenannten »Men in Black«
(MIBs), von denen sich viele UFO-Zeugen bedroht fühlten. Vom
Typus her wirkten sie »skandinavisch« mit auffallend blasser
Haut. Sie gingen zu ihren Autos zurück und verschwanden im
Verkehr. Eingeschüchtert fuhr Carlos nach Hause. Später erzählte er Ferriz von dem Vorfall. Diesem gelang es, ihn davon zu überzeugen, daß es sich, wie sich in anderen Fällen erwiesen hatte, um
leere Drohungen handelte und ihm nichts geschehen werde. Wi-
derstrebend erklärte sich Carlos bereit, einen neuen Termin für
das Interview zu vereinbaren.

Einen Monat später lernte Carlos Dr. Allen Hynek kennen,
den bekannten Ufologen und früheren Berater von »Project Blue
Book«, der damals in Mexiko unterwegs war. Bei ihrem ersten
Treffen lud Hynek Carlos für den nächsten Tag zum Frühstück
ein, damit sie über die Einzelheiten seiner Begegnung am Himmel sprechen konnten. Um sechs Uhr verließ Carlos sein Haus
und fuhr zunächst zum Büro der Mexicana Airlines, wo er sich als
Pilot beworben hatte, und von dort zu Hyneks Hotel. Als er die
Treppe hinaufging, wurde er von einem der Männer angesprochen, die ihn einen Monat zuvor bedroht hatten. »Einmal hat
man Sie bereits gewarnt«, sagte dieser. »Sie dürfen nicht über Ihr
Erlebnis sprechen.«

»Ich habe doch nur eine Einladung eingenommen«, wandte Carlos ein. »Dr. Hynek will wissen, was ich gesehen habe. Ich dachte, ein Gespräch mit ihm würde mir helfen, die Vorgänge selbst besser zu verstehen.«

»Hören Sie, ich will nicht, daß Sie sich selbst in Schwierigkeiten bringen«, zischte der Mann und drängte Carlos ein paar Schritte zurück. »Und warum haben Sie Ihr Haus heute morgen um sechs verlassen? Arbeiten Sie für Mexicana Airlines? Raus hier – und kommen Sie nicht wieder!« Carlos gehorchte.

Das war seine letzte Begegnung mit den geheimnisvollen Männern in Schwarz. »Sie waren sehr eigenartig«, erzählte er Jerome Clark und Richard Heiden zwei Jahre später. »Einmal waren sie riesig, größer als die Mexikaner, und extrem *weiß*. Aber das Eigenartigste war, daß sie nicht einmal mit den Augen blinzelten, solange sie mit mir sprachen.«[5]

So beunruhigend Carlos' Geschichte auch ist, zumindest überlebte er sein Abenteuer. Wie in *Jenseits von Top Secret* beschrieben, verschwand ein junger Pilot namens Frederick Valentich spurlos, nachdem er im Oktober 1978 auf einem Flug von Melbourne nach Tasmanien einem unbekannten Flugobjekt begegnet war.[6]

Reparaturstop in Leeds

Jan Siedlecki wurde 1919 in Polen geboren, wanderte jedoch während des Zweiten Weltkriegs nach England aus. An das genaue Datum seiner Begegnung mit einem außerirdischen Raumschiff, das angeblich in der Nähe einer Wohnsiedlung in einem Vorort von Leeds landete, erinnert er sich nicht, meint aber, sie habe im Sommer 1976 stattgefunden.

Zur Zeit des Zwischenfalls machte Siedlecki in der Werkstatt von Brydon's Garage in Cross Gates Überstunden. Erst um ein Uhr morgens beendete er seine Arbeit. Es war eine feuchtheiße Nacht. Er ging den kurzen Weg nach Hause und legte sich ins

Jan Siedlecki, der erklärte, 1976 im britischen Leeds an Bord eines außerirdischen Raumschiffs gegangen zu sein. (© *Timothy Good*)

Bett. Plötzlich durchflutete ein helles weißes Licht sein Schlafzimmer. Jan fürchtete, die Werkstatt stehe in Flammen, und sprang aus dem Bett. Draußen entdeckte er ein eigenartiges Objekt, das drei bis fünf Meter über dem Boden schwebte, wobei es auf und ab schaukelte und offenbar versuchte zu landen. Es war wie eine Untertasse geformt und von glänzendem Blau. Jan zog Hemd, Hosen und Schuhe an und lief nach draußen. Inzwischen war es zwei Uhr geworden.

Eilig überquerte er die vierspurige York Road und versteckte sich hinter einem Zaun. Von dort beobachtete er, wie die merkwürdige Maschine in etwa 75 Meter Entfernung über einer großen Wiese hinter einer weitläufigen Wohnsiedlung schwebte. »Fasziniert beobachtete Jan, wie es dem Objekt schließlich gelang zu landen«, berichtet der Ufologe Mark Ian Birdsall, der eine Untersuchung der Yorkshire UFO Society (heute Quest International) leitete. »Es herrschte völlige Stille. Der Zeuge blickte sich nach Passanten oder vorbeifahrenden Autos um. Dann sah er sich die Unterseite des Objekts genau an. Dort waren jetzt drei ›Beine‹ sichtbar, auf denen das Objekt ruhte. Zu diesem Zeitpunkt war er in höchstem Maße verängstigt.«

Ein paar Sekunden später beobachtete Jan, wie eine Röhre unten aus der Mitte des Objekts bis zum Boden ausgefahren wurde. Deren Durchmesser gibt er mit ein bis zwei Metern an. Obwohl das gesamte Objekt dunkel war, ging von seiner Unterseite ein merkwürdiges Leuchten aus, was er sehr eigenartig fand. »Auf der einen Seite herrschte totale Finsternis, und die andere leuchtete hell, als habe jemand mit einem Bleistift eine Trennlinie gezogen«, erklärte er.

Die Humanoiden

Plötzlich klappte die Röhre »wie ein Buch« auf. Zwei etwa einen Meter zwanzig große menschenähnliche Gestalten traten heraus und blieben vor dem Objekt stehen. Als sie Jan bemerkten, der sich ihnen genähert hatte, winkten sie ihn heran. Während er langsam auf sie zuging, hörte er ein Gespräch in einer ihm unverständlichen Sprache. Unmittelbar vor den Wesen blieb er stehen. Sie trugen einteilige, gelborange Anzüge und eine Art Helm. Ein dunkel getöntes Visier bedeckte den Gesichtsbereich. Die Hände steckten in Fäustlingen, so daß er keine Finger sehen konnte, an den Füßen trugen sie Stiefel oder Schuhe, die offenbar in den Anzug integriert waren.

Zu diesem Zeitpunkt bemerkte Jan auf der Brust der Wesen Instrumententafeln mit eckigen »Schaltern« und runden Knöpfen. Nachdem die Wesen diese entsprechend eingestellt hatten, merkte Jan zu seiner Überraschung, daß er sie verstehen konnte.

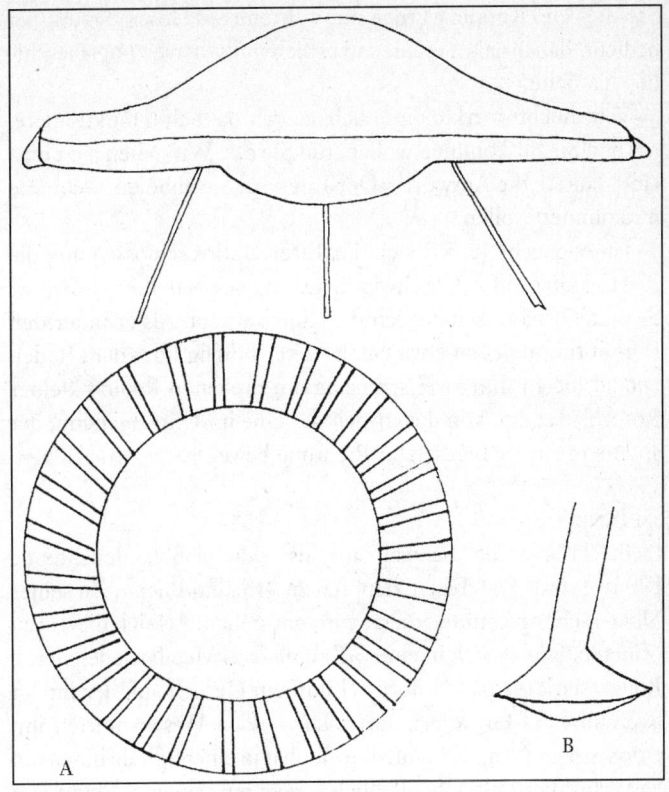

A

B

Zeichnungen des Ufologen Mark Birdsall, die auf Jan Siedleckis Skizzen beruhen. (**A**) So sah die »Turbine« an der Unterseite des Raumschiffs aus. (**B**) Eines der Landungsbeine, die die Form eines umgedrehten Pilzes hatten.

»Wir haben Probleme mit Schiff, müssen Reparaturen durchführen, bevor wir weiterfliegen. Wir entschuldigen uns für Eindringen. Sobald Reparatur ausgeführt, wir gehen.« Ihre Stimmen klangen »blechern«, wie die eines zehnjährigen Jungen. Die

Schalter und Knöpfe wurden nur während des Gesprächs mit Jan bedient, daher nahm er an, daß es sich um Übersetzungsmaschinen handelte.

Verschüchtert erkundigte sich Jan, wie das Schiff funktioniere. »Wenn Sie mitkommen wollen, tun Sie das. Wir gehen jetzt hinein«, lautete die Antwort. »Der Lift wird Sie abholen, wenn Sie mitkommen wollen.«

Jan beobachtete, wie sich die Türen lautlos schlossen und die Röhre mit großer Geschwindigkeit nach oben fuhr. Ein paar Sekunden später senkte sich die Röhre erneut. Als er unter den Rumpf trat, der sich etwa einen Meter fünfzig über dem Boden befand, fielen ihm zwei sehr langsam drehende Reihen kleiner Rotorblätter auf, von denen sich der eine im Uhrzeigersinn, der andere in entgegengesetzter Richtung bewegte.

Im Inneren

Siedlecki brach der Schweiß aus, als er die blaßblau leuchtende Röhre betrat. Die Türen klappten zu »wie ein Buch«. Zu seiner Überraschung konnte er jetzt aufrecht stehen. Als sich die Türen öffneten, fand er sich in einer »Kabine« aus Metall wieder, deren Boden stark glänzte. Sofort fiel ihm ein Geruch auf, der ihn an »verfaulendes Gras« erinnerte. Die beiden Wesen führten ihn eine schräge Rampe hinauf, die offenbar in einer Spirale innen um das Schiff herumlief. Schließlich erreichten sie einen Raum, der als »Kühlsystem« bezeichnet wurde.

Am Rande des Raums verlief ein sechzig Zentimeter breiter Kanal mit fließendem Wasser, in dem etwa sechzig Zentimeter hohes Gras wuchs. Während er mit den Männern in einen anderen Raum oder vielmehr ein anderes Abteil ging, erkundigte sich Jan, wie sich das Schiff in der Luft fortbewege. Darauf erhielt er keine Antwort, hatte jedoch den Eindruck, daß sie ihm den »Maschinenraum« zeigen wollten. »Wie schnell fliegt das Schiff?«

fragte er. »B 13«, lautete die rätselhafte Auskunft. Dann öffnete sich eine weitere Tür. Als er in die nur schwach erhellte Kabine blickte, entdeckte er in einer Ecke vier oder fünf zusammengekauerte Figuren, die die Köpfe zwischen Händen und Knien versteckten. Anders als die beiden ersten Wesen trugen sie einteilige schwarze Anzüge ohne Helme. Ihr Haar war braun. In ihrer Mitte befand sich ein rundes Becken mit einer schwarzen, öligen Substanz, die Blasen warf und rötliche Lichtblitze aussandte.

Wie bei zahlreichen anderen Begegnungen ließ sich auch diesmal die Lichtquelle selbst nicht feststellen. »Es waren keine Leuchtkörper zu erkennen«, erklärte Jan. »Die Beleuchtung innerhalb des

Mark Birdsalls Zeichnung der Humanoiden, nach Jan Siedleckis Beschreibung.

Schiffes blieb konstant, es handelte sich um ein ungewöhnliches Licht, eine Mischung aus Gelb und Orange, das von allen Instrumententafeln ausging. Fenster oder andere Öffnungen waren nicht zu sehen. Als er den Blick hob, sah er offenbar in die zentrale Kuppel des Schiffes. Dann zuckte ein fußballgroßes orangefarbenes Licht durch den Raum (möglicherweise eine Sonde), wobei es immer wieder anhielt. »Zu diesem Zeitpunkt hörte er das

Trappeln von Füßen, als sei Panik ausgebrochen«, berichtete Birdsall. »Einer der Männer teilte Jan höflich mit, er müsse jetzt gehen, weil sie einen ›Weltraumbazillus‹ an Bord hätten.« Über die spiralförmige Rampe wurde er zur Röhre geleitet. Als er sich in deren Innerem befand, sagte der Mann: »Wenn Sie herauskommen, laufen Sie!« Die Tür öffnete sich, und Jan rannte eilig davon, um sich wieder hinter dem Zaun in Sicherheit zu bringen.

Lärmender Aufbruch

Schweißüberströmt starrte Jan auf das Raumschiff. Er konnte weder Fenster noch Lichter sehen, nur das dunkle Blau des Objekts und das intensive Leuchten von der Unterseite waren zu erkennen. Plötzlich hörte er ein lautes, hohes Pfeifen.

Das Objekt kippte mit dem Vorderteil etwas nach unten wie ein Hubschrauber und rührte sich dann einige Sekunden lang nicht mehr. Inzwischen hatte es sich vom Boden gelöst. Beine und Röhre verschwanden im Inneren, dann wurde das Pfeifen lauter, und das Objekt schoß in einem Winkel von 45 Grad in den Himmel. Innerhalb von drei bis vier Sekunden hatte es die dichte Wolkendecke erreicht. Danach konnte Jan noch eine Weile erkennen, wie aus der Unterseite rote »Flammen« schlugen. Kurz bevor es die Wolken erreichte, war ein entsetzlicher Lärm zu vernehmen, das Pfeifen wurde immer lauter. »Die ganze Gegend muß das gehört haben«, sagte er.

Jan blieb noch eine Weile in seinem Versteck, bevor er sich vorsichtig dem Ort der Landung näherte. Ihm fiel auf, daß sich das Gras stark erhitzt hatte und die Außentemperatur auffällig hoch war. Der gesamte Vorfall dauerte zwischen zwanzig und fünfundzwanzig Minuten. Nach seiner Heimkehr wusch er sich und ging wieder ins Schlafzimmer, wo er seiner Frau von dem Vorfall erzählte. Sie glaubte ihm nicht.

DISKUSSION

Jan und die Ufologen wunderten sich, daß keiner der Nachbarn das Objekt gesehen oder gehört hatte, obwohl es neben einer vierspurigen Straße und in der Nähe einer Siedlung gelandet war. Zumindest hatte keiner den Vorfall gemeldet. »Als ich auf das Raumschiff zulief«, erzählte Jan den Ufologen, »sah ich mich ständig nach anderen Leuten und Autos um.«[7] Daß niemand sonst ein dunkles Objekt sah, ist nicht weiter überraschend. Allerdings ist es erstaunlich, daß niemand den Lärm hörte, aber daß es keine weiteren Zeugen für Jans Aussage gibt, bedeutet nicht, daß sich der Zwischenfall nicht ereignet hat. Möglicherweise übte die Besatzung des Raumschiffs auf die Umgebung einen bestimmten »Einfluß« aus, was Außerirdische verschiedenen anderen Kontaktpersonen und Entführten als Grund für dieses Phänomen nannten.

Zwischen Jans und Bens Fall sowie einigen anderen bestehen interessante Parallelen. Jan schätzte den Durchmesser des Objekts auf ungefähr sechseinhalb Meter und die Höhe auf gut drei Meter. Seiner Aussage nach ging er drei Ebenen nach oben, wobei er auf jeder Etage aufrecht stehen konnte. Da er einen Meter fünfundsiebzig groß ist, müßte das Raumschiff wesentlich höher als drei Meter sein. Jan versuchte diesen Widerspruch damit zu erklären, daß die etwa sieben Stufen zu jeder Ebene nur sehr langsam anstiegen. Meiner Ansicht nach ist diese Erklärung unbefriedigend. Er selbst gab zu, daß das Objekt von innen viel größer wirkte als von außen. »Darin fanden ohne Probleme zwanzig bis dreißig Leute Platz«, setzte er hinzu.

Bald nach dem Vorfall verwelkte das Gras am Ort der Landung. Es dauerte vier Jahre, bis dort auch nur Unkraut wuchs, berichtete Jan.

Freunde, Nachbarn und ein Angestellter verbürgten sich für Siedleckis Integrität und wurden darin von den Ufologen unterstützt. »Ich glaube, Jans Fall ist echt«, lautete das Urteil des Ufologen William Tree, »weil die Beschreibung des Inneren des Raumschiffs so absurd ist. Jan selbst veränderte seine Geschichte nie, obwohl er wußte, wie unglaubwürdig sie war.«[8] 1986, etwa zehn Jahre nach dem Ereignis, stellte mir Mark Birdsall Jan vor. Er schien mir ein glaubwürdiger Zeuge, der immer noch unter den emotionalen Folgen seiner unglaublichen Begegnung litt. Von versteckten Absichten und Zielen war nichts zu bemerken. Er starb 1992.

Begegnung über dem Atlantik

Es war der 22. Dezember 1977, 23 Uhr 40. Kapitän Walt Hammel und sein Copilot »Slim« Dickson (Namen geändert) flogen mit ihrer TWA-Maschine (Trans World Airlines) 950 Kilometer vor der Küste in einer Höhe von 7000 Kilometern über dem Atlantik. Ihr Ziel war der Logan International Airport in Boston. »Bis auf ein paar vereinzelte Wolken unter uns war das Wetter klar«, berichtete Hammel dem Ufologen Donald Todd am Tag nach dem Zwischenfall. »Wir hatten gerade eine Tasse Kaffee getrunken, und Slim setzte seine auf der Instrumententafel neben seinem rechten Ellbogen ab. Als er die Tasse abstellte, sah er in einer Richtung zwischen ein und zwei Uhr aus dem Fenster. Plötzlich packte er mich am Arm.«

Instinktiv fuhr ich mit dem Kopf herum, um ihn anzusehen. Dabei stach mir ein Gebilde aus hell funkelnden Lichtern ins Auge, das sich uns von Steuerbord näherte. Es befand sich direkt vor uns und etwa 16 Meter unter uns. Slim und mir war sofort klar, daß dieses Ding sich sehr schnell bewegte, viel zu nah war und unseren Weg kreuzen würde, wenn es nicht gar mit uns zusammenstieß. Was immer es war, es war riesig!

Ich gab Gas, zog die Nase des Flugzeugs nach oben und betete, daß es uns gelang, über das Ding hinwegzufliegen. Während wir noch an Höhe gewannen, zog das Objekt vertikal nach oben, führte eine eigentlich unmögliche Wendung um neunzig Grad aus und begann, neben uns herzufliegen. Mir ist völlig unklar, wie überhaupt ein Flugobjekt ein solches Manöver ausführen kann. Schließlich änderte es praktisch gleichzeitig zweimal die Richtung, nach oben und nach rechts, und blieb dann auch noch in der Luft stehen.

Wir hörten keinerlei Lärm, sahen keine Luftstrudel von Propellern beziehungsweise Düsentriebwerken oder Abgase. Nur in der Mitte blinkten zahlreiche Lichter. Nachdem wir das Flugzeug abgefangen hatten, hielt sich das Ding rechts vor uns und bot uns damit Gelegenheit, es zu beobachten. Wir konnten weder feste Umrisse noch eine eindeutige Gestalt erkennen, aber aus der Anordnung der überwiegend weißen Lichter in der Mitte ließ sich schließen, daß es praktisch rund war ... Oben auf dem Objekt blinkte ein rotes Licht, während in der Mitte silberweiße Lichter funkelten ... Wenig später gewann es etwas an Höhe, so daß wir ein weiteres rotes Blinklicht an der Unterseite erkennen konnten ... Es sah so aus, als wären im Mittelteil jedes zwölfte Licht purpurrot und dazwischen blaue Lichter eingestreut. All diese Lichter blinkten in Intervallen.

Ich kann Ihnen sagen, ich war höllisch nervös. Slim war kreidebleich vor Angst. Plötzlich kam mir ein Gedanke. Was, wenn die Passagiere dieses Objekt beobachteten? Was sollte ich ihnen sagen? Ich wollte dort hinten keine Panik, daher rief ich nach der Stewardeß ... offenbar hatte es keiner der Passagiere bemerkt. Vielleicht war es so weit vorne, daß es sich außerhalb ihres Gesichtsfelds befand.

»Während wir das UFO beobachteten, löste sich plötzlich von dessen Unterseite ein leuchtendes Objekt, das wie ein neongrüner Rauchring aussah«, fuhr Hammel fort. »Es stürzte auf das Wasser zu und tauchte darin unter.«

An der Stelle, wo es eingetaucht war, glühte das Wasser in einem grünen Kreis. Dann erlosch das Licht. Sekunden später lösten sich zwei weitere grüne Ringe. Der zweite stürzte wie der erste nach unten und tauchte ins Wasser ein, aber der dritte ließ sich nach unten fallen und schoß dann direkt auf die Küste zu.

Slim und ich gelangten zu dem Schluß, daß das große UFO insgesamt einen Durchmesser von 35 Metern oder mehr haben mußte. Im Vergleich dazu hatten die kleineren wohl einen Durchmesser von sechseinhalb Metern. Das große UFO blieb mit uns etwa zwanzig Minuten lang auf gleicher Höhe, dann gingen plötzlich gleich mehrere Lichter auf einmal aus. Es war nicht so, daß in der Mitte sechs oder acht nebeneinanderliegende Lichter auf einmal erloschen wären. Statt dessen gingen sechs bis acht separate Lichter gleichzeitig aus ... Auch die roten Blinklichter oben und unten erloschen, bis nur noch vereinzelte blaue Lichter in der Mitte des Schiffes blinkten.

Als sich unsere Augen wieder an die Dunkelheit gewöhnt hatten, erkannten wir undeutlich eine Silhouette, die an zwei flache Suppenteller erinnerte, die man umgekehrt aufeinander gesetzt hat. Dann sahen wir direkt über der horizontalen Mittellinie ein kaum wahrnehmbares, gedämpftes grünes Licht, das offenbar aus trapezförmigen Fenstern drang ... die unten breiter als oben waren. Als sich unsere Augen gerade auf die Fenster eingestellt hatten, hüllte ein bläulicher Schein das gesamte Objekt ein. Dann schoß es direkt geradeaus davon … zurück blieb nur ein blauer Streifen am Himmel. So etwas Verrücktes habe ich noch nie gesehen. Als wir Logan International Airport endlich erreichten, legten wir eine unglaublich holprige Landung hin …

»Nachdem er der FAA [Federal Aviation Administration – die amerikanische Luftfahrtbehörde] bereits zuvor eine Begegnung dieser Art gemeldet hatte und danach von seiner Fluggesellschaft und den Behörden schikaniert worden war, hatte sich [Hammel] geschworen, nie wieder eine Begegnung mit einem UFO zu melden«, erläuterte Donald Todd. »Glücklicherweise hat er volles Vertrauen in meine Diskretion.«[9]

Meiner Meinung nach zeichnen sich Piloten und andere Besatzungsmitglieder von Flugzeugen beruflich und privat durch ein besonders verantwortungsbewußtes Verhalten aus. Dies gilt in besonderem Maße, wenn es sich um Passagierflugzeuge handelt. Daher ist es höchst unwahrscheinlich, daß sie aus Langeweile oder um Aufmerksamkeit zu erregen, einen Bericht über UFOs erfinden.

Die »Chupa-Chupa«-Epidemie

Seit 1946 sind aus Brasilien mehrfach alarmierende Beispiele außerirdischer Aktivität gemeldet worden. Vielleicht liegt das daran, daß viele Gebiete des Landes nur schwer zugänglich sind und die Außerirdischen ihre Ziele dort ungestört verfolgen können. 1977 wurden abgelegene Gebiete der Staaten Pará und Maranho von »Vampirlichtern« heimgesucht, die die Einheimischen als *luz chupa-chupa* bezeichneten. Die brasilianische Luftwaffe schickte Teams des ersten Kommandobereichs der Luftwaffe

(1COMAR), die die Vorfälle untersuchen sollten. Zumindest bei einer Gelegenheit schaltete sich auch der Geheimdienst der brasilianischen Marine ein.[10]

Bob Pratt, ein angesehener amerikanischer Journalist, hat auf den Spuren der Chupa-Chupas weite Reisen durch den Nordosten Brasiliens unternommen. Zudem ist er Verfasser eines wichtigen Buches über unheimliche Begegnungen in diesem Teil des Landes.[11] Seinen Untersuchungen zufolge wurden die UFOs von April bis Juli 1977 fast jede Nacht in der Umgebung der Stadt Pinheiro gesehen. Der Bürgermeister der Stadt, Manoel Paiva, teilte Pratt mit, seiner Schätzung nach hätten 50 000 Personen Ereignisse dieser Art beobachtet. Normalerweise ging dabei ein großer Feuerball nieder, der in einer Höhe von drei- bis vierhundert Metern über der Stadt schwebte. Einige sagten, sie könnten ihn nicht ansehen, ohne daß ihre Augen schmerzten, andere erklärten, er verursache ihnen Übelkeit. Fischer und Bauern berichteten, sie seien von den Objekten gejagt oder verletzt worden. Offenbar wurde der »Feuerball« unwiderstehlich von anderen Lichtquellen angezogen.[12]

Die Welt der Ausserirdischen

Am 10. Juli 1977 um ein Uhr morgens ging José Benedito Bogea, ein wohlhabender Hühnerzüchter, der sechs Kilometer von Pinheiro entfernt lebte, zu Fuß in die Stadt, um den Bus nach São Luís zu nehmen. Die Nacht war sehr dunkel. »Plötzlich erschien am Himmel ein helles, grünblaues Licht, das mich etwa zweihundert Meter weit verfolgte«, erzählte er Pratt.

> Dann kreiste es vor mir über einem Busch und blieb dort für den Bruchteil einer Sekunde direkt über dem Boden stehen. Ich konnte ein fünfzehn bis zwanzig Meter langes Ding erkennen, von dem aus ein orangefarbener Lichtkegel bis zum Boden

reichte. Ich hob den Arm und richtete meine Taschenlampe darauf. Sofort erschien ein heller Lichtblitz, der mich umwarf. Dabei hatte ich das Gefühl, einen elektrischen Schlag erhalten zu haben. Dann verlor ich das Bewußtsein.

Als Bogea wieder zu sich kam, fand er sich in einer fremden »Stadt« mit breiten Boulevards und schönen Gärten wieder. »Ich suchte nach der Sonne, konnte sie aber nicht finden. Es gab überhaupt keinen Himmel, sondern nur leeren Raum.« In dieser Stadt sah Bogea viele Leute, die sich alle ziemlich ähnelten. Offenbar waren sie etwa dreißig Jahre alt, einen Meter fünfzig groß und schlank. Fast alle trugen graue oder braune Kleidung, die Frauen lange Kleider, die Männer Hosen und Tunikas. »Sie sahen aus wie wir«, erläuterte Bogea. »Die meisten hatten helle Haut und blaue oder braune Augen. Die Frauen waren hübsch und hatten lange blonde Haare, alle Männer trugen das Haar kurzgeschnitten und außerdem einen Vollbart.«

Obwohl die Leute offenkundig miteinander sprachen, hörte Bogea nichts. Nachdem er eine Zeitlang in einem großen Raum beobachtet worden war, erlaubte man ihm, diesen zu verlassen. Allerdings wurde er beschattet. An einem Ort fand er kleine Geräte, die anscheinend dem Transport dienten, an einem anderen etwa zwanzig diskusförmige Objekte. Keines aber glich dem V-förmigen, dreieckigen Raumschiff, mit dem er in die Stadt gekommen war. Schließlich bedeutete man ihm, einen der kleineren »Transporter« zu besteigen. Dort wurde er erneut ohnmächtig.

Als er wieder erwachte, fand er sich neben einer Fernstraße in der Nähe des Hafens Itaqui, 13 Kilometer westlich von São Luís, wieder, 120 Kilometer vom Schauplatz seiner Entführung entfernt. Obwohl er unter entsetzlichen Schmerzen in der Gegend der Lendenwirbelsäule und an der rechten Seite litt, gelang es ihm, per Anhalter nach Hause zu reisen. Acht Tage lang hatte er keinen Appetit, und viele Wochen ging er am Stock. Dennoch hatte die Begegnung für ihn eine höchst positive Folge. Zum Zeitpunkt seiner Entführung hatte er eine starke Brille getragen. »Aber erst, als ich am nächsten Tag nach Hause kam, stellte ich fest, daß ich sie verloren hatte. Seitdem habe ich nie wieder eine Brille benötigt ...«[13]

»Camburões«

Merkwürdige, zylinderförmige Objekte, die von den Einheimischen *camburões* genannt wurden und mit starken Lichtkegeln das Gelände absuchten, wurden während der Chupa-Chupa-Epidemie häufig von brasilianischen Fischern und Bauern beobachtet. Im Juli desselben Jahres meldete João de Brito aus Vila de Piriá in der Nähe des Gurupi-Flusses einen weiteren beängstigenden Vorfall. Ein Freund schilderte diesen folgendermaßen:

Um 23 Uhr saß er still in einem Versteck im dichten Unterholz und wartete auf Wild. Als ein Tier erschien, richtete plötzlich ein Flugobjekt am Himmel einen Lichtstrahl auf das Tier, das die Flucht ergriff. João selbst konnte nicht entkommen. Das auf seinen Körper niederbrennende Licht beraubte ihn all seiner Kraft, so daß er glaubte, er müsse sterben. Aus dem zylinderförmigen Flugobjekt hörte er Stimmen, die sich in einer unbekannten Sprache unterhielten. Dann verschwand das Objekt, aber es ließ ihn so kraftlos zurück, daß er schließlich im Krankenhaus landete.

Zu dieser Zeit wagten sich viele nachts nicht mehr vor die Tür. »Wichtig ist die Tatsache, daß viele der Einheimischen davon überzeugt waren, daß die UFOs aus dem Meer kamen«, betont Dr. Daniel Rebisso Giese, der Verfasser eines interessanten Buches über das Chupa-Chupa-Phänomen, »weil diese häufig dabei beobachtet worden waren, wie sie aus dem Wasser auftauchten und ihre Lichtkegel auf Boote oder Dörfer richteten«.[14]

DIE FRAU IN SCHWARZ

Dr. Rebisso Giese erwähnt faszinierende Berichte aus der Stadt Bragança im Staat Pará, die von der sogenannten Fischfrau handeln, die dort im Juli 1977 auftauchte und angeblich mit den Chupa-Chupas in Verbindung stand. Die als blond und hellhäutig beschriebene junge Frau soll allein auf Cajueiro, einer kleinen Insel in der Nähe von Augusto Corrêa, gelebt haben. Eigenartig erschien den Einheimischen vor allem die Tatsache, daß sie auf dem örtlichen Markt große Mengen Fisch erstand – normalerweise hundert bis zweihundert Kilo auf einmal –, von denen man vermutete, sie seien für die »Außerirdischen« bestimmt.

Die Gerüchte wurden immer wilder. Fischer behaupteten, sie hätten beobachtet, wie die Fischfrau bei Cajueiro »auf dem Wasser ging«. In der Nähe ihrer Hütte wurden häufig seltsame Lichter gesehen. Eine Zeugin, Margarida, behauptet, sie habe sich kurz mit der Frau unterhalten. Rebisso Giese berichtet:

Als sie eines Tages eine einsame Straße entlangging, begegnete sie plötzlich einer schönen, ganz in Schwarz gekleideten Frau, in der sie die »Fischfrau« erkannte. Sie trug eine Bluse mit engen Ärmeln, die bis zu den Handgelenken reichten, ihre Hände steckten in Handschuhen. Das von langem blondem Haar eingerahmte Gesicht blickte so intensiv, daß Margarida schien, sie sähe direkt in ihr Herz. Die Frau fragte Margarida, was sie tue, wie viele Kinder sie habe und ... ob sie keine Angst habe, allein in dieser Gegend unterwegs zu sein? Plötzlich verschwand sie wie durch Zauberkraft! Verwirrt und verstört ging Margarida mit heftigen Kopfschmerzen nach Hause.

Nachdem in den Zeitungen von Belém über diese Vorfälle berichtet worden war[15], trafen Offiziere der Geheimdienste der brasilianischen Luftwaffe und der Marine in der Gegend ein, die Nachforschungen nach der Fischfrau anstellten. Offenbar war das einzige konkrete Beweismaterial, das gefunden wurde, ein Umschlag in der inzwischen verlassenen Hütte. Dieser war in Frankreich abgeschickt und einfach an »Elizabeth« adressiert. »Für viele«, schrieb Giese, »stand sie mit den UFOs in Verbindung, denn als diese aus der Gegend verschwunden waren, wurde auch sie nicht mehr gesehen.« Zudem berichtete ein in jener Gegend Brasiliens tätiger Arzt, Dr. W. Cecim Carvalho, an Bord der UFOs seien »schöne weiße Frauen mit blondem Haar« gesehen worden.[16]

DER VORHANG DES SCHWEIGENS

Die von den Zeugen beobachteten Raumschiffe besaßen die verschiedensten Formen und Größen; häufig ähnelten sie Helikoptern oder Rochen. Die von ihnen ausgesandten Lichtkegel waren in der Lage, feste Stoffe zu durchdringen. So konnten sie durch die Dächer der Häuser auf Menschen zielen und diese lähmen. Im Oktober 1977 befand sich die Bevölkerung vor allem in Vigia in hellem Aufruhr, wie aus der folgenden Nachrichtenmeldung hervorgeht.

Major José Ildone aus Vigia wird heute einen ausführlichen Bericht an das regionale Hauptquartier von Armee und Luftwaffe in Belém weiterleiten, in dem die Vorgänge in Vigia, Santo Antônio do Tauá und besonders die Schrecken, denen die Bevölkerung von Umbituba ausgesetzt ist, eingehend geschildert werden. Die Entscheidung erfolgte nach eingehender Diskussion der Angelegenheit mit dem Polizeichef von Vigia, Alceu Marcílio de Souza.[17]

Als die Geschichten über die Chupa-Chupas immer fantastischer wurden, ließ auch die Objektivität der Zeitungsberichte aus Amazonien nach. Schließlich senkte sich ein Vorhang des Schweigens darüber.[18] Doch die Chupa-Chupas blieben im Nordosten Brasiliens noch lange aktiv.

Schockierende Begegnungen

In *Sie sind da* nehme ich Bezug auf den Fall des Brasilianers Luís Fernandes Barroso, der ein wohlhabender Geschäftsmann und Gutsbesitzer in Quixadá im Staat Ceará war. Er wurde am 23. April 1976 von einem Lichtstrahl getroffen, der von einem schwebenden Objekt ausging. Was danach geschah, wußte er nicht mehr. Barroso litt unter Übelkeit, Durchfall, Kopfschmerzen und Erbrechen. Eine psychiatrische und medizinische Untersuchung ergab, daß er eine Hirnverletzung erlitten hatte. Sein Sprechvermögen verschlechterte sich, sechs Monate später wurde sein Haar weiß. Er verlor all seine geistigen Fähigkeiten und fiel auf den Entwicklungsstand eines Säuglings zurück.

Der Fall wurde von Bob Pratt untersucht, der in seinem 1990 von mir veröffentlichten Bericht zahlreiche Einzelheiten schilderte. Zunächst war Barroso in Quixadá von Dr. Antônio Moreira Meghales untersucht worden, der ihn später nach Fortaleza schickte, wo er von einem Dutzend Psychiater und Psychologen untersucht wurde. Nach einem langen Krankenhausaufenthalt wurde er nach Hause geschickt, weil man nichts mehr für ihn tun konnte. Zusammen mit Dr. Meghales und den hauptsächlich mit dem Fall befaßten Ufologen Reginaldo Athayde und José Jean Alençar suchte Bob Barroso in seinem Heim auf, wo er von einer Krankenschwester betreut wurde. »Er sitzt den ganzen Tag in einem Sessel und starrt vor sich hin. Gelegentlich bewegt er die Augen, aber offenbar sieht er nichts«, schrieb Bob. »Auf Reize reagiert er nicht, außer jemand fotografiert ihn mit einem Blitz, wie ich es getan habe. Wenn er den Blitz sieht, fängt er an zu schreien.«[19]

Obwohl wir vermutlich nie erfahren werden, was Barroso zugestoßen ist, liegt der Schluß nahe, daß er entführt wurde. 1993 starb er, ohne sich von seinem traurigen Zustand erholt zu haben.

Am 24. März 1978 verschwand ein 16jähriger Junge namens Luís Carlos Serra aus seiner Heimatstadt Penalva fast zweihundert Kilometer südwestlich der brasilianischen Stadt São Luís. Erst drei Tage später tauchte er wieder. Ein Fischer entdeckte ihn, wie er völlig benommen im Wald lag. Er war nicht in der Lage aufzustehen. Im örtlichen Krankenhaus wurde er von Dr. Linda Macieira untersucht, die Bob Pratt später erzählte, der Junge sei völlig taub und leide unter Muskelkontraktionen. Pratt berichtet, dies sei nicht alles gewesen:

Ihm fehlten vier Zähne. Zwei waren einfach abgebrochen, einer war vollständig gezogen worden … Vor dem Ereignis hatte Luís volles Haar besessen, aber als Dr. Macieira ihn untersuchte, hatte er eine Glatze. Zuerst dachte sie, man habe ihm den Kopf rasiert. Bei näherer Untersuchung stellte sich jedoch heraus, daß sein Haar abgesengt worden war. Die Kopfhaut war nicht verbrannt, aber seine Ohrenspitzen sahen aus wie nach einem Sonnenbrand. Luís schien gelähmt zu sein. Dr. Macieira versuchte, seine Arme und Beine zu bewegen, doch es gelang ihr nicht. Sie zwickte ihn in Arme und Beine … um seine Reaktion zu testen, ohne daß er dies überhaupt wahrzunehmen schien. Neun Tage lang aß und trank er nichts. Ernährt werden mußte er intravenös, außerdem wurde ein Katheter gelegt.

Einige Tage später wurde Luís in ein größeres Krankenhaus in São Luís geflogen, wo er von mehr als einem halben Dutzend Ärzten untersucht wurde. Keiner wußte, was mit ihm geschehen war. Drei Tage später begann Luís aus seiner Lähmung zu erwachen. Da er immer noch nicht sprechen konnte, verlangte er mit Gesten nach Stift und Papier, um seine Geschichte niederzuschreiben.

In den Mittagsstunden des Karfreitags hatte er im Wald Guajavefrüchte gesammelt, als er plötzlich über sich ein Geräusch wie von einer Autohupe hörte. Als er aufblickte, sah er direkt über den Bäumen ein Licht, das heller strahlte als die Sonne und in den Augen schmerzte. Plötzlich warf ihn etwas um, so daß er flach auf den Rücken fiel. Von seinen Augen abgesehen, konnte er sich nicht mehr bewegen. Einige Zeit lag er dort. Dann begann er sich in die Luft zu erheben, obwohl er nichts sah oder spürte, das ihn anhob. Während er in die Höhe schwebte, sah er über den Bäumen ein rundes Objekt, an dessen Unterseite sich vier Kugeln befanden, von denen eine erleuchtet war.[20]

»Als ich hoch genug war«, erzählte Luís Bob später, »sah ich auf der Oberseite eine Kuppel und drei Fenster, die um die Kuppel herumführten. Nur eines davon stand offen, und durch dieses flog ich jetzt mit dem Kopf zuerst herein. Es war ungefähr einen Quadratmeter groß. Innen fiel ich auf den Boden, aber ohne harten Aufprall.«[21] Im Raumschiff befanden sich drei kleine, nur einen Meter große Wesen, deren Gesichter durch Helme und Visiere verdunkelt waren. Sie liefen herum und sprachen laut in einer unverständlichen Sprache, ohne Luís zu beachten.

Bald danach war ein grollendes Geräusch zu vernehmen, und Luís spürte, wie sich die Maschine bewegte. Er wurde in ein »fremdes Land« gebracht, in dem es weder Himmel noch Bäume gab, sondern ausschließlich hohes Gras. Dann ließ man ihn aus der Maschine schweben und legte ihn auf einen flachen Stein oder Tisch.[22] »Ich war immer noch gelähmt«, sagte er. »Dann kamen die kleinen Leute und steckten mir ein Rohr in die Nase. Es tat nicht weh. Danach steckten sie mir eine durchsichtige Kugel in den Mund, und die Flüssigkeit lief in kürzester Zeit meine Kehle hinunter. Daraufhin schlief ich ein. Was dann geschah, weiß ich nicht. Ich erinnere mich erst wieder daran, wie ich im Dschungel erwachte.«[23]

In der endgültigen Fassung seines Buches *UFO Danger Zone* und in dem von mir veröffentlichten Bericht beschreibt Bob Pratt noch viele weitere beunruhigende, manchmal schockierende Begegnungen im Nordosten Brasiliens, wobei es offenbar im Zusammenhang mit UFOs auch zu Todesfällen kam. Jacques Vallée, der das Vorwort zu Pratts Buch verfaßte, hat Brasilien besucht und dort mit einigen Zeugen gesprochen, die er trotz ihrer unglaublichen Erlebnisse für glaubwürdig befand.[24]

»Unabhängig von ihrer Herkunft ist es *möglich*, daß die UFOs in freundlicher, wohlmeinender Absicht kommen, aber andere sind uns eindeutig feindlich gesonnen«, meint Bob Pratt. »Vielleicht stellt sich am Ende heraus, daß UFOs für die Menschheit keine Bedeutung haben, aber bevor dies nicht geklärt ist, sollten wir mit größter Vorsicht mit ihnen umgehen …«[25]

Völlig unglaubwürdig

Obwohl Begegnungen mit den sprichwörtlichen und gern verlachten »kleinen grünen Männchen« selten sind, existieren zuverlässige Zeugenberichte darüber, die unsere Aufmerksamkeit verdienen. Einer davon ist der folgende Bericht aus Polen über einen Zwischenfall, der sich am Morgen des 10. Mai 1978 im Dorf Emilcin, 140 Kilometer südöstlich von Warschau ereignete.

Polnische Wesen

Gegen acht Uhr fuhr Jan Wolski, ein 71jähriger Bauer, mit seinem Pferdewagen durch einen Wald, als ihm zwei Wesen auffielen, die vor ihm in seine Richtung gingen. Dabei bewegten sie sich mit »geschmeidigen Sprüngen« wie »Taucher auf dem Meeresgrund«. Als einer von ihnen eine schlammige Stelle erreichte, schienen seine Füße über den Matsch zu »gleiten«, was auch von anderen Fällen berichtet wird. Als Wolski die »Jäger« – dafür hielt er sie – erreichte, gingen sie eine Weile neben dem Pferdekarren her und sprangen dann hinauf. Vorsichtig ließen sie sich zu beiden Seiten von Wolski nieder und bedeuteten ihm weiterzufahren. (Für die Stute bedeutete das zusätzliche Gewicht eine weitere Anstrengung.) Wolski setzte seinen Weg fort, während die »Jäger« in einer unverständlichen Sprache einige Worte wechselten. Kurz darauf entdeckte er auf einer Lichtung im Wald ein merkwürdiges, fast »durchsichtiges weißes« Objekt, das in einer Entfernung von siebzig Metern in der Luft hing und ein schwaches summendes Geräusch von sich gab.

Ein neuartiger Apparat

Soviel ich weiß, ist noch kein Objekt dieser Art beschrieben worden. Wolski sprach von einem »kurzen Bus mit einem Dach wie eine Scheune«. Die Länge betrug fünf, die Breite drei und die Höhe zirka zweieinhalb Meter. Es glänzte, als sei es mit Nickel beschichtet. Fenster waren keine zu entdecken. Die Ufologen berichten:

> An allen vier Ecken waren außen in der Mitte »Tonnen« angebracht, durch die schwarze, senkrechte Stangen liefen. Um diese wanden sich Spiralen, die stark an Korkenzieher erinnerten. Diese schwarzen Stangen rotierten mit hoher Geschwindigkeit. Ihr Durchmesser betrug … etwa dreißig Zentimeter. Die »Tonnen« besaßen eine Höhe von etwa einem Meter und einen Durchmesser von schätzungsweise achtzig Zentimetern. Die Länge der schwarzen Stangen könnte anderthalb Meter betragen haben.

Die »Korkenzieher« schimmerten in verschiedenen Farben, das Summen ging offenbar von den »Tonnen« aus. Aus der Nähe erinnerte das Geräusch Wolski an fliegende Hummeln. Das Raumschiff besaß eine glatte, makellose Oberfläche ohne erkennbare Verbindungsstellen, als sei es in einem Stück gegossen. In einer Höhe von fünfzig Zentimetern über dem Boden hing ein »Lift«, der von vier dünnen Seilen gehalten wurde, die oberhalb des Eingangs befestigt waren. Dieser war heruntergefahren worden, als sich das Trio näherte. Eines der Wesen trat auf die Plattform und lud Wolski ein, ihm zu folgen, wobei er ihm bedeutete,

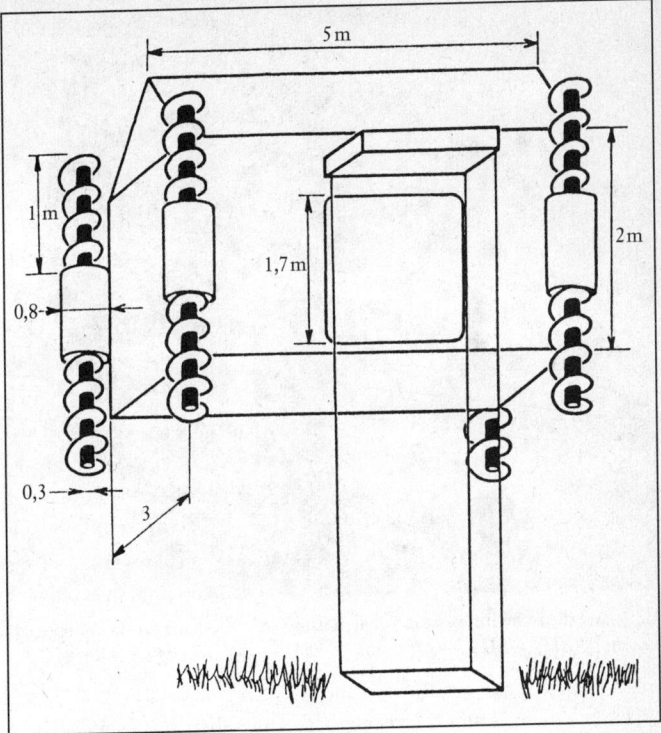

Das bizarre Gebilde, in das man Jan Wolski brachte.

er solle sich an den Seilen festhalten. Nach einer rasanten Fahrt nach oben hielt der »Lift« vor einer Öffnung an. Man gab Wolski zu verstehen, er solle eintreten.

Nach dem ersten Schritt ins Innere des Objekts blieb Wolski stehen und stützte sich mit der rechten Hand am Eingang ab. Im Inneren der Kabine, deren Wände fast schwarz waren, befanden sich zwei weitere Wesen, die den ersten aufs Haar gli-

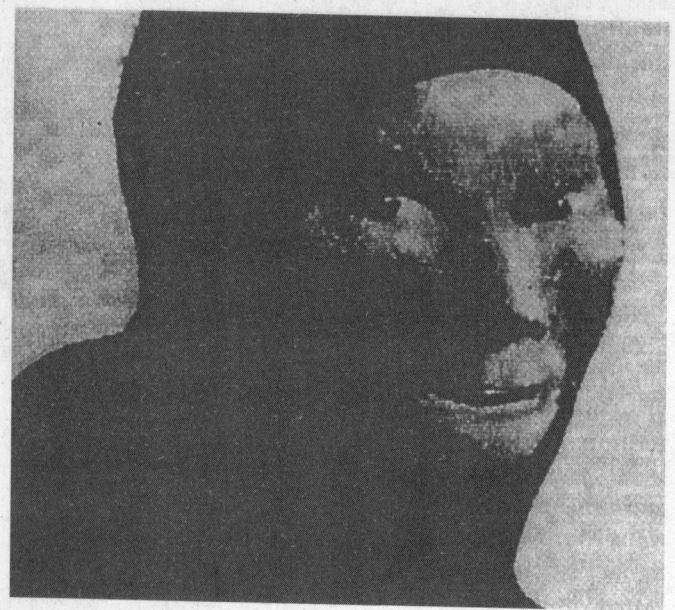

Eine künstlerische Impression von den Außerirdischen, die Jan Wolski begegneten. *(WKPiB UFO Klub Mozaika)*

chen ... Der Raum war rechteckig. Abgesehen von dem durch die Tür hereinfallenden Tageslicht gab es keine Beleuchtung. Alles war grauschwarz, die Besatzung trug Overalls in der gleichen Farbe. Der Fußboden glänzte »wie poliert«. Die Wände waren glatt und fühlten sich hart an, das Material erinnerte an Glas. An den vier Wänden waren Sitze angebracht, die jeweils durch zwei schwarze Seile gehalten wurden.

Innerhalb der Maschine waren keine Geräte zu entdecken, wenn man von zwei schwarzen »Rohren«, die von einer Giebelwand zur anderen liefen, und zwei etwa dreißig Zentimeter voneinander entfernten Löchern absah. In diese führten die Wesen nunmehr abwechselnd kleine schwarze »Stangen« ein. Vom Boden bis zur Decke betrug die Höhe ungefähr einen Meter achtzig. Auf dem Boden der Kabine befanden sich etwa zehn Krähen, die anscheinend gelähmt waren, aber ihre Köpfe und Augen noch bewegen konnten.

DIE WESEN

Die vier identischen Geschöpfe, deren Geschlecht sich nicht bestimmen ließ, waren zwischen einem Meter vierzig und einem Meter fünfzig groß und von schlanker, zierlicher Gestalt. Bekleidet waren sie mit enganliegenden einteiligen Anzügen aus einem elastischen, gummiähnlichen Material von grauschwarzer Farbe, die Gesicht und Hände freiließen. Taschen, Gürtel oder Verschlüsse waren nicht zu entdecken. Die Beine wirkten dicker als bei normalen Menschen. Im Wagen saßen sie so, daß die Beine herabhingen. Diese waren auffällig stark gekrümmt, als sollten sie als Greifwerkzeuge dienen. Auf den Schultern befand sich ein »Buckel«, als trügen sie etwas unter ihren Anzügen. Die schlanken, grünlich gefärbten Hände besaßen fünf Finger, die bis auf Daumen und Zeigefinger durch feine Häute verbunden waren.

Ihre Köpfe waren relativ groß, die olivgrünen beziehungsweise grünbraunen Gesichter wirkten durch die hohen Wangenknochen asiatisch.

Die mandelförmigen, sehr lang gezogenen Augen waren dunkel. In einem Bericht wird behauptet, was wir das Weiße des Auges nennen, sei bei ihnen nicht zu erkennen gewesen. Anstelle der Nase besaßen sie nur einen kleinen Vorsprung mit zwei engen, senkrecht stehenden Öffnungen. Der schmale Mund war gerade ... Lippen hatten sie nicht. Ihre Zähne waren weiß. Im Gesicht war kein Haarwuchs zu erkennen.

Wenn die Wesen lächelten, verzog sich ihr Mund einseitig, so daß man den Eindruck hatte, sie schnitten Grimassen. Ihre Redeweise war angenehm, aber schnell. In ihrer Gegenwart fühlte Wolski keine Angst, ihre höflichen, sanften Manieren erweckten sein Vertrauen.

ÄRZTLICHE UNTERSUCHUNG

Die Wesen bedeuteten Wolski, er solle seine Kleidung ablegen. Einer von ihnen half ihm, seine Hemdenknöpfe zu öffnen. Eines der Geschöpfe stellte sich in einer Entfernung von knapp zwei Metern von ihm auf. In jeder Hand hielt es eine graue Scheibe, die durch einen Saugnapf befestigt schien. Diese Geräte vibrierten und gaben ein dumpfes Summen von sich. Wolski wurde zuerst so gedreht, daß die eine Körperseite zu dem Außerirdischen mit den Scheiben zeigte. Dann kamen der Rücken und die andere Seite an die Reihe. Dabei hoben die Wesen abwechselnd Wolskis Arme an. Seine Finger fühlten sich extrem kalt an. Er war der Ansicht, mit den Scheiben habe man ihn »fotografiert«. Während dieses Vorgangs nahm er einen Geruch wahr, der ihn an brennenden Schwefel erinnerte und sich mehrere Tage lang in seiner Kleidung hielt.

Diese wurde ebenfalls untersucht. Nachdem sie ihm in den Mund gesehen hatten, bedeuteten sie ihm, sich anzuziehen. Als er fertig war, führte man ihn zur Tür. Wolski zog den Hut, verbeugte und verabschiedete sich. Lächelnd erwiderten die Wesen seine Verbeugung. Der Lift brachte ihn wieder auf den Boden zurück, das letzte kurze Stück mußte er springen.

ZUSÄTZLICHES BEWEISMATERIAL

Als er seinen Pferdewagen erreicht hatte, wandte sich Wolski erneut nach der Maschine um. Vom Eingang aus beobachteten ihn zwei oder drei der Wesen. Wie sie davonflogen, sah er nicht.

Kaum hatte er den Pferdewagen bestiegen, galoppierte die Stute nach Hause. Dort erzählte er zehn Minuten später seiner Familie von seinem Erlebnis und legte sich dann ein paar Stunden hin, um sich zu erholen. Angehörige und Nachbarn begaben sich zum Ort des Geschehens, aber das Objekt war verschwunden. Allerdings hatte der Besuch Spuren hinterlassen, unter anderem lange, fast rechteckige Fußabdrücke, entwurzelte Halme und abgebrochene Maiskolben. Zweige und kleine Äste waren von den Bäumen gerissen und Bodenproben entnommen worden. Außerdem fanden sich schwarze Federn.

In einem 800 Meter vom Ort der Begegnung entfernten Bauernhaus bereitete eine Mutter das Essen für ihre Kinder Adas (sechs Jahre) und Agnieszka (vier) zu, während die beiden draußen spielten. Zwischen acht und neun Uhr hörte sie ein donnerndes Geräusch, das anscheinend aus der Erde drang. Kurz darauf kam Adas herein und erklärte, ein Flugzeug sei dicht über die Scheune geflogen, das wie »ein kleines Haus« oder eine »große Kiste« ausgesehen habe. Später stellte sich heraus, daß es sich aus der Richtung des Landeplatzes genähert hatte, an den man Wolski geführt hatte. Dann sei es mit einem Donner senkrecht nach oben verschwunden. Adas erklärte, eine der »Giebelwände« sei beim Flug nach vorne gerichtet gewesen. In diese war ein viereckiges Fenster mit abgerundeten Ecken eingelassen, durch das er den Piloten sehen konnte. An den Ecken der Wand bewegten sich schwarze Stangen wie die Fühler einer Schnecke, sagte er.

Die ersten Ufologen, die sich mit dem Fall befaßten, waren Witold Wawrzonek und Dr. Zbigniew Bolnar. Sie hielten den Zeugen für ehrlich und offen und meinten, er sei geistig und physisch gesund. Dr. Kietlinski, ein Psychologe, der sich ebenfalls mit dem Fall befaßte, gelangte zu dem Schluß, daß Wolski die Wahrheit sprach. Wolski selbst, ein gläubiger Katholik, beschwor seine Aussage bei Gott.

Wie das britische Entführungsopfer Alfred Burtoo glaubte auch Jan Wolski, bei den Geschöpfen habe es sich um Ausländer irdischer Herkunft, zum Beispiel Chinesen, gehandelt. Seiner Ansicht nach war die grünliche Hautfarbe durch Make-up oder Masken verursacht.[1]

Wer mit den zahlreichen Publikationen, persönlichen Berichten und Erzählungen zum Thema Entführung durch Außerirdische vertraut ist, weiß, daß dort wiederholt von den sogenannten Grauen die Rede ist. Diese zeichnen sich durch riesige mandelförmige Augen aus, die sich weit nach hinten ziehen, haben einen schlitzförmigen Mund und anstelle einer Nase Nüstern. Diesen Lesern ist mit Sicherheit die starke Ähnlichkeit von Wolskis Wesen mit den Grauen aufgefallen. Vielleicht fragen sie sich auch, warum diese hier nicht häufiger erwähnt werden. Tatsache ist, daß die überwältigende Mehrheit der Berichte über die *typischen* Grauen (von denen es Abweichungen gibt) erst in den späten Siebzigern veröffentlicht wurde. Eine Ausnahme stellt Carroll Watts dar, deren »weiße oder hellgraue« Wesen um den Kopf reichende Augen in wechselnden Farben, enge Schlitze in einem nasenähnlichen Knochengebilde und »eine gerade Linie mit sehr dünnen Lippen« als Mund besaßen. Natürlich gibt es noch den berühmten Fall von Barney und Betty Hill aus dem Jahre 1961, aber diese Ereignisse stellen eher eine Ausnahme dar und lassen verschiedene Abweichungen erkennen.

Widersprüchliche Erlebnisse in Italien

Am 18. September 1978 um 15 Uhr 30 angelte Giorgio Filiputti, ein 47jähriger Bahnangestellter aus San Giorgio di Nogaro in der Provinz Udine im Nordosten Italiens, im Fluß Corno bei Melaria, als er ein durchdringendes Pfeifen vernahm, als »schneide etwas durch die Luft«. Ein paar Minuten später beschloß er, das Fischen aufzugeben, weil der Wind so stark war, und ging das Ufer hinauf.

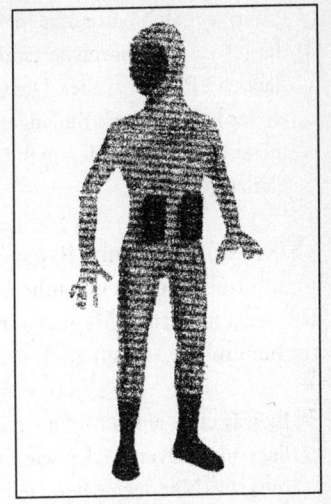

Pilot und Raumschiff, denen Giorgio Filiputti im September 1978 in der Nähe von San Giorgio di Nogaro in Italien begegnete. Die Zeichnungen von Ugo Furlan entstanden nach ausführlichen Gesprächen mit dem Zeugen.

Oben angelangt, entdeckte er zu seinem Schrecken ein ungewöhnliches, diskusförmiges Objekt, das keine zwanzig Meter von ihm entfernt auf einer Sandbank stand. Dem Ufologen Antonio Chiumiento berichtete Filiputti folgendes:

Es war vier bis fünf Meter breit, wurde von einer Kuppel gekrönt und stand auf drei Beinen, die etwa anderthalb Meter dick waren. Diese bestanden aus zwei zylinderförmigen Teilen, wobei der Durchmesser des oberen Teils größer war als der des unteren ... Ich hatte den Eindruck, daß sie aus zwei ineinandergesteckten Rohren bestanden, von denen das untere in einer flachen »Platte« auslief. Das Objekt war völlig glatt und besaß weder Fenster noch Bullaugen. Offenbar bestand es aus einem messingfarbenen oder gelblichen Metall, das in der Sonne glänzte.

»EINE ART ASIATISCHE PYGMÄE«

»Unmittelbar danach«, fuhr Filiputti fort, »tauchte hinter der Kuppel jemand auf. Mein erster Gedanke war, daß er von der Statur her einem Asiaten glich.«

Er war etwa einen Meter dreißig groß und trug einen enganliegenden Overall, der wie Silber in der Sonne glänzte und funkelte. Nur der vordere Teil des Kopfes von der Stirn bis zum Kinn blieb frei. An den Füßen trug er hohe, schwarzgraue Stiefel, wie sie die Fallschirmjäger verwenden. Seine Hände steckten in weißen Handschuhen.

Sein Gesicht war dunkel und bronzefarben, die mandelförmigen Augen reichten bis zu der Stelle, an der ich seine Ohren vermutete. Sehen konnte ich diese nicht, weil dieser Teil des Kopfes von dem Overall verdeckt war. Nase und Mund wirkten ganz normal. Als ich mir seine Augen genauer ansah, fiel mir auf, daß die Pupillen etwas größer waren und weiter vorstanden, als dies bei Asiaten der Fall ist ... das einteilige Kleidungsstück, das dieses Wesen trug, sah aus, als wäre es ganz und gar aus »Fischschuppen« gefertigt. Ungefähr in Taillenhöhe trug er zwei Behälter, die die gleiche Farbe wie seine Stiefel hatten.

»Als ich diesen ›asiatischen Pygmäen‹ sah, ergriff mich eine tiefe Unruhe. Zum einen, weil die Begegnung so überraschend war, zum anderen, weil ich mich fürchtete«, fuhr Filiputti fort.

»Auch er schien verblüfft und überrascht. Offenbar fühlte er bei meinem Anblick Unbehagen, als habe er überhaupt nicht mit mir gerechnet.«

SCHNELLE REPARATUR

Bei Filiputtis Anblick blieb der Fremde kurz stehen, setzte dann aber mit schnellen, gewandten Schritten seinen Weg am Rand der Scheibe entlang fort. Schließlich blieb er stehen, bückte sich leicht und berührte eine Vorrichtung am Ansatz der Kuppel. Es sah aus »wie ein Halbmond oder Hufeisen ... irgend etwas Halbrundes«.

> Drei bis vier Minuten lang berührte das Wesen es mit den Händen. Dabei ließ es mich nicht aus den Augen ... vielleicht wollte es sichergehen, daß ich mich dem Raumschiff nicht weiter genähert hatte, während es seine Aufgabe erledigte ... meiner Meinung nach stimmte etwas mit dem Raumschiff nicht, und durch diese Prozedur sollte es repariert werden ...
> Nachdem der Fremde seine Aufgabe erledigt hatte, blickte er zum x-ten Mal in meine Richtung und verschwand auf demselben Weg wie zuvor hinter der Kuppel und dann in der Kabine, die sich dort mit Sicherheit befunden haben muß, auch wenn ich sie nicht sehen konnte.

DER START

Ein paar Sekunden später hörte ich ein lautes Geräusch, das wie ohrenbetäubender Donner klang. Dann erklang von der Unterseite des Objekts ein durchdringendes Pfeifen, und es begann sich in die Luft zu erheben. Als es abhob, konnte ich das Unterteil sehen, das wie eine Halbkugel geformt war und eine äußere Struktur ... wie ein rautenförmiges Gitter hatte. Direkt nach dem Start wurden die Landebeine eingezogen ... Unten am Raumschiff sah ich eine bläuliche … etwa sechzig Zentimeter lange Flamme brennen, die die gleiche Farbe besaß wie unser Küchengas. Als das Objekt eine Höhe von ungefähr zehn Metern erreicht hatte, stellte es sich senkrecht, so daß ich es für ein paar Sekunden im Hochprofil beobachten konnte. Dann schoß es mit enormer Geschwindigkeit nach Südwesten davon … nach kürzester Zeit war nur noch eine leuchtende Kugel zu erkennen. Binnen weniger Sekunden war es außer Sichtweite.

Am Ort der Landung fanden sich deutliche Abdrücke der Landungsbeine, die einen Durchmesser von etwa fünfzig Zentimetern hatten, drei Zentimeter tief und zwei bis drei Meter voneinander entfernt waren.[2]

Wie Alfred Burtoo und Jan Wolski war auch Giorgio Filiputti davon überzeugt, daß das Flugobjekt nicht außerirdischen Ursprungs war. Statt dessen vermutete er, es handle sich um einen geheimen High-Tech-Prototyp einer asiatischen Macht.

GROTESKE KOBOLDE

Am 24. November 1978 kurz vor Mittag sammelte der 51jährige Angelo D'Ambros aus Gallio in der nordostitalienischen Provinz Vicenza bei Gastagh Feuerholz. Plötzlich bemerkte er zwei häßliche Geschöpfe, die etwa vierzig Zentimeter über dem Boden schwebten und ihn beobachteten.

Eines der Wesen war etwa einen Meter zwanzig groß, das andere ein wenig kleiner. »Sie waren extrem dünn und besaßen eine gelbliche Haut, die so straff gespannt war, daß man auf dem Kopf und an den Händen des größeren Wesens sehen konnte, wie die großen Blutgefäße hervorstanden«, berichtete Antonio Chiumiento.

Ihre Köpfe waren groß und langgezogen wie Birnen, glatt, ohne Haare und mit enormen Ohren, die senkrecht nach oben ragten und am Ende spitz zuliefen. Ihre Augen waren groß, weiß und lagen tief im Kopf, hatten aber keine Augenlider. Die Nase war so groß, daß sie fast bis zur fleischigen Unterlippe reichte. Aus den Winkeln der großen Münder ragten zwei lange, spitze »Schneidezähne«. Von direkt unter dem Knie bis zum Hals waren die beiden Geschöpfe offenbar in dunkle, enge Overalls gekleidet, die auch die Arme bis zu den Handgelenken bedeckten. Die Hände, die restlichen Beine und die Füße waren unbekleidet. Hände und Füße waren im Verhältnis zum restlichen Körper unverhältnismäßig groß, Finger und Nägel extrem lang.

In der Luft gleitend, schwangen die beiden Kreaturen zu beiden Seiten von D'Ambros hin und her, ohne dabei ihre langen Füße zu bewegen. Nachdem er aus Leibeskräften um Hilfe gerufen hatte, fragte der Zeuge, wer sie waren und was sie von ihm wollten. Die Antwort der kleinen Monster blieb unverständlich, aber es war klar, wofür sie sich interessierten – für D'Ambros' Machete. Es folgte ein Kampf, bei dem es dem Zeugen gelang, das größere Wesen abzuwehren, das mehrfach die Machete packte. Zweimal spürte D'Ambros, wie ein elektrischer Schlag durch seinen Arm zuckte. Nachdem es ihm gelungen war, sich mit einem großen Ast zu bewaffnen, den er abgehackt hatte, bedrohte der Zeuge die grotesken Kobolde damit. Die beiden ergriffen die Flucht. D'Ambros verfolgte sie bis zu einer nahe gelegenen Lichtung, wo ihre Untertasse wartete.

Das diskusförmige Objekt soll etwa vier Meter breit und in der Mitte zwei Meter hoch gewesen sein. Es stand auf vier aluminiumfarbenen Landungsbeinen, die offenbar ein wenig in den Boden eingesunken waren. Das Oberteil mit der Kuppel war von heller Farbe, während die untere Hälfte blau war. Um die Mitte verlief ein weißer Streifen. Hastig schloß einer der Kobolde mit seiner langen Hand eine Art Falltür in der Kuppel. Wenige Sekunden später startete das UFO lautlos schräg nach oben. Es erreichte eine phänomenale Geschwindigkeit, wobei es einen wahren Feuerstoß roter »Flammen« von sich gab.[3]

Auch in diesem Fall ist die Vielfalt der Geschöpfe, Raumschiffe und Konfigurationen trotz der grundsätzlichen Ähnlichkeit für den Neuling ebenso faszinierend wie für den erfahrenen Leser.

Eine Lufthansa-Maschine sichtet ein UFO

1994 enthüllte Kapitän Werner Utter, langjähriger Chefpilot der Lufthansa, daß er dreimal unbekannte fliegende Objekte beobachtet hatte. Die zweite dieser Sichtungen ereignete sich am 21. November 1978 um 9 Uhr 55. Damals flog er vor der Küste Neufundlands in einer Höhe von 10 000 Metern über dem Atlantik.

»Ich glaube, wir haben eine fliegende Untertasse gesichtet. Von ihr gehen sehr helle Strahlen aus, die manchmal rot, manchmal lila sind«, meldete Utter den Fluglotsen. »Sieht aus wie eine Spinne.«

Das auf einen Durchmesser von zwanzig bis dreißig Metern geschätzte Objekt flog in einer Entfernung von etwa anderthalb Kilometern vor der Boeing 747 und wurde auch von der Crew einer TWA-Maschine gemeldet.

Ein paar Jahre später beobachteten Kapitän Utter und seine Crew auf einem Flug über Großbritannien ein riesiges, zigarrenförmiges Objekt.[4]

Raumschiffe mit spinnenförmigen Anhängseln sind auch an anderen Orten beobachtet worden. So sah zum Beispiel Bill Pecha am 10. September 1976 ein von einer Kuppel gekröntes, rundes »glühendes Ding«, das in etwa fünfzig Meter Entfernung schräg über seinem Haus in der Nähe von Colusa in Kalifornien schwebte. Auf jeder Seite hingen zwei auf zwei Meter lange Sche-

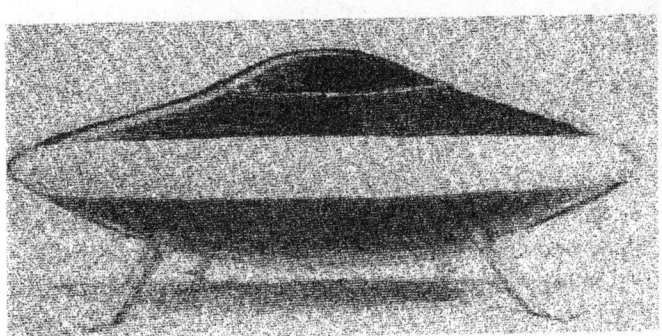

Das von Angel D'Ambros im italienischen Gastagh beobachtete Geschöpf und sein Raumschiff. Zeichnung von Ugo Furlan nach Angaben des Zeugen.

ren oder Zangen und sechs gewellte, bewegungslose »Kabel« mit ausgefransten Enden herab. Das Raumschiff und seine Begleitobjekte verursachten in der Gegend einen Stromausfall mit weitreichenden Folgen.[5]

Forschung und Studien

»Ja, das stimmt«, sagte Jesús Antunes Moreira zu Dr. Walter Bühler. »Ich habe tatsächlich eine fliegende Untertasse gesehen und mit deren Besatzung gesprochen.«

Dr. Bühler, Arzt und einer der führenden Ufologen Brasiliens (er starb 1996), lauschte aufmerksam. Er hatte lange gebraucht, um Moreira aufzuspüren, der zur Zeit seines Erlebnisses am 6. Dezember 1978 Wachmann am Wasserkraftwerk Marimbonda in der Nähe der Stadt Fronteira war, die an die Bundesstaaten Minas Gerais und São Paulo grenzt.

»Es war kurz nach 20 Uhr 30«, begann Moreira. »Ich hielt mich im Wachhaus oben auf dem Damm auf, weil es zu der Zeit regnete und ich keine Lust hatte, naß zu werden. Plötzlich bemerkte ich, daß die Wasseroberfläche im Stausee erleuchtet war. Neugierig trat ich aus dem Wachhaus, um nachzusehen. Mein Blick fiel auf ein Objekt, das direkt über dem Horizont etwa 200 Meter von mir entfernt den Rio Grande überquerte.«

Es bewegte sich in meine Richtung. Als es näher kam, erkannte ich, daß es sich um ein etwa fünf Meter breites und drei Meter hohes Raumschiff handelte, das Licht abstrahlte. Es sah aus, als wolle es oben auf dem Damm, vielleicht direkt neben dem Kraftwerk, landen … es verursachte nicht das geringste Geräusch.

Da ich immer neugieriger wurde, ging ich auf der Krone des zementierten Teils des Damms entlang, aber das Raumschiff flog an mir vorbei zu dem Bereich, der nur aus aufgeschütteter

Erde bestand, etwa anderthalb Meter vom Ufer entfernt. Inzwischen konnte ich erkennen, daß es nicht weiß, sondern hellgrau war. Im oberen Teil einer etwa zwei Meter hohen Tür war ein kleines Fenster eingelassen. Um das Raumschiff herum lief eine Art Plattform.

Inzwischen war es nur noch sieben Meter von mir entfernt. Dann öffnete sich das kleine Fenster, und ein Gesicht erschien, das in vielerlei Hinsicht dem eines Menschen glich. Die Haupttür öffnete sich, und drei Wesen in blauen, metallisch glänzenden Overalls traten heraus. Sie waren alle sehr groß – vielleicht zwei Meter – und hatten ziemlich langes, glattes, schwarzes Haar.

In einer unbekannten Sprache wandten sich die Männer an den Wachposten. Moreira sagte, er werde versuchen, jemanden zu holen, der ihre Sprache beherrsche. »Wissen Sie«, erklärte er, »ich dachte immer noch, es handle sich vielleicht um ausländische Ingenieure. Man kann ja nie wissen. Als ich sagte, ich würde zu einem der Telefone gehen, die auf der 300 Meter breiten Dammkrone installiert sind, bedeutete mir einer von ihnen, davon abzusehen.

Allmählich bekam ich Angst. Ich suchte nach meinem Revolver, weil ich dachte, ich müsse vielleicht einen Warnschuß abgeben. Tatsächlich versuchte ich zu schießen, aber der Revolver blockierte, so daß sich kein Schuß löste.

Zu diesem Zeitpunkt ging einer von ihnen in die Maschine und kam mit einer schwarzen Schachtel zurück, die etwa so groß wie ein Schuhkarton war. Diese reichte er einem der anderen, dem mit dem längsten Haar. Mir fiel auf, daß alle rosarote Handschuhe trugen, die wie die Overalls leuchteten. Von nun an verstand ich genau, was sie auf portugiesisch zu mir sagten.

Sie fragten mich, ob ich Angst hätte, und baten mich, ruhig zu bleiben, weil sie mir nichts tun wollten. Als ich fragte, was sie wollten und woher sie kamen, erklärten sie, es handle sich um eine »Forschungs- und Studienmission«. Wenn ich mich ruhig verhielte, würde ich bald alles darüber erfahren.

Als einer der Kosmonauten begann, mit einem Greifer am Ende einer Leine Steine einzusammeln, protestierte Moreira. »Das genügte, damit sie ihre Schachtel wieder einpackten und ohne das geringste Zeichen von Unzufriedenheit oder Verärgerung wieder ins Raumschiff stiegen.«[6]

Dies ist nur einer der von mir zitierten Fälle, in denen Außerirdische offenbar Forschungsexpeditionen durchführen, bei denen sie Boden- und Gesteinsproben von der Erde mitnehmen. Ich finde das nicht überraschend. Die *Pathfinder*-Mission der NASA zum Mars hatte das gleiche Ziel, und vor einem Vierteljahrhundert lautete auch der Hauptauftrag der *Apollo*-Missionen, Boden- und Gesteinsproben einzusammeln und zu analysieren.

Eine Entführung in Argentinien

Auf einer etwa 15 Kilometer von Winifreda entfernten Viehfarm in der argentinischen Pampa öffnete der 34jährige Julio Platner seine Haustür. Es war der 9. August 1983, 19 Uhr 30. Da er bemerkte, daß sich ein helles Licht näherte, beschloß er, seinen Transporter zu nehmen und nach der Ursache zu forschen. Als er anhielt und ausstieg, kam das Licht plötzlich direkt auf ihn zu. Geblendet und gelähmt blieb er stehen.[7]

»Es war, als käme ein Lastwagen auf mich zu«, erklärte er am nächsten Tag immer noch verstört den Reportern. »Ich bedeckte meinen Kopf mit den Armen. Danach erinnere ich mich an nichts mehr, bis ich in einem Zimmer erwachte.«[8] (In anderen Berichten heißt es, Julio habe zuerst kleine Wesen gesehen und sich dann

plötzlich mitsamt seinem Transporter in einem Raum wieder-
gefunden.[9])

Als ich erwachte, lag ich auf einem »Operationstisch«. Vier
Wesen standen um mich herum, zwei davon oben am Tisch.
Das eine hielt mit der Hand meine Schulter umklammert (ich
sah das, fühlte aber seinen Griff nicht). Vor mir standen in etwa
zwei Meter Entfernung zwei weitere Wesen, ein Mann und
eine Frau. Ich bewegte meine Lippen, um zu fragen, wo ich war
und was sie wollten, aber es kam kein Ton heraus. Dennoch
schienen sie mich zu verstehen. Über Telepathie erwiderten sie:
»Keine Angst, wir wollen Ihnen nichts Böses. Was Sie hier
erleben, ist schon Tausenden von Menschen vor Ihnen zugestoßen. Wenn Sie wollen, können Sie darüber sprechen. Einige
werden Ihnen Glauben schenken, andere nicht.«[10]

Dann wurde Platner entkleidet.[11] »Ich fühlte mich völlig ruhig
und entspannt«, fuhr er fort. »Die Raumtemperatur war sehr angenehm. Ich hatte keine Angst, sondern sah mich um und nahm
so viele Einzelheiten wie nur möglich in mich auf.«

Einmal näherte sich mir die Frau und legte ihre Hand auf mein
Handgelenk, aber ich spürte es nicht. Dann brachten sie an
meinem linken Arm eine merkwürdige Apparatur an, zu der
ein dreißig Zentimeter langer Schlauch gehörte, der teilweise
fest und teilweise biegsam war. Sie verwendeten weder Gum-
miband noch Nadel, aber ich konnte sehen, wie mein Blut bis
zur Mitte des Schlauches stieg. Dann brachen sie die Prozedur
ab. Ich versuchte, das Wesen hinter meinem Rücken zu berühren, stieß dabei aber gegen eine Art Glas. Als ich versuchte
aufzustehen, stieß ich mit der Stirn [wiederum] gegen Glas, als
befände ich mich in einem gläsernen Würfel.

Platner beschrieb den Raum, in dem er sich wiederfand, als kugelförmig und fensterlos. Er besaß einen Durchmesser von zirka drei Metern, die Wände waren von einem weichen Beige. Obwohl er ausreichend beleuchtet war, konnte er keine Lichtquelle entdecken. Die einzigen Einrichtungsgegenstände waren der Untersuchungstisch, auf dem er lag, und eine Art gläserner »Bücherschrank«, der leuchtete. Nach 15 bis zwanzig Minuten wurde Platner angewiesen, sich zu erheben, was ihm gelang, ohne daß er das »Glas« berührte.[12]

»Sie nahmen mir alle meine Wertsachen ab, gaben sie mir aber später wieder zurück«, sagte Platner. »Danach kann ich mich an nichts mehr erinnern, bis ich wieder zu mir kam und feststellte, daß ich auf einem Feldweg, der nach Villa Mirasol führte, auf dem Dach meines Transporters geschlafen hatte.«[13]

DIE WESEN

»Es waren Menschen«, erklärte Platner nachdrücklich. »Vom Hals bis zu den Füßen, die wie Stiefel aussahen, war ihr Körper wie der von Menschen geformt. Die fünffingrigen Hände steckten in Handschuhen. Aber Stiefel trugen sie keine … Uniformen hatten sie nicht. Vielleicht war aber auch ihre eigene Haut ihre Uniform, die ohne Löcher oder Nähte in einem Stück wie Gummi auf ihrem Körper saß und auch Gesicht und Kopf bedeckte.«

Ihr Kopf war anders geformt als der unsere. Sie besaßen keine Haare, ihre Nase war kurzer, der Mund kleiner und die Ohren lagen flacher am Kopf an als bei uns. Am exotischsten wirkten die runden, wimpernlosen Augen. Sie standen weit hervor und zeigten in der Mitte eine kleine Erhebung. Sie waren ungefähr einen Meter fünfundsechzig bis einen Meter siebzig groß … Die »Frau« glich den Männern aufs Haar. Auch sie besaß eine graue, weiße oder grünliche Haut oder trug eine Uniform in dieser Farbe, aber ich glaube, es handelte sich um eine Frau, weil sie weibliche Formen (Brüste) besaß und ziemlich dünn war. Gefühle zeigten sie nicht, und die einzige Bewegung in ihrem Gesicht war die ihrer Lippen (die aber lautlos erfolgte). Manchmal wirkten sie wie Roboter.

BESTÄTIGUNG

Angestellte der staatlichen argentinischen Telefongesellschaft teilten Reportern mit, die Telegraphenleitung nach Winifreda und der nahe gelegenen Stadt Eduardo Castex sei in dem betreffenden Gebiet genau zur Zeit von Platners Entführung unterbrochen gewesen. Außerdem erklärten zwei von Platners Nachbarn, um diese Zeit sei auch das Bild auf ihren Fernsehschirmen für mehrere Minuten verschwunden. Die Pferde auf einer nahen Koppel wirkten ungewöhnlich unruhig. Am nächsten Tag fand man sie in einem anderen Teil des Guts. Es kostete einige Mühe, sie auf ihre Weide zurückzubringen.

Im Ort genoß Platner einen ausgezeichneten Ruf. Die meisten Leute glaubten ihm. Sein Arzt, Dr. Adolfo Pizarro, zeigte der Presse Spuren an Platners rechtem Handgelenk und Ellbogen. Dort war offensichtlich Blut entnommen worden. Eine der Stellen befand sich direkt über einer Vene.[14]

Julio Platners Begegnung ereignete sich drei Nächte vor der von Alfred Burtoo, der im englischen Aldershot entführt wurde. Zwischen beiden Fällen bestehen interessante Parallelen. Da sicher ist, daß kein Zeuge von der Geschichte des anderen wußte, lohnt es sich, diese Ähnlichkeiten festzuhalten. Burtoo wurde von einem hellen Licht angezogen, als er in den frühen Morgenstunden des 12. August 1983 im Basingstoke-Kanal angelte. Zwei kleine Wesen näherten sich ihm dort und führten ihn zu ihrem Raumschiff, das auf dem Treidelpfad des Kanals geparkt war.

An Bord befanden sich zwei weitere Wesen, die den ersten ähnelten. Wie bei Platner waren alle vier gleich groß, trugen blaßgrüne, einteilige Overalls, die Hände und Füße bedeckten und auf ihre dünnen Körper gegossen zu sein schienen – »wie Plastik«, meinte Burtoo mir gegenüber. Leider waren in diesem Fall die Gesichtszüge nicht zu erkennen, weil sie durch dunkle Visiere verdeckt waren.[15]

Burtoo konnte sich bewußt an seine Entführung erinnern. Obwohl Platner das Bewußtsein verlor, als er an Bord des Raumschiffs gebracht wurde und er dieses wieder verließ, wußte er von den meisten Ereignissen noch, ohne daß es einer Hypnosesitzung bedurft hätte.

Madame X und die gutaussehenden Humanoiden

Bei der typischen Entführung durch Außerirdische erscheinen kleine Kreaturen mit Insektenaugen im Schlafzimmer der Zeugen und beamen diese an Bord ihres Raumschiffs. Auch im folgenden Fall tauchten plötzlich vier Wesen im Schlafzimmer einer Zeugin auf. Diese waren jedoch weder klein, noch hatten sie Insektenaugen, nicht einmal entführt wurde die Zeugin.

Madame X lag in ihrem Schlafzimmer in der Nähe von Sospel, zwanzig Kilometer nordöstlich von Nizza. Es war der 30. April 1983, zwei Uhr morgens. Als sie erwachte, entdeckte sie ein rotes, fußballförmiges Objekt. Vergeblich versuchte sie, ihren Ehemann zu wecken, der neben ihr schlummerte. Dann verschwand das Licht; sie nahm an, daß es sich um einen »Kugelblitz« gehandelt hatte. Sie erhob sich und ging ins Nebenzimmer, um das Fenster zu öffnen. Als sie zurückkehrte, standen plötzlich vier menschenähnliche, etwa einen Meter fünfundsiebzig große Wesen vor ihr. Sie waren sehr sportlich gebaut und besaßen lange, blasse Gesichter. Nase und Mund waren bei allen lang und schmal. Auch die Augen unter den blonden Augenbrauen waren extrem

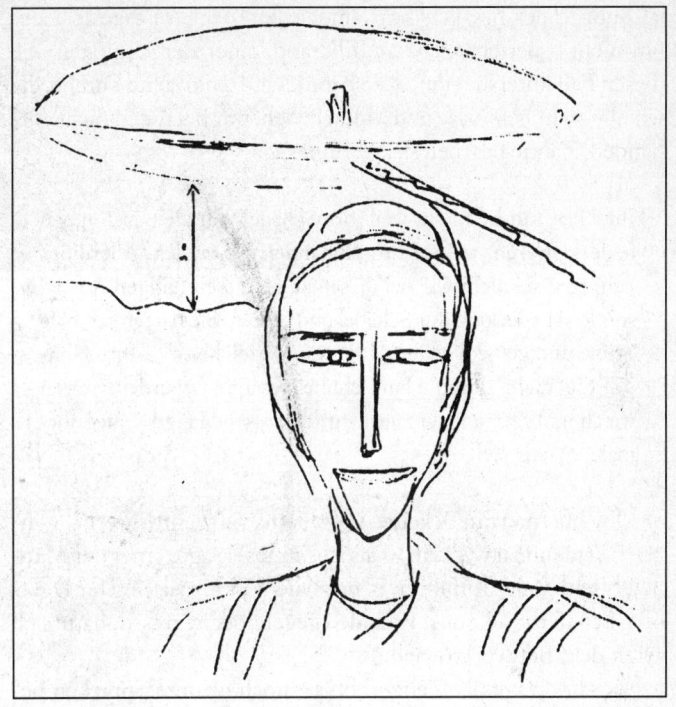

Von »Madame X« angefertigte Zeichnung, die das Raumschiff und eines der menschenähnlichen Besatzungsmitglieder darstellt. *(Lumières dans la nuit)*

lang gezogen. Die von einer blauen Iris umgebene Pupille saß merkwürdigerweise in der Nähe des inneren Augenwinkels, so daß man den Eindruck hatte, die Kreaturen »schielten«. Trotz ihrer eigenartigen Gesichtszüge befand Madame X sie für gutaussehend.

Es gab noch einen weiteren auffälligen Unterschied zu normalen Menschen. »Während sich bei allen Menschen an der Verbindungsstelle zwischen Stirn und Nase eine Vertiefung oder Einkerbung findet, besaßen die Fremden diese nach Aussage der Zeugin nicht«, berichtete Marc Tolosano, einer der Ufologen, die diesen Fall untersuchten. »Auch die kleine senkrechte Furche, die wir alle zwischen Nase und Mund haben, war bei ihnen nicht vorhanden. Zähne besaßen sie allerdings.«

Ihr Haar sah sie nicht, weil ihre Schädel von kleinen Kappen bedeckt waren, wie sie Froschmänner verwenden. Allerdings gehörten sie nicht wie bei diesen zu einem einteiligen Anzug, sondern bedeckten nur Schädel und Ohren. Sie trugen schmale grüne und gelbe Streifen, »wie Rangabzeichen« … Ihre Hände, die nicht durch Handschuhe geschützt wurden, waren weich und zart, aber ein wenig größer als die Hände eines normalen Menschen.

Obwohl Madame X keine Angst hatte, versuchte sie erneut, ihren Ehemann zu wecken. »Das ist sinnlos«, sagte einer der Männer, offenbar der Anführer, in normalem Französisch. Der Deutsche Schäferhund, sonst Fremden gegenüber aggressiv, hatte sich unter dem Bett verkrochen.

Auf die Frage der Zeugin, ob sie noch weitere Sprachen beherrschten, erklärten die Fremden, alle Sprachen der Erde zu sprechen. Mit ruhigen Worten lud Madame X die Besucher ein, sich zu setzen.

»Wissen Sie, wer wir sind?« erkundigte sich der Anführer.

»Roboter!« gab sie zurück. Lächelnd streckte er die Hand aus, damit sie sie anfassen konnte.

»Dann«, erklärte sie, als sie seine weiche Haut spürte, »sind Sie Außerirdische.« Dies wurde bejaht.

Während der gesamten Zeit fiel es Madame X schwer, zu denken und Fragen zu formulieren. Sie hatte, wie sie sagte, das Gefühl, ihre Willenskraft sei »verlangsamt«.

Projizierte Bilder von der Geschichte der Erde

Plötzlich erhoben sich die Wesen von ihren Plätzen und erklärten, sie wollten ihr zeigen, wie sehr sie mit der Geschichte der Erde vertraut seien. Als sie ihnen nach draußen folgte, entdeckte sie zu ihrer Überraschung im Hof weitere Wesen, die den anderen glichen. Die ersten vier inspizierten den Hof. »Das ist ein guter Platz«, verkündeten sie. »Wir werden Ihnen eine Projektion zeigen.«

Obwohl dichter Nebel aufgekommen war und es um diese Jahreszeit in Sospel eisig kalt war, fror Madame X eigenartigerweise nicht. Zusammen mit drei menschenähnlichen Wesen, die schwarze Kugeln in den Händen hielten, betrachteten sie und die anderen etwa drei Meter hohe Bilder, die auf den Nebel projiziert wurden, ohne daß von den Kugeln sichtbare Lichtstrahlen ausgegangen wären. Der überwiegend sepiafarbene »Film« schilderte unsere Kriege von der Frühgeschichte bis zum Zweiten Weltkrieg, wobei er gelegentlich bei Einzelbildern anhielt. Madame X erklärte, sie interessiere sich nicht für Kriege. Darauf erwiderten ihre Besucher, bewaffnete Konflikte seien das einzige, von dem Menschen etwas verstünden. Ihnen selbst sei der Planet nur unter diesem Aspekt bekannt.

Weitere Gespräche und Aufbruch

Als die Vorführung beendet war, kehrte Madame X, von den Wesen begleitet, ins Haus zurück. Ihr Ehemann schlief immer noch, die Hunde verhielten sich ruhig. Sie stellte einige Fragen, die ihrer Ansicht nach von wissenschaftlichem Interesse waren: über Zeit, Entfernungen im All und so weiter. Darauf erwiderten die Fremden, daß sie die Antworten ohnehin nicht verstehen würde. Als sie sich erkundigte, warum die Besucher alle Männer waren, erklärten diese, manchmal würden sie von Frauen begleitet, allerdings nicht in diesem Fall.

Trotz der Verständigungsschwierigkeiten fühlte sich Madame X in Gesellschaft ihrer Gäste recht wohl. Sie bot ihnen zu essen und zu trinken an und forderte sie sogar auf zu rauchen, falls sie dies wünschten. Sie lächelten, lehnten aber höflich ab. Bei ihrem nächsten Besuch, in sechs Monaten, so versicherten sie ihr, würden sie mit ihr zu Abend essen (das Versprechen wurde nicht gehalten). Unterdessen blickten einige der Besucher aus dem Fenster, als wollten sie sicherstellen, daß alles in Ordnung war.

Um vier Uhr beschlossen die Fremden, daß es Zeit zum Aufbruch war. »Sie erhoben sich und schüttelten Madame X, die sie zur Tür begleitete, die Hand«, berichtete Tolosano.

Da entdeckte sie ein langes, dunkles Objekt von ovaler Gestalt, das etwa 15 Meter lang war. Sie konnte eine Tür sehen, hinter der ein diffuses Licht zu erkennen war. Immer noch hüllte der Nebel alles ein. Die Entfernung vom Haus zum Raumschiff betrug nur etwa dreißig Meter. Aus dem Eingang des Raumschiffs ragte eine Gangway. Nachdem sie über das Wellblechdach eines Schuppens gegangen waren, stiegen die Wesen diese Gangway hinauf … Die Unterseite des Objekts sah Madame X zu keinem Zeitpunkt, weil sie durch den dichten Nebel und ein Brett, das die Sicht versperrte, verdeckt wurde.

Dann flog das Raumschiff davon, wobei es ein schwaches Pfeifen von sich gab. Als Madame X wieder ins Bett ging, begann ihr Herz zu rasen, und »sie wurde von unerklärlicher Panik erfaßt«, obwohl sie während der gesamten Begegnung völlig gefaßt gewesen war.[16] Handelte es sich um eine verzögerte Reaktion auf ein furchteinflößendes Erlebnis? Davon ist auszugehen. In verschiedenen Fällen war die Gelassenheit der Zeugen offenbar auf den Einfluß der Außerirdischen zurückzuführen.

Madame X fragte sich, ob sie sich an den örtlichen Priester und die Gendarmerie wenden sollte, beschloß aber, niemandem, noch nicht einmal ihrem Ehemann von ihrem Erlebnis zu erzählen, damit man sie nicht für verrückt hielt. Zwei Wochen später berichtete sie dann aber doch einer Freundin davon. Die Geschichte sickerte durch, bis schließlich Ufologen davon erfuhren. »Sie hat die Erfahrung relativ gut verarbeitet«, so Marc Tolosano von der UFO-Forschungsgruppe in Menton, der, wie sein Kollege Claude Dufour, von der Persönlichkeit der Zeugin beeindruckt war. »Heute noch denkt sie fasziniert an die Freundlichkeit, Liebenswürdigkeit und das Lächeln der Besucher zurück. Sie fand sie gutaussehend und fragt sich immer noch: Warum haben sie mich gewählt?«[17]

So lächerlich manche Begegnungen auch scheinen mögen, man sollte sie nicht allein deshalb von vornherein verwerfen, weil sie nicht unseren Vorstellungen entsprechen oder unsere Lieblingshypothesen über Außerirdische und ihre Ziele in Frage stellen. Leider haben manche Autoren und Ufologen genau das getan. Es stellt sich die Frage, wie viele Fälle aufgrund ihrer scheinbaren Lächerlichkeit nie das Licht der Öffentlichkeit erblickt haben. Tatsache ist, daß zahllose glaubwürdige Zeugen von völlig unglaubwürdigen Begegnungen berichtet haben.

Die Kreaturen von Kirgistan

»Das UFO-Phänomen existiert real. Wir sollten uns ernsthaft mit seiner Untersuchung befassen«, erwiderte der frühere Präsident der UdSSR, Michail Gorbatschow, auf eine Anfrage während eines Treffens mit Arbeitern im Ural im April 1990.[18]

In jenem Jahr hatte in Rußland das Interesse an diesem Thema einen neuen Höhepunkt erreicht, nachdem zahlreiche Militärs und Zivilisten von Sichtungen berichtet hatten. Bereits 1989 hatten Zeugen die Landung eines außerirdischen Raumschiffs und dessen Besatzung, die aus drei riesigen menschenähnlichen Wesen und einem Roboter bestand, bei Woronesch gemeldet und damit großes Aufsehen erregt.

Es war der 18. Mai 1990. Um 21 Uhr 40 kam im Dorf Kairma in der Nähe von Frunze in Kirgistan ein zehnjähriger Junge namens Dima zu seiner Mutter, die sich im Haus aufhielt, gelaufen und erzählte, draußen seien »Kreaturen aus dem Weltall«. Er hatte tatsächlich recht. »Solche Geschöpfe habe ich noch nie gesehen«, sagte die Mutter. Sie waren knapp über einen Meter groß, trugen Helme und leuchtende Anzüge mit Streifen an Ärmeln und Hosenbeinen.

An den Händen der Wesen saßen drei klauenartige Finger. Als sie Dima bemerkten, erzählte dieser, zogen sie ein kastenartiges Gerät hinter ihrem Rücken hervor, und auf ihren Köpfen erschienen Auswüchse, die ihn an Antennen erinnerten. Wie bei früher beschriebenen Fällen – unter anderem dem von Jan Wolski – schienen die Wesen über den Boden zu gleiten. Als ein Auto kam, sprangen sie in einen nahen Bach, den sie erst verließen, als der Wagen vorbeigefahren war. Inzwischen hatten Dima und seine Mutter Angst bekommen und waren zum Haus eines Nachbarn gelaufen. Als sie zurückkehrten, waren die Geschöpfe verschwunden. Während der gesamten Begegnung »vibrierte« die Atmosphäre um sie herum.

Um 23 Uhr 30 war in ganz Kairma ein lautes Dröhnen zu vernehmen, und im örtlichen Stromnetz wurden starke Schwankungen verzeichnet. Am Umspannwerk regnete es Funken, später brach die Stromversorgung komplett zusammen. Nach Mitternacht wurde über der Stadt eine riesige rote Scheibe gesichtet. Während der folgenden Tage kam es zu zahlreichen Beobachtungen dieser Art.

Am 29. Mai wurde drei Kilometer vom Ort der ersten Begegnung mit den Wesen entfernt ein ähnlicher Vorfall gemeldet. Um

8 Uhr 50 hörten drei in einer Autowerkstatt beschäftigte Frauen wiederholt ein Hupen, das immer lauter wurde. Durch das Fenster ihres Büros entdeckte Ludmilla Sadowskaja ein merkwürdiges Wesen mit leuchtenden Augen und grüngrauer Gesichtsfarbe. Eine Nase konnte sie nicht entdecken, der Mund bestand lediglich aus einem Schlitz. Um Hilfe rufend liefen die Frauen aus dem Büro, nachdem es ihnen nicht gelungen war, über Funk jemanden zu erreichen. Zwei in der Nähe wohnende Jungen behaupteten, zur gleichen Zeit gesehen zu haben, wie eine »fliegende Untertasse« über der Werkstatt auftauchte und in der Nähe landete. Am darauffolgenden Tag durchgeführte Untersuchungen am Ort des Geschehens stellten einen abnorm veränderten Luftdruck fest.[19]

Begegnungen in der Luft

Es scheint, daß immer häufiger Piloten mit Berichten über Begegnungen mit unbekannten Flugobjekten an die Öffentlichkeit treten, obwohl ihnen dies manchmal ernste berufliche Probleme einbringt. So kam es 1994 in Mexiko gehäuft zu Sichtungen. Bemerkenswerte Vorfälle wurden dabei von Piloten gemeldet, die sich im Anflug auf den internationalen Flughafen von Mexiko-Stadt befanden. In der Nacht des 28. Juli meldete der Kapitän des Flugs 180 der Mexicana Airlines dem Tower: »Ich habe ein unbekanntes Flugobjekt auf meiner rechten Seite, das sich sehr schnell bewegt.« Der Tower erwiderte, auf dem Radar sei nichts zu sehen.

Um 21 Uhr 25 in derselben Nacht beobachteten zahlreiche Einwohner von Mexiko-Stadt ein ungewöhnlich helles Objekt am Himmel. Eine halbe Stunde später meldete die Crew einer Aero-Mexico-DC-9 mit der Flugnummer 129, die sich bereits im Landeanflug befand, einen Notfall. »Mein Fahrwerk war fast ausgefahren, als ich einen harten Schlag spürte«, teilte Kapitän Raimundo Cervantes der Ufologin Britt Elders mit. »Ich hatte keine Ahnung, was passiert war.«

Solch einen starken Stoß hatte ich noch nie erlebt. [Nach der Landung] überprüfte das Wartungspersonal sofort die Maschine und stellte fest, daß der Stoßdämpfer [des Bugfahrwerks] abgerissen war. Eine Anfrage bei den Fluglotsen ergab, daß in dem Augenblick, als ich in die Kurve gegangen war, auf dem Radar zwei UFOs zu sehen waren. Wahrscheinlich kreuzte ich ihren Weg – da beschloß ich, einen Notfall zu melden.

Der Fernsehjournalist Jaime Maussan berichtete, Anfang August 1994 seien Piloten gezwungen gewesen, Ausweichmanöver zu fliegen, um nicht mit unbekannten Flugobjekten zusammenzustoßen. Am 8. August kollidierte Flug 304 aus Acapulco, dessen Pilot Fernando Mesquita war, beinahe mit einem großen, silbrigen Metallobjekt, das aus einer Wolke erschien und unter seinem Flugzeug durchtauchte.

Sorge bereitete den Piloten, die den Flughafen von Mexiko-Stadt anflogen, auch die Tatsache, daß die Computer im Cockpit offenbar durch UFOs gestört wurden, die den Maschinen folgten oder in geringer Entfernung von ihnen flogen. Die Rechner lieferten falsche Angaben zu solch wichtigen Faktoren wie Geschwindigkeit und Höhe, so daß die Piloten gezwungen waren, ihre Maschinen manuell zu steuern. Bis zum August 1995 äußerten sich die Fluglotsen nicht zu diesem Thema. Dann traten zwei von ihnen an die Öffentlichkeit. Unter der Voraussetzung, daß ihre Identität geheimgehalten wurde, erklärten sie sich zu einem Fernsehinterview bereit. »Wir wollen beweisen, daß das wirklich geschieht, daß es real existiert«, erklärten sie. »Die Regierung weiß, was vor sich geht. Es könnte Flugzeuge in Gefahr bringen.«[20]

In vielen anderen Gegenden Mexikos hat die Zahl der Sichtungen in den letzten Jahren ebenfalls dramatisch zugenommen. »Es sind nicht nur Objekte vor den Augen Tausender von Zeugen über die Straßen von Alamos geflogen«, schrieb mein verstorbener Freund Hal Starr, ein amerikanischer Ufologe, der in der Nähe von Sonora ein Haus besaß, »auch die Aktivitäten in den Bergen östlich unserer Stadt haben in erstaunlicher Weise zugenommen.« Eine von Starrs Quellen meint, die Indios in der Region hätten schon so häufig UFOs gesehen, daß diese für sie alltäglich geworden seien.[21] Könnte in der Sierra Madre eine außerirdische Basis bestehen?

DER TUCUMARI-ZWISCHENFALL

In der Nacht des 25. Mai 1995 meldete die Besatzung einer America West Boeing 757 mit der Flugnummer 564 (Cactus 564), die von Tampa in Florida nach Las Vegas in Nevada unterwegs war, ein großes, zigarrenförmiges Luftschiff, an dessen Seiten helle weiße Lichter brannten. Die Lichter an den Enden des Luftschiffs waren noch intensiver. Zuerst wurde es um 22 Uhr 25 von Kapitän Eugene Tollefson und dem ersten Offizier John Waller in einer Höhe von 13 000 Metern über Bovina in Texas, 110 Kilometer südöstlich von Tucumari in New Mexico, gesichtet. Offenbar bewegte sich das unbekannte Objekt mit einer Geschwindigkeit von 300 bis 350 Stundenkilometern auf einer Höhe von 10 000 bis 12 000 Metern. Es näherte sich der Boeing bis auf acht Kilometer.[22] Die nachfolgenden Auszüge stammen aus dem Funkverkehr zwischen Waller (564) und anderen sowie dem Albuquerque Air Route Control Center (ACC). Die Transkription übernahm Graham Sheppard, ein Zivilpilot, der zu meinen wichtigsten Mitarbeitern gehört. Außerdem habe ich Informationen aus dem endgültigen Bericht des Astronomen Walter Webb verwendet, der zu den führenden Ufologen zählt.

564: Center, Cactus 564.

ACC: Cactus 564, sprechen Sie.

564: Also, bei drei Uhr sehen wir Licht wie von einem Stroboskop. Wissen Sie, was das ist?

ACC: ... Im Moment weiß ich nicht, was es ist. Das ist ein Sperrgebiet, das tagsüber vom Militär genutzt wird.

564: Das ist ja merkwürdig ... sehen Sie das Objekt überhaupt auf Ihrem Radar?

ACC: Cactus 564, nein, das tue ich nicht. Ich habe mit drei, vier Leuten hier gesprochen, aber niemand weiß, was es sein könnte ... In welcher Höhe bewegt es sich?

564: Ich weiß nicht, vielleicht so um die 10 000 Meter. Es ist, äh, unglaublich lang, und das Stroboskop dreht sich im Uhrzeigersinn ...

Das Kontrollzentrum von Albuquerque setzt sich mit der Cannon Air Force Base (AFB) in New Mexico in Verbindung:

ACC: Hey, habt ihr einen Fesselballon oder so etwas losgelassen ...?

AFB: Äh, nein. Davon haben wir nichts gehört.

ACC: O. k. Ein Bursche auf 13 000 Metern sagt, er sieht etwas unglaublich Langes mit einem Stroboskop auf 10 000 Metern.

AFB: Äh, hm.

ACC: Das sieht nicht gut aus [lacht]. O. k.

AFB: Was bedeutet das?

ACC: Weiß ich auch nicht. Ein UFO oder so was – schon wieder dieser Roswell-Mist!

Erneuter Funkverkehr zwischen Cactus 564 und Albuquerque:

ACC: ... Sehen Sie es immer noch?

Haroldo Westendorff, ein erfolgreicher Kunstpilot, neben seiner Embraer 712, mit der er im Oktober 1996 bei Pelotas im brasilianischen Bundesstaat Rio Grande do Sul ein riesiges unbekanntes Flugobjekt umkreiste. *(GPCU, Pelotas)*

564: Negativ. Als wir es zum ersten Mal sahen, befand es sich zwischen dem Wetter [*einer typischen Kumulonimbus-Gewitterwolke*] und uns. Wenn es blitzte, konnten wir ein dunkles Objekt erkennen. Es war ziemlich, äh, unheimlich ... Das erste Mal in meinen 15 Jahren, daß ich so etwas sehe. Wahrscheinlich was Militärisches ...

Als später ein weiteres Flugzeug das geheimnisvolle Objekt beobachtete, versuchte Albuquerque, von der nordamerikanischen Befehlszentrale für Luftabwehr (North American Aerospace Defense Command – NORAD) Informationen zu bekommen, und wandte sich an das für den Westen der USA zuständige Hauptquartier (Kennung »Bigfoot«).

ACC: ... In der Nähe von Tucumari in New Mexico, nördlich von Cannon, haben mir ein paar Flugzeuge ein 100 bis 130 Meter langes, zigarrenförmiges Objekt gemeldet, an dessen Ende ein Stroboskop angebracht ist, das Lichtblitze aussendet.

NOR: ... Äh, nein, soweit ich weiß, haben wir nichts dort oben ... Ist das ernst gemeint?

ACC: Ja, der meint es sehr ernst ...

NOR: ... Wie lang soll es gewesen sein?

ACC: Er sagte, 100 bis 130 Meter.

NOR: Du lieber Himmel! ... Ich frage mich, ob sich einer unserer Aerostats [kleine, am Boden befestigte Flugobjekte] gelöst haben könnte. Aber wir haben hier keine Aerostats ...

Die für die Überwachung des Weltraums zuständige Einsatzleitung der NORAD erklärte, im fraglichen Zeitraum sei kein Weltraummüll in die Erdatmosphäre eingetreten. Sollte es sich bei dem Objekt um ein echtes Raumschiff gehandelt haben? In einem Schreiben an Walter Webb erklärte die NORAD, »Uncorrelated Event Reports« (UERs), also unbestätigte Berichte, »gelten so lange als geheim, bis sie von den zuständigen Stellen freigegeben werden. Der Begriff ›UFO‹ ist von unserem Hauptquartier nicht mehr verwendet worden, seit das ›Blaue Buch‹ endgültig geschlossen wurde ...«[23]

(Seite 467 und 468). Die Illustrationen (**A**) und (**B**) zeigen, wie Haroldo Westendorffs Embraer 712 das riesige Raumschiff umkreist, dessen Durchmesser an der Basis nach Schätzung des Piloten hundert Meter betrug. Ein diskusförmiges Objekt schoß vertikal heraus, kippte dann seitlich (**C**) und verschwand mit phänomenaler Geschwindigkeit. Danach sandte das große »Mutterschiff« rötliche Lichtstrahlen aus (**D**), begann zu rotieren und jagte mit einer geschätzten Geschwindigkeit von zwölftausend Stundenkilometern davon. *(GPCU)*

A

B

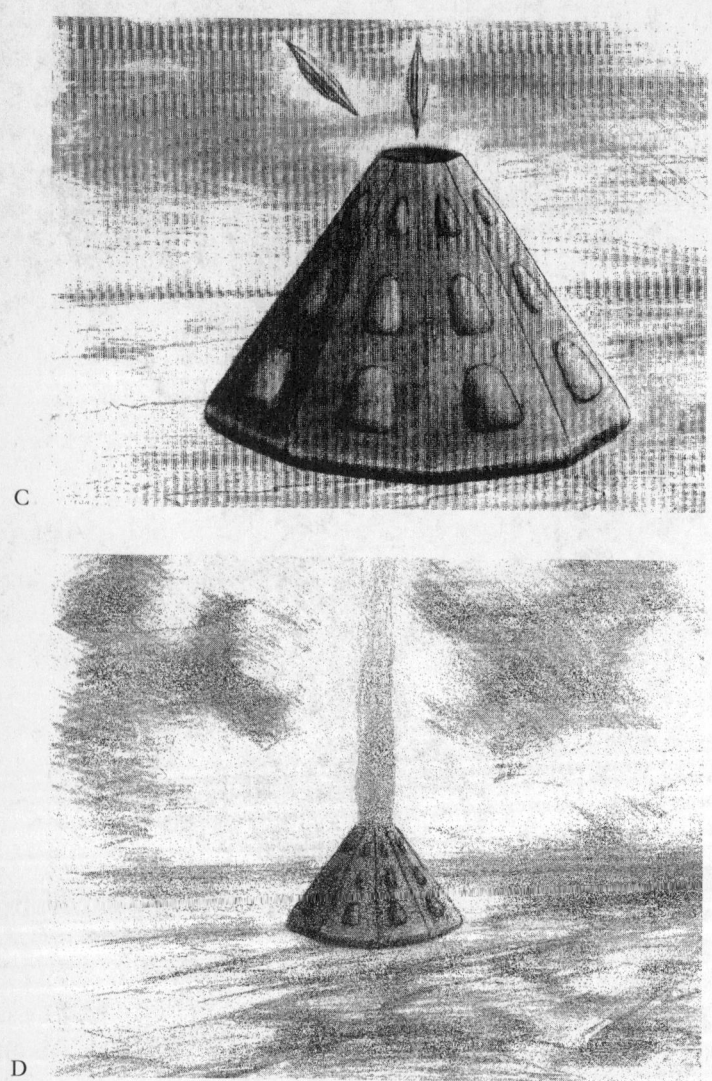

C

D

Die Pyramide über Pelotas

Der 38jährige Haroldo Westendorff, Besitzer einer Reisfabrik im brasilianischen Rio Grande do Sul, ist ein erfolgreicher Kunstflieger, der am Wochenende gewöhnlich mit seiner Embraer EMB-712 unterwegs ist. Am Morgen des 5. Oktober 1996 flog er vom Flughafen Pelotas nach Laranjal am Rand der Lagôa dos Patos und von dort um 10 Uhr 30 wieder nach Pelotas zurück.

Auf einer Höhe von 1800 Metern entdeckte der Pilot zu seinem Erstaunen ein riesiges Flugobjekt, das sich geräuschlos mit niedriger Geschwindigkeit um seine eigene Achse drehte. Dabei bewegte es sich mit etwa hundert Stundenkilometern auf die Atlantikküste zu. »Es war gewaltig, einfach riesig«, berichtete er Forschern der brasilianischen UFO-Forschungsgruppe GPCU.[24] »Geformt war es wie eine achtseitige Pyramide. An jeder Seitenfläche befanden sich drei vorspringende Wölbungen, offenbar die Fenster.«

Westendorff schätzte den Durchmesser des Objekts an der Basis auf hundert Meter, die Höhe auf fünfzig bis sechzig Meter. Über Funk setzte er sich mit dem Tower von Pelotas in Verbindung und fragte, ob sie das Objekt bemerkt hatten. Airton Mendes da Silva, der zu dieser Zeit Dienst hatte, griff nach seinem Fernglas und entdeckte, wie andere im Tower, das riesige Objekt sofort.

Westendorff setzte sich mit dem Radarzentrum in Curitiba in Verbindung. Dieses wird von CINDACTA betrieben, der für die Überwachung des Luftraums über Brasilien zuständigen Behörde. Dort bestätigte man ihm, daß er sich sechzig Kilometer vom östlichen Sektor von Pelotas entfernt befand, behauptete aber, in einem Umkreis von 200 Kilometern um seine Position sei kein anderes Flugzeug. Der Pilot bat darum, ihm eine besondere Funkfrequenz zuzuweisen, um das Objekt besser beschreiben zu können, was aber abgelehnt wurde. Daher beschloß er, das unbekannte Fluggerät zu umkreisen. Während er dies tat, klingelte sein Telefon. Der Anruf kam von einem Freund, dem Westendorff aufgeregt beschrieb, was er sah. Kurz darauf rief sein Sohn an. Da ihm die angespannte Stimme seines Vaters auffiel, übergab er den Hörer seiner Mutter. Beunruhigt mahnte sie ihn zur Vorsicht. Kühn beschloß Westendorff, das Objekt ein zweites Mal zu umkreisen.

Während er die Basis des Raumschiffs umflog, bemerkte er, daß sich an der Spitze eine Kuppel geöffnet hatte. »Ich weiß nicht, wie, wahrscheinlich wurde sie eingezogen«, meinte er. Plötzlich trat ein diskusförmiges Objekt aus, das etwa dreimal so groß war wie Westendorffs Embraer, und erhob sich vertikal in die Luft. Einen Augenblick später hielt es an, kippte um 45 Grad und verschwand dann mit phänomenaler Geschwindigkeit in Richtung Atlantik. Sekunden später begann die Spitze des »Mutterschiffs« rötliche Lichtstrahlen auszusenden, die er als Hitzewellen empfand. Nicht im geringsten eingeschüchtert, beschloß der unerschrockene Pilot, das Objekt erneut zu umkreisen.

Während Westendorff noch in einer Entfernung von etwa vierzig Metern um das Raumschiff herumflog, begann dieses immer schneller zu rotieren. »In diesem Moment erfaßte mich Panik. Ich dachte, ich müsse sterben, und wartete nur auf die Explosion, die mein Flugzeug zerstören würde.« Geistesgegenwärtig bereitete er sich auf alle Notmaßnahmen vor, die er im Falle einer riesigen Explosion zu treffen hatte. Als das Raumschiff plötzlich mit einer Geschwindigkeit, die er auf 12 000 Stundenkilometer schätzte, davonzog, konnte er kaum glauben, daß er noch am Leben war und sein Flugzeug die Begegnung unbeschadet überstanden hatte.

»Ich weiß, was ich gesehen habe, weil ich nur vierzig Meter von dem Objekt entfernt war«, erklärte der Meisterpilot. »Niemand wird mich dazu bringen, etwas anderes zu sagen. Ich bin überzeugt davon, daß das, was ich beobachtet habe, nichts mit unserem Planeten zu tun hat ...«[25]

13 Die Erde als Basis der Außerirdischen

Seit vier Jahrzehnten erlebt Puerto Rico, assoziierter Staat der USA, eine Welle von Begegnungen mit einer Vielfalt offenbar außerirdischer Arten. In den letzten Jahren hat besonders der sogenannte Chupacabras, der »Ziegen-Blutsauger«, weltweit Aufsehen erregt. Man schreibt ihm die Verantwortung für Hunderte grotesker Todesfälle von Haustieren zu. Es existieren jahrzehntealte Berichte über vampirhafte Kreaturen, die im Zusammenhang mit UFOs gesichtet wurden und angeblich Tierblut saugen. Auf Puerto Rico hat es aber auch Begegnungen mit menschenähnlichen Wesen gegeben.

Die Familie von Zulma Ramírez de Pérez ist Grundbesitzer in Cabo Rojo im Südwestteil von Puerto Rico, wo sich viele der Zwischenfälle ereignet haben. Es wird daher allgemein angenommen, daß sich dort eine außerirdische Basis befindet. De Pérez berichtet, seit 1956 hätten sie und ihre Familie beobachtet, wie diskusförmige, von Kuppeln gekrönte Objekte aus den Gewässern der Laguna Cartagena aufstiegen oder in diese eintauchten. »Man konnte Menschen beziehungsweise Gestalten in den Kuppeln sehen«, erzählte sie Jorge Martín, Puerto Ricos führendem Experten auf diesem Gebiet. »Wenn sie auf uns zukamen, riefen wir ihnen manchmal etwas zu. Dann hielten sie vor uns in der Luft inne.«

Eines Nachts im Jahre 1964, so Señora Ramírez, fragte ihr Bruder Quinn sie, wer sie seien, »um herauszufinden, ob sie wirklich aus den Tiefen des Weltalls kamen«. Später in jener Nacht fühlte er plötzlich den Drang, die Lagune aufzusuchen. Als er über eine unbefestigte Straße dorthin gefahren und aus seinem Jeep gestiegen war, entdeckte er zwei Gestalten, die sich ihm von der Lagune her näherten.

Es handelte sich um hochgewachsene weiße Männer, die zwischen einem Meter achtzig und zwei Meter zehn groß waren. Sie hatten langes, blondes Haar und trugen einteilige, enganliegende, silbrige Anzüge. »Sie waren so schön und edel, daß sie fast weiblich wirkten«, sagte er. Nervös bat er sie, nicht näher zu kommen, da er dies nicht ertragen könne. Darauf antworteten sie mit einem freundlichen Lächeln und verschwanden wieder in der Lagune ... Ich weiß, daß er diesen Wesen noch öfter begegnete, weil er manchmal über Nacht verschwand und uns nicht sagen wollte, was er die ganze Nacht an der Lagune tat. Aber wir wissen, daß er bei seinen »Freunden« war, wie er sie immer nannte.[1]

Die menschenähnlichen Außerirdischen sind auch später noch gesehen worden. Jorge Martín erzählte mir, eines Abends im Jahre 1987 habe Ligia Medina vor Puerto Real am Cabo Rojo mit ihrem kleinen Enkel geangelt, als ein riesiges diskusförmiges Raumschiff vom Himmel kam. Es sah aus, als bestehe es aus einem durchsichtigen, kristallartigen Material, durch das man die Silhouetten menschenähnlicher Gestalten erkennen konnte, die

(Rechts oben) Die Laguna Cartagena im Wildschutzgebiet von Cabo Rojo auf Puerto Rico und das Naturschutzgebiet von El Yunque (unten). Viele Einheimische vermuten dort außerirdische Basen. (©*Timothy Good*)

sich bewegten und auf sie heruntersahen (ähnlich den von Lucy McGinnis beschriebenen). Ihr Enkel schrie vor Angst. »Keine Sorge«, beruhigte sie ihn, ihre eigene Furcht überspielend, »wenn die uns mitnehmen wollen, sage ich ihnen, sie sollen dich hierlassen.« Plötzlich flog das Objekt davon.[2]

Ramey Air Force Base

Die folgende Aussage wurde von John Artie, einem Angehörigen der amerikanischen Luftwaffe, festgehalten. Unterzeichnet ist sie von Sergeant Thomas Carulli, einem Beamten der Sicherheitspolizei der Air Force, der auf der Luftwaffenbasis Ramey bei Aguadilla stationiert war.

Am 18. August 1968 beobachteten ich und 15 weitere Beamte der Sicherheitspolizei gegen 2 Uhr 30 vor Borinquen Beach etwas, das wir für ein unbekanntes Flugobjekt hielten. Die Sicht war völlig klar. Das UFO kam anscheinend aus dem Ozean, aber als wir es zum ersten Mal sahen, befand es sich in einem 45-Grad-Winkel über der Meeresoberfläche und gewann stetig an Höhe. Dabei schien es seitlich von seinem Kurs abzuweichen. Es strahlte ein extrem helles, fast fluoreszierendes Licht ab, das an ein auf Dauerlicht eingestelltes Stroboskop erinnerte … es sah aus, als besitze es Streben oder Stangen oder Fensterscheiben. Diese Streben verliefen vertikal, es waren ungefähr sechs …

Als es seinen Zenit erreicht hatte, der sich nur 500 Meter über dem Meeresspiegel befand, verharrte es einige Minuten an diesem Punkt. Dabei gab es die ganze Zeit dieses Licht ab, das die gesamte Gegend erhellte, die zuvor in völliger Dunkelheit gelegen hatte. Es war rund oder kugelförmig … Von der Größe her entsprach es einer Halbdollarmünze, die man auf Armlänge hält. Geräusche waren nicht zu hören … Am Zenit pulsierte das UFO und schwankte oder schaukelte von Seite zu Seite.

Dann löste sich ein weiterer Lichtkreis, der etwa die Größe eines Zehncentstücks besaß. Zuerst hielt er sich seitlich von dem ersten UFO, dann schwebte oder schaukelte er ebenfalls hin und her und schoß senkrecht nach oben, bis er fast außer Sichtweite war. Nach zwei oder drei Minuten vibrierte das erste UFO, kippte zur Seite und schoß nach oben in nordnordwestlicher Richtung über dem Meer davon, bis es verschwunden war. Dieser spektakuläre Vorfall dauerte insgesamt zwölf bis siebzehn Minuten.[3]

Zwischen 1960 und 1962 war William Smith (Name geändert) als Polizist der Air Force einer Eliteeinheit zugeteilt, die auf der Basis von Ramey die B-52-Bomber und deren Nuklearwaffen bewachte. Einen solchen Posten erhielt man nur mit einwandfreier Personalakte und bei entsprechender charakterlicher Eignung. Dem amerikanischen Ufologen Jim Speiser erzählte Smith, während er eines Nachts Ende 1961 oder Anfang 1962 bei den B-52 Wache gehalten habe, seien drei extrem große, scheibenförmige Objekte über die Basis hinweggeflogen und hätten sich genau über den Bombern positioniert. Dort hätten sie kurz innegehalten und seien dann weitergeflogen. Mindestens 24 weitere Zeugen waren zu diesem Zeitpunkt anwesend. Am nächsten Tag trafen zwei Männer in Zivil auf der Basis ein, die behaupteten, sie kämen vom Pentagon. Es gelang Smith nicht festzustellen, zu welcher Abteilung sie gehörten. Alle Zeugen wurden stundenlang verhört und angewiesen, den Vorfall nicht zu erwähnen.

Stephen Craig, ein früherer Elektrotechniker der US Navy, der in den Siebzigern drei Jahre bei der Marine in Ramey stationiert war, erklärte Jorge Martín gegenüber, er habe sowohl bei der Marine als auch bei der Air Force Bekannte, die gesehen hätten, wie UFO-Geschwader den Flugplatz und das Atomwaffendepot überflogen.[4]

Beben

Am 30. Mai 1987 beobachteten Einheimische an der Laguna Cartagena, wie ein merkwürdiger, offenbar gesteuerter »roter Feuerball«, begleitet von einem summenden Geräusch, in die Lagune eintauchte. Um zwei Uhr sahen zahlreiche Zeugen eine riesige, glänzende Scheibe, die über der Lagune schwebte. Am folgenden Nachmittag wurden Tausende von Menschen im Südwesten Puerto Ricos durch ein Erdbeben aufgeschreckt, das von einem unterirdischen Grollen, wie von einer Explosion, begleitet wurde. Zunächst wurde das Epizentrum des Bebens 25 Kilometer unterhalb der Laguna Cartagena zwischen den Städten Lajas und Cabo Rojo ausgemacht. Am nächsten Tag erklärte der seismologische Dienst von Puerto Rico jedoch, es habe westlich von Puerto Rico im Meer in der Monapassage gelegen.

Am Abend des 1. Juni 1987 beobachteten in der Gemeinde Betances zahlreiche Zeugen ein riesiges zylinderförmiges UFO, das an beiden Enden Kugeln trug. »Es war wirklich groß«, sagte Rosa Acosta. »Es war unglaublich. Das Ding kam herunter und schwebte bewegungslos über der Laguna Cartagena in der Luft. Etwa 15 Minuten später gewann es an Höhe und verschwand im Süden hinter der Sierra Bermeja.«

Nach der Explosion zeigten sich in den Bereichen von Lajas, Cabo Rojo und der Laguna Cartagena Risse, aus denen kobaltblauer Rauch aufstieg. Die Lagune wurde abgeriegelt. Männer in Tarnanzügen, Zivilkleidung und weißen Schutzanzügen entnahmen Wasser-, Schlamm- und Bodenproben und sammelten Pflanzen. Das Militär hinderte alle Schaulustigen daran, das Gebiet zu betreten.[5]

Ende 1988 wurde bei zwei Gelegenheiten beobachtet, wie Jets

der US Navy, die in Zweierteams unterwegs waren, in der Nähe dreieckiger Objekte, möglicherweise auch in diesen, verschwanden. Einer dieser Vorfälle ereignete sich im Bezirk von San Germán, der andere in Betances in der Nähe der Laguna Cartagena.[6] Damals hatten sich viele Einheimische bereits mit der Existenz einer außerirdischen Basis in ihrer Nachbarschaft abgefunden.

Immer häufiger wurden auch UFOs vor der Küste von Fischern gesichtet. »Was hier passiert, ist nicht normal«, sagte einer der Zeugen namens Arístides Medina. »Als ich einmal spät in der Nacht bei Cayo Margarita fischte, fuhren zwei von ihnen unter meinem Boot durch. Dabei gaben sie ein blaues Licht ab. Bei anderen Gelegenheiten habe ich gesehen, wie sie aus dem Wasser auftauchten und mit großer Geschwindigkeit davonflogen oder ins Meer eintauchten.«[7]

Graue und grüne Wesen

Seit 1990 habe ich Puerto Rico zahlreiche Besuche abgestattet, um die für mich einzigartige Situation auf der Insel zu untersuchen, die den passenden Namen »Isla Encantada« (»Verzauberte Insel«) trägt. Dabei habe ich nie etwas Ungewöhnliches beobachtet. Einmal jedoch ereignete sich ein Zwischenfall genau in dem Gebiet, ich zwölf Stunden zuvor mit Jorge Martín besucht hatte. In den frühen Morgenstunden des 31. August 1990 beobachteten mehrere Zeugen, wie fünf eigenartige Geschöpfe, die in gewisser Hinsicht den Wesen ähnelten, die drei Monate zuvor in Kirgistan aufgetaucht waren, eine Straße in der Nähe der Laguna Cartagena entlanggingen. Ihre Größe schwankte zwischen neunzig Zentimetern und einem Meter fünfzig. Als einer der Zeugen namens Miguel Figueroa versuchte, die Wesen mit seinem Auto zu verfolgen, drehten sie sich um, wobei von ihren Augen ein grelles Licht wie von einem Schweißgerät ausging. »Ich war geblendet und bekam Angst«, sagte er. »Ich fühlte oder hörte, wie mir etwas sagte, ich solle mich von ihnen fernhalten.« Doch er ignorierte die Warnung, und es gelang ihm, die Geschöpfe aus der Nähe zu beobachten. Jorge Martín berichtete er:

> Sie waren sehr dünn, besaßen große birnenförmige Köpfe, lange spitze Ohren, große, schrägstehende Augen und praktisch keine Nase ... Ihre Münder glichen Schlitzen. An den langen Armen saßen Hände mit je drei Fingern, die Füße waren dreizehig. An Ellbogen und Knien befanden sich offenbar Gelenke ... Ich weiß nicht, ob sie irgendwelche Kleidung trugen, aber für mich sahen sie aus, als wären sie nackt. Ihre Farbe war grau ...

Schließlich sprangen die Kreaturen hintereinander über eine Brücke und zogen an einem Bach entlang in Richtung der Lagune davon.

Am nächsten Tag erhielt Figueroa einen Drohanruf von einem Mann mit amerikanischem Akzent (obwohl seine Nummer nicht im Telefonbuch stand). »Er untersagte mir, mit irgend jemandem darüber zu sprechen, was ich gesehen hatte und wohin die kleinen Männchen verschwunden waren«, berichtete er Jorge. »Hier passiert wirklich etwas. Die Wesen müssen in dieser Gegend eine unterirdische Basis oder etwas Ähnliches unterhalten.«[8]

In einem anderen Teil der Insel scheint eine ähnliche Art von Wesen zu hausen. Der einzige Tropenwald, der dem US-Landwirtschaftsministerium untersteht, ist das Erholungsgebiet von El Yunque, das nach einem nahe gelegenen Berg benannt ist. Viele

(Rechts) Die beiden »Bioroboter«, die im Februar 1991 von dem früheren Polizeibeamten Luis Torres und seiner Frau im Naturschutzgebiet von El Yunque auf Puerto Rico beobachtet wurden. Weitere Zeugen waren zwei seiner Kollegen von der Polizei und deren Ehefrauen. Diese Zeichnung des Ufologen Jorge Martín fand die Zustimmung der Zeugen. *(Jorge Martín)*

Zeugen behaupten, dort Wesen mit riesigen schwarzen Augen angetroffen zu haben, die allerdings keine spitzen Ohren hatten. Außerdem saßen an ihren Händen normalerweise nicht drei, sondern vier Finger oder Klauen.

Eines Nachts im Februar bemerkten der frühere Polizeibeamte Luis Torres, seine Frau, zwei Kollegen von der Polizei und deren Frauen zu ihrem Erstaunen zwei merkwürdige kleine Männchen, die in der Nähe des Fremdenverkehrsbüros von El Yunque die Route 191 hinunterspazierten. Sie gaben ein »merkwürdiges Gebrabbel« von sich. »Es klang, als lasse man eine Tonbandaufnahme zu schnell abspielen«, berichtete Torres der Ufologin Magdalena Del Amo-Freixedo.

Sie waren vielleicht einen Meter zwanzig groß, dünn und von Kopf bis Fuß in ein Kleidungsstück eingehüllt, das eng am Körper anlag … dessen Farbe war eine Mischung aus Grün und Grau. Es reichte bis zum Scheitel und bedeckte den Schädel … Die Ärmchen reichten bis zu den Knien. Auch die Köpfe waren von länglicher Form, aber die konnten wir nicht richtig sehen. Die Köpfe waren groß und liefen spitz zu, am Scheitel waren sie breit und unten schmal, wie ein Ei. Oben waren sie abgeflacht, die Gesichter waren ebenfalls flach. Augenbrauen sah ich keine. Ihre Augen waren groß und dunkel, fast schwarz, und standen ein wenig vor … Die Hälse waren sehr dünn; ich konnte weder Mund noch Nase entdecken. Ihre Haut sah für mich grau oder graugrün aus.

Die Kreaturen marschierten schnurstracks an den sechs Zeugen vorbei. »Sie müssen uns gesehen haben«, fuhr Torres fort. »Sie folgten der Straße, bis sie etwa 35 Meter von uns entfernt waren. Dann kehrten sie um und gingen zurück, wobei sie uns erneut passierten. Wir versuchten, ihnen zu folgen.

Ich holte meinen Revolver heraus. Nicht daß ich ihnen etwas tun wollte, aber sie sollten wissen, daß wir bewaffnet waren, damit sie nicht auf dumme Gedanken kamen. Aber sie schienen zu merken, daß ich meine Waffe gezogen hatte. Obwohl sie uns nie direkt ansahen, beschleunigten sie ihre Schritte, überquerten ein Stück weiter oben die Straße und verschwanden links davon im Dickicht des Abhangs.

Margarita Torres fand die Wesen bezaubernd und hätte sie am liebsten sofort mit zu sich nach Hause genommen. »Sie waren sehr eigenartig und trotzdem süß. Wie zwei kleine Zwillinge sahen sie aus.«[9]

In den frühen Morgenstunden des 13. August 1991 überraschte Marisol Camacho zwei ähnliche Geschöpfe dabei, wie sie auf ihrem Balkon in der Gemeinde Maguayo an der Laguna Cartagena mit vier langen, dünnen Fingern eine Pflanze untersuchten. »Ich weiß nicht, warum, aber ich konnte mich nicht bewegen«, erklärte sie Jorge Martín. »Sie nahmen Blätter der Pflanze mit und verschwanden, wobei sie sich in einem schnellen Kauderwelsch unterhielten.« Zwei Wochen später kehrten die Wesen zurück, doch als sie versuchte, sich mit ihnen zu verständigen, ergriffen sie die Flucht und rannten in Richtung Lagune davon. »Sie haben mir nichts getan«, sagte sie. »Soviel ist sicher: Sie sind bereits hier, mitten unter uns. Daran sollten wir uns gewöhnen ...«[10]

Ebenfalls 1991 stieß Ulises Pérez in einem Bewässerungskanal, der zur Laguna Cartagena führte, auf ein ähnliches Geschöpf. Offenbar besaß es eine blasse, weißliche Haut, die mit rosaroten Flecken übersät war. Als Pérez auf seinem Motorrad wegfahren wollte, verschwand die Kreatur im Wasser des Kanals.[11] Dieser und andere Fälle deuten darauf hin, daß sich der Lebensraum dieser Wesen am Grunde der Lagune und möglicherweise auch anderer Gewässer befindet. Die Häute zwischen ihren Fingern oder Klauen sprechen für eine amphibische Lebensweise.

Eine Variation dieser Art wurde im Juli 1968 entdeckt. Freddie Anderson wanderte mit einer Gruppe Freunde auf dem Berg El Yunque, als sie mitten in einem Fluß in der Nähe der Bundesstraße 191 ein hochgewachsenes Geschöpf entdeckten, das nur vier Meter von ihnen entfernt war. Seine Größe betrug etwa einen Meter achtzig, und es war sehr schlank, erzählte Anderson Martín. Die Hände reichten fast bis zu den Knien.

> Es trug keinerlei Kleidung und war ganz grün. Sein großer Kopf war unten am Kinn breiter, oben lief er zu einem Kegel aus. Die runden, hervorstehenden Augen waren groß und von intensivem Grün. Anstelle einer Nase besaß es zwei Löcher … Seine Hände besaßen, soviel ich weiß, nur vier Finger, an deren Ende kleine runde Dinger saßen, wie bei Baumfröschen. Aus diesen Dingern ragten kurze Krallen.

Anderson und seine Freunde waren überzeugt davon, daß ihnen »Zeit fehlte«. »Es war, als seien wir plötzlich aus einem Traum erwacht«, fuhr er fort. »Wir wissen nicht, was geschehen ist, aber es war bereits dunkel … und das Wesen war verschwunden.«[12]

Die Basis von Santiago

Ein weiteres Gebiet mit einer ungewöhnlichen Konzentration von Aktivitäten ist Salinas an der Südküste Puerto Ricos, und zwar hauptsächlich in der Nähe des Geländes der US Army Reserve Base und des Lagers der puertoricanischen Nationalgarde in Santiago. So beobachteten eines Nachts im Oktober 1987 zahlreiche Zeugen ein riesiges, wie ein Bumerang geformtes Objekt, das über der Basis schwebte und dabei offenbar einen Stromausfall verursachte. Ein Armeeoffizier teilte Jorge Martín mit, es habe ausgesehen, als bestehe es aus weißlichem Plastik oder Porzellan, und ein blendend helles Licht sei von ihm ausgegangen.

Es näherte sich schnell und hielt plötzlich über einem Baum an, wo es in der Luft stehenblieb. An dem höchsten Punkt in seiner Mitte, also an der Spitze des V, befand sich eine Kabine oder ein Fenster mit Glühbirnen. Nach fünfzehn bis zwanzig Sekunden schoß es seitlich davon und verschwand mit enormer Geschwindigkeit nach Norden. Das Ding war so groß wie ein zusammengefalteter 747er Jumbo, aber viel breiter. Am erstaunlichsten war, daß es keinerlei Geräusche von sich gab.

Der Offizier sagte auch, jedesmal, wenn ein solches Objekt über der Basis auftauche, fielen Elektrizität und Waffensysteme aus.

Vielfach wurden riesige fliegende Dreiecke und Untertassen über der Basis gesichtet. Jorge Martín, den ich als zuverlässigen, ehrlichen Ufologen schätze, sah eines Nachmittags im Januar 1993 selbst eine merkwürdige fliegende Scheibe über dem Sicherheitsbereich der Basis. In seiner Gesellschaft befanden sich seine Frau und Forscherkollegin Marleen sowie drei amerikanische Ufologen. »Wir alle sahen das Objekt«, sagte Jorge, »das unten flach war und von einer kleinen Kuppel gekrönt wurde.« Mit einer schwankenden oder schaukelnden Bewegung erhob sich die Untertasse in die Luft und verschwand in einer Wolke.

Viele Zeugen berichten, der Erdboden habe sich in einem bestimmten Bereich der Basis zwischen zwei Bergen »geöffnet«. Das entstandene »Loch« sei von einem strahlenden orangeroten Licht erfüllt gewesen. Einer der interessantesten Zwischenfälle ereignete sich während einer gemeinsamen Übung mit der Nationalgarde im Jahre 1989. Ein Offizier erzählte Martín folgendes:

Es war Nacht, und wir waren im Feld. Plötzlich sahen wir alle, wie sich einer der Berge im Norden (im hinteren Bereich der Basis) öffnete. Aus der Öffnung strömte ein starkes Licht, dessen Farbe eine Mischung aus Orange und Rosa darstellte. Plötzlich tauchten aus dem Spalt zahlreiche fliegende Untertassen auf. Nachdem sie herausgekommen waren, schloß sich die Öffnung im Berg erneut und alles war wie zuvor. Wir konnten nicht glauben, was geschehen war …

Am nächsten Tag wurden alle, die den Vorfall beobachtet hatten, zusammengerufen. Hubschrauber mit [amerikanischen] Offizieren landeten. Sie erklärten, was wir gesehen hatten, sei Realität, aber es bestehe kein Grund zur Beunruhigung, die US-Behörden, das Militär und die NASA kümmerten sich bereits um die Angelegenheit. Sie wiesen uns an, mit niemandem über das, was wir gesehen hatten, zu sprechen, weil dies zu Problemen führen würde. Zu keiner Zeit sprachen sie von einem außerirdischen Ursprung des Phänomens, aber etwas in ihren Worten schien darauf hinzudeuten.

Im Sommer 1979 beobachteten José Luis Rodríguez und sein Cousin angeblich auch, wie fliegende Untertassen aus einem flachen Gebiet in der Nähe der Basis von Santiago aufstiegen. Dieses liegt im nordöstlichen Teil der Basis, zwischen dem Berg Río Juan und einem Abschnitt der alten Staatsstraße Nummer eins, in der Nähe eines Sperrgebiets, in dem die Artillerie Luft- und Bodenübungen durchführte. Der Vorfall soll sich gegen 11 Uhr ereignet haben, die jungen Männer waren auf ihren Pferden unterwegs. »Wir hörten ein Geräusch, und plötzlich bewegte sich die Erde vor uns«, erzählte Rodríguez Martín.

Ein Teil des Boden erhob sich mitsamt Erde, Steinen, Unterholz, Büschen und allem anderen. Es sah aus wie getarnte Plattformen, die wie normales Gelände wirkten. Offenbar wurden diese von einer starken Hydraulik angehoben. Seitlich davon befanden sich anscheinend Netze, die mit Streifen, Büschen und ähnlichem getarnt waren.

Metallwände reichten bis tief in die Erde. Als sich die Plattformen hoben, konnten die Zeugen große, rechteckige Öffnungen erkennen, von denen einige über 25 Meter breit waren.

Dann vernahmen wir ein lautes Summen und sahen, wie zwei Objekte aus den Öffnungen herausgeflogen kamen. Fliegende Untertassen! Mit geringer Geschwindigkeit stiegen sie bis auf die Höhe eines zehnstöckigen Hauses über der Öffnung, wo sie auf der Stelle schwebten. Es handelte sich um schöne, silbrig-metallisch schimmernde Objekte mit einem Durchmesser von zwanzig Metern. Um die Mitte herum verlief bei beiden ein Bereich, der nur aus Fenstern bestand, aus denen ein starkes Licht fiel.

Wenig glaubhaft scheint, was die jungen Männer in der Mitte der flachen Unterseite des Raumschiffs gesehen haben wollen: nämlich das Akronym »URSS« oder »UPSS« in kaum sichtbaren Lettern.[13] Falls ersteres zutreffen sollte, würde es sich um das spanische Akronym für die Sowjetunion handeln! Man könnte spekulieren, bei dem Raumschiff habe es sich um eine geheime Entwicklung der Amerikaner beziehungsweise der Russen oder um ein gemeinsames Projekt gehandelt, das möglicherweise auf außerirdischer Technologie basierte. Wie in *Sie sind da* ausführlich berichtet, gibt es Informationen, daß die Amerikaner mindestens seit den fünfziger Jahren Testflüge mit diskusförmigen Objekten durchführen. Auf jeden Fall deuten die Indizien, nicht zuletzt die hydraulisch betriebenen getarnten Plattformen, darauf hin, daß die Untertasse irdischen Ursprungs war. Nachdem die Zeugen die Untertasse zwei Minuten lang beobachtet hatten, löste sich von einem in der Ferne gelegenen Gebäude ein weißer Jeep und raste auf sie zu. Da sie annahmen, die Piloten hätten sie entdeckt und der Sicherheitspolizei gemeldet, ritten die beiden Männer schleunigst davon.[14]

Ein einzigartiges Exemplar

1979 oder 1980 wurde angeblich ein Wesen, das den zuvor in Puerto Rico gesichteten zwar glich, aber kleiner war, von einem jungen Mann, einem gewissen José Luis »Chino« Zayas, in einer Höhle getötet, die in der Nähe eines Berges hinter dem Lager der Nationalgarde in Santiago lag. »Wir wissen nicht wirklich, ob es etwas mit Außerirdischen zu tun hat«, betonte Jorge Martín mir gegenüber. »Bekannt ist nur, daß es aus dem Höhlensystem kam, in dem es eine Menge merkwürdiger Aktivitäten gegeben hat.«[15]

»Zum ersten Mal hörte ich von dem Fall, als [Chino] uns davon berichtete«, erklärte Sergeant Benjamín Morales von der Polizei von Salinas bei einem Interview mit Jorge Martín.

Er sagte, er habe sich mit einem Freund weit oben auf den Tetas de Cayey [Zwillingsgipfel] aufgehalten. Dort hätten sie eine Gruppe kleiner Tiere gesehen. Diese Geschöpfe sahen aus wie kleine Menschen und zogen sich in eine Spalte im Inneren der Höhle zurück. Angeblich griff einer der Winzlinge Chino an oder packte ihn am Bein. Er bekam Angst, griff sich einen Stock und schlug die Kreatur tot. Später sah ich das kleine menschliche Wesen oder Tier selbst, als es von [dem Polizeibeamten] Osvald Santiago [der es Chino abgenommen und beschlagnahmt hatte] zur Polizeistation gebracht wurde ... Chino hatte Angst, es würde verwesen, und brachte es deshalb Wito Morales, dem Besitzer des Beerdigungsinstituts Montserrat, der es

Das kleine Wesen, das »Chino« Zayas im Jahre 1979 oder 1980 in einer Höhle hinter dem Lager der puertoricanischen Nationalgarde tötete. Für die von Rafael Baerga etwa ein Jahr nach dem Vorfall aufgenommenen Bilder wurde die Kreatur aus dem Glas genommen, in dem sie in einer Formaldehydtinktur konserviert worden war. Unten ein Bild des Schädels, auf dem die Spuren des tödlichen Schlags deutlich zu erkennen sind. *(Rafael Baerga)*

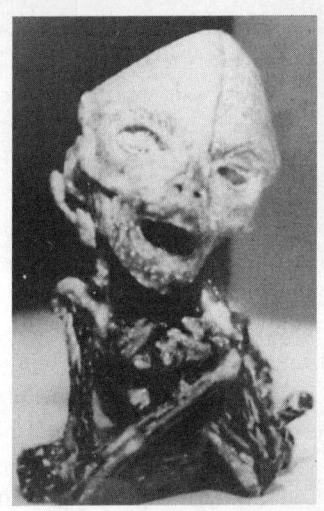

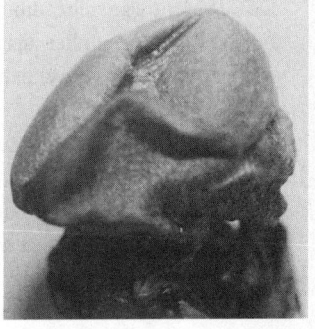

in einem Glas mit Formaldehyd konservierte.

Das Ding war weder Tier noch Mensch, sondern gehörte einer unbekannten Art an. Seit 24 Jahren arbeite ich bei der Polizei von Puerto Rico … Wenn ich mir nicht sicher wäre, würde ich Ihnen das nicht sagen … Ich bin geprüfter Sanitäter. Wer sagt, es handelt sich um eine Fälschung, einen Affen oder einen Fötus, der weiß nicht, was

er sagt oder lügt … Das Ding hatte einen Kopf, der für seinen Körper zu groß war, und spitze kleine Ohren. Seine Haut war graugrün und [seine Augen waren] groß und standen schräg. Anstelle einer Nase besaß es nur zwei kleine Löcher, der Mund hatte weder Lippen noch Zähne – zumindest erinnere ich mich nicht, Zähne gesehen zu haben ... Die Knochenstruktur war anders ... Sie waren vollständig ausgebildet und hart, der Schädel war nicht weich, die Knochen nicht brüchig.

Elizabeth Zayas, Chinos Schwester, lieferte weitere Details:

Seitlich an seinem Kopf wuchs weißes oder blondes Haar, aber ansonsten war er kahl. Seine Augen waren groß, die Pupillen wie die einer Katze geformt. Merkwürdig an den Augen war, daß sie keine Farbe besaßen, sondern transparent, weißlich und kristallin wirkten. Ich weiß nicht, ob das daran lag, daß der kleine Mann tot war, oder ob sie einfach so waren. Die Arme waren lang und dünn, die Hände reichten bis zu den Knien oder noch weiter. Die Hände erinnerten an Gabeln. Sie besaßen nur vier klauenartige Finger, wie die Krallen einer Katze, zwischen denen eine dünne Membrane, eine Art Schwimmhaut, saß ...
Das Wesen war sehr dünn und hatte höchst eigenartige Füße ... Sie sahen eher aus wie die Flossen, die Schwimmer und Sporttaucher verwenden.

Die »Schwimmflossen« stellen eine interessante Parallele zu Jan Wolskis Außerirdischen dar (siehe Kapitel 12).

Das Wesen blutete zu keinem Zeitpunkt aus seiner tödlichen Wunde, war aber von »einer durchsichtigen Schmiere, die an Eiweiß erinnerte« bedeckt, sagte Elizabeth Zayas. Penis und Hoden waren gut entwickelt. »Es handelte sich definitiv weder um ein Baby noch um einen Affen«, erklärte sie nachdrücklich.[16]

Calixto Pérez, Chemieprofessor an der Universität von Puerto Rico, untersuchte das Wesen ebenfalls. »Meiner Meinung nach handelte es sich um ein außerirdisches Wesen«, sagte er Jorge. »Sein Schädel war zu groß für den kleinen, mageren Körper, und die Augen auch ...«[17]

Schließlich informierte die Polizei die amerikanischen Militärbehörden. Kurz darauf tauchten Männer bei den Zayas auf. »Mein Mann war da, als sie kamen«, sagte Elizabeth. »Er sagte mir, sie hätten ihm Papiere gezeigt, so was wie den Befehl, das Ding zu beschlagnahmen, und sich als Bundesbeamte ausgewiesen. Angeblich kamen sie von der NASA. Sie durchsuchten das Haus, fanden das Glas und nahmen es mit. Chino sagte mir, die Männer hätten behauptet, sie würden die Leiche in ein Museum in Ponce bringen, wo sie ein Labor unterhielten. Von dort würde es in die Vereinigten Staaten überführt und der NASA ausgehändigt ...«[18]

Wo auch immer diese Wesen herkommen mögen, daß sie die Untertassen steuern, ist unwahrscheinlich!

Auf der Jagd nach dem Chupacabras

Ende 1994 häuften sich in Puerto Rico die Fälle von Verstümmelungen, denen Hunderte von Tieren zum Opfer fielen. Diese Verstümmelungen wurden dem Chupacabras – »Ziegen-Blutsauger« – und anderen Kreaturen, die Jorge Martín ABEs (*anomalous biological entities* – anomale biologische Wesen) nennt, zugeschrieben. Meistens wurden an den Tieren kleine, runde

Der berüchtigte Chupacabras, der Mitte der neunziger Jahre auf Puerto Rico von zahlreichen Zeugen beobachtet wurde. Diese Darstellung von Jorge Martín gilt als exaktestes Porträt dieser Wesen, die für den Tod von Hunderten von Tieren verantwortlich gemacht werden. *(Jorge Martín)*

Löcher entdeckt, die etwa sechs bis zwölf Millimeter breit waren. Diese waren in einem Dreieck angeordnet und führten vom Hals oder Unterkiefer direkt bis in das Kleinhirn. Diese Wunden verursachten stets den sofortigen Tod des Opfers. »Die Waffe, mit der das Tier durchbohrt wird, ist mindestens siebeneinhalb bis zehn Zentimeter lang«, so Martín. »In einigen Fällen wurde sie benutzt, um die Wände der Wunde auszubrennen – anscheinend, um übermäßigen Blutverlust zu verhindern.«

Manchmal finden sich Wunden dieser Art auch an Flanken und Bauch des Opfers. Normalerweise führt dieser Schnitt durch den Magen bis zur Leber, aus der offensichtlich Gewebe und Flüssigkeit entnommen werden. Das bedeutet eine Schnittlänge von bis zu 13 Zentimetern, die durch Nekropsien tatsächlich bestätigt wurde ... An Hals, Brust, Bauch sowie im Analbereich ... wurden ebenfalls größere Löcher entdeckt, deren Durchmesser zwischen zweieinhalb und dreißig Zentimetern schwankte ... es handelte sich um saubere Schnitte, durch die den Körpern bestimmte Organe entnommen wurden. Entfernt wurden die Fortpflanzungs- und Geschlechtsorgane, der Anus, die Augen und andere Weichteile.

Blut und andere Flüssigkeiten entnimmt die Kreatur den Tieren vermutlich mit Hilfe seiner langen, schlangenartigen Zunge. Der Mehrzahl der Berichte zufolge handelt es sich beim Chupacabras um eine Kreuzung aus einem typischen »Grauen« außerirdischer Herkunft und einem aufrecht gehenden, zweibeinigen Dinosaurier ohne Schwanz mit kurzen Armen und Händen, an denen drei Klauen sitzen. Martín führt aus:

Von zwei länglichen roten Augen und kleinen Löchern im Nasenbereich war die Rede, von einem schmalen, schlitzzähnlichen

Mund, aus dem oben und unten Fangzähne hervorstehen ... Offenbar ist der gesamte Körper von festem, grobem Haar bedeckt. Die meisten Beobachter behaupten, er sei schwarz, doch offenbar besitzt er die bemerkenswerte Fähigkeit, wie ein Chamäleon nach Belieben von Schwarz zu Grün, Graugrün, Hellbraun oder Beige zu wechseln.[19]

Sogar fliegen können soll dieses Wesen. So behauptet Daniel Pérez aus dem Bezirk Campo Rico in Canóvanas nördlich von El Yunque, eines Morgens gegen 6 Uhr 45 ein Summen gehört zu haben. »In diesem Augenblick näherte sich das Wesen, das offenkundig flog«, erzählte Pérez Martín. »Es landete gute sechs Meter von meinem Standort entfernt auf einem großen Stein, der sich auf meinem Besitz befindet.

Kaum hatte es den Stein berührt, erhob es sich mit neuem Schwung wieder in die Luft und flog über die Bäume, ohne auch nur ein einziges Blatt zu berühren. Aufrecht muß dieses Geschöpf etwa einen Meter fünfzig groß sein. Die Hinterbeine sind lang, die Vorderbeine kurz ... Vom Scheitel aus zieht sich eine Reihe beweglicher Flossen den gesamten Rücken hinunter. Bevor es abhob, bewegten sich die Flossen in Flugrichtung ... Sie sind zwischen fünfzehn und zwanzig Zentimeter lang, und es bewegt sie so schnell, daß sie wie Haare aussehen.[20]

Im Januar 1997 nahmen mich Jorge Martín und seine Frau Marleen nach Canóvanas mit, wo wir mit mehreren Zeugen sprachen, die, wie Daniel Pérez auch, den Chupacabras am hellichten Tag gesehen haben. Madelyn Tolentino und ihre Mutter zeigten mir, wo sie ihn dabei beobachtet hatten, wie er an einem Nachmittag im August 1995 die Straße vor ihrem Haus hinunterlief. Als sie sich dem Monster vorsichtig näherten, verschwand es mit phänomenaler Geschwindigkeit in den Büschen. Die Zeugen, die mir absolut vernünftig schienen, berichteten übereinstimmend von einer durchsichtigen Membrane zwischen den Armen und dem Rücken der Kreatur, die möglicherweise beim Flug zum Einsatz kommt.

Aus zuverlässigen Quellen weiß Jorge, daß Chupacabras bereits mehrfach gefangen worden sind. Angeblich erwischten Forstangestellte in der Nacht vom 6. auf den 7. November 1995 ein lebendes Exemplar, das in die Vereinigten Staaten gebracht wurde. Bei einer anderen Gelegenheit wurde von puertoricanischen Bundesbeamten und Angestellten des US-Landwirtschaftsministeriums ein lebendes Tier in einem Käfig an einen unbekannten Ort gebracht. Ein Zivilangestellter einer Basis der US Army in San Juan (sein Name ist mir bekannt) berichtete mir, er habe einen toten Chupacabras gesehen, dessen Leiche in einem Spezialkäfig aus verstärktem Maschendraht auf Eis frischgehalten wurde. »Er hielt sich in einem Büro auf«, erzählte mir Jorge, »als mehrere Soldaten hereinkamen, die einen würfelförmigen Behälter trugen, der von einem Drahtgitter umgeben war. Sie stellten ihn auf den Tisch in seinem Büro.

Als er neugierig das Tuch beiseite schob, unter dem sich der Inhalt des Käfigs verbarg, sah er eine abscheuliche Kreatur, die offenbar tot war. Daraufhin sagte er zu den Soldaten, das Tier sehe aus wie der Chupacabras. Diese wurden wütend und erklärten, es handle sich um einen Affen. Wenn er sich Probleme ersparen wolle und ihm sein Job lieb sei, solle er aber für sich behalten, was er gesehen hatte.«[21]

Die puertoricanischen Behörden nahmen das Chupacabras-Phänomen sehr ernst. Am 9. November 1995 legten die Abgeordneten José Nuñez González und Juan López der 12. Allgemeinen Versammlung des Repräsentantenhauses eine Resolution vor, die in Auszügen folgendermaßen lautete:

In den letzten Monaten werden aus Puerto Rico zahlreiche Todesfälle von Tieren und Angriffe auf diese gemeldet, für die es bis heute keine Erklärung gibt ... Die Zahl der Fälle hat sich in letzter Zeit erhöht, und die Bevölkerung von Puerto Rico verlangt von der Regierung, daß sie Schritte einleitet, um dieser beunruhigenden Situation ein Ende zu setzen ...

Der Landwirtschaftsausschuß des Repräsentantenhauses wird hiermit angewiesen, eine gründliche und eingehende Untersuchung durchzuführen, um dieses unbekannte Phänomen aufzuklären und dafür zu sorgen, daß die Bauern unseres Landes durch den sogenannten Chupacabras nicht weiter geschädigt werden.[22]

Diese offiziellen Untersuchungen sind nicht neu. 1991 sagte der Direktor der puertoricanischen Staatsbehörde für zivile Verteidigung und Verfasser einer Anweisung mit Richtlinien für die geheime Untersuchung von UFO-Sichtungen, Colonel José A. Nolla, bei einer Anhörung im Senat von Puerto Rico unter Eid aus, seine Behörde und das Militär hätten die zahlreichen UFO-Sichtungen und Tierverstümmelungen untersucht, die sich im Laufe der Jahre auf der Insel ereignet hatten.[23]

In einem am ersten Weihnachtsfeiertag des Jahres 1995 von Noti-Uno ausgestrahlten Rundfunkinterview verlieh Fernando Toledo, der Präsident des puertoricanischen Landwirtschaftsverbands, seiner Überzeugung Ausdruck, daß der Chupacabras keine einheimische Spezies sei. »Wenn wir wissen, daß es sich nicht um einen Affen handelt«, sagte er, »dann haben wir es wohl mit einem Außerirdischen zu tun ...«[24]

Zeuge einer Verstümmelung

Am 12. Januar 1997 gegen 2 Uhr 15 fuhr der frühere Polizeibeamte Piedro Viera (Name geändert) auf der Bundesstraße 30, die die Südgrenze des Naturschutzgebiets von El Yunque berührt, von Caguas nach Humacao. Plötzlich sah er ein Licht am Himmel, das sich aus der Gegend von El Yunque näherte und immer größer wurde, bis es wie eine umgedrehte Untertasse aussah. »Es näherte sich mir bis auf 200 Meter und hielt dann an«, erzählte er mir. »Ich fuhr an den Straßenrand, wo einige Kühe weideten.«

Sein Durchmesser betrug etwa fünfzig Meter, und es war mit zwölf bis fünfzehn viereckigen Lichtern oder Fenstern ausgestattet. Ein blaugrüner Lichtkegel richtete sich von dem Raumschiff nach unten und erfaßte zwei der Kühe, von denen eine auf das UFO zu schwebte. Zirka einen Meter fünfzig unter dem Schiff verschwand die Kuh plötzlich. Dann entfernte sich das Objekt langsam in Richtung Humacao.

Viera versuchte, die Untertasse mit seinem Transporter zu verfolgen. In diesem Augenblick kam ein schwarzer 4X4-Pick-up vorbei. Zwei Männer mit schwarzen, militärisch wirkenden Uniformen und Mützen stiegen aus und befahlen ihm, den Motor abzustellen. Dann solle er sich mindestens zehn Minuten lang nicht vom Fleck rühren.

»Warum?« wollte Viera wissen.

»Bleiben Sie einfach, wo Sie sind, und lassen Sie uns unsere Arbeit erledigen.«

Die Männer kehrten zu ihrem Transporter zurück und folgten dem UFO. Nach 15 Minuten setzte Viera seine Fahrt fort. Bald stieß er am Straßenrand auf eine Kuh, die der glich, die er zuvor gesehen hatte. »Offenbar war sie von oben heruntergeworfen worden, weil zwei ihrer Beine zerschmettert waren«, erklärte er. »An ihrer Seite verliefen fünf gerade Schnitte, von denen einer bis zur Brust reichte. Am Rumpf befand sich ein rundes Loch, aber Blut sah ich kaum …«

Viera schien mir ein ehrlicher Zeuge zu sein. Noch vor der Veröffentlichung seiner Geschichte durch Jorge Martín erhielt er zum ersten Mal Drohungen, die lange nicht aufhörten. Er ist überzeugt davon, daß sie von amerikanischen Bundesbeamten stammen.[25]

Besuch auf einer außerirdischen Basis?

Carlos Mañuel Mercado behauptet, eines Nachts im Juni 1988 hätten ihn drei Außerirdische in seinem Haus in Cabo Rojo aufgesucht und in ihrer Untertasse mit auf ihre Basis in der an die Laguna Cartagena grenzende Sierra Bermeja genommen.

In vieler Hinsicht glichen die Wesen dem Stereotyp von den »Grauen«, allerdings zeigte ihre Gesichtshaut Pickel. Als sie ihn ansprachen, »hörte« er sie, obwohl sich ihre Münder nicht bewegten. Alle drei trugen enganliegende sandfarbene, einteilige Anzüge. Mercado wurde aus seinem Haus und die Straße hinunter auf offenes Gelände geführt, wo eine von einer Kuppel gekrönte, auf drei Beinen ruhende Untertasse auf ihn wartete. Durch eine Treppe, die zu einer Öffnung unterhalb des Mittelteils führte, gelangten sie ins Cockpit. Dort trafen sie auf weitere kleine Wesen. Einer der Außerirdischen war jedoch größer gewachsen und wirkte »ein wenig menschenähnlicher«. Er war so groß wie Mercado (einen Meter dreiundsiebzig) und trug ein weißes Gewand. Nachdem er Mercado versichert hatte,

Carlos Mercado, der behauptet, im Juni 1988 von Außerirdischen entführt und auf ihrer Basis in der Sierra Bermeja an der Laguna Cartagena auf Puerto Rico verschleppt worden zu sein. (© Timothy Good)

daß ihm nichts geschehen werde, hob das Raumschiff ab. Durch ein Bullauge konnte Mercado beobachten, wie sie auf die nur wenige Kilometer entfernte Sierra Bermeja Kurs nahmen.[26]

»Als sich das Raumschiff dem Berg El Cayúl näherte«, berichtete mir Mercado, »sah ich ein gleißendes Licht, und etwas öffnete sich. Durch eine Art Tunnel gelangte das Raumschiff in eine große Höhle. Wir stiegen alle aus. Die Höhle war so hell erleuchtet, daß ich eine Brille erhielt, die ich tragen sollte. Alles schien aus Aluminium zu bestehen. ›Ich werde Ihnen zeigen, wie fortschrittlich wir sind‹, sagte der große Außerirdische zu mir.

Es gab eine Vielzahl barackenartiger Gebäude. Hunderte kleiner Außerirdischer, von denen einige eine Art Mütze trugen, bauten an Fließbändern Maschinen zusammen. Ich sah viele Raumschiffe: Untertassen wie die, mit der wir gekommen waren, und andere, die von drei- oder sechseckiger Gestalt oder wie Bumerangs geformt waren.«[27] Dann wandte sich der Große an Mercado.

Wie Sie sehen können, befindet sich hier eine Basis für die Wartung unserer Schiffe. Wir halten uns schon lange hier auf und haben nicht die Absicht, das zu ändern. Wir wollen, daß die Menschen der Erde erfahren, daß wir ihnen wohlgesonnen sind und nicht die Absicht haben, ihren Planeten zu erobern. Wir reichen euch die Hand, um eine Beziehung herzustellen, die für beide Teile von Vorteil sein wird …

»Warum sagen Sie das mir?« protestierte Mercado. »Ich bin nur ein einfacher Mann, dem niemand glauben wird.«

»Das ist unwichtig«, lautete die Antwort. »Die Leute werden Ihnen ebenso zuhören wie den vielen anderen, mit denen wir Kontakt aufnehmen, um ihnen diesen Ort zu zeigen. Wenn die [gebildeten] Leute darauf hören, was ihr einfachen Menschen –

wie Sie sich selbst nennen – sagt, werden Sie wissen, daß ihr die Wahrheit sprecht.«[28]

Dann brachte man Mercado zu seinem Haus zurück.

»Sind Sie sicher, daß es nicht nur ein Traum war?« fragte ich ihn bei einem Interview in seinem Haus in Cabo Rojo im Jahre 1997.

»Manchmal frage ich mich selbst, ob es nicht ein Traum war, aber es war alles so real«, erwiderte er. »Auf jeden Fall erinnere ich mich nicht, eingeschlafen zu sein. Ich sah gerade fern, als sie zum Haus kamen, und als ich um drei Uhr morgens zurückkehrte, erzählte ich meiner Frau von meinem Erlebnis.«

»Was wollen die Ihrer Ansicht nach hier?«

»Ich glaube, sie versuchen herauszufinden, wie sie hier über-leben können«, lautete seine höchst interessante Antwort.

»Glauben Sie, die Basis befindet sich immer noch dort?«

»Ich denke schon, weil hier immer noch soviel passiert.«[29]

Jorge Martín ist ein im selben Gebiet ansässiger hochrangiger Offizier bekannt, der von einem ähnlichen Erlebnis erzählt. »Al-les, was er sagt, bestätigt die von Carlos Mañuel Mercado erwähn-ten Details«, berichtet Jorge, »vor allem die Stelle, wo sich der Berghang zur Basis im El Cayúl öffnet.«[30]

Ich bin oft an der Laguna Cartagena und in der Sierra Bermeja gewesen. Meine Enttäuschung darüber, daß ich nie etwas Unge-wöhnliches bemerkt habe, wurde stets durch den Anblick der schönen Landschaft gemildert. Ich kann gut verstehen, warum die Außerirdischen gern dort bleiben möchten. Die kleinen grauen Männchen sind von der grünen Umgebung offenbar ebenfalls begeistert.

Verkettung

Einer der vielen faszinierenden Aspekte dieser Berichte ist die mögliche Verbindung zwischen den vom Äußeren her fremdartigen Außerirdischen und denen mit menschenähnlicher Gestalt. In diesem Buch habe ich mehrfach aufgezeigt, daß die außerirdischen Arten vielfältiger sind als gemeinhin angenommen. Während die verschiedenen Arten in den meisten Fällen einzeln auftreten, gab es auch Begegnungen, bei denen sie zusammen gesehen wurden. Ein klassisches Beispiel für diese außerirdische Zusammenarbeit ist der bekannte Fall von Travis Walton, der in Gegenwart von fünf Zeugen im November 1975 in Heber im amerikanischen Bundesstaat Arizona von einem Lichtstrahl aus einem unbekannten Raumschiff getroffen wurde und daraufhin das Bewußtsein verlor. Offenbar wurde er an Bord »gebeamt« und dort fünf Tage lang festgehalten.

Als er das Bewußtsein wiedererlangte, sah sich Walton drei menschenähnlichen Wesen gegenüber, die nicht ganz einen Meter fünfzig groß waren und Overalls trugen. Ihre überdimensionalen Köpfe waren unbehaart, die Haut war nahezu kalkweiß. Anders als die typischen »Grauen«, deren große schwarze Augen keine sichtbar von der Pupille getrennte Iris besitzen, hatten diese Exemplare große braune Augen, deren Iris doppelt so groß war wie beim Menschen. Von dem weißen Augapfel war kaum etwas zu sehen. Auf diesem Raumschiff begegnete Walton jedoch auch drei größeren, von Menschen kaum zu unterscheidenden Männern sowie einer Frau. Wie Walton in seinem wichtigen Buch *Feuer am Himmel* (Orig. *Fire in the Sky*) schrieb, war das einzig Auffällige an ihnen »etwas eindeutig Merkwürdiges« an ihren Augen, wobei er nicht beschreiben konnte, was daran so eigenartig war.

Gehörten die kleineren Wesen einer völlig anderen Rasse an? Oder handelte es sich, wie ich glaube, um biologische Roboter? »Wer hat mit wem zusammengearbeitet?« fragt Walton. »Ich entdeckte nichts, was mir diese Frage hätte beantworten können. Eigentlich sah ich die beiden Typen nie gleichzeitig an einem

Ort.« Hätten die Außerirdischen mit Walton kommuniziert, wäre dies sicher hilfreich gewesen, aber all seine Fragen wurden mit Schweigen beantwortet.[31]

In meinen Buch *Sie sind da* ist ein Kapitel den bemerkenswerten Dingen gewidmet, die »Jim« [Evans], ein früherer Sicherheitsbeamter der US-Luftwaffe, dessen Familie und andere ab 1975 auf ihrer Ranch in Colorado erlebten. Vieh wurde verstümmelt, ein »Bigfoot« und mehrere Untertassen wurden gesichtet, und schließlich kam es zu einer Begegnung mit zwei von Menschen kaum zu unterscheidenden Wesen, die die Operation zu kontrollieren schienen. Der Kontakt fand spät in der Nacht statt. Jims Beschreibung dieser Wesen stimmt mit vielen anderen überein, von denen die frühesten aus dem Jahre 1920 stammen, man denke nur an Albert Coe (Kapitel 1). »Sie waren ungefähr einen Meter fünfundsiebzig groß«, berichtete er, »und trugen enganliegende Kleideranzüge. Die Dinger sahen ungefähr so aus wie Fliegeranzüge, verstehen Sie?«

> Mir fiel auf, daß die Farbe der Kleidung zwischen Braun und Silber wechselte, aber ich habe keine Ahnung, wie. Sie waren sehr blond, hatten große Augen und schienen völlig normal, ganz locker. Über dem blonden [kurzen] Haar trugen sie etwas auf dem Kopf ... Am meisten beeindruckten mich ihre Augen ... Ihre Gesichtszüge waren fein. Sie waren so zart, daß sie weiblich wirkten [und] waren sehr selbstsicher.

Während des Treffens zeigten die Wesen, daß sie den Bigfoot mit Hilfe eines kastenähnlichen Geräts vollkommen beherrschten. Ob dieser nun von der Erde stammt oder nicht, alles deutet darauf hin, daß er in untergeordneter Funktion beschäftigt wird. Jim war davon überzeugt, daß sich auf seiner Ranch eine außerirdische Basis befand, weil diese auf eine Basis der US Air Force blickte. »Ich kann nur annehmen, daß sie uns beobachten und unser militärisches Potential im Auge behalten«, sagte er den Ufologen.

»Das sind keine ›großen Brüder‹ aus dem All, die sich für uns als spirituelle Wesen interessieren oder so etwas in der Art«, fuhr Jim fort. »Wir stören sie ganz einfach und das, obwohl sie vielleicht humaner eingestellt sind als wir. Ich bin mir jedenfalls sicher, daß sie das Vieh verstümmeln. Die Rinder werden in die Luft gehoben, ihnen wird das Blut ausgesaugt, und dann bringt man sie wieder zurück.«

Verstümmelungen von Vieh kommen häufig vor, wenn sich in einem Gebiet Militärhubschrauber aufhalten. Viele beschuldigen daher das Militär. Jim war anderer Ansicht. »Mir wurde ziemlich frühzeitig klar, daß die Regierung Helikopter verschiedener Herkunft in großer Zahl herschickt, aber das ist nur ein Vertuschungsmanöver.«[32]

Mir scheint es wichtig, daß in vielen Gegenden, in denen Verstümmelungen von Tieren gehäuft vorkommen – wie in Puerto Rico und Colorado –, Gerüchte von nahe gelegenen außerirdischen Basen erzählt werden. Vielleicht sind diese Gerüchte nicht unbegründet. Wenn Blut, Organe und Gewebe tierischen Ursprungs benötigt werden, wäre es sicher sinnvoll, in der Nähe über eine Operationsbasis zu verfügen. Lieutenant Colonel a. D. Philip Corso von der US Army, der Anfang der sechziger Jahre in leitender Position beim Stab für Forschung und Entwicklung der Armee im Pentagon tätig war, glaubt, die EBEs (*extraterrestrial biological entities* – außerirdische biologische Wesen) befassen oder befaßten sich mit »Experimenten zur Entnahme von Organen, die möglicherweise bei der Übertragung auf andere Arten, der Herstellung von Nährstoffpaketen oder der Züchtung hybrider biologischer Wesen Verwendung finden.« Er behauptet, in der Presse seien die ersten Berichte über die Verstümmelung von

Vieh zwar erst 1967 aufgetaucht, aber »im Weißen Haus lasen wir unveröffentlichte Berichte über Verstümmelungen, vor allem im Gebiet um Colorado, die bis in die Mitte der Fünfziger zurückreichten.«[33]

Ein anderer amerikanischer Bundesstaat, in dem es zu einer ungeheuerlichen Zahl von Viehverstümmelungen gekommen ist, ist New Mexico. Im Laufe der Jahre habe ich diesen Staat, der mir in den USA einer der liebsten ist, im Rahmen meiner Untersuchungen der vielen Facetten des UFO-Phänomens immer wieder bereist. Angeblich existieren oder existierten in zwei Gebieten außerirdische Basen, nämlich in Dulce (nicht weit von der Grenze zu Colorado) und in den Manzano Mountains in der Nähe von Albuquerque. Letztere spielen auch in *Jenseits von Top Secret* eine Rolle und wurden in diesem Buch bereits erwähnt, als die Beobachtungen des Sicherheitspersonals in der Nähe des Waffendepots von Manzano diskutiert wurden. Interessanterweise erfuhr ich aus zuverlässiger Quelle, daß in dieser Gegend einst eine außerirdische Basis bestanden haben soll.

Im März 1997 verbrachte ich einige Zeit in Dulce im Reservat der Jicarilla-Apachen, das knapp 340 000 Hektar malerischer Berglandschaft und zerklüfteter Mesas umfaßt. Ich machte Luftaufnahmen von der Archuleta Mesa (wo die Basis liegen soll) und sprach mit den Einheimischen. Ich sah Tausende unversehrter Rinder. Während in der Vergangenheit im Reservat tatsächlich merkwürdige Dinge vorgefallen waren – unter anderem war es auf der Mesa zu ungewöhnlichen Vorfällen gekommen, und zahlreiche Rinder waren verstümmelt worden (siehe *Sie sind da*) –, erfuhr ich, daß sich in den letzten Jahren nichts Bemerkenswertes ereignet hatte. Für die einzigen Tierverstümmelungen sind menschliche Jäger verantwortlich: Hirsche und Elche leben hier in großer Zahl. Schwarzbären und Berglöwen sind seltener, aber ebenfalls im Reservat beheimatet.

Die verwirrende Vielfalt der in diesem Buch – bei weitem nicht erschöpfend – beschriebenen außerirdischen Arten legt den Schluß nahe, daß die Erde zumindest von einem Dutzend verschiedener Rassen besucht worden ist. Dies bedeutet nicht unbedingt, daß sie alle von verschiedenen Planeten stammen. Angesichts der Verschiedenheit der auf der Erde heimischen Menschen- und Tierrassen kann man sich gut vorstellen, daß auf anderen Planeten eine ähnliche Artenvielfalt herrscht. Viele Außerirdische sind vielleicht gar nicht auf Planeten angewiesen.

Ich schließe jedoch nicht aus, daß einige dieser Wesen auf der Erde beheimatet sind. So sollte man die Geschichten über die merkwürdige Leute vom Mount Shasta (Kapitel 1) nicht aus den Augen verlieren.

Vielen von uns fällt es schwer genug, sich mit der Möglichkeit abzufinden, daß auch nur eine außerirdische Rasse mit uns interagieren könnte, geschweige denn ein rundes Dutzend. Ich muß allerdings betonen, daß sich die auf diesen Seiten beschriebenen Begegnungen über einen langen Zeitraum erstrecken. Daher glaube ich nicht, daß all diese Rassen gleichzeitig hier waren, obwohl es Hinweise auf Phasen intensiver »multirassischer« Aktivität gibt.

Indizien deuten darauf hin, daß verschiedene außerirdische Spezies auf unserem Planeten unter der Erdoberfläche und auf dem Meeresgrund Basen eingerichtet haben, die möglicherweise als Operationszentren innerhalb des Sonnensystems dienen.

Herbert Schirmer, dem 1967 in Nebraska von einem außerirdischen Raumschiff entführten Polizisten, sagte die Besatzung, sie besäßen Basen auf der Venus, dem Jupiter – und der Erde. »In den Vereinigten Staaten gibt es definitiv Basen«, sagte Schirmer. »Eine große Unterseebasis befindet sich vor der Küste von Florida … sie dient sowohl uns als auch ihnen. Dann gibt es eine Basis in der Polarregion und eine weitere große Basis direkt vor der argentinischen Küste. Diese Basen sind entweder unter der Erdoberfläche oder unter Wasser.«[34]

Was die Ziele der Außerirdischen angeht, habe ich keine endgültige Antwort parat. Ich will mich auch nicht einer einzigen Hypothese verschreiben. Zum Beispiel erfuhr Schirmer, die Außerirdischen »sammelten« Proben verschiedener Arten von Pflanzen, Tieren – und Menschen. »Er sagte, sie hätten ein als ›Zuchtanalyse‹ bekanntes Programm, bei dem Menschen zu Experimenten verwendet worden seien. Ob diese Menschen entführt und verschleppt worden waren, sagte er nicht …«[35]

Vielleicht züchten eine oder mehrere Rassen hybride Arten. Wenn dies der Fall ist, könnten die Gründe dafür komplex sein. Eine plausible Erklärung scheint, daß die Züchtung einer hybriden Rasse für die Anpassung an das Leben auf der Erde notwendig ist, was neue Fragen aufwirft.

Andere Spezies, die Basen auf unserem Planeten besitzen, halten es vielleicht für notwendig, unsere Aktivitäten zu kontrollieren, weil sie die möglichen katastrophalen Folgen der Kombination aus Kriegen mit nuklearen, biologischen und chemischen Waffen, Übervölkerung, Umweltverschmutzung, bedrohlichen geologischen Umwälzungen und Einflüssen der Sonnenaktivität fürchten (und das leider nicht zu Unrecht). Das gilt besonders, wenn sie selbst betroffen sein sollten. Wahrscheinlich ist auch, daß die höher entwickelten Arten keinen Grund sehen, sich zu erkennen zu geben, sondern sich lieber von der Masse der Menschheit fernhalten. Schließlich wissen sie, daß es noch Jahrhunderte dauern kann, bis wir in der Lage sind, diesen Kulturschock zu verarbeiten.

Die geheime Aktivität der Außerirdischen auf der »Verzauberten Insel« Puerto Rico mag ein Spiegel dessen sein, was im größeren Rahmen auf der außerirdischen Basis Erde geschieht – dieser zauberhaften Insel im galaktischen Ozean.

Sie sind hier und werfen all unsere Vorstellungen von Zeit und Raum über den Haufen. Manche sind bösartig, andere gutwillig. Der Kontakt ist bereits hergestellt, wenn auch nicht immer zu unseren Bedingungen und so, wie wir uns das vorstellen.

Danksagung

Es ist mir unmöglich, an dieser Stelle alle zu erwähnen, die direkt oder indirekt zur Entstehung von *Top Secret – Die UFO-Akten* beigetragen haben, aber ich möchte mich insbesondere bei den folgenden Personen und Organisationen bedanken:

Der George Adamski Foundation; Walter Andrus und dem Mutual UFO Network; Rafael Baerga; Leslie Banks, DFC, AFC; Margaret Barling; Juan José Benítez; Ted Bloecher; Ralph und Judy Blum; Jonathan Caplan QC; Filiberto Caponi; Gerry Casey und dem *Western Flyer* (Tacoma, Washington), Ronald Caswell; der Central Intelligence Agency; Paul Cerny; Antonio Chiumiento; Jerome Clark und dem J. Allen Hynek Center for UFO Studies; Sir Arthur C. Clarke; Terence Collins; Stephen Darbishire; der *Domenica del Corriere*; Britt und Lee Elders; Lucius Farish und dem *UFO Newsclipping Service*; dem Federal Bureau of Investigation; Ugo Furlan; Bruno Ghibaudi; Dr. Daniel Rebisso Giese; Horacio Gonzales; dem UFO-Informationszentrum in Göteborg; Charles Gourain; Antonio Guidici; Jane Thomas Guma; Bill Gunston, OBE; Dr. James Harder; Carol Honey; William E. Jones; Peter Jordan; Tony Kimery; Kevin McNeil; Carlos Mañuel Mercado; Lawrence Moore und Central Independent Television; James W. Moseley; der National Aeronautics und Space Administration (NASA); Héctor Antonio Picco und der *Crónica* (Buenos Aires); dem Norddeutschen Rundfunk (NDR); Lieutenant Commander a. D. Roland. Powell, US Navy; dem Public Record Office; Madeleine Rodeffer; Pedro Romaniuk; Herbert Schirmer; Dr. Berthold E. Schwarz; Dr. Irena Scott; William T. Sherwood; Warren Smith; Dr. Leo Sprinkle; Lieutenant General a. D. Thomas P. Stafford, US Air Force; Ray Stanford; Hal Starr; Bill Steele; General a. D. Boris Surikow, sowjetische Luftwaffe; Neil Thomas und dem *Staffordshire Newsletter*; Donald R. Todd; Marc Tolosano; der amerikanischen Air Force, Army und Navy; Dr. Jacques Vallée; Walter N. Webb; Don Worley; dem Wrocław-Club für Popularisierung und Erforschung von UFOs (Polen).

Besonderen Dank schulde ich Warren Aston für das Forschungsmaterial im Fall Udo Wartena; Jeannie Belleau, die mich 1997 so meisterhaft durch New Mexico chauffiert hat; Mark Ian Birdsall für das Forschungsmaterial aus seinem Buch *Flying Saucers of the Third Reich* und für seinen Bericht über den Jan-Siedlecki-Fall; Mark Booth, meinem Herausgeber bei Century für seine unerschütterliche Loyalität; Lieutenant Colonel a. D. Philip Corso, US Army, William J. Birnes und Pocket Books (Simon & Schuster) für die Auszüge aus *The Day After Roswell*; Gordon Creighton, dem ich *Top Secret – die UFO-Akten* gewidmet habe, für das umfangreiche Material aus der von ihm herausgegebenen *Flying Saucer Review*; Frédérique für ihre Hilfe bezüglich der Kontakterfahrung ihrer Mutter Joëlle; Rachael Healey und ihrer PR-Abteilung bei Century für das hervorragende Marketing; Air Marshal Sir Peter Horsley und seinem Verleger Leo Cooper für die umfangreichen Auszüge aus Sir Peters Autobiographie *Sounds from Another Room*; Desmond Leslie für das reiche Material aus *Flying Saucers Have Landed*, das er gemeinsam mit George Adamski verfaßt hat, und für reichhaltige zusätzliche Informationen und unvergeßliche Besuche in Castle Leslie; Andrew

Lownie, meinem Agenten, für seine Loyalität, Unterstützung und klugen Ratschläge; Jorge Martín und seiner Frau Marleen für die vielen Informationen und das umfangreiche Material aus ihrem Magazin *Evidencia OVNI* sowie dafür, daß sie mich in Puerto Rico zu den Treffen mit den Zeugen gebracht haben. Ihr Mut und ihre Einsatzbereitschaft angesichts zahlreicher Widrigkeiten sind bewundernswert. Howard Menger und seiner Frau Connie für das umfangreiche Material aus ihren Büchern, besonders aus Howards *Aus dem Weltraum zu Euch*; Joël Mesnard, dem Herausgeber von *Lumières dans la nuit* für Artikel und Zeichnungen; Carlos L. Moreno, der mich in Puerto Rico chauffierte und mir als Dolmetscher diente, für seine Übersetzungen; Ludwig F. Pallmann, wo immer er jetzt sein mag, für die Geschichte seiner bemerkenswerten Begegnungen mit Außerirdischen; Sue Phillpott für ihre ausgezeichnete Korrektur; Bob Pratt für Auszüge aus seinem Buch *UFO Danger Zone*; Walter Rizzi für den Bericht über seine Begegnung und die Skizzen dazu; Liz Rowlinson, Mark Booth' Assistentin bei Century für ihre Geduld und Professionalität; Janey Selley für das hervorragende Lektorat; Captain Graham Sheppard für die Transkription der Tonbandaufnahmen aus der America-West-Begegnung über New Mexico und für die Beratung zu Themen der Luftfahrt; Jean Sider für die Auszüge aus seinem Buch *Ultra Top-Secret* und für seine Hilfe und seinen Rat; Neville Spearman, dem Verleger von *Flying Saucers Have Landed* (Leslie und Adamski) und *Im Innern der Raumschiffe* (Adamski) für die langen Auszüge aus diesen Büchern; US Air Force Lieutenant Colonel a. D. Wendelle C. Stevens für Auszüge aus mehreren seiner Bücher; Mrs. Leonard Stringfield für Auszüge aus den Büchern ihres verstorbenen Ehegatten; Sir Mark Thomson für seine Beiträge und seine Unterstützung, insbesondere für die Finanzierung eines Aufklärungsflugs nach Dulce in New Mexico; Dorothee Walter für ihre Hilfe bei der Textverarbeitung und Übersetzung; Carroll und Rosemary Watts, wo auch immer sie sein mögen, für ihren Bericht und die Fotos von Carrolls Begegnungen; Haroldo Westendorff und Michael Wysmierski vom *Brazilian UFO Report* und der Grupo de Pesquisas Científico-Ufológicas (GPCU, im brasilianischen Pelotas) für das Material über den Vorfall von Lagôa de los Patos.

Herzlichen Dank auch an alle, die Beiträge geliefert oder mich anderweitig unterstützt haben, hier aber nicht genannt sind.

Anmerkungen

Einleitung

1 Strieber, Whitley, *Transformation: The Breakthrough*, Century, London, 1988, S. 254.

2 Strieber, Whitley, *The Communion Letter*, Sommer 1991.

3 Hopkins, Budd, *Witnessed: The True Story of the Brooklyn Bridge UFO Abductions*, Pocket Books, Simon & Schuster, New York, 1996, S. 398. Ebenfalls erschienen 1997 bei Bloomsbury, London. Dt. Ausgabe: *Entführt ins All. Die UFO-Kidnapper an der Brooklyn Bridge*, Ullstein, Berlin.

4 *UFO Investigator*, National Investigations Committee on Aerial Phenomena, Washington, D.C., Band 1, Nr. 1, Juli 1957.

5 Good, Timothy, *Beyond Top Secret: The Worldwide UFO Security Threat*, Sidgwick & Jackson, London, 1996, S. 539. Dt. Ausgabe: *Jenseits von Top Secret. Das geheime UFO-Wissen der Regierungen*. Zweitausendeins, Frankfurt, 1993.

6 Hopkins, op. cit. (In seinem Buch enthüllt Hopkins den Namen Pérez de Cuellar nicht, sondern nennt ihn den »dritten Mann«. Inoffiziell hat er dessen Identität jedoch bestätigt.)

7 Horsley, Sir Peter, *Sounds From Another Room: Memories of Planes, Princes and the Paranormal*, Leo Cooper, London, 1997.

8 Barton, Fiona, »Close Encounter in a Chelsea flat«, *Mail on Sunday*, London, 10. August 1997.

9 Stuttaford, Dr. Thomas, »Air Marshal's Flight of Fancy«, *The Times*, 14. August 1997.

10 Klarer, Elizabeth, *Beyond the Light Barrier*, Howard Timmins, Cape Town, 1980. Dt. Ausgabe: *Erlebnisse jenseits der Lichtmauer*. Turmalin, Gütersloh, 1994.

11 Clarke, Arthur C., »Why ET will never call home«, *The Times*, London, 5. August 1997.

12 Briefe an den Autor von Arthur C. Clarke, CBE, 29. August und 2. Oktober 1997.

13 McAndrew, Capt. James, *The Roswell Report: Case Closed*, Superintendent of Documents, US Government Printing Office, Mail Stop SSOP, Washington, D.C. 20402-9328, Juni 1997.

14 Haines, Gerald K., »CIA's Role in the Study of UFOs, 1947 – 1990«, *Studies in Intelligence*, Central Intelligence Agency, Frühling 1997.

15 The *New York Times*, 3. August 1997, zitiert von Nick Hopkins in der *Daily Mail*, London, 5. August 1997.

16 Interessanterweise gehörte Corso von 1954 bis 1957 auch dem National Security Council's Operations Coordination Board an, das später als »Special Group« oder »54/12 Committee« bekannt wurde. Diese Gruppe überwachte und bewertete unter mehreren Präsidenten die wichtigsten verdeckten Aktionen, die jemals in den Vereinigten Staaten stattfanden.

17 Corso, Col. Philip J., mit Birnes, William J., *The Day After Roswell*, Pocket Books, New York und London, 1997, S. 129.

18 *Flying Saucer Review*, FSR Publications Ltd., PO Box 162, High Wycombe, Bucks. HP12 5DZ, England.

19 Good, op. cit., S. 25.

1. Ein unwirkliches Theater

1 Cervé, Wishar S., *Lemuria: The Lost Continent of the Pacific*, The Rosicrucian Press, San José, California, 1980, S. 250–252.

2 Ibid., S. 256/257.

3 Ibid., S. 259–261.

4 Sagan, Carl, *The Cosmic Connection: An Extraterrestrial Perspective*, Coronet Books, London, 1975, S. 151/152. Dt. Ausgabe: *Blauer*

Punkt im All. Unsere Zukunft im Kosmos. Droemer Knaur, München, 1996.

5 Interview von Dr. Berthold Schwarz mit Albert Coe, Philadelphia, 8. Mai 1977.

6 Coe, H. Albert, *The Shocking Truth*, The Book Fund, Beverly, New Jersey, 1969.

7 Musgrave, John Brent, »Sasketchewan, 1933: UFO Stops for ›Repairs‹, *Flying Saucer Review*, Band 22, Nr. 6, November/Dezember 1976, S. 16/17.

8 Ballester Olmos, Vicente-Juan, »Survey of Iberian Landings: A Preliminary Catalogue of 100 Cases«, *Flying Saucer Review*, Sonderausgabe Nr. 4, August 1971, S. 46.

2. Treppe zu den Sternen

1 Fry, Daniel W., »The White Sands Incident« (überarbeitete Fassung), in *To Men of Earth*, Merlin Publishing Co., Merlin, Oregon, 1973. Dt. Ausgabe: *Mein UFO-Erlebnis von White Sands.* Trumalin, Gütersloh, 1988.

2 Klass, Philip J., *UFOs Explained*, Random House, New York, 1974, S. 248/249.

3 Fry, Daniel W., *Steps to the Stars*, CSA, Lakemont, Georgia, 1965.

4 Brief an Daniel W. Fry von Parry Moon, Professor für Elektrotechnik am Massachusetts Institute of Technology, 9. Juni 1958.

5 Fry, Daniel W., *The White Sands Incident*, New Age, Los Angeles, 1954.

6 McLaughlin, Robert B., »How Scientists Tracked a Flying Saucer«, *True*, März 1950.

7 *Flying Saucer Review*, Band 5, Nr. 5, September/Oktober 1959, S. 10.

8 Siehe Erläuterung von Meiers Fotos und Film in *Spaceships of the Pleiades: The Billy Meier Story* von Kal K. Korff (Prometheus Books, Amherst, New York, 1995). Bei meinem ersten Gespräch mit Meier im Jahre 1965 (nachdem ich von seinen Begegnungen mit Außerirdischen im Jahr zuvor, in dem ich mich in Indien aufgehalten hatte, erfahren hatte) machte er mir einen ehrlichen Eindruck. Nachdem ich ihn jedoch 1977 in seinem Haus in der

Schweiz aufgesucht und das Beweismaterial, einschließlich Film und Fotos, untersucht hatte, wurde ich sehr mißtrauisch. Dazu möchte ich festhalten, daß Autor Gary Kinder in dem in *Light Years: An Investigation into the Extraterrestrial Experiences of Eduard Meier* (Atlantic Monthly Press, New York, 1987) veröffentlichten Interview meine negative Einschätzung von Meiers Behauptungen nicht erwähnte.

9 Norkin, Israel, *Saucer Diary*, Pageant Press, New York, 1957, S. 26.

10 Interviews mit dem Autor, Tonopah, Arizona, 24.–27. August 1976.

3. Die Völker aus dem Weltall

1 Petersen, Hans C., *Report from Europe*, Scandinavian UFO Information (SUFOI), Jylland, Dänemark, 1964. S. 91.

2 Internes FBI-Memorandum vom zuständigen Special Agent an den Direktor des FBI, San Diego (100–8382), 28. Januar 1953.

3 Zinsstag, Lou, und Good, Timothy, *George Adamski: The Untold Story*, Ceti Publications, Beckenham, Kent, UK, 1983 (vergriffen).

4 Lorenzen, Coral E., »Looking back – at Adamski«, *The APRO Bulletin*, Aerial Phenomena Research Organization, Tucson, Arizona, Band 31, Nr. 6, 1984, S. 1–3.

5 Internes FBI-Memorandum vom 28. Januar 1953.

6 Leslie, Desmond, und Adamski, George, *Flying Saucers Have Landed*, Werner Laurie, London, 1953, S. 171.

7 Internes FBI-Memorandum vom zuständigen Special Agent an den Direktor des FBI, San Diego (100–8325), 28. Mai 1952.

8 Leslie und Adamski, op. cit., S. 187–189

9 Interview mit dem Autor im kalifornischen Escondido am 20. November 1979.

10 Leslie und Adamski, op. cit., S. 192/193.

11 Interview mit dem Autor vom 20. November 1979.

12 Leslie und Adamski, op. cit., S. 193–197.

13 Ibid., S. 197–203.

14 Zinsstag und Good, op. cit., S. 6/7.

15 Ribera, Antonio, »The Soria Abduction«, Teil I, II und III, *Flying Saucer Review*, Band 30, Nr. 3, 4 und 5, 1985.

16 Leslie und Adamski, op. cit, S. 204–205.

17 Ibid., S. 205–210.

18 Ibid., S. 210–213.

19 Ibid., gegenüber S. 192.

20 Interview mit dem Autor vom 20. November 1979.

21 Brief von Jerrold Baker an Frank Scully vom 31. Januar 1954, veröffentlicht in *Nexus*, herausgegeben von James Moseley, Januar 1955, S. 15–16.

22 Leslie und Adamski, op. cit., S. 212–213.

23 Homet, Marcel F., *Sons of the Sun*, Neville Spearman, London, 1963, S. 185.

24 Leslie und Adamski, op. cit., S. 217–218.

25 »Adamski's Answer to Baker«, *Mystic Magazine*, Juni 1955. S. 96 bis 97.

26 Eidesstattliche Erklärung von Jerrold Baker vom 29. Juni 1954, veröffentlicht in *Nexus*, Band 2, Nr. 1, Januar 1955, S. 14.

27 Brief von Jerrold Baker an James Moseley vom 18. November 1954, veröffentlich in *Nexus*, Band 2, Nr. 1, Januar 1955. S. 14 bis 15.

28 Internes FBI-Memorandum vom zuständigen Special Agent an den Direktor des FBI, San Diego (100–8382), 28. Januar 1953.

29 Interview mit dem Autor vom 20. November 1979.

30 Leslie und Adamski, op. cit. S. 219–220.

31 Internes FBI-Memorandum vom 28. Januar 1953.

32 Internes FBI-Memorandum vom zuständigen Special Agent an den Direktor des FBI, San Diego (100–8382), 15. Dezember 1953.

33 Antwort John Edgar Hoovers, FBI-Direktor, auf eine Anfrage (Name des Fragestellers gelöscht) vom 17. Dezember 1953.

34 »Desmond Leslie Answers David Wightman«, *Flying Saucer Review*, Band 6, Nr. 5, 1960, S. 3–5.

35 Treffen im Veterans' Administration Building, Quontset T-26 (Stadt nicht genannt), 1. Juni 1953, wie von Leslie und Adamski veröffentlicht, op. cit., S. 229.

36 *Nexus*, Band 2, Nr. 1, Januar 1955, S. 13.

37 Good, Timothy, *Beyond Top Secret: The Worldwide UFO Security Threat*, Sidgwick & Jackson, London, 1996. S. 441–444.

38 Ibid., S. 444–445.

39 Adamski, George, *Inside the Space Ships*, Arco Spearman, London, 1956, S. 3–40. Dt. Ausgabe: *Im Innern der Raumschiffe*, Turmalin, Gütersloh, 1995.

40 Leslie, Desmond, »Commentary on George Adamski«, in *Flying Saucers Have Landed* von Desmond Leslie und George Adamski, überarbeitete Ausgabe, Neville Spearman, London, 1970, S. 245.

41 Adamski, op. cit., S. 41–48.

42 Adamski, George, *Flying Saucers Farewell*, Abelard-Schumann, London, S. 39.

43 Aufzeichnung des Gesprächs zwischen George Adamski und Captain Edward Ruppelt, Palomar Terraces, 9. April 1955.

44 »Anchor«, *Transvaal Episode*, The Essene Press, Corpus Christi, Texas, 1958, S. 37.

45 Adamski, *Inside the Space Ships*, S. 48.

46 Ibid., S. 44.

47 Ibid., S. 48–67.

4. Behauptungen, Widersprüche und Beweise

 1 Adamski, George, *Inside the Space Ships*, Arco Spearman, London, 1956, S. 67.

 2 Glenn, Lieutenant Colonel John H., »My Day of Miracles«, *The Astronauts Book*, Panther Books, London, 1966.

 3 Komarow, Wladimir, Feoktistow, Konstantin, und Jegorow, Boris, »24 Hours in Space«, *The Astronauts Book*.

 4 Interview mit dem Autor, London, am 24. November 1996.

 5 Adamski, op. cit. S. 71–72.

 6 Ibid., S. 82–83.

 7 Ibid., S. 110-112.

 8 Ibid., S. 116–118.

 9 Ibid., S. 130–134, 138.

10 Ibid., S. 136.

11 Ibid., S. 143–44.

12 Wilford, John Noble, *We Reach the Moon*, Bantam, New York, 1969, S. 23.

13 Adamski, op. cit., S. 144.

14 Ibid., S. 203–205.

15 Leslie, Desmond, und Adamski, George, *Flying Saucers Have Landed*, überarbeitete Ausgabe, Neville Spearman, London, 1970, S. 260–261.

16 Adamski, George, *Flying Saucers Farewell*, Abelard-Schumann, London, 1961, S. 156/157.

17 Wilford, op. cit., S. 21.

18 Brief an den Autor von John McLeaish, NASA, Manned Spacecraft Center, Houston, vom 20. Mai 1970.

19 Interview mit dem Autor, London, am 24. November 1996.

20 Steckling, Fred, *Why Are They Here?*, Vantage New York, 1969.

21 Fouéré, René, »Adamskis Last Chance: Will the Moon Vindicate Him?«, *Flying Saucer Review*, Band 10, Nr. 5, September/Oktober 1964, S. 27–29.

22 Ibid., S. 27.

23 United Press International (UPI), Houston, 16. Oktober 1971.

24 Taylor, John W.R., *Aircraft Seventy*, Ian Allan, Shepperton, Middlesex, 1970.

25 Knowlton, Brian, »Frozen Water Found on the Moon, Reviving a Dream«, *International Herald Tribune*, London, 4. Dezember 1996.

26 Edwards, Frank, *Flying Saucers – Serious Business*, Lyle Stuart, New York, 1966, S. 39–40.

27 Ibid., S. 41–43.

28 Petersen, Hans C., *Report from Europe*, Scandinavian UFO Information (SUFOI), Jylland, Dänemark, 1964, S. 102.

29 Corso, Col. Philip J., mit Birnes, William J., *The Day After Roswell*, Pocket Books, New York und London, 1997, S. 128–129.

30 Ibid., S. 125–126.

31 Adamski, *Flying Saucers Farewell*, S. 151–156.

32 Interview mit dem Autor im kalifornischen Ontario am 19. November 1979.

33 Petersen, op. cit., S. 131–132.

34 Brief von George Adamski an seine Mitarbeiter vom 5. April 1960.

35 Zinsstag, Lou, und Good, Timothy, *George Adamski: The Untold Story*, Ceti Publications, Beckenham, Kent, 1983, S. 61–63 (vergriffen).

36 Brief an den Autor von Monsignore G. Coppa, Sekretariat des Vatikanstaats, vom 14. Mai 1977.

37 Zinsstag und Good, op. cit, S. 63.

38 Ibid., S. 63–64.

39 Vallée, Jacques, *Messengers of Deception: UFO Contacts and Cults*, And/Or Press, Berkeley, Kalifornien, 1979, S. 203.

40 Zinsstag und Good, op. cit., S. 25.

41 Adamski, *Inside the Space Ships*, S. 14.

42 *Saucer Smear*, herausgegeben von James Moseley, Band 29, Nr. 10, 10. Dezember 1982, S. 5.

43 Adamski, *Inside the Space Ships*, S. 222–226.

44 Ibid., S. 16.

45 Petersen, op. cit., S. 104.

46 Brief von Lucy McGinnis an Major Donald Keyhoe vom 20. Juli 1959.

47 Zinsstag und Good, op. cit., S. 95–96.

48 Good, Timothy, *Beyond Top Secret: The Worldwide UFO Security Threat*, Sidgwick & Jackson, London, 1996. S. 320–326.

49 Zinsstag und Good, op. cit., S. 95–97.

50 Ibid., S. 67–71.

51 Adamski, *Inside the Space Ships*, S. 212–215.

52 Bericht von Adamski an seine Mitarbeiter vom 31. März 1961.

53 Zinsstag und Good, op. cit., S. 67–71.

54 Keel, John A., *Operation Trojan Horse*, Souvenir Press, London, 1971, S. 213.

55 Zinsstag und Good, op. cit., S. 72–75.

56 Ibid., S. 191.

57 Clark, Jerome, »Startling New Evidence in the Pascagoula and Adamski Abductions«, *UFO Report*, Band 6, Nr. 2, August 1978, S. 72.

58 Ibid., S. 74, 76.

59 Brief von Carol A. Honey, veröffentlicht in *Fate*, Bd. 32, Nr. 3 (?), Februar 1979, S. 113–115.

60 Adamski, George, *Pioneers of Space: A Trip to the Moon, Mars and Venus*, Leonard-Freefield Co., Los Angeles, 1949, S. 14.

61 Ibid., S. 31.

62 Ibid., S. 81

63 Ibid., S. 221.

64 Ibid., S. 203.

65 Ibid., S. 115.

66 Ibid., S. 207.

67 Brief von George Adamski an Emma Martinelli vom 16. Januar 1952.

68 Clark, op. cit., S. 72.

69 Interview mit dem Autor im kalifornischen Escondido am 20. November 1979.

70 Brief von Carol Honey an den Autor vom 24. Juli 1979.

71 Leslie, Desmond, »Commentary on George Adamski«, in *Flying Saucers Have Landed* von Desmond Leslie und George Adamski, überarbeitete Ausgabe, Neville Spearman, London, 1970.

72 Interview mit dem Autor am 19. November 1979.

73 Yonganada, Paramahansa, *Autobiography of a Yogi*, Self-Realization Fellowship, Los Angeles, 1946; überarbeitet 1951.

74 Leslie, op. cit. S. 250.

75 Adamski, *Inside the Space Ships*, S. 56.

Anmerkung: *Inside the Space Ships* ist inzwischen im Englischen zusammen mit Adamskis Teil von *Flying Saucers Have Landed* in einem Band neu veröffentlicht worden. Dieser kann, wie einige von Adamskis Werken über Philosophie, Aufnahmen seiner Vorträge und Fotos, über die GAF International/Adamski Foundation, PO Box 1722, Vista, California 92085 bezogen werden.

5. Außerirdische Fantasievorstellungen?

1 Menger, Howard, *From Outer Space to You*, Saucerian Books, Clarksburg, West Virginia, 1959, S. 26. Dt. Ausgabe: *Aus dem Weltraum zu Euch*, Turmalin, Gütersloh, 1997.

2 Ibid., S. 26–28.

3 Ibid., S. 31–34.

4 Brief von Howard Menger an den Autor vom 14. September 1997.

5 Menger, op. cit., S. 35–38.

6 Ibid., S. 40–48.

7 Ibid., S. 50–53.

8 Ibid., S. 55/56, 59.

9 Ibid., S. 71–73.

10 Ibid., S. 73.

11 Ibid., S. 74/75.

12 Ibid., S .79/80.

13 Ibid., S. 82–84.

14 Ibid., S. 89–91.

15 Ibid., S. 145–147.

16 Ibid., S. 148–152.

17 Ibid., S. 153–156.

18 Menger, Howard, und Menger, Connie, *The High Bridge Incident*, PO Box 1405, Vero Beach, Florida 32961, 1991.

19 Menger, op. cit., S. 104–105.

20 Interview mit dem Autor in Vero Beach in Florida am 27. Oktober 1978.

21 Jordan, Peter A., »The Enigma of Howard Menger«, *UFO Update*, Nr. 11, Sommer 1981, *Beyond Reality Magazine*, PO Box 428, Nanuet, New York 10954, S. 46.

22 Menger, op. cit., S. 102–103.

23 Jordan, op. cit., S. 46.

24 Menger, op. cit., S. 192–194.

25 Brief von Howard Menger an den Autor vom 14. September 1997.

26 Jordan, op. cit., S. 48.

27 Menger und Menger, op. cit., S. 55–56, 104–105.

28 Jordan, op. cit., S. 48.

29 Menger, op. cit., S. 112–114.

30 Flammonde, Paris, *The Age of Flying Saucers*, Hawthorn, New York, 1971, S. 157.

31 Keel, John A., *Operation Trojan Horse*, Souvenir Press, London, 1970, S. 206/207.

32 Ibid., S. 207/208.

33 Interviews mit dem Autor vom 27./28. Oktober 1978.

34 Baxter, Marla, *My Saturnian Lover*, Vantage, New York, 1958.

35 Menger und Menger, op. cit., S. 90.

36 Interview mit dem Autor vom 28. Oktober 1978.

37 Crystall, Ellen, *Silent Invastion: The Shocking Discoveries of a UFO Researcher*, Paragon House, New York, 1991, S. 119–120.

38 Interview mit dem Autor, 28. Oktober 1978.

39 Jordan, op. cit., S. 48.

40 Menger und Menger, op. cit.

6. Kosmischer Schock

1 *Diario de Córdoba* vom 1. Mai 1957, erschienen in der Übersetzung von Gordon Creighton in *Flying Saucer Review*, Band 11, Nr. 1, Januar/Februar 1965, S. 19/20.

2 Bowen, Charles, »A South American Trio«, *Flying Saucer Review*, Band 11, Nr. 1, Januar/Februar 1965, S. 20.

3 *Diario de Córdoba*, 22. August 1957, erschienen in der Übersetzung von Gordon Creighton in »UFO Bases in South America?«, *Flying Saucer Review*, Band 11, Nr. 4, Juli/August 1965, S. 30/31.

4 Albanese, Renato, »Luciano Galli's Contact Claim«, aus *Domenica della Sera* vom Juni 1962, erschienen in der Übersetzung von Gordon Creighton in *Flying Saucer Review*, Band 8, Nr. 5, September/Oktober 1962, S. 29/30.

5 Lorenzen, Coral E., *The Great Flying Saucer Hoax: The UFO Facts and Their Interpretation*, William-Frederick, New York, 1962, S. 146/147.

6 Ibid., S. 147/148.

7 Fontes, Dr. Olavo T., *The APRO Bulletin*, September 1957, Aerial Phenomena Research Organization, Alamogordo, New Mexico, in Jules Lemaitre, »A Strange Story from Brazil«, *Flying Saucer Review*, Band 6, Nr. 1, Januar/Februar 1960, S. 10–11.

8 Lorenzen, op. cit., S. 150–153.

9 *UFO Investigator*, Band 1, Nr. 1, National Investigations Committee on Aerial Phenomena, Washington 6, D.C., Juli 1957.

10 Bühler, Dr. Walter, *SBEDV Bulletin*, Nr. 4, Rio de Janeiro, 1. Juli 1958, erschienen in der Übersetzung von Gordon Creighton in »A Brazilian Contact Claim«, *Flying Saucer Review*, Band 7, Nr. 5, September/Oktober 1961, S. 18–20.

11 Bühler, Dr. Walter, op. cit., erschienen in der Übersetzung von Gordon Creighton in »Remarkable Confirmation for Adamski?«, *Flying Saucer Review*, Band 29, Nr. 4, Juli/August 1983 (veröffentlicht im April 1984), S. 13–16.

12 Creighton, Gordon, »The Humanoids in Latin America«, in Charles Bowen (Hg.), *The Humanoids*, Neville Spearman, London, 1969, S. 99–100.

13 Faria, J. Escobar (Hg.), *UFO Critical Bulletin*, São Paulo, in »Giant Space Ship Lands in Brazil«, *Flying Saucer Review*, Band 4, Nr. 3, Mai/Juni 1958, S. 24.

14 Zinsstag, Lou, »Monguzzi Takes Saucer Photos of the Century«, *Flying Saucer Review*, Band 4, Nr. 5, September/Oktober 1958, S. 2–4, und Informationen, die der Autor direkt von Lou Zinsstag erhielt.

15 Brief von Hubert Lewis an Anthony Wedd vom 27. Mai 1958.

16 Trench, Brinsley le Poer, »Birmingham Woman Meets Spacemen«, *Flying Saucer Review*, Band 4, Nr. 2, März/April 1958, S. 5/6.

17 Yogananda, Paramahansa, *Autobiography of a Yogi*, Self-Realization Fellowship, Los Angeles, 1951.

18 Briefe von Anthony Wedd an Hubert Lewis vom 27. Mai und 8. August 1958.

19 Good, Timothy, *Alien Liaison: The Ultimate Secret*, Century, London 1991, S. 74–76; dt. Ausgabe: *Sie sind da*, Zweitausendeins, Frankfurt, 1992.

20 Horsley, Sir Peter, *Sounds From Another Room: Memories of Planes, Princes and the Paranormal*, Leo Cooper, London, 1997, S. 180 bis 196.

21 Interview mit dem Autor, Hampshire, 21. September 1997.

22 Horsley, op. cit., S. 201.

23 Stuttaford, Dr. Thomas, »Air Marshal's Flight of Fancy«, *The Times*, 14. August 1997.

24 Interview mit dem Autor, Hampshire, 21. September 1997.

25 Creighton, Gordon, »The Italien Scene – Part 3«, *Flying Saucer Review*, Band 9, Nr. 3, Mai/Juni 1963. S. 18–20, Übersetzung aus *Le Ore* vom 24./31. Januar 1963.

7. Warnung an die Menschheit

1 Picco, Héctor Antonio, »Trip on board a UFO«, *Crónica*, Buenos Aires, 14. Dezember 1995, übersetzt von Jane Thomas Guma.

2 Picco, Héctor Antonio, »UFO Base in the Gulf of Mexico«, *Crónica*, 15. Dezember 1995.

3 *Concise Medical Dictionary*, Oxford University Press, 4. Auflage, London, 1994, S. 511.

4 Frohse, F., Brödel, M., und Schlossberg, L., *Atlas of Human Anatomy*, 5. Auflage, Barnes & Noble, New York, 1959, S. 150.

5 Picco, »UFO base in the Gulf of Mexico«.

6 Picco, H.A., »God, UFOs and the Absolute Energy«, *Crónica*, 16. Dezember 1995.

7 Creighton, Gordon, »The Italian Scene – Part 4«, *Flying Sauer Review*, Band 9, Nr. 4, Juli/August 1963, S. 10/11.

8 Ibid., S. 11/12.

9 Bowen, Charles (Hg.), »Sindbad the Sailor«, *Flying Saucer Review Case Histories*, Beilage Nr. 14, April 1973, S. 14/15. Übersetzung aus *Lumières dans la nuit*, Contacts Lecteurs, Reihe 3, Nr. 5, Januar 1971.

10 Silvano, Ceccarelli, »Mario Zuccalà's Strange Encounter«, *Flying Saucer Review*, Band 8, Nr. 4, Juli/August 1962, S. 5/6.

11 Mesnard, Joël, »The French Abduction File«, übersetzt von Claudia Yapp, *MUFON UFO Journal*, Nr. 309, Januar 1994, S. 7 bis 9.

12 Interview mit dem Autor am 9. Februar 1997.

8. Die Belege häufen sich

1 Bloecher, Ted, »UFO Landing and Repair by Crew: Part I«, *Flying Saucer Review*, Band 20, Nr. 2, März/April 1974, S. 21–26.

2 Bloecher, Ted, »UFO Landing and Repair by Crew: Part II«, *Flying Saucer Review*, Band 20, Nr. 3 (veröffentlicht im Dezember 1974), S. 24–27.

3 Schwarz, Berthold Eric, MD, »New Berlin UFO Landing and Repair by Crew«, *Flying Saucer Review*, Band 21, Nr. 3/4, 1975, S. 22–28.

4 Bloecher, Ted, und Cerny, Paul, »The Cisco Grove Bow and Arrow Case of 1964«, *International UFO Reporter*, Band 20, Nr. 5, Winter 1995, S. 16–22, 32.

5 *Japan Times*, Tokio, 21. März 1965.

6 *Mainichi Daily News*, Tokio, 22. März 1965.

7 *Mainichi Daily News*, Tokio, 23. März 1965.

8 Creighton, Gordon, »Further Reports of UFO Bases«, *Flying Sauer Review*, Band 15, Nr. 2, März/April 1969, S. 15/16. Der Originalbericht erschien am 7. September 1965 in Buenos Aires in *Así*.

9 Julien, H., »A 1967 Landing in Madagascar«, *Flying Saucer Review*, Band 23, Nr. 1, Januar/Februar 1977, S. 29–30, übersetzt von Gordon Creighton. Der Originalartikel erschien im Dezember 1976 in *Lumières dans la nuit*, Nr. 160.

10 Cramp, Leonard, *UFOs and Anti-Gravity: Piece for a Jig-Saw*, Adventures Unlimited Press, One Adventure Place, Kempton, Illinois 60646, 1996.

11 Galíndez, Oscar A., »Crew of Argentine Ship See *Submarine* UFO«, *Flying Saucer Review*, Band 14, Nr. 2, März/April 1968, S. 22.

12 Adamski, George, *Flying Saucers Farewell*, Abelard-Schumann, London, 1961, S. 44/45.

13 Bowen, Charles, »A Fatal Encounter«, *Flying Saucer Review*, Band 15, Nr. 2, März/April 1969, S. 13/14.

14 »Brazil in Throes of Big Flap«, *The APRO Bulletin*, März/April 1969, S. 1, 5.

15 Norman, Eric, *Gods, Demons and UFOs*, Lancer Books, New York, 1970, S. 169–193.

16 Blum, Ralph, mit Blum, Judy, *Beyond Earth: Man's Contact with UFOs*, Corgi Books, Londons, 1974, S. 117.

17 Norman, op. cit.

18 Pereira, Jader U., »The Remarkable Landing at Lagôa Negra«, übersetzt von Gordon Creighton, *Flying Saucer Review Case Histories*, Beilage Nr. 5, 1971, S. 3/4.

19 Ibid., S. 3.

20 Creighton, op. cit., S. 16, Übersetzung eines EFE-Berichts vom 31. Juli 1968 aus Urcos in Peru, der am 1. August 1968 im spanischen Málaga in *Sur* veröffentlicht wurde.

21 Ibid., Übersetzung aus *Expreso*, Lima, 27.–29. September 1968.

22 Ibid., S. 16,19, Übersetzung einer Meldung der *Agence France-Presse*, Buenos Aires, 11. November 1968.

23 »UFO Base in Highest Mountains in Peru«, EFE, Lima, 31. Oktober 1993.

24 »Brazil: Landing on a Beach near Rio de Janeiro«, *Flying Saucer Review*, Band 17, Nr. 2, März/April 1971, S. 30, Übersetzung von Gordon Creighton aus *O Dia*, Rio de Janeiro, 10./11. September 1968.

25 Rimes, Nigel, »Baleia Entities Seen Again?«, *Flying Saucer Review*, Band 15, Nr. 2, März/April 1969, S. 6–8.

9. Die Plantage

1 Pallmann, Ludwig F., *Cancer Planet Mission*, The Foster Press, London, 1970, S. 13–20.

2 Ibid., S. 21/22.

3 Leser, die an der vedischen Literatur zu diesem Thema interessiert sind, sollten *Alien Identities* von Richard L. Thompson (1993) konsultieren. Govardhan Hill Publishing, PO Box 1920, Alachua, Florida 32615.

4 Pallmann, op. cit., S. 23–29.

5 Ibid., S. 30–37.

6 Ibid., S. 40–42.

7 Ibid., S. 44–46

8 Ibid., S. 46–47.

9 Ibid., S. 49/50.

10 Ibid., S. 63/64.

11 Ibid., S. 72–78.

12 Ibid., S. 79–82.

13 Ibid., S. 83–87.

14 Ibid., S. 88–93.

15 Ibid., S. 97–100.

16 Ibid., S. 102–106.

17 Ibid., S. 111/112.

18 Ibid., S. 116–119.

19 Ibid., S. 120–129.

20 Ibid., S. 130–133.

21 Ibid., S. 138–143.

22 Ibid., S. 189/190.

23 Ibid., Postskript.

24 Ibid., S. 170.

25 Ibid., S. 191.

26 Ibid., S. 175–177.

27 Ibid., S. 198/199.

28 Ibid., S. 156/157.

29 Ibid., S. 141, 144.

30 Ibid., S. 154–156.

31 Ibid., S. 199.

32 Ibid., S. 170.

33 Ibid., S. 158–165.

34 *El Diario de Hoy*, Central American Press, San Salvador, 16. Januar 1969. (Ein Faksimile der Schlagzeilen ist in Pallmanns Buch abgedruckt.)

35 Pallmann, op. cit., S. 166–169.

36 Pallmann, Ludwig F., und Stevens, Wendelle C., *UFO Contact from Itibi-Ra: Cancer Planet Mission*, UFO Photo Archives, PO Box 17206, Tucson, Arizona 85710, 1986, S. 3 5.

37 Ibid., S. 17.

38 Ibid., S. 16.

39 Ibid.

40 Pallmann, op. cit., S. 5.

41 Ibid., S. 156.

42 Brief an den Autor von der UK Passport Agency, Passport Re-

cords Office, Public Record Office, Hayes Middlesex, UB3 1RF, 18. Juli 1997.

43 Pallmann, op. cit, Postskript.

44 Ibid., S. 48.

10. Verblüffende Trends

1 Corso, Col. Philip J., mit Birnes, William J., *The Day After Roswell*, Pocket Books, New York und London, 1997, S. 182–183.

2 Ibid., S. 181.

3 Pallmann, Ludwig F., und Stevens, Wendelle C., *UFO Contact from Itibi-Ra: Cancer Planet Mission*, UFO Photo Archives, PO Box 17206, Tucson, Arizona 85710, 1986. S. 6–8.

4 Bühler, Dr. Walter, »UFO on the Sea near Rio«, übersetzt von Gordon Creighton, *Flying Saucer Review*, Band 17, Nr. 3, Mai/Juni 1971, S. 3–7.

5 Bühler, Dr. Walter, »More Teleportations and Levitations«, übersetzt von Gordon Creighton, *Flying Saucer Review*, Band 19, Nr. 1, Januar/Februar 1973, S. 28/29.

6 Creighton, Gordon, »Itaperuna Again«, *Flying Saucer Review*, Band 18, Nr. 2, März/April 1972, S. 13/14. Übersetzung aus *Domingo Ilustrado*, Rio de Janeiro, 17. Oktober 1971.

7 Creighton, Gordon, »Uproar in Brazil«, *Flying Saucer Review*, Band 17, Nr. 6, S. 24–27, Übersetzungen aus verschiedenen brasilianischen Zeitungen, unter anderem *O Dia*, Rio de Janeiro, 10. Oktober 1971.

8 Ibid., S. 26.

9 Ibid., S. 28, Übersetzung aus *O Dia*, 1. Oktober 1971.

10 *O Cruzeiro* (Sonderausgabe über fliegende Untertassen), 1954, übersetzt von Gordon Creighton, *Flying Saucer Review*, Band 17, Nr. 3, Mai/Juni 1971, S. 7.

11 Creighton, »Uproar in Brazil«, S. 24.

12 Romaniuk, Pedro, »Rejuvenation Follows Close Encounter with UFO«, übersetzt von Jane Thomas, *Flying Saucer Review*, Band 19, Nr. 4, Juli/August 1973, S. 10–14.

13 Romaniuk, Pedro, »The Extraordinary Case of Rejuvenation«,

übersetzt von Gordon Creighton, *Flying Saucer Review*, Band 19, Nr. 5, September/Oktober 1973, S. 14/15.

14 Thomas, Jane, »The Contactee of Tres Arroyos: Some Thoughts«, *Flying Saucer Review*, Band 19, Nr. 5, September/Oktober 1973, S. 16.

15 Creighton, Gordon, »Underwater UFO Base off Venezuela?«, *Flying Saucer Review*, Band 21, Nr. 1, veröffentlicht im Juni 1975, S. 9–13.

16 *La Nazione*, Italien, 29. Juli 1973, übersetzt von Mary Boyd, *Flying Saucer Review*, Band 19, Nr. 6, November/Dezember 1973, S. 29.

17 United Press International (UPI), Lima, 22. Oktober 1973.

18 Creighton, Gordon, »George Adamski Still Casts his Shadow«, *Flying Saucer Review Case Histories*, Beilage Nr. 18, Februar 1974, S. 12, übersetzt aus *El* Comercio, Lima, 23. Oktober 1973.

19 Good, Timothy, *Beyond Top Secret: The Worldwide UFO Security Threat*, Sidgwick & Jackson, London, 1996, S. 381/382, Übersetzung aus *El Comercio*, Lima, 25. Oktober 1973.

20 Hecker, R. C., »New Mexico Reports«, *The APRO Bulletin*, Band 23, Nr. 2, September/Oktober 1974, S. 5.

21 Associated Press (AP), La Paz, Bolivien, 9. November 1973. Übersetzung von Bill Armstrong aus *La Nueva Provincia*, 10. November 1973, veröffentlicht in *Skylook*, Mutual UFO Network, Nr. 82, September 1974, S. 17.

22 Freixedo, Salvador, »UFOs over the Caribbean«, übersetzt von Gordon Creighton, *Flying Saucer Review Case Histories*, Beilage Nr. 14, April 1973, S. 9/10 und 12.

23 Interview mit dem Autor vom 22. Mai 1997.

11. Eine beunruhigende Entwicklung

1 Good, Timothy, *Beyond Top Secret: The Worldwide UFO Security Threat*, Sidgwick & Jackson, London, 1996, S. 87–93.

2 McNeil, Kevin, »The Clifton Bore Incident«. Der Artikel liegt dem Autor vor.

3 »UFOs Escort Mexican Aircraft«, *The APRO Bulletin*, Band 24, Nr. 2, August 1975, S. 1–3.

4 Clark, Jerome, »Carlos de Los Santos and the Men in Black«, *Flying Saucer Review*, Band 24, Nr. 4, Juli/August 1978, S. 8/9.

5 Ibid.

6 Good, op. cit. S. 168–178.

7 Privater Bericht von Mark Birdsall, William Tree und Peter Swallow, Yorkshire UFO Society, Leeds, 1984.

8 Ibid.

9 Todd, Donald R., »Underwater UFO with ›Mother Ship‹«, *The APRO Bulletin*, Band 26, Nr. 10, April 1978, S. 5/6.

10 Giese, Dr. Daniel Rebisso, »Extraterrestrial Vampires in the Amazon Region of Brazil«, *Flying Saucer Review*, Band 39, Nr. 3, Herbst 1994, S. 8.

11 Pratt, Bob, *UFO Danger Zone: Terror and Death in Brazil – Where Next?*, Horus House Press, PO Box 55185, Madison, Wisconsin 53705, 1996.

12 Pratt, Bob, »Disturbing Encounters in North-East Brazil«, *The UFO Report 1991*, Hg. Timothy Good, Sidgwick & Jackson, London, 1990, S. 106.

13 Pratt, *UFO Danger Zone*, S. 100–108.

14 Giese, op. cit., S. 9.

15 *O Liberal*, Belém, 10. Juli 1977; *A Provincia do Pará*, Belém, 11. Juli 1977.

16 Giese, op. cit., S. 10.

17 *A Provincia do Pará*, 22. Oktober 1977.

18 Giese, op. cit., S. 13.

19 Pratt, »Disturbing Encounters in North-East Brazil«, S. 117 bis 118.

20 Ibid., S. 114–116.

21 Pratt, *UFO Danger Zone*, S. 112.

22 Pratt, »Disturbing Encounters in North-East Brazil«, S. 116.

23 Pratt, *UFO Danger Zone*, S. 114.

24 Vallée, Jacques, *Confrontations: A Scientist's Search for Alien Contact*, Ballantine Books, New York, 1990. Dt. Ausgabe: *Konfrontationen. Begegnungen mit Außerirdischen und wissenschaftlichen Beweisen.* Zweitausendeins, Frankfurt, 1994, und Droemer Knaur, München, 1996.

25 Pratt, »Disturbing Encounters in North-East Brazil«, S. 102, 124.

12. Völlig unglaubwürdig

1 »A Close Encounter with ›Greenish-Faced‹ Creatures in Poland in 1978«, *Flying Saucer Review*, Band 36, Nr. 1, März 1991, S. 1–7, aufbereitet vom Wrocław Club für die Popularisierung und Erforschung von UFOs (WKPiB-UFO), Klub Mozaika, U1. Trzemeska 2, 53–679 Wrocław, Polen.

2 Chiumiento, Antonio, »The Little Oriental Airman: Another Remarkable CE-III Case in Italy«, *Flying Saucer Review*, Band 28, Nr. 5, September/Oktober 1982, S. 3–8.

3 Chiumiento, Antonio, »An Encounter with ›Rat-Faces‹ in Italy, *Flying Saucer Review*, Band 28, Nr. 6, November/Dezember 1982, S. 14–19, 25.

4 *UFOs – Und es gibt sie doch*, Dokumentarfilm von Heinz Rohde, Norddeutscher Rundfunk (NDR), 1994.

5 Sparks, Brad, »Colusa (Kalifornien) Close Encounter, 10. September 1976«, *The APRO Bulletin*, Band 25, Nr. 7–10, 1977.

6 Bühler, Dr. Walter, »Conversation with Entities at Marimbonda«, übersetzt von Gordon Creigthon, *Flying Saucer Review*, Band 25, Nr. 3, Mai/Juni 1979, S. 18/19.

7 *Diario Popular*, La Plata-Buenos Aires, 12. August 1983; *Tiempo Argentina*, Buenos Aires, 13. August 1983, übersetzt von Jane Thomas, *Flying Saucer Review*, Band 29, Nr. 2, Dezember 1983, S. 9/10.

8 *La Reforma*, Buenos Aires, 12. August 1983, übersetzt von Luis Gonzalez.

9 *Diario Popular/Tiempo Argentina*.

10 *La Reforma*.

11 *Diario Popular/Tiempo Argentina*.

12 *La Reforma*.

13 *Diario Popular/Tiempo Argentina*.

14 Ibid.

15 Good, Timothy, *Beyond Top Secret: The Worldwide UFO Security Threat*, Sidgwick & Jackson, London, 1996, S. 87–93.

16 Tolosano, Marc, »They Say They Know All our Languages!: A CE-IV Case at Sospel, South-Eastern France (1983)«, *Flying Saucer Review*, Band 35, Nr. 2. Juniquartal 1990, S. 23/24, iii, Übersetzung von Gordon Creighton aus *Lumières dans la nuit*, Nr. 299, September/Oktober 1989.

17 Ibid.

18 *Soviet Youth*, Moskau, 4. Mai 1990.

19 Lebedev, Nikolai, »The Soviet Scene 1990«, *The UFO Report 1992*, Hg. Timothy Good, Sidgwick & Jackson, London, 1991, S. 65–68.

20 *Voyagers of the Sixth Sun* (Video), Genesis III, Box 25962, Munds Park, Arizona 86107, 1996.

21 Brief von Hal Starr an den Autor vom 1. Februar 1997.

22 Webb, Walter N., *Final Report on the America West Airline Case*, UFO Research Coalition, Juli 1996. Erhältlich bei: The Mutual UFO Network, 103 Oldtowne Road, Seguin, Texas 78155.

23 Ibid.

24 Grupo de Pesquisas Científico-Ufológicas (GPCU), Rua Barão de Azevedo Machado No. 51/301, CEP 96020-150, Pelotas, RS-Brasilien.

25 Wysmierski, Michael, »The Lagôa de los Patos Incident«, *The Brazilian UFO Report*, Band 2, Nr. 9, März/April 1997, S. 3–9.

13. Die Erde als Basis der Außerirdischen

1 Martín, Jorge, »Is There an Alien Base in Puerto Rico?«, *Alien Update*, Hg. Timothy Good, Arrow, London, 1993, S. 16/17.

2 Interview mit dem Autor, San Juan, am 5. September 1997.

3 »UFO Phenomena in Puerto Rico«, Zusammenfassung eines Berichts von Sebastian Robiou, *The APRO Bulletin*, November/Dezember 1970, S. 6/7.

4 Martín, Jorge »The Alien Presence in our Seas«, *Evidenca OVNI*, Nr. 13, 1997, S. 34/35. CEDICOP Inc., PO Box 29516, San Juan, Puerto Rico 00929-0516, Übersetzung von Margaret Barling.

5 Martín, »Is There an Alien Base in Puerto Rico?«, S. 10/11, 14 bis 18.

6 Good, Timothy, *Alien Liaison*, S. 5–7.

7 Martín, Jorge, »US Jets Abducted by UFOs in Puerto Rico«, *The UFO Report 1991*, Hg. Timothy Good, Sidgwick & Jackson, 1991, S. 201.

8 Martín, Jorge, »Puerto Rico's Astounding UFO Situation«, *The UFO Report 1992*, Hg. Timothy Good, Sidgwick & Jackson, 1991, S. 106–109.

9 Del Amo-Freixedo, Magdalena, »Puerto Rico: An Area of Extra-terrestrial Experimentation?«, *Flying Saucer Review*, Band 39, Nr. 1, Frühling 1994, S. 8/9, Übersetzung von Gordon Creigton aus *Espacio y Tiempo*, Nr. 17, Juli 1992, Madrid.

10 Martín, »Is There an Alien Base in Puerto Rico?«, S. 24/25.

11 Ibid., S. 25/26.

12 Martín, Jorge, »Encounters with Aliens in El Yunque«, *Evidencia OVNI*, Nr. 8, 1996, S. 42–47, Übersetzung von Carlos L. Moreno.

13 Martín, Jorge, »A Flying Saucer in the Santiago Base, Salinas, Puerto Rico?«, *Evidencia OVNI*, Nr. 8, 1996, S. 26–32, Übersetzung von Carlos L. Moreno.

14 Ibid., S. 8.

15 Interview mit dem Autor vom 5. September 1997.

16 Martín, Jorge, »At Last! The Truth about the Salinas ›ET Corpse‹«, *Evidencia OVNI*, Nr. 11, 1995, S. 16–25, Übersetzung von Jorge Martín.

17 Martín, Jorge, »Reported Discovery of Alien (?) Corpse in Puerto Rico (Part I)«, Übersetzung von Gordon Creighton, *Flying Saucer Review*, Band 42, Nr. 1, Frühjahr 1997, S. 15–19, aus *Evidencia OVNI*, Nr. 3, 1994.

18 Martín, Jorge, »At Last! The Truth about the Salinas ›ET Corpse‹«

19 Martín, Jorge, »The Chupacabras Phenomenon«, *UFO Magazine* (UK), März/April 1996, S. 20–23.

20 Corrales, Scott, *The Chupacabras Diaries: An Unofficial Chronicle of Puerto Rico's Paranormal Predator*, Samizdat Press, PO Box 228, Derrick City, Pennsylvania 16727-0228, 1996, S. 26/27.

21 Interview mit dem Autor am 5. September 1997.

22 Martín, »The Chupacabras Phenomenon«, op. cit, S. 23.

23 Martín, »Is There an Alien Base in Puerto Rico?«, op. cit., S. 31.

24 Corrales, op. cit., S. 68.

25 Interview mit dem Autor, übersetzt von Jorge Martín, Caguas, 28. November 1997.

26 Martín, »Is There an Alien Base in Puerto Rico?«, S. 27–31.

27 Interview mit dem Autor, übersetzt von Carlos Moreno, Cabo Rojo am 2. September 1997.

28 Martín, »Is There an Alien Base in Puerto Rico?«

29 Interview mit dem Autor vom 2. September 1997.

30 Martín, »Is There an Alien Base in Puerto Rico?«

31 Walton, Travis, *Fire in the Sky: The Walton Experience*, Marlowe & Co., New York, 1996, S. 103, 171. Dt. Ausgabe: *Feuer am Himmel*. Verlag Jochen Kopp.

32 Good, op. cit., S. 64–66.

33 Corso, Col. Philip J., mit Birnes, William J., *The Day After Roswell*, Pocket Books, New York und London, 1997, S. 181–182.

34 Blum, Ralph, mit Blum, Judy, *Beyond Earth: Man's Contact with UFOs*, Corgi Books, London, 1974, S. 115.

35 Norman, Eric, *Gods, Demons and UFOs*, Lancer Books, New York, 1970, S. 185/186.

ANHANG

Empfehlenswerte
UFO-Journale

Evidencia OVNI
CEDICOP Inc., PO Box 29516, San Juan, Puerto Rico 00929-0516
(Anmerkung: ausschließlich spanisch)

Flying Saucer Review
FSR Publications Ltd., PO Box 162,
High Wycombe, Bucks, HP13 5DZ, UK

International UFO Reporter
J. Allen Hynek Center for UFO Studies
2457 West Peterson Avenue, Chicago, Illinois 60659, USA

Journal of UFO Studies
J. Allen Hynek Center for UFO Studies
2457 West Peterson Avenue, Chicago, Illinois 60659, USA
(Anmerkung: jährlich erscheinende Zusammenfassung überwiegend
wissenschaftlicher Artikel)

Lumières dans la nuit
BP No. 3, 77123 Le Vaudoué, Frankreich

MUFON UFO Journal
Mutual UFO Network, 103 Oldtowne Road,
Seguin, Texas 78155-4099, USA

UFO
PO Box 1053, Sunland, Kalifornien 91041-1053, USA

UFO Magazine
Quest Publications International Ltd.
Lloyds Bank Chambers, West Street,
Ilkley, West Yorkshire, LS29 9DW, Großbritannien

UFO Newsclipping Service
#2 Caney Valley Drive
Plumerville, Arkansas 72127, USA

In den Anmerkungen zu den einzelnen Kapiteln finden sich weitere
Angaben zu UFO-Journalen und Organisationen.

Register